U0358612

# 张荣芳文集

## 第九卷 学术演讲录

张荣芳◎著

中山大学出版社

·广州·

**图书在版编目（CIP）数据**

学术演讲录/张荣芳编著．—广州：中山大学出版社，2023.12
（张荣芳文集；第九卷）
ISBN 978 - 7 - 306 - 07946 - 6

Ⅰ．①学… Ⅱ．①张… Ⅲ．①社会科学 - 文集 Ⅳ．①C53

中国国家版本馆 CIP 数据核字（2023）第 223261 号

XUESHU YANJIANG LU

出 版 人：王天琪
策划编辑：王延红
责任编辑：赵　冉
封面设计：周美玲
责任校对：凌巧桢
责任技编：靳晓虹
出版发行：中山大学出版社
电　　话：编辑部 020 - 84111901，84113349，84111997，84110779
　　　　　发行部 020 - 84111998，84111981，84111160
地　　址：广州市新港西路 135 号
邮　　编：510275　　　　　传　真：020 - 84036565
网　　址：http://www.zsup.com.cn
　　　　　E-mail：zdcbs@ mail. sysu. edu. cn
印 刷 者：恒美印务（广州）有限公司
规　　格：787mm × 1092mm　　1/16
总 印 张：239
总 字 数：4818 千
版次印次：2023 年 12 月第 1 版　2023 年 12 月第 1 次印刷
总 定 价：780.00 元（全九卷）

# 本卷说明

本卷将著者不同时期在不同高校或单位，就学术问题所作的演讲分为16篇专题，按演讲时间先后顺序，首次汇编成集出版。为尊重历史原貌，文章结构及观点不作大的改动。

本卷整理者：吴小强、黄曼宜。

# 目　　录

第一编　马克思经典著作选读之

《资本主义生产以前的各种形式》

# 第一讲　关于马克思《政治经济学批判（1857—1858 年草稿）》及《资本主义生产以前的各种形式》

马克思的《资本主义生产以前的各种形式》（以下简称《形式》），是马克思《政治经济学批判（1857—1858 年草稿）》［以下简称《批判（草稿）》］第二篇中的一个重要章节。为了理解《形式》一节的重要意义，必须要对整个《批判（草稿）》的写作背景、科学价值和理论意义有全面的了解。

## 一、《批判（草稿）》的写作背景

### （一）《批判（草稿）》是马克思从事当时革命斗争的产物

我们知道，马克思早期理论工作的重点，是从事哲学和历史学的研究。马克思大学时代学的是法律专业，他系统地进行政治经济学领域的研究，是从 19 世纪 40 年代初（确切地说，是在他在 1842—1843 年间当《莱茵报》主编时）开始的。马克思由历史、哲学转而全面地研究政治经济学，是有其深刻的历史背景的。而这种背景也正是马克思写作《批判（草稿）》的真正动因。

在《政治经济学批判·序言》中，马克思谈到他研究政治经济学及撰写《政治经济学批判》一书的经过。他说："1842—1843 年间，我作为《莱茵报》的主编，第一次遇到要对所谓物质利益发表意见的难事。莱茵省议会关于林木盗窃和地产析分的讨论，当时的莱茵省总督冯·沙培尔先生就摩塞尔农民状况同《莱茵报》展开的官方论战，最后，关于自由贸易和保护关税的辩论，是促使我去研究经济问题的最初动因。"（《马克思恩格斯全集》第 13 卷，第 7 - 8 页）马克思在这里说的几次"讨论""论战""辩论"的情况是这样的：一是莱茵省议会关于林木盗窃和地产析分的讨论。当时，德国的容克地主掠夺山林，完全剥夺了农民利用公共森林资源的一切权利。在莱茵省议会讨论林木盗窃法时，统治阶级竟把农民上山捡拾枯柴也当作"盗窃林木"严加处罚。所谓"地产析分"，就是地主资产阶级为了发展资本主义，主张把当时德国农村尚存的封建性马尔克公共地产分掉；但是，封建贵族则主张限制地产析分，以图继续保护封建残余势力的经济基础。可见，关于"地产析分"的讨论，反映了不同阶级间物质利益的尖锐对立和冲突。二是当时莱茵报驻摩塞尔记者科布伦茨报道了该地区贫困问题和当地居民对出版自由的强烈要求。对此，莱茵省总督冯·沙培尔在《莱茵报》上公布了两条训谕，指责科布伦茨，说他歪曲事实，诽谤政府。为了驳斥沙培尔，马克思亲自考察了该地区农民的生活状况，并根据他所收集到的有关农民贫困和无权的大量材料，以摩塞尔记者的身份，与沙培尔展开针锋相对的斗争，尖刻地抨击了普鲁士国家的社会政治制度。三是当时资产阶级在对外贸易上的争论。当时，德国资产阶级内部一派主张自由贸易，另一派则主张通过关税制度，来限制外国商品和资本的输入，保护本国的民族工业。在这场辩论中，两派都虚伪地把自己的观点说成是代表劳动人民的利益，借以掩饰他们的阶级利益。在这几次论战中，马克思揭露了地主资产阶级和普鲁士政府的险恶用心和无耻谎言，捍卫劳动群众的物质利益。正是在这一系列的实际斗争中，马克思认识到了物质利益关系的重要性，从而开始了政治经济学的研究。《批判（草稿）》一书的著述，正是这一研究工作的伟大成果。

（二）《批判（草稿）》的写作是当时无产阶级革命实践提出的新要求

这部著作是马克思根据当时整个西欧无产阶级革命实践提出的新要求而撰写的。

1845 年马克思和恩格斯感到欧洲革命形势日益成熟。马克思建议联合散布在欧洲各地的共产主义团体，成立国际"共产主义通讯委员会"。马、恩深深地投入了当时的革命斗争。但是，当时欧洲各国的小资产阶级社会主义理论还很盛行。如侨居美国的法国"真正社会主义者"克利盖把共产主义描绘成"爱"的宗教，散布伤感主义和宗教观念。德国保守派也不时散布空想社会主义理论。这些小资产阶级的社会主义理论，对当时日益高涨的无产阶级革命运动，有着很大的约束作用和极其有害的影响。

为了科学地制定无产阶级革命的理论，给全世界无产阶级指明一条正确的、现实的解放道路，揭露当时各国小资产阶级社会主义各派别的软弱和谬说，马克思深深地认识到，要真正达到深刻地分析经济因素和批判资本主义社会的目的，就必须系统地研究资本主义的生产关系，阐述资本主义生产关系产生、发展及其灭亡的客观规律，从而使得无产阶级认识到自己受剥削、受压迫的社会根源，认清自己的历史使命。正因为如此，马克思"从社会舞台退回书房"（《马克思恩格斯全集》第 13 卷，第 8 页），开始对政治经济学进行系统的研究，对资本主义的生产关系进行严肃的解剖和批判。

1848 年，欧洲爆发了暴风骤雨般的革命运动。马克思积极地参加了这场革命，因而理论的研究工作被迫暂时中断。革命失败后，1849 年 8 月，马克思侨居伦敦，重新开始这一工作。他广泛收集和阅读大量的文献资料，全面地探讨政治经济学中的一系列重大问题，批判地研究前人的理论，详细地考察各国，特别是英国这一典型资本主义国家的经济情况。完成巨大的准备工作后，1857 年，马克思便着手对收集的材料进行系统的整理和概括。这部《批判（草稿）》写于 1857 年 10 月至 1858 年 5 月，是这一工作的最重要的成果。

## 二、《批判（草稿）》的科学价值和理论意义

在这部著作中，马克思第一次明确地阐述了他的价值理论的基本要点和一些具体细节，并在此基础上，创立了剩余价值理论，这是"马克思经济理论的基石"。正是这一发现，同唯物史观的发现一起，使社会主义从空想变为科学。这部著作是后来的《资本论》的最初草稿，在马克思主义发展史上占有特殊的地位。

在这部手稿中，马克思第一次对商品、劳动、价值、货币和资本作了详细而系统的探讨，阐述了商品以及创造商品的劳动的二重性、货币的本质和职能、从货币到资本的转化以及这种转化的必要条件，以及剩余价值的来源、本质、转化形式和运动规律，揭示了资本主义生产方式的内在的对抗性矛盾和发展的历史趋势。

对于这部草稿，马克思曾说过，这是他经过十五年之久的"诚实探讨的结果"（《马克思恩格斯全集》第 13 卷，第 11 页），是他"一生的黄金时代的研究成果"，"这部著作第一次科学地表述了对社会关系具有重大意义的观点"（《马克思恩格斯全集》第 29 卷，第 546 页）。马克思还一再强调，这是一部"非常严肃、科学"（同上，第 369 页）的著作。恩格斯在评价这部著作时指出，它"绝不是对经济学的个别章节作零碎的批判，绝不是对经济学的某些争论问题作孤立的研究，相反，它一开始就以系统地概括经济科学的全部复杂内容，并且在联系中阐述资产阶级生产和资产阶级交换的规律为目的。既然经济学家无非是这些规律的解释者和辩护人，那么，这种阐述同时也就是对全部经济学文献的批判"（《马克思恩格斯全集》第 13 卷，第 529 页）。恩格斯还指出，马克思在这部著作中所阐发的历史唯物主义的根本原理，"不仅对于经济学，而且对于一切历史科学（凡不是自然科学的科学都是历史学），都是一个具有革命意义的发现"（同上，第 526 页）。可见这部著作的意义是何等重大。

具体地说，本书的科学价值和理论意义可概括为如下几个方面：

（1）第一次从社会主义立场出发，多方面揭露了资产阶级经济学理论的不可解决的自相矛盾，这是《资本论》批判资产阶级政治经济学，完成经济科学领域中的革命的重要开端。

（2）分析了工资、资本的利润和地租这三种收入的来源，提示了资本主义

社会的阶级对抗性，这是《资本论》中关于劳动价值学说和剩余价值学说等理论的最初科学探索。

（3）从劳动本身来考察资本主义私有制的本质，阐明了废除私有制的历史必然性，为共产主义思想体系提供了经济学上的科学论证，它是社会主义学说由空想发展到科学的重要环节之一。

（4）马克思再次谈到政治经济学的方法，论述了逻辑分析和历史考察的相互关系问题，认为有必要探讨资本主义以前的和以后的社会形态以充实对资本主义生产方式本身的考察，因而研究了从原始公社制度到资本主义前的各种所有制形式的发展过程，并在探讨未来社会形式时，对共产主义社会中的劳动、人的发展和人的相互关系等问题作了精湛的论述。这为《资本论》的方法论奠定了初步的基础。

### 三、《形式》一节在马克思主义学说中的地位以及对古代历史研究的指导意义

在《批判（草稿）》一书中，《形式》一节在内容上有着相对的独立性，这一部分的内容在于分析"亚细亚的所有制形式""古代的所有制形式"和"日耳曼的所有制形式"，阐述了古代奴隶制社会、中世纪封建社会的财产关系以及近代资本主义之前提的历史发展过程。从表面上看，这部分内容与全书的思想主旨并无多少内在的联系。因为全书的重点在于分析资本主义的生产关系及其矛盾运动，而《形式》一节却旨在探索资本主义以前的各种所有制形式及其特点。然而，仔细分析，却并非如此。要知道，马克思在《批判（草稿）》中对资本主义生产关系的产生、发展及其必然灭亡过程的考察，是同对历史上各个次第出现的生产关系考察相联系的。这一考察就是逻辑分析和历史考察的统一。马克思写作《批判（草稿）》一书的主要目的，是为了解剖近代资本主义生产关系的矛盾运动及其发展规律，而《形式》一节则偏重于对历史上各种生产关系产生、发展及其前后更替作本质揭示。正是从这种纵与横的双向考察中，马克思不仅发现了资本主义社会的历史奥秘，而且还发现了人类社会经济形态发生、发展、衰亡的必然规律，从而丰富和发展了已有的历史唯物主义的成果。因此，《形式》一节在《批判（草稿）》一书中有着极其重要的地位。它是马克思主义第一次从生产关系尤其是所有制关系的角度对人类社会经济形态发展规律所作的科学分析，是用历史唯物主义观点研究人类社会经济形态发展史的光辉典范。它以缩影的形式包容了马克思主义的社会经济形态学说的主要内容。

《形式》一节具有以下两方面的理论贡献：

一是，《形式》第一次从生产关系，特别是从作为生产关系的基础的所有制

关系的高度，考察了人类社会发展的全部历史过程，把历史唯物主义的原理运用于人类社会经济形态发展史领域，它是马克思主义关于人类社会发展规律学说最终形成的标志。

历史唯物主义的根本点在于用人类的物质生产状况去说明整个人类社会，用生产力和生产关系、经济基础和上层建筑的矛盾运动去说明历史的发展，把社会的运动看成是"自然的历史过程"。早在 19 世纪 40 年代中叶，马克思在批判黑格尔法哲学的过程中，"就已经逐渐接近了这个思想（即历史唯物主义）"（《马克思恩格斯全集》第 21 卷，第 408、409 页），而且在 1845 年春天以前，就曾把这一思想整理出来，其理论成果就是 1846 年 2 月完成的《德意志意识形态》。在这部著作中，马克思、恩格斯初步地阐述了历史唯物主义的基本原理，并用"所有制形式""社会形式"等概念来区别社会发展诸阶段。但是，在关于人类社会历史发展的规律方面，《德意志意识形态》一书并未作任何具体的解说。《形式》一节对原始公社制社会、古代社会（奴隶制社会）、日耳曼社会（封建社会）、资本主义社会和社会主义社会的产生、发展，相互递嬗，则作了历史唯物主义的系统论证。全文从生产关系尤其是所有制关系的不同形态出发，阐述了不同社会经济形态中生产关系的核心内容、本质特点及其不同形式，并以此系统地分析了资本主义以前各种生产关系产生和发展的历史过程。至此，马克思主义关于人类社会历史发展规律的学说就被明确地阐发出来了。

二是，《形式》冲破了"欧洲中心论"的藩篱，首次提出了"亚细亚生产方式"的理论，为科学地理解东方社会历史发展提供了一把理论之钥匙，从而揭示了东西方社会历史发展的共同规律和各自有别的具体特点，揭示了整个人类社会历史发展共同性和多样性的有机统一，这是对历史唯物主义的进一步发展和完善。

在马克思之前，西方人对东方社会的研究也不乏其人。从法国启蒙时代的思想家孟德斯鸠，到英国古典经济学家亚当·斯密和德国古典哲学家黑格尔等，都曾对东方社会作过这样那样的分析。由于阶级的偏见和时代的局限，他们都认为东方社会只有得到西方近代文明的拯救才有发展的可能，从而他们的研究便自觉或不自觉地成为西方列强侵略东方各国的"理论"依据。而《形式》对当时欧洲以外的前资本主义形态的各种生产关系作了较为全面的研究，提出了"亚细亚生产方式"的理论，从而揭示了整个人类社会历史发展的统一性和多样性，揭示了世界历史发展的共同规律和各国家、民族历史发展的具体的各自的特点。

马克思主义关于前资本主义社会经济形态、公社、东方社会的理论，博大精深，这些理论，对于研究古代历史，无疑具有重要的指导意义。

小结：

（1）关于亚细亚生产方式的理论，对研究中国古代社会史有一定指导意义。

当然，这个理论是否与中国历史实际相符，目前尚无统一看法，但至少公社、专制君主等这样一些特征在中国是存在的。

（2）关于农村公社的理论，可指导我们深入研究夏商周时期的公社以及社会经济结构，特别是农村公社两重性的理论，可帮助我们理解公社在中国阶级社会长期存在的现象。

（3）关于财产的起源以及战争在其中所起的作用的理论，对研究中国原始社会向阶级社会的过渡具有重要意义。

（4）关于亚细亚的、古典古代的、日耳曼的等多种公社形态的理论，可指导我们将中国古代史与世界史的相应阶段作比较研究。

（5）马、恩关于印度社会的分析，可以作为我们分析中国古代社会的参照对象。

## 四、 关于该书的出版情况

《批判（草稿）》共有七本，长达 308 页。1939 年和 1941 年用德文原文分两册先后在莫斯科公开出版，当时编者加的书名为《政治经济学批判大纲（草稿）》。1953 年，《批判（草稿）》在柏林重新出版。《批判（草稿）》的第一个中译本由刘潇然翻译，1961—1978 年由人民出版社分五个分册相继出版（《形式》一节收入第三分册）。第二个中译本由中共中央编译局翻译，收入《马克思恩格斯全集》第 46 卷上、下册，分别于 1979 年和 1980 年出版。

《形式》一节，在 1939 年苏联的《无产阶级革命》杂志第 3 卷，以《资本主义生产以前各形态》为名正式发表。1953 年，日知（林志纯）在《文史哲》杂志第 1—3 期将全文译成中文。1956 年，人民出版社出版了单行本。《马克思恩格斯全集》的译本、刘潇然的译本、日知的译本可以互相参照阅读。

## 五、 阅读书目

### （一）必读著作

马克思《资本主义生产以前的各种形式》，载《马克思恩格斯全集》第 46 卷上册，第 470 – 520 页。另有两种不同译本：刘潇然译《政治经济学批判大纲》第三分册，第 90 – 135 页，"资本主义生产以前的〔所有制〕形态，（论资本主义关系形成以前或原始积累以前的发展过程）"人民出版社 1963 年发行；日知译《资本主义生产以前各形态》，人民出版社 1956 年出版。三种译本可以互相参阅。

马克思《给维·伊·查苏利奇的信》《给维·伊·查苏利奇的复信稿》，载

《马克思恩格斯全集》第 19 卷，第 268 - 269、430 - 452 页，作于 1881 年。俄国女革命家查苏利奇向马克思写信请教农村公社在俄国革命中的作用问题，为此，马克思写了四次复信草稿（第四稿与正式复信基本相同），仔细阐述了有关农村公社的各方面问题。这些草稿和正式复信，构成了对农村公社问题的系统论述。

毛泽东《中国革命和中国共产党》第一章"中国社会"，载《毛泽东选集》合订本，第 584 - 594 页，写于 1939 年。这章概括叙述了中国封建社会经济与政治制度的主要特征，提出了中国封建社会的主要矛盾及长期停滞不前的基本原因等。

### （二）阅读著作

马克思《不列颠在印度的统治》《不列颠在印度统治的未来结果》，载《马克思恩格斯选集》第 2 卷，第 62 - 75 页；马克思《致恩格斯》（1853 年 6 月 2 日）、恩格斯《致马克思》（1853 年 6 月 6 日）、马克思《致恩格斯》（1853 年 6 月 14 日），载《马克思恩格斯全集》第 28 卷，第 253 - 257、258 - 265、268 - 273 页，均作于 1853 年。这一组论文和通信集中分析了印度的社会状况，提出了印度社会存在农村公社、没有土地私有制、政权为专制主义中央集权、社会发展缓慢与停滞等特征。

恩格斯《马尔克》，载《马克思恩格斯全集》第 19 卷，第 351 - 369 页，作于 1882 年。这部著作简明地阐述了日耳曼土地公社所有制的一般状况、公社土地所有制的瓦解过程，以及德国农民的产生和发展历史。

恩格斯《法兰克时代》，载《马克思恩格斯全集》第 19 卷，第 539 - 599 页，作于 1881—1882 年。这部著作分析了在日耳曼土地公社所有制之下怎样产生了形成土地私有制的条件、地产的集中是怎样一个过程、大封建地主阶级和依附于他们的农民阶级是怎样产生的，以及国家权力是如何形成的。

马克思《马克思古代社会史笔记》，人民出版社 1996 年出版。这部著作收录了 1879—1882 年间马克思所写的五篇读书笔记，包括《马·柯瓦列夫斯基〈公社土地占有制，其解体的原因、进程和结果〉一书摘要》《路易斯·亨·摩尔根〈古代社会〉一书摘要》《约翰·菲尔爵士〈印度和锡兰的雅利安人村社〉一书摘要》《亨利·萨姆纳·梅恩〈古代法制史讲演录〉一书摘要》《约·拉伯克〈文明的起源和人的原始状态〉一书摘要》。马克思自 19 世纪 70 年代中期起就加紧了对前资本主义社会形态的研究，作了大量读书笔记，这五篇笔记是其中的一部分。按照马克思主义理论，古代民族的社会形态，是由两个自发产生的社会关系即血缘亲属关系和生产资料公社所有制决定的。直到资本主义社会确立以前，所有社会，特别是在发展比较缓慢的社会中，都程度不等地存在着这两种社会关系或者它们的变种的影响，在其社会生活的各个方面都留有它们不同程度的印记。这五篇笔记的基本主题，就是对这些古老的社会关系的历史考察。马克思对他所阅读的各家著作的精心摘录和处理，特别是他写下的许多批注和评语，不仅表明他晚年依然努力开拓新的研究领域，而且也体现出他的理论的新发展。

（三）参考著作

赵家祥：《马克思主义的社会形态理论简论》，北京大学出版社 1988 年版。

吴泽：《东方社会经济形态史论》，上海人民出版社 1993 年版。

朱坚劲：《东方社会往何处去：马克思的东方社会理论》，上海社会科学出版社 1996 年版。

刘启良：《马克思东方社会理论》，学林出版社 1994 年版。

# 第二讲　《资本主义生产以前的各种形式》对东方社会关系的论述

在第一讲中我说过《形式》一书的理论贡献之一是对东方社会关系的论述。马克思在《批判（草稿）》中开始把东方社会当作一个独特的社会形态从理论上加以分析。有的学者说《形式》一文对社会形态学说的主要贡献在于新创了一个"亚细亚"或"东方"的所有制形式，而不在于各社会形态的依次更替（朱坚劲《东方社会往何处去》，第157页）。

在《形式》中，马克思对历史上曾经存在过的三种主要所有制形式的性质和特点作了系统的考察。这当然是他对人类社会历史作了大量研究的结果，并没有局限于西方社会的历史。这三种所有制形式是：亚细亚的所有制形式、古代的所有制形式和日耳曼的所有制形式。马克思在手稿中还提到斯拉夫的所有制形式，说它是亚细亚的所有制的变态形式，不过没有加以分析。

诚如许多学者所述，在《形式》里，几种所有制形式的先后次序，是按距离资本主义社会的远近而排列的。在亚细亚的所有制形式里，生产劳动者与生产资料的结合最为牢固，因而资本主义发展的可能性最为狭窄，从而距离资本主义生产方式也最远。正是在这个意义上，马克思把亚细亚的所有制形式排列在首位。

值得注意的是，这三种所有制形式的先后次序，与黑格尔把世界历史分为四个时期相比，不难发现两个序列的相似之处。在《历史哲学》中，黑格尔把世界历史分为：①东方时期；②希腊时期；③罗马时期；④日耳曼时期。在《形式》中，"亚细亚的所有制形式"与"东方时期"对应，"古代的所有制形式"同"希腊时期""罗马时期"相对应，"日耳曼的所有制形式"则与"日耳曼时期"相呼应。不同的是，黑格尔把世界历史看作是东方王国、希腊王国、罗马王国和日耳曼王国四个王国的演变。马克思则把社会历史看作是几种所有制形式的更替。这几种所有制形式的先后次序，按照距离资本主义所有制的远近排列。

在《导言》中，马克思写道："资产阶级经济只有在资产阶级社会的自我批判已经开始时，才能理解封建的、古代的和东方的经济。"（《马克思恩格斯全集》第46卷上册，第44页）在这里，资产阶级经济、封建经济、古代经济、东方经济，业已构成一个系列。虽然还不是社会形态更替的序列，但是东方社会是一个具有独特的特征的社会是很清楚的了。

在《形式》中，马克思把"亚细亚所有制形式"称为"东方特有的形式"

（《马克思恩格斯全集》第 46 卷上册，第 477 页），并阐述了这种形式独具的特征。

马克思这时对所有制的阐述已经形成了较为完整的体系。他既把所有制当作生产关系的总和，又把所有制作为生产关系的基础，特别是把所有制看作生产的前提。他把所有制归结为"劳动对它的客观条件的关系"（同上，第 511 页），并对财产概念作了界定："财产仅仅是有意识地把生产条件看作是自己所有这样一种关系"（同上，第 493 页）。这里使用的"所有制"与"财产"两个概念，在德语中都是 Eiβentum。德语中的这个词是个多义词，表示主体对客体的关系或处于这种关系中的物，在这种关系中，主体对客体拥有完全的使用权和支配权。在《马克思恩格斯全集》的中文版里，这个词按不同情况分别译为"所有""所有权""所有制""所有物""财产"等。这个词是一种法律用语，包含有"生产关系"的含义。

在《形式》中，马克思首先分析的是原始共同体所有制内部结构的不同部分的不同组合。在原始共同体所有制中，"财产最初意味着（在亚细亚的、斯拉夫的、古代的、日耳曼的所有制形式中就是这样）劳动的（进行生产的）主体（或再生产自身的主体）把自己的生产或再生产的条件看作是自己的东西"（同上，第 496 页），劳动主体把生产的自然条件——土地看作共同体的财产。然而，当单个劳动者把土地当作个人使用的财产来对待时，必须"以他作为部落等等成员的自然形成的存在为媒介"，即"每一个单个的人，只有作为这个共同体的一个肢体，作为这个共同体的成员，才能把自己看成所有者或占有者"。（同上，第 483、472 页）这就是说，在原始共同体里，所有者与占有者是同一所有制主体的不同部分，所有与占有相分离。

马克思跟着提出与这种原始共同体所有制形式完全不矛盾的"亚细亚所有制形式"概念。这个概念就是"亚细亚生产方式"的前身。

亚细亚所有制形式与原始共同体所有制形式，是既有联系又有区别的两个概念。两者之间不能简单地画上等号。前者是后者在历史上、地域上等发生一些重要变化的产物。

在《形式》中，马克思分析了亚细亚所有制形式的特点。

## 一、 两级财产关系 （两级土地财产关系）

所谓"东方特有的形式"，特就特在所有制内部关系上。在东方特有的形式下，所有者和占有者是同一所有制主体的不同部分。其结构如下所示：

|  | （国家） | （公社） | （公社成员） |
|---|---|---|---|
|  | 统一体 ———— | 共同体 ———— | 单个的人 |

首先，单个的公社成员只是一块特定土地的占有者，只是公共财产的共有者。公共财产的每一小部分都不属于任何单独的成员，而属于作为公社的直接成员的人。单独的人只是占有者，只有公共财产，单独的人在事实上失去了财产。

其次，实际的公社只不过表现为世袭的占有者，只是名义上的所有者。

再次，总合的统一体表现为更高的所有者或唯一的所有者。这种统一体是实际的所有者，并且是公共财产的真正前提。

总之，在东方特有的形式下，财产"对这单个的人来说是间接的财产，因为这种财产，是作为这许多共同体之父的专制君主所体现的统一总体，通过这些单个的公社而赐予他的"（《马克思恩格斯全集》第46卷上册，第478页）。也就是说，在大多数亚细亚的基本形式中，存在着两级财产关系：一级是总合的统一体与单个的共同体之间的财产关系；一级是共同体与单个的成员之间的财产关系。

在第一级财产关系中，总合的统一体表现为更高的所有者或唯一的所有者，实际的公社只表现为世袭的占有者。马克思从逻辑上对这一级财产关系的起源作了简明的分析："因为这种统一体是实际的所有者，并且是公共财产的真正前提，所以统一体本身能够表现为一种凌驾于这许多实际的单个共同体之上的特殊东西。"（同上，第473页）

这一级财产关系是亚细亚形式特有的，是原始共同体在地域上发生重要变化的产物。

在第二级财产关系中，单个的人只有作为公社的一个肢体，才能把自己看成所有者，从而在事实上失去了财产，单个的公社成员不过是公共财产的共有者。实际的公社完全能够独立存在，对单个的人来说，公社不仅仅是占有者，而且是所有者。这一级财产关系是如何形成的？马克思解释说：因为单个人的财产，是由专制君主通过单个的公社而赐予的。（同上，第473页）

在《日耳曼的所有制形式，它同亚细亚的和古代的所有制形式的区别》这一节中，马克思对公社与公社成员之间的财产关系作了详尽的分析：

> 公社成员本身，……在东方特有的形式下……是公共财产的共有者。
>
> （同上，第477－478页）
>
> 在财产仅仅作为公社财产而存在的地方，单个成员本身只是一块特定土地的占有者，或是继承的，或不是继承的，因为财产的每一小部分都不属于任何单独的成员，而属于作为公社的直接成员的人，也就是说，属于同公社直接统一而不是同公社分开的人。因此，这种单个的人只是占有者。只有公共财产，只有私人占有。
>
> （同上，第478页）

在马克思看来，公社成员既是所有者，又是占有者。作为公社的成员，他是公共财产的共有者，即所有者。作为单个成员，他本身只是一块特定土地的占有者，即私人占有。也就是说，所有者与占有者是同一所有制的主体，土地的所有者同时也是占有者。

对这种原始形式的财产关系，马克思又作了补充性的说明：

> 在亚细亚的（至少是占优势的）形式中，不存在个人所有，只有个人占有；公社是真正的实际所有者；所以，财产只是作为公共的土地财产而存在。
>
> （同上，第 481 页）

也就是说，所有者与占有者是同一所有制主体的不同部分。公社是实际的所有者，不存在个人所有。公社成员只是占有者，只有个人占有。

## 二、 第二类财产关系 （劳动工具的所有权问题）

在东方特有的形式中，不仅存在着土地财产，也存在非土地财产，存在着对工具的所有权。

在亚细亚的基本形式下，对劳动工具的所有权，或者说，劳动者作为工具所有者而进行劳动，已经成为一种与土地财产并存并且存在于土地财产之外的独立形式。这种劳动工具所有制形式，马克思称为"第二类财产"（即手工业）。这"第二类财产"与土地财产不同的是，"工具本身已经是劳动的产物，也就是说，构成财产的要素已经是由劳动生产的要素"。在这种情况下，"共同体本身已经是被创造出来的、产生出来的、由劳动者本身创造出来的共同体"。也就是说，第二类财产借以建立的共同体不再像第一种情况下那样以一种自然形成的形式出现了。劳动工具归劳动者所有，不同于把土地（原料本身）看作归劳动者所有。"这种对生产条件的这一要素的关系，把劳动主体确立为所有者，使他成为从事劳动的所有者。"马克思称这类所有者为"第二类从事劳动的所有者"（即手工业者），称这样一种状态为"第二种历史状态"。（同上，第 500 – 501 页）这第二种历史状态，按其本性只有作为第一种历史状态的对立物，或者说，同时作为已经改变的第一种状态的补充对立物，才能存在。

但是在亚细亚的基本形式下，情况却并非如此。在《形式》中，马克思写道："在东方专制制度下以及那里从法律上看似乎并不存在财产情况下，这种部落的或公社的财产事实上是作为基础而存在的，这种财产大部分是在一个公社范围内通过手工业和农业相结合而创造出来的，因此，这种公社完全能够独立存在，而且在自身中包含着再生产和扩大生产的一切条件。"（同上，第473页）这是亚细亚所有制形式的实质所在，也是亚细亚形式保持得最顽强也最长久的主要原因。第二类从事劳动的所有者，并没有取得独立于土地财产所有者的地位，相反，手工业作为世袭的职业，牢牢依附于社会躯体上。

总之，第二类财产形式，即劳动工具的所有制形式，同第一类财产形式一起，构成亚细亚形式的基础。他们与共同体牢牢地长在一起。正如马克思所说："其原因也在于手工业和农业的结合，城市（乡村）和土地的结合。"（同上，第495页）"在于传统的方式在东方特有的那种农业与工业的结合中，能够保持得很久很久。"（同上，第494页）

## 三、 贡赋关系 （分配关系）

在大多数亚细亚的基本形式中，分配关系主要表现为贡赋关系。在《形式》中，马克思对东方特有的贡赋关系作了这样的表述：

> 凌驾于所有这一切小的共同体之上的总合的统一体表现为最高的所有者或唯一的所有者……剩余产品（其实，这在立法上被规定为通过劳动而实际占有的成果）不言而喻地属于这个最高的统一体。
>
> （同上，第473页）

贡赋关系是东方以公社为基础的公共土地所有制的经济实现，是作为共同体之父的专制君主之土地所有权借以实现的形式。"在亚洲各社会中，君主是国内剩余产品的唯一所有者。"（同上，第466页）

赋税和徭役是国家榨取剩余劳动的特殊表现形式。按照马克思的看法，在东方国家，国家是最高的地主，也是社会剩余产品的主要所有者。因此，赋税或地租是由君主征收的。与欧洲不同，在亚洲，赋税与地租往往合而为一，是不加区分的。东方的君主往往一身而两任焉。与其他生产方式不同，东方社会剩余产品的主要所有者，不是奴隶主，也不是农奴主，而是国家（例如东方的专制君主）。公共土地所有制的支配地位决定了贡赋关系在分配关系中的主要位置，也决定了国家是社会剩余产品主要所有者。

## 四、 交换关系

在东方公社内部，交换不发达，交换只是附带进行的，并未能触及整个公社生活。马克思说，在东方社会，贸易归根到底也是专制政府的职能：

真正的城市只是在特别适宜于对外贸易的地方才形成起来，或者只是在国家首脑及其地方总督把自己的收入（剩余产品）同劳动相交换，把收入作为劳动基金来花费的地方才形成起来。

（同上，第 474 页）

东方公社内部不发达的交换取决于农业和手工业结合的自给自足的自然经济形式，公社的财产大部分是在小规模的公社范围内通过手工业和农业相结合而制造出来的，因而，这种公社在其自身中包含着再生产和扩大生产的一切条件。

（同上，第 473 页）

交换，按其本性对原始的财产关系起着解体作用。剩余产品的交换，必然会促进自给自足的工农业统一的财产形式的解体。但是，在东方的形式中，如果不是由于纯粹外界的影响，发生解体几乎是不可能的，因为公社的单个成员对公社从来不处于可能会使他丧失他同他的公社的经济联系的那种关系之中，他是同公社紧密地长在一起的。

## 五、 统治和隶属关系

在亚细亚形式下，单个人对公社来说不是独立的，"单个人如果改变自己对公社的关系，他也就在改变公社、破坏公社，同样也破坏公社的经济前提"（同上，第 485 页）。在这种原始关系之中，个人必须无条件地服从于原始共同体，个人的自由受到极大的限制。用马克思的话来说，在亚细亚形式下，"单个的人从来不能成为所有者，而只不过是占有者，实质上他本身就是作为公社统一体的体现者的那个人的财产，即奴隶"（同上，第 493 页），"个人把劳动条件看作自己的东西（这不是劳动即生产的结果，而是其前提），这是以个人作为某一部落体或共同体的成员的一定的存在为前提的（他本身在某种程度上就是共同体的财产）"（同上，第 496 页）。

以共同体为基础的和以共同体下的劳动为基础的亚细亚所有制形式是原始的形式，奴隶制、农奴制等不过是其派生的形式，是亚细亚所有制的必然的和当然的结果。马克思把亚细亚所有制与奴隶制、农奴制加以比较，称亚细亚所有制为"东方的普遍奴隶制"（同上，第 496 页）。因为高居于公社之上的统一体，即作为共同体之父的专制君主事实上充当了一个总体的奴隶主，而全体公社成员则沦为间接的但因而也是普遍的奴役对象。所以马克思把这种劳动者并不直接服务于某一第三者个人的那种社会关系，称为"东方的普遍奴隶制"。

## 六、 城乡关系

城乡关系是亚细亚形式区别于古代的、日耳曼的、资本主义形式的一个重要方面。

城市是人群聚集和居住的特定区域。人类生存方式的最初形式是放牧。游牧的畜牧部落是旅行团体，是结队旅行者，是游牧群。人类一旦定居下来，就依种种外界（气候、地理、物理等）条件，选择居住的区域，聚集而居。城市是人类生活聚落的发展形态。城市出现以后，人群居住的聚落就分离为城市与乡村，并产生城乡差别。城市的出现是人类社会进入文明时代的标志之一。但是城市的形成是一个复杂而漫长的过程，从开始萌芽，到初创，尔后还有一个发展完善的过程。

在《形式》中，马克思以所有制形式为出发点，依次考察了亚细亚的、古代的、日耳曼的所有制形式下的城乡关系。

在亚细亚形式中，城市已经出现，并且与乡村并存。不过，马克思认为，亚细亚的城市与乡村之间无差别，"亚细亚的历史是城市和乡村无差别的统一"（同上，第480页）。这就是说，东方的那些城市，甚至大城市，都不是真正意义上的城市，经济意义上的城市，而只能看作"王公的营垒"，看作"经济结构上的赘疣"（同上，第480页）。

东方最早的城市，其产生和存在都不是商业发展及人口聚集的结果。在东方，作为贸易场所的"市"与"城"的结合，是较晚才出现的事情。例如在中国，殷商时期的都城遗址中尚未发现有市场的遗迹。可见，中国最早城市的兴起，与经济贸易发达并没有直接的联系。相反，倒是社会发展到一定阶段，"城"设施逐渐完善以后，由于"城"人口最为集中，居于"城"的统治者具有当时社会最强的购买力，作为贸易场所的"市"，才逐渐在"城"中得到发展，"市"与"城"开始结合起来。因此，马克思说，在东方，"真正的城市只是在特别适宜于对外贸易的地方才形成起来"（同上，第474页）。

最早的东方城市的形成，几乎无不出于统治者的政治特别是军事需要，城市往往是在工商业尚未发达以前，甚至是在独立的工商业完全不存在的情况下建立起来的。换句话说，在东方城市起源过程中，政治、军事因素起了举足轻重的作用。即使是工商业在城市中有了发展以后，东方城市的政治军事性质一直没有发生根本变化，兴建城市通常只是专制政府的事业。东方城市也始终没有摆脱政治统治者的直接控制。

东方城市虽有工商业，但并不是乡村分离的一个经济单位。东方城市也不是独立于乡村的经济中心，而是统治者对乡村加以控制、剥削的神经中枢。

东方城市主要是消费性城市。那里的工商业，主要是为各级统治者服务的。商业与手工业者在经济生活中都不占重要地位。在东方公社，农业与手工业的结合牢固，生活基本自给自足，对市场的依赖性甚微，购买力很低，乡村对城市也不存在经济上的依赖关系。相反，居住在城市的统治者拥有较高的购买力。城市在经济上则仰赖乡村。

在《形式》中，马克思以城乡关系为线索，作为时代的内涵，初步描绘了历史时代的序列：

（1）古典古代的历史是城市的历史，不过这是以土地财产和农业为基础的城市；

（2）亚细亚的历史是城市和乡村无差别的统一历史；

（3）中世纪（日耳曼时代）是从乡村这个历史的舞台出发，然后，它的进一步发展是在城市和乡村的对立中进行的；

（4）现代的历史是乡村城市化，而不像古代那样，是城市乡村化。（同上，第480页）

## 七、 共同体形式

马克思把亚细亚形式看作一种共同体形式。首先是自然形成的共同体，即天然的共同体，一旦人们定居下来，这种原始共同体，就依种种外界的条件，以及他们的特殊的自然性等等，而或多或少地发生变化。

土地是这种自然形成的部落共同体的基础。人类把土地看作是共同体的财产，而且是在劳动中生产并再生产自身的共同体的财产。（同上，第472页）

"自然形成的共同体形式"，即马克思、恩格斯的《德意志意识形态》中所说的人类最初的所有制形式——部落所有制。在私有制出现以前的时期，部落是原始社会中人们共同体的主要形式，是比氏族更大的人们共同体。在氏族所有制之外，还存在部落所有制——土地公共所有制。

随着社会生产力的发展、社会大分工的产生、畜牧业和农业的出现和进一步发展，以及手工业逐渐从农业中分离出来，氏族部落组织让位于更新的人们共同体形式。这种共同体形式的基础已不是血缘联系，而是地域之间的联系。这种新的人们共同体形式就是部族，即比部落更为发达的更加稳定的人们共同体。

部落的消亡与部族的形成，是一个漫长的过程。在亚细亚的基本形式中，这个过程甚至长达几千年。马克思在《亚细亚的所有制形式》一节中所说的"公社"，便处于部落向部族过渡状态。他有时也把公社与部落并列，例如"部落或公社的财产"（同上，第473页）。在大多数亚细亚的基本形式中，公社的过渡性质是不难发现的：

（1）在部落共同体中存在着两级所有制，即氏族、部落所有制；而东方特有的"公社"共同体中，存在着三级财产：统一体财产、公社财产、个人财产。

（2）作为部落共同体基础的生产组织形式是亲属血缘关系；而东方"公社"共同体形式的基础则是血缘关系与地域联系相结合。正如马克思所说："在公社内部，单个的人则同自己的家庭一起，独立地在分配给他的份地上从事劳动"，或是，"统一体能够使劳动过程本身具有共同性，这种共同性能够成为整套制度"。（同上，第473－474页）这就是说，家庭劳动与共同劳动是共同体的两种并存的生产组织形式。在东方，由公社或由高居于各个公社之上的统一体规定的共同劳动（例如兴建颂扬统一体的宏伟工程、修建人工灌溉渠道等等）越少，从而通过共同劳动而实际占有公共条件的可能性越少。自然形成的部落共同体的性质受到破坏越大，离开自己原来的住地越远，那么，作为部落共同体基础的生产组织形式变化越大。

部落共同体向部族共同体的过渡表现为血缘关系向地域联系的转变。而东方的"公社"共同体则处于两者过渡之中。

## 八、 社会组织形式

马克思在深入探究东方社会结构时，沿用法国启蒙学者率先使用的"东方专制主义""东方专制制度"等概念，用以从理论上概括东方社会的政治结构。

在《亚细亚的所有制形式》中，马克思把高居于公社或部落共同体之上的最高的统一体称为"专制政府"，称"专制君主"为"共同体之父"。换句话说，国家（东方专制君主）是以共同体的名义对社会实行政治统治。

为什么出现这样的政治结构？

第一，战争是东方专制制度形成的一个要素。在《形式》中，马克思指出，战争是每一个自然形成的共同体的最原始的工作之一，既用以保护财产，又用以获得财产（同上，第490页）。可以这样说，军事一直是在亚细亚政治生活中的一项重要内容。"某一个共同体，在它把生产的自然条件——土地（如果我们立即来考察定居的民族）——当作自己的东西来对待时，会碰到的唯一障碍，就是业已把这些条件当作自己的无机体而加以占据的另一个共同体。"（同上，第490页）在生产力低下的古亚细亚，要获得财产，就是广占土地和人口，军事征服是常有的事。军事首长很容易转变为专制君主。

第二，"在亚细亚各民族中起过非常重要作用的灌溉渠道，以及交通工具等等，就表现为……专制政府的事业。"（同上，第474页）执行社会职能以保持专制制度，这是东方专制主义的一个特征。

第三，东方专制君主是全国土地的唯一所有者。国家对土地、居民拥有无可争议的最高所有权。马克思在《形式》中说："在大多数亚细亚的基本形式中，凌驾于所有这一切小的共同体之上的总合的统一体表现为更高的所有者或唯一的所有者，实际的公社只不过表现为世袭的占有者。"（同上，第 473 页）这种统一体表现为一种"特殊东西"，即"许多共同体之父的专制君主"。（同上，第 473 页）

总的说来，马克思在《形式》中勾画出了东方社会结构的重要特点。但由于是一份草稿，关于亚细亚所有制形式的材料缺乏实证性，其材料证明是不充分的，行文也不那么系统，凡此不足，后来由马克思本人和恩格斯加以充实。

# 第三讲　马克思主义社会形态理论与 "亚细亚生产方式" 问题的讨论

## 一、 社会形态学说是历史唯物主义理论命题

### （一） 经典作家关于社会形态概念的论述

社会形态学说是马克思的基本理论。它包括社会经济形态、社会政治形态和社会意识形态三个组织部分，其中社会经济形态是社会形态学说理论的基础。

在马、恩、列的著作中，社会形态概念在多数情况下是指 "社会经济结构" "生产关系总和" "生产关系体系" 等。马克思在《〈政治经济学批判〉序言》中，三处使用社会形态概念，都是指生产关系或 "生产关系总和"。

他说："无论哪一个社会形态，在它们所能容纳的全部生产力发挥出来以前，是决不会灭亡的；而新的更高的生产关系，在它存在的物质条件在旧社会的胞胎里成熟以前，是决不会出现的。"（《马克思恩格斯选集》第 2 卷，第 83 页）这里把社会形态和它们能容纳的生产力直接联系起来，显然是指生产关系。

马克思还说："大体说来，亚细亚的、古代的、封建的和现代资产阶级的生产方式可以看作是社会经济形态演进的几个时代。"（同上）这里的社会形态也是指生产关系而言。

恩格斯在 1890 年 8 月 5 日致康拉德·施米特的信中说："必须重新研究全部历史，必须详细研究各种社会形态存在的条件，然后设法从这些条件中找出相应的政治、私法、美学、哲学、宗教等观点。"（《马克思恩格斯选集》第 4 卷，第 475 页）这里把社会形态看作是政治、私法、美学、哲学、宗教等观点产生的根源，显然是指社会经济基础，即生产关系总和。

列宁说过，马克思 "第一次把社会置于科学的基础上，确立了社会经济形态是一定生产关系的总和，确定了这种形态的发展是自然历史过程"（《列宁全集》第 1 卷，第 122 页），又说："马克思主义者认为必须解释这些剥削现象，把它们联合成一定的生产关系体系，即特殊的社会经济形态，而这种经济形态的活动和发展的规律是需要做客观研究的。"（同上，第 420 页）列宁明确把社会形态定义为 "生产关系总和" "生产关系体系"。

但是，在马、恩、列的著作中，社会形态概念有时也包括生产力和上层建

筑，特别是在论述社会形态发展时，总是下连生产力，上连上层建筑，从生产力、生产关系、上层建筑的相互作用分析社会形态的发展过程。

首先，考察一下把生产力包括在社会形态中的论述。马克思在《资本论》第1卷中说：

> 动物遗骸的结构对于认识已经绝迹的机体（肌体）有重要的意义，劳动资料的遗骸对于判断已经消亡的社会经济形态也有同样重要的意义。各种经济时代的区别，不在于生产什么，而在于怎样生产，用什么劳动资料生产。劳动资料不仅是人类劳动力发展的测量器，而且是劳动借以进行的社会关系的指示器。
>
> （《马克思恩格斯全集》第 23 卷，第 204 页）

显然，这里是把劳动资料（生产力）包括在社会形态之中。

其次，考察一下把上层建筑包括在社会形态中的论述。马克思在《剩余价值理论》中说：

> 因为施托尔希不是历史地考察物质生产本身，他把物质生产当做一般的物质财富的生产来考察，而不是当做这种生产的一定的、历史地发展的和特殊的形式来考察，所以他就失去了理解的基础，而只有在这种基础上，才能够既理解统治阶级的意识形态组成部分，也理解一定社会形态下自由的精神生产。
>
> （《马克思恩格斯全集》第 26 卷第 1 分册，第 296 页）

显然，这里是把"意识形态""精神生产"也包括在社会形态之中。

列宁在讲到资本主义社会形态时指出：

> 马克思在《资本论》中，"专门以生产关系来说明该社会形态的结构和发展，但又随时随地地探究适合于这种生产关系的上层建筑，使骨骼有血有肉。《资本论》所以大受欢迎，是由于……这一著作把整个资本主义社会形态作为活生生的东西向读者表明出来，将它的生活习惯，将它的生产关系所固有的阶级对抗的具体社会表现，将维护资产阶级统治的资产阶级政治上层建筑，将资产阶级的自由平等之类的思想，将资产阶级的家庭关系都和盘托出"。
>
> （《列宁全集》第 1 卷，第 121 页）

根据列宁这个论述，社会形态不仅包括一定的生产关系，而且还包括该社会中人们的生活习惯、阶级对抗、上层建筑、社会意识形态、家庭关系等等。

最后，考察一下在谈到社会形态发展时把生产力、生产关系、上层建筑联系在一起的有关论述。马克思在 1857 年至 1858 年写的《政治经济学手稿》中说：

> 人的依赖关系（起初完全是自然发生的），是最初的社会形态。在这种社会形态下，人的生产能力只是在狭窄的范围内和孤立的地点上发展着。以物的依赖性为基础的人的独立性，是第二大形态，在这种形态下，才形成普遍的社会物质交换，全面的关系，多方面的需求以及全面的能力的体系。建立在个人全面发展和他们共同的社会生产能力成为他们的社会财富这一基础之上的自由个性，是第三个阶段。
>
> （《马克思恩格斯全集》第 46 卷上册，第 104 页）

马克思在这里从人的能力的发展上把人类社会分为三大形态。第一大形态包括资本主义以前的各个社会形态，第二大形态是资本主义社会形态，第三大形态是共产主义社会形态。他在讲这三种社会形态发展时，既讲人的生产能力即生产力，又讲人的全面的关系即生产关系和其他社会关系，同时还讲人的需求、个性等。这里讲的社会形态包括了生产力、生产关系、上层建筑各种社会要素。

从上述考察可以看出，社会形态概念在马、恩、列的著作中，是一个多义概念：有时指生产关系总和、社会经济结构；有时指生产力和生产关系的统一，即生产方式；有时指经济基础及其上层建筑；有时指生产力、生产关系和上层建筑的总和。我认为把社会形态看作生产力、生产关系、上层建筑各种社会要素的总和是比较正确、全面的。

### （二）社会形态的定义

综上所述，社会形态的定义应是：社会形态是由历史上一定的生产力、生产关系、上层建筑等全部社会要素组成的统一的完整的社会体系，是按照本身特有的规律运动、变化、发展着的活的社会机体。

这个定义主要包括以下几层意思：

（1）一定的社会形态归根结底是由一定的生产力发展水平决定的。生产力是组成社会形态的重要因素之一，虽然它不是区分不同的社会形态的直接标志。

（2）一定的生产关系是构成一定社会形态的骨骼、它是由生产力的发展水平决定的，同时又决定其余一切社会关系。一定的生产关系是决定该社会形态的性质的直接标志。

（3）社会形态除骨骼外，还包括使骨骼有血有肉的上层建筑以及其他一切社会现象（如不包括在上层建筑中的自然科学、逻辑学、语言学等社会意识形态）和社会关系（如家庭、氏族、部落、民族等各种人群共同体）。社会形态具有十分丰富的内容。

（4）社会形态是由上述全部社会要素构成的一个有机联系的完整的社会整体，而不是由这些要素机械拼凑起来的东西。

（5）社会形态是一个活生生的社会有机体。社会形态和社会有机体这两个术语反映的内容是完全相同的，社会形态是一个科学概念，社会有机体是一个比喻性概念。每一个社会形态都有其特殊的本质和特殊的发展规律，有其产生、存在、发展和灭亡的历史，一个较低的社会形态必然为另一个较高的社会形态所代替，人类社会的历史就是社会形态更替的历史。

## 二、 社会形态的发展是一种 "自然历史过程"

### （一）"自然历史过程"的含义

马克思在《资本论》第一版序言中说："我的观点是：社会经济形态的发展是一种自然历史过程。不管个人在主观上怎样超脱各种关系，他在社会意义上总是这些关系的产物。同其他任何观点比较起来，我的观点是更不能要个人对这些关系负责的。"（《马克思恩格斯全集》第23卷，第12页）马克思所说的社会形态的发展是一种自然历史过程，是指人类社会也像自然界一样，是客观的、物质的、辩证的发展过程，具有不以人的主观意志为转移的客观规律性。

第一，人类社会同自然界一样，是客观的、物质的。人类和人类社会是自然界的一部分，是整个物质世界的一部分，是物质自然界长期发展的产物，是物质世界的一种特殊的存在形式和运动形式。人类社会存在和发展的基础是物质生活的生产方式，它是物质生产力和物质生产关系两个方面构成的统一体，因而它是物质的，是不以人的意志为转移而存在和发展的；人和人之间的全部社会关系都是建立在物质生产关系的基础上的，而不是人们主观任意建立起来的；作为社会主体的人，也首先是一种自然物质，是物质的人；人虽然具有社会意识，社会意识虽然具有相对独立性，但这种独立性是相对的，不是绝对的，社会意识是特殊物质——人脑的机能，它归根结底是社会存在的反映，不能离开社会存在而独立地存在和发展。

第二，社会形态和自然界的物质一样，是运动、发展、变化的，而不是固定不变、死板僵化的。任何社会形态都有其产生、发展、灭亡的过程，一个社会形态由于其自身的矛盾，必然被另一个更高级的社会形态所代替，人类社会历史就是社会形态更替的历史。

第三，社会形态的发展也和自然界的发展一样，具有不以人们的意志为转移的客观规律性。正如恩格斯所说："历史总是像一种自然过程一样地进行，而且实质上也是服从于同一运动规律的。"（《马克思恩格斯全集》第4卷，第697页）

因为社会形态的发展是一种自然历史过程，所以，人们就能够用自然科学的精确性说明社会的发展、变化。

（二）主观能动性与客观规律性的统一

人类社会的发展和自然界的发展一样，具有不以人的意志为转移的客观规律性。这是它们的共性。但是，人类社会的发展和自然界的发展又是有区别的。其重要区别之一，就是自然界的事物的运动是不自觉的、盲目的，自然界的发展规律就通过这些不自觉的、盲目的动力的相互作用表现出来；人类的活动则是有意识、有目的的。正是人的这种有意识、有目的的活动构成人类社会的历史，人类社会发展的规律也是由人的活动构成的，并且需要通过人的活动来实现。承认社会发展的客观规律性和承认人的主观能动性是不矛盾的，离开人的有意识、有目的的活动，就没有人类社会的存在和发展，社会发展的客观规律性也就无从谈起。我们说社会发展具有客观规律性，并不是说人类社会可以离开人的有意识、有目的的活动而存在和发展，而是说人的有意识、有目的的活动所形成的有机联系的社会链条和所产生的社会结果不依赖于人的意志和意识。正如列宁所说："所谓客观的，并不是指有意识的生物的社会（即人的社会）能够不依赖于有意识的生物的存在而存在和发展……，而是指社会存在不依赖于人们的社会意识。你们过日子、经营事业、生儿育女、生产物品、交换产品等等，这些事实形成的客观的必然的链条、发展的链条，这个链条不依赖于你们的社会意识，永远也不会为社会意识所完全把握。"（《列宁选集》第2卷，第331－332页）这段话透彻地说明了社会发展的客观规律性和人的主观能动性的一致。

三、 社会形态发展的统一性与 "亚细亚生产方式" 问题的讨论

（一） 社会形态发展的统一性

不同国家和民族在历史发展过程中具有不同的特点，经济、政治、文化的发展都有自己国家和民族的特色，各国的历史可以说是千差万别的。这是社会形态发展的多样性。同时，不同国家和民族的历史又具有共同性、普遍性，即具有共同的、普遍的发展规律。这是社会形态发展的统一性。它包括下面两层意思：

第一，处于同一社会形态的不同国家的历史发展具有共同性、普遍性，即具

有大致相同的生产力发展水平、大致相同的生产关系体系，大致相同的上层建筑。换句话说，各国历史的具体情况尽管千差万别，但凡是具有大致相同的生产力发展水平、大致相同的生产关系体系和大致相同的上层建筑的国家，都属于同一社会形态。

第二，各个国家和民族的历史，在没有外部干涉的情况下，按其自然历史过程，一般都应从低级到高级依次经历原始社会、奴隶社会、封建社会、资本主义社会和共产主义社会（社会主义社会是它的低级阶段）五种社会形态。

人类社会历史依次经历五种社会形态的理论，是马克思主义经典作家所继承的关于人类社会发展阶段划分的科学理论，它指明了人类社会产生和发展的普遍途径，提示了各个国家和民族历史发展的共同规律。我们并不否认，在马克思主义的历史理论中，还有其他的历史分期法。例如，马、恩曾经根据阶级斗争理论，把人类社会分为两大类型：非对抗性社会（无阶级社会）和对抗性社会（阶级社会）。再如，马、恩曾根据生产资料所有制理论，把人类历史划分为原始公有制社会、私有制社会、共产主义公有制社会三大阶段。马、恩还把到资本主义为止的人类历史，区分为资本主义社会和前资本主义社会。马克思还从人类能力的发展上把人类历史分为人的依赖关系的社会形态、物的依赖关系的社会形态和个人全面发展的社会形态三大形态。这几种历史分期法与五种社会形态分期法是不矛盾的。凡是利用这几种历史分期法或其他历史分期法否定五种社会形态分期法的观点，都是既违背历史事实，又违背马克思主义关于社会形态发展规律的理论的。

### （二）关于"亚细亚生产方式"问题的讨论

在人类历史是否由低级到高级依次经历五种社会形态的问题上，"亚细亚生产方式"是争论的关键。"亚细亚生产方式"问题是 20 世纪世界上最大的学术难题，人称社会科学的"哥德巴赫猜想"。

马克思在 1857 年到 1858 年间撰写的《政治经济学批判》手稿、在 1859 年出版时的《序言》中，论述人类社会经济形态发展诸阶段的前后序列时，说："大体说来，亚细亚的、古代的、封建的和现代资产阶级的生产方式可以看作是社会经济形态演进的几个阶段。"（《马克思恩格斯全集》第 13 卷，第 9 页）

这是马克思第一次提出"亚细亚生产方式"的概念。在此前后，他又在许多论著中多次提到"亚细亚的""东方的""印度的"等术语。但是，马克思终其一生并没有给"亚细亚生产方式"下过定义，也没有明确指出这种生产方式在社会发展序列中占据何种位置。所以，马、恩逝世后，学术界就"亚细亚生产方式"问题，展开了热烈的讨论。许多著名的哲学家、经济学家、历史学家、马克思主义研究家参加了论争，论著迭出，高潮迭起，观点纷呈，莫衷一是。

### 1. 1949 年以前"亚细亚生产方式"的讨论

最早将"亚细亚生产方式"作为一个理论问题提出来的是俄国革命家、思想家普列汉诺夫。

1906 年 4 月，俄国社会民主工党在瑞典的斯德哥尔摩召开第四次代表大会。大会有一项议程是讨论俄国土地革命问题。普列汉诺夫和列宁都参加了会议，会上就土地问题论争得很激烈，促使普列汉诺夫在会后认真思考马克思关于"亚细亚生产方式"概念的内涵问题，并在第二年写成《马克思主义的基本问题》一书，发表了自己的看法：

> 据马克思的见解，东方的、古代的、封建的和现代资产阶级的生产方式，大体上可以看做社会经济发展的依次递进的（累进的）时代。但是应该想一下，当马克思后来读到摩尔根的《原始社会》一书时，他大概改变了他对于古代生产方式同东方生产方式的关系的观点。实际上，封建生产方式经济发展的逻辑，导致标志资本主义胜利的社会革命。但是像中国或古代埃及的经济发展的逻辑并没有引导到古代生产方式的出现。前一种情形是指两个发展阶段而言，其中一个接着另一个，而为另一个所产生。后一种情形我们认为毋宁是两个并存的经济发展的类型。古代社会代替了氏族社会组织；同样，东方社会制度产生以前的社会组织也是氏族社会组织。这两种经济制度的类型，每一种都是生产力在氏族组织内部增长的结果，生产力的这种增长最后必然要使氏族组织解体。如果这两种类型彼此有着很大的区别，那末它们的主要特征是在地理环境的影响之下形成的，在一种情况下，地理环境给了生产力发展达到一定程度的社会以一种生产关系的总和；而在另一种情况下，地理环境给了另一种根本不同于第一种的生产关系的总和。
>
> （《普列汉诺夫哲学著作选集》第 3 卷，第 178 页）

普列汉诺夫这段文字，是马克思逝世后的马克思主义者对"亚细亚生产方式"的第一次解释。从内容上看，普氏认为：①亚细亚生产方式与古代的生产方式并不是前后相连的两个阶段，而是并行的两种社会发展类型；②造成这两种类型差别的缘由，应从地理环境方面去寻找。

当然，普氏对亚细亚生产方式问题的关注，并不是完全出于纯粹的学术兴趣，而是对俄国革命前途的理论思考。对普氏的观点，列宁从理论上予以了反驳。

列宁死后，苏联理论界随即开展了对亚细亚生产方式问题的讨论。

最早掀起这场讨论的是东方学家马扎亚尔。1928 年马氏出版了一本题为《中国农村经济研究》的著作，认为从氏族社会解体到近代西方列强入侵之前的中国，既不是奴隶制社会，也不是封建制社会，而是马克思所说的"亚细亚生产方式"社会，西方列强在这里破坏的，也就是亚细亚生产方式。他把亚细亚生产方式概括为几个特征：①人工灌溉系统和由之而形成的官僚体系；②没有土地私有制，国家是最高的地主；③实行专制主义统治。

显然，马扎亚尔的观点是直接受普列汉诺夫的影响的。这种观点出来之后，引来许多批判性的文章和政治上的压力，并被认为是托洛茨基派的学术观点。尤其是 1931 年在彼得格勒召开的一次关于"亚细亚生产方式"的讨论会上，"亚细亚生产方式说"被正式定为一种非马克思主义的学术观点，其论者亦被看作托派的代言人。

在批判马扎亚尔观点时，哥德斯提出"假设论"，认为"亚细亚生产方式"只是马克思读到摩尔根《古代社会》之前的一个"假设"。在东方各国，一方面，原始社会各种关系的残余以公社的形式被保存下来；另一方面，又存在着表现为阶级统治以及一定的从属体制的专制国家。这使得马克思不得不作出这样的假设："因为，如果没有这样的假设，就不能很好地描绘出历史过程的规律性。"那么，"亚细亚生产方式"究竟是什么？哥德斯的回答是："亚细亚生产方式是封建主义而不是其他。"（《中国古代史分期讨论五十年》，第 25 页）这种观点占据学界很长时间。

1933 年，古代东方史家司特鲁威提出了一个新的说法，认为亚细亚生产方式是"奴隶社会的变种"。次年，另一位古代东方史家科瓦列夫也发表文章，支持司特鲁威的观点。

苏联对亚细亚生产方式问题的大讨论，本来始于对中国社会性质的基本看法。所以，马扎亚尔的《中国农村经济研究》出版以后，马上在中国引起反响。第一位就亚细亚生产方式问题发表意见的是郭沫若。当时中国社会各派的许多理论人物都参加了讨论。各种观点介绍如下。

**郭沫若的亚细亚的"原始社会说"**

郭沫若在《诗书时代的社会变革与其思想上的反映》一书中说：马克思"所说的'亚细亚的'，是指古代的原始公社社会，'古典的'是指希腊、罗马的奴隶制，'封建的'是指欧洲中世纪经济上的行帮制，政治表现上的封建诸侯，'近世资产阶级的'那不用说就是现在的资本制度了。"王渔邨（王亚南）在《中国社会经济史纲》（生活书店 1936 年版）中同意郭氏的说法。

**李季的"东方社会说"**

李季基本赞同普列汉诺夫的观点，即认为亚细亚生产方式是原始社会瓦解之后，由于地理环境不同所出现的与古代生产方式并列的一种社会形态。

**胡秋原、王宜昌等人的"东方封建社会说"**

胡秋原在《略复孙倬章君并略论中国社会的性质》一文中，认为"马克思恩格斯对于亚细亚国家之经济，只是看作一种封建社会之变形的"，"列宁也和马克思一样，认为亚细亚的专制政治之阶级本质，是以封建制度为基础的国家"（《中国社会性质问题论战》，人民出版社 1984 年版，第 666 – 667 页）。王宜昌在《中国社会史论史》一文中，认为"亚细亚生产方式，指的就是东方各国的封建社会，尤以中国和印度最为典型"（《中国古代史分期讨论五十年》，第 33 页）。

### 何干之的"古代东方贡纳制说"

"贡纳制"一说，最早见于日本学者早川二郎。他认为亚细亚生产方式就是以一个公社征服另一个公社所建立起来的贡纳制为基础的。何干之赞同这一说法。他认为中国历史的特点，就在于它的"贡纳制"。

### 杜畏之的"特殊社会说"

杜畏之认为"氏族社会解体之后不一定产生东方社会，也不一定产生古代社会，在它的废墟上亦有建立封建社会的可能"。中国既不存在奴隶制社会，也不是亚细亚社会，而是直接在氏族的基础上过渡而来的封建社会。（《古代史分期五十年》，第 30 页）

### 吕振羽、侯外庐的"亚细亚的"和"古典的""并列论"

吕振羽在《亚细亚生产方法与所谓中国社会"停滞性"问题》一文中，认为"由于古代东方各国有其独特的特征，马克思、恩格斯为给予一个有别于古希腊、罗马的明白概念，故又称之为亚细亚生产方式"（《中国社会史诸问题》，第 53 页）。这种生产方式的实质，"不外是东方国家的奴隶制度。所谓亚细亚生产方式，即希腊、罗马而外之其他国家的奴隶制阶段的社会"（同上，第 81 页）。

侯外庐进一步发挥这种观点，他在《中国古代社会史论》一书中认为，"所谓'古典的'只代表通例形态的希腊、罗马，古代却除了'古典的'而外，尚有非古典的形态，所以说有'古典的古代'、'亚细亚的古代'"，"所谓古典的古代、亚细亚的古代，都是指的奴隶社会"。

### 2. 1950 年以后至 20 世纪 80 年代的讨论

几种主要观点如下。

### 原始社会说

1951 年童书业发表《论"亚细亚生产方式"》一文，这是中华人民共和国成立后第一篇讨论亚细亚生产方式问题的专文。该文基本上同意郭沫若的看法。1964 年田昌五发表《马克思恩格斯论亚洲社会形态的一些问题》一文，支持"原始社会说"。在 20 世纪 70 年代末 80 年代初，持"原始社会说"的代表作是志纯（林志纯，笔名日知）、学盛的《怎样理解马克思说的"亚细亚生产方式"》和《世界上古史纲》编写组的《亚细亚生产方式：不成其为问题的问题》两篇文章。尤其是后面这篇文章，从十个方面对亚细亚生产方式问题展开了论述。在作者看来，"亚细亚生产方式的基本内容是原始时代的公社所有制，是自然形成的或自发的公社所有制，是所有制的原始形式，即公有制"。它是"社会经济形态演进的几个时代的第一个时代，它在古代的生产方式之前，由亚细亚生产方式演进为古代的生产方式"。因此，任何试图把亚细亚生产方式从原始社会拉下来，把它塞进阶级社会中去，塞到文明时代中去，都是与马克思的原意相背驰的。为什么人们争论不休？由于学者们"教条气味太浓厚"。（《历史研究》1980 年第 2 期）

20 世纪 80 年代后半期，随着《马克思恩格斯全集》第 46 卷的出版，持原始社会说的论者越来越多。但这一说法对很多问题还没法给予圆满的解释。

### 古代东方奴隶制社会说

此种观点直接来自苏联理论界，具体说直接来自司特鲁威等人的观点，20 世纪 50 年代至今一直在我国理论界占主导地位。

这种观点又可分为"两阶段说"和"两类型说"。

日知、王亚南认为，亚细亚生产方式作为奴隶制与希腊罗马的古典奴隶制是前后相承的两个阶段。学术界一般称之为"两阶段说"。

侯外庐、吴泽则认为"亚细亚的古代"与"古典的古代"是奴隶制社会的"两种类型"。

### 东方封建制社会论

此种观点是 20 世纪 80 年代初才出现的。1981 年 4 月，在天津市举行的亚细亚生产方式问题学术讨论会上，郭圣铭、庞卓恒、高仲君力主此说。郭圣铭认为，从马克思对亚细亚生产方式特征的概述看，这种生产方式既不可能是原始社会，也不可能是奴隶制社会，而是指西欧以外的东方各国的封建制。再者，马克思认为印度等地的亚细亚生产方式一直延续到 19 世纪上半叶，也说明这种生产方式只能是封建制社会。（《中国史研究》1981 年第 3 期）庞卓恒、高仲君等人也认为"应该把亚细亚生产方式的社会，视为不同于西欧型的封建社会"（同上）。

### 特殊社会形态说

这是 20 世纪 70 年代末 80 年代初思想较为解放的一种观点，代表性论者有于可、王敦书、吴大琨、胡钟达等。

于可、王敦书在他们的文章中，将亚细亚生产方式概括为六点内容：①自然经济占主导地位；②社会组织是农村公社；③所有制是双重公有制（即公社所有和国家所有）；④专制统治；⑤在剥削关系上是地租与赋税合一；⑥从时间上从远古一直到 19 世纪初。他们认为，这样一种社会明显地"不属于没有阶级和国家的原始公社的时代，而是属于或主要属于阶级社会的时代"。正因为这样，马克思将印度称为"半野蛮半文明"的社会。所谓"半野蛮"，就是说它保留了大量的原始社会的残余；所谓"半文明"，就是说它已进入了阶级社会。此外，马克思又将这种社会称为"特殊的社会制度"或"东方特有的形式"。

吴大琨在亚细亚生产方式问题上，20世纪50年代主张"过渡形态说"，后来一度改为主张"古代东方奴隶制社会说"。20世纪80年代初，他先后发表两篇文章，主张把亚细亚生产方式当作一个独立的生产方式来看待。他十分重视马克思的《1857—1858年经济学手稿》，认为要讨论亚细亚生产方式，就必须"十分认真地、严肃地重视这部著作，尊重马克思在这本书中所提到的每一个科学观点"。他认为"马克思这本著作中的前资本主义社会中的三种不同的所有制也是并列的，他并没有说过这三种所有制都必须由一种所有制来继承另一种所有制，所以就社会发展史来说，马克思实际上是主张多线论的，他并不是像斯大林所说的那种单线论者。"吴大琨提出在原始社会与奴隶制社会之间，还有一个"亚细亚生产方式"阶段。这样人类社会就有"六种"生产方式，而不是"五种生产方式"。

从普列汉诺夫开始，到今天重新讨论马克思东方社会理论，经历了将近一个世纪。这个"世纪之争""世界之争"，有人把它看作社会科学的"哥德巴赫猜想"，还有人干脆认为这是"无解方程"。参加讨论的人大多是第一流的学者，为什么至今还没有很好解决这个问题呢？原因是多方面的。

第一，这个问题的讨论从一开始就带有浓厚的政治色彩，它直接关联着中国革命道路的选择问题和对社会主义的评价问题。也就是说，在亚细亚的社会从事社会主义事业有无历史必然性。由于其浓厚的政治色彩，所以问题的讨论，往往与社会主义国家的政治斗争搅和在一起。这种现象尤其在20世纪30年代的苏联表现最甚。这种现象也影响到中国。把学术问题打上政治斗争的烙印，不利于学术事业的发展。

第二，社会主义国家在东方的建立，几十年来一直是西方资产阶级学者们的攻击目标。他们对亚细亚生产方式问题的讨论，带着一种仇视的心理来看待马克思的历史理论。魏特夫和他的代表作《东方专制主义》就是一个典型的例子。魏特夫是出生于德国的犹太人，20世纪30年代加入美国籍。他一生主要研究中国问题。他早年曾加入德国共产党，还当过德共中委。30年代中期与共产主义运动决裂后，即致力于攻击马克思主义。《东方专制主义》这本书编造了一套系统的理论，他运用马克思主义的术语，特别是亚细亚生产方式的概念，来阐发自己的观点。他把东方和西方看成是两个完全不同的社会形态，西方社会是多中心的，而东方自古以来就是专制主义的社会。以此来攻击社会主义制度。这种政治倾向，显然是不利于学术讨论的。

第三，马克思的有关论著没有及时发表，也是这个问题不能解决的一个原因。这个问题的最重要的著作《1857—1858年经济学手稿》，并没有在马克思生前发表，直到1939—1941年才以德文原著的形式分两册在莫斯科出版。不仅列宁、普列汉诺夫生前没有看到这部重要手稿，而且马扎亚尔、哥德斯、司特鲁威、科瓦列夫等人在20世纪30年代的大讨论中也没有看到，就连斯大林在1938年发表《论辩证唯物主义与历史唯物主义》一文时，也没有看到马克思的这部手稿。所以这个问题的讨论一开始就带有资料不足的缺憾。

现在有关资料都已先后出版，马克思晚年的几本读书笔记也已出版。该是解决这个问题的时候了。

**作业：**

（1）"亚细亚生产方式"问题之我见。（1995级）

（2）"马克思主义社会形态理论"问题之我见。（1996级）

本编系作者20世纪80—90年代在中山大学历史系的演讲稿。

第二编　关于『中国封建社会为什么长期延续』问题的讨论

一、中国封建社会开始于什么时候?

对于这个问题,目前有八种意见:西周、春秋、战国、秦、西汉、东汉、魏晋、北朝(或东晋)。

二、中国封建社会为什么长期延续?

这个问题是国内外史学界的一桩旧案。从争论情况看,可以划分为四个阶段,各个阶段有其背景、内容及其特点,现分述如下。

## 一、 第一阶段: 20 世纪 30 年代前期

世界上最早提出这个问题的是 18 世纪 70 年代的英国经济学家亚当·斯密。他在《国富论》(郭大力、王亚南译)中说:

> 中国,一向是世界上最富的国家。其土地最沃,其耕作最优,其人民最繁多,且最勤勉。然而,许久以前,它就停滞于静止状态了。今日旅行家关于中国耕作,勤劳及人口状况的报告,与五百年前客居于该国之马哥孛罗的报告,殆无何等区别。若进一步推测,恐怕在马哥孛罗客居时代以前好久,中国财富,就已经达到了该国法律制度所允许之极限。

这可以说是"中国社会长期停滞论"者的滥觞。

20 世纪 30 年代这个问题被提出来,"完全是由于实践的需要",它不只是学术上的不同见解,更主要的还是政治上的斗争。

1927 年"大革命"失败后,许多人对中国社会性质、革命任务和前途、革命动力和对象等都进行了探索。托派和一些反动的御用"学者",为了反对中国人民的反帝、反封建、反官僚资本主义的斗争,也对中国社会性质问题进行了各种各样的歪曲。

当时以《读书杂志》为中心,学者展开关于中国社会性质问题的大论战,此时的观点主要有三:

陶希圣首先提出,自西周亡后,中国封建社会,便长期停滞着。而在其中产生出流氓无产者和士大夫阶级,陷中国封建社会于延续的消灭过程中。

陈伯达在这个时期提出"特殊亚细亚形态",是"中国社会停滞状态的基础"。

苏联学者坎托罗维亚、别林和洛马金三人都否认中国存在过封建社会。他们认为中国的封建主义,是 19 世纪由于受到外国资本主义影响以后的事。他们认为人民起义是中国社会制度"保持平衡的必要手段","具有明显的土匪性和破坏性",是使中国社会"处于停滞的僵化的状态"的根源。他们通过歪曲中国的

社会性质，来否定人民（即农民）起义。

后王礼锡发表《中国社会史论战序幕》一文，认为中国社会"长期停滞"是"停滞"在所谓"商业资本主义"阶段。造成"停滞"的原因有三，一是"地理环境"。他说："我以为没有得到海外殖民地固然是一个原因，但为什么没有得到海外殖民地呢？这原因是为中国在地理上是便于统一，就是割据也是各以希望统一的目的去割据，这就是说，中国地理上不能形成几个对立的独立国家，所以竞争着向海外发展不是十分必要的。"二是低级文化民族的入侵。他说："中国经过几度低级文化民族的侵入，将商业资本主义所建立的文明踏得粉碎。"三是"农村经济的崩溃，造成间歇期的农民暴动"。

苏联学者鲍格呵夫认为：中国封建制度的特殊性之一，便是"停滞"。二三千年来中国封建社会史上反复了六个时期，虽然每个时期都有它各自的特点，但中国封建关系始终没有改变。停滞的原因"在于货币地租在中国不能取得支配的地位"。

刘兴唐提出中国"农村公社组织形式""以及土地私有制之缺乏性"，是中国"社会发展停滞性的一个要因"。

莫非斯提出历史循环论。他说："中国的真实过程是什么呢？是循环。"又说："循环的原因，完全由于农民暴动。"又说："农民暴动既是循环的原因，则农民暴动兴起之日，（是）使用该循环期诞生之时，亦是前一循环期结束之点。"依照这个标准，他认为中国历史可以划分十个"循环期"。

王宜昌写《评中国社会长期停滞论》，他认为中国社会没有停滞。他比附西欧蛮族入侵是封建制开端的史实，提出"五胡十六国之乱华和中原人民南迁，才把中国封建社会建立起来"。在 30 年代中国的社会性质问题上，他又比附西欧已是资本主义社会的史实，认为当时中国也是资本主义社会。故他对"中国社会长期停滞论"者提出反驳。

苏联学者沙发诺夫提出"中国社会长期停滞"的原因是"没完没了的封建化过程"，因为中国"每一次朝代的更迭，总要发生土地的荒芜和经济的衰落"，"总是伴着原始封建积累的过程而来"，"新的封建化不断出现，处于没完没了的过程之中，造成中国封建社会的长期停滞"。

马克思主义者也对"长期停滞论"问题做出回答。

这时期邓云特（邓拓）、翦伯赞都写了文章和著作。他们认为，第一，"长期停滞论"的提法是不科学的。因为从西周到清代鸦片战争以前，虽然都是封建社会；但是有着许多发展变化，有若干不同的发展阶段。第二，该问题必须深入到社会经济的本质去研究。邓拓提出中国封建社会的发展是"极度迂缓的"。

造成所谓"停滞"的原因，邓拓归纳为五条：

（1）以农奴劳动为主体的小规模农业生产和家庭手工业的紧密结合，构成了封建社会内部坚固的经济体。在这样的经济体内，直接生产者在超经济的强制下过着极端的穷苦的生活，生产和再生产的过程，基本上是在单纯的不变的基础上进行的。

（2）在土地自由买卖制下，地主、高利贷者、商业资本家的三位一体对农民的剥削，以及商业资本为了维持自己的存在，寄生地在旧的生产方法的基础上占取农民家庭手工业者的剩余劳动，而不能破坏旧的生产方法和占领全部劳动过程。

（3）各个经济区域之间，生活必需品大体都能自给，较少可以引起各区域间大规模的交易。

（4）在这些条件下、封建的剥削加强，手工业不能独立发展，工场手工业没有建立起来。城乡手工业生产和商业资本的活动受到限制。

（5）加上自然地理的关系，使中国土地分成几个部分，交通十分不便。在这种情况下，必然形成了若干分离的并立的政治经济中心，形成诸侯割据，阻碍了商品市场的统一。

在上述各种条件下，资本主义因素的增长，受到了严重阻碍，商业资本无法支配全部劳动过程，资本转投到土地上，与封建土地关系结合起来；这就不但阻滞了它向产业资本转化的过程，而且加深了对农业直接生产者的无限的封建剥削关系。

综观这个时期关于"中国社会长期停滞"问题的战论，大致有如下两个特点：

第一，"中国社会长期停滞论"，是用孤立的、静止的和片面的观点来看待中国社会历史的过程，因而，它是一种形而上学的见解。如果说有变化，也只不过是朝代的往复循环而已。说到造成这种现象的原因，他们就用"地理环境决定论"、"落后民族的入侵"、"农民暴动造成的周期性破坏"、"亚细亚生产方式"、"农村公社"、没完没了的"封建化"过程和人口压力等等来说明。他们简单地从一些表面现象去找所谓"停滞"的原因，无视或者不懂生产方式决定社会面貌这个历史唯物主义的基本原理，因此出现许多荒诞离奇的观点。这样，他们理所当然地受到马克思主义史学家的批判。但是，由于当时中国的马克思主义史学尚处幼年时期，批判的深度受到局限。特别是运用马克思主义的立场观点方法，结合中国历史的实际，系统地揭示中国封建社会长期延续的原因不够。

第二，"中国社会长期停滞论"，是在关于中国社会性质问题的论战中附带提出的。由于关于中国社会性质问题的论战是有政治背景的，因此，关于"中国社会长期停滞"问题的论争，也不是单纯的学术之争，实质上是马克思主义与非马克思主义乃至反马克思主义之间的重大原则斗争。反映到政治上，就是马克思主义者同托派、反动御用"学者"之间的斗争。

20 世纪 30 年代前期关于中国社会史的论战，是以《读书杂志》为中心展开的，也结束于《读书杂志》。

## 二、第二阶段：抗日战争爆发到新中国成立前

1937 年和 1938 年，伪装成马克思主义者的日本帝国主义的代言人秋泽修二，为配合日寇侵华，先后抛出《东洋哲学史》和《支那社会构成》两本书，肆意歪曲马克思关于亚洲社会的论述，反复宣传所谓"中国社会之'亚细亚'的停滞性"，鼓吹所谓"此次中日事变，……皇军的武力"将"给予中国社会之特有的停滞性的最后的克服"，使"农业的中国……与工业的日本结合"，为日本帝国主义侵略中国制造舆论。从而，"中国社会长期停滞论"，又成了日本帝国主义发动侵华战争的"理论根据"。

秋泽修二的谬论，理所当然地受到了当时中国进步史学家的批判。于是，在中国国内，形成了由批判秋泽修二而展开的关于中国社会"长期停滞"问题论战的新高潮，并且一直持续到新中国成立前。

首先，我们来看看秋泽修二的"中国社会之'亚细亚'的停滞性论"有什么罪恶目的。

秋泽修二断定亚细亚诸特征，亦即中国社会诸特征，是①农村公社——土地公有制乃至其遗制；②人工灌溉的必要及与此相适应的大规模的水利事业由国家担任；③集权的专制主义；④作为基本的社会经济单位的世袭公社及父家长制的家族——个人及单一家族的未分化；⑤公社的代表是贵族、官僚、祭司，形成集权的专制主义的支配体制；⑥由于农村公社的存在，同时限制了奴隶制的完成的发展，而其特异的发展，是公社的奴隶化即直接生产者农民人格的被占有；⑦从这里，中国社会的场合，生出奴隶与农奴制之相关的并存的关系。

秋泽修二认为，由于这些特征，"中国社会并未以其自身之力，产生出具有资本主义性质的手工工场"，"商人资本在中国社会自身的发展中，没有外部的作用，便不能发展成为资本主义的资本"，"中国社会的根本性格"是"停滞"的、"循环"的、"倒退"的。他断定创造出"中国经济的近代化过程的转机"，主要是"鸦片战争"，从这里引申出这回侵略中国的"日本皇军的武力"，正是推动中国社会前进、打破"中国社会的亚细亚的停滞性"的主要动力。即所谓"此次中日事变，……皇军的武力"将"给予中国社会之特有的停滞性以最后的克服"，使"农业的中国，……与工业的日本结合。"

不言而喻，秋泽修二编造的"理论"，其罪恶目的是显而易见的。

以吕振羽为代表的爱国史学家，对秋泽修二提出了批判。

1940 年吕振羽先后发表了《中国社会史诸问题》和《"亚细亚生产方式"

和所谓中国社会的"停滞性"问题》两文，对秋泽修二的反动谬论，进行了全面而系统的清算。文章指出"秋泽不是从研究的立场出发，而是为着日本帝国主义的侵华宣传，来曲说其所谓'中国社会之亚细亚的停滞性'"。揭露秋泽修二"由冒牌的马克思主义者到法西斯宣传员"的演变过程。并对他的主要论点逐一进行了批驳，指出其说无论从理论上，还是从史实上，都是荒谬的。

其后，华岗、罗克汀、王亚南等人也先后撰文批判秋泽修二的"理论"。对秋泽修二反动观点的批判，实质上，是一场文化战线上的反侵略斗争，它是伟大的民族解放运动——抗日战争的有机组成部分。

在当时进步论坛上，由批判秋泽修二而展开了关于"中国社会长期迟滞发展"的讨论。讨论十分活跃，人们从不同角度进行探讨。

吕振羽在上述两篇长论文中，在批判了秋泽修二的谬论后，还正面提出了他对"形成中国社会发展的'阻滞性'的根源"的分析。他认为"不是由于内在矛盾的规定，而是由于外在矛盾的影响"。有人把吕振羽的意见归纳为两点，即①地理环境的作用；②异族的入侵。吕振羽的观点，后来受到罗克汀和陈贤禄的诘难。

毛泽东对中国封建社会发展迟缓问题进行了论述。

1939年12月，毛泽东同志写了《中国革命和中国共产党》，对中国封建社会发展迟缓的问题作出了正面的回答。他说："中国自从脱离奴隶制度进到封建制度以后，其经济、政治、文化的发展，就长期地陷在发展迟缓的状态中。这个封建制度，自周秦以来一直延续了三千年左右。"

为什么"发展迟缓"呢？

"地主阶级这样残酷的剥削和压迫所造成的农民的极端的穷苦和落后，就是中国社会几千年在经济上和社会生活上停滞不前的根本原因。"而造成"农民的极端穷苦和落后"，归根到底，又是中国封建时代的经济制度和政治制度的基本特征决定的。毛泽东对中国封建时代的经济制度和政治制度的基本特征，概括如下："一、自给自足的自然经济占主要地位。农民不但生产自己需要的农产品，而且生产自己需要的大部分手工业品。地主和贵族对于从农民剥削来的地租，也主要地是自己享用，而不是用于交换。……二、封建的统治阶级——地主、贵族和皇帝，拥有最大部分的土地，而农民则很少土地，或者完全没有土地。……三、不但地主、贵族和皇室依靠剥削农民的地租过活，而且地主阶级的国家又强迫农民缴纳贡税，并强迫农民从事无偿的劳役，去养活一大群的国家官吏和主要的是为了镇压农民之用的军队。四、保护这种封建剥削制度的权力机关，是地主阶级的封建国家。"

1941年李达发表《中国社会发展迟滞的原因》一文，认为从西周初到鸦片战争，近三千年间社会的进步是很明显的，但是却停滞于封建阶段。究其原因，可分为下列八种：

第一，战乱之频繁。战乱使劳动力和生产手段遭到大破坏。

第二，封建力役之重，滥耗了大量的生产力和生产手段，从而阻碍了生产力的发展。

第三，封建的剥削，阻碍了生产力的发展。

第四，宗法遗制下聚族而居的村落公社，只是巩固封建秩序的支柱，不但不能孕育出新的生产力，反而成为生产力发展的桎梏。

第五，封建的政治机构，是始终巩固封建的生产关系，妨碍新生产力的孕育的。

第六，农民阶级不能担负新生产方法。他们并非建设新社会秩序的领导者，所以暴动的结局，社会秩序仍是封建的，农民再回到原来的村落去。

第七，科学的不发达与儒家学说的影响。一般地说来，科学在封建时代是很难发展的。因为封建本身并不要求科学。可是中国科学未能发达，也还有其精神上的原因。汉武帝独尊儒术以后，人们的知识与思想，被局限于儒家学说的范围，一切与儒家学说相抵触的或无关的学说，都在被摒弃之列。

第八，地理环境的影响。封建时代的欧洲各国，壤土相接，文化水准虽有不同，但距离并不甚遥远。所以每遇一国发生了特殊的生利事业，其他各国莫不群起仿效，增强本国经济势力，以与他国相竞争。这种仿效与竞争，确能刺激生产力的发展。至于中国，领土非常辽阔，文化发达最早，环绕中国的诸民族，文化都非常落后。他们只有从中国学习仿效，绝不是中国的敌手。所以国与国之间的经济竞争是缺乏的，对中国社会生产力的发展不能有所激励。

以上八项，第一至第五是主要原因，第六至第八是次要原因。李达的文章发表后，蒙达坦、华岗、罗克汀、王亚南等，先后进行过评论。

1942 年，蒙达坦发表《与李达先生论中国社会发展迟滞的原因》一文，认为要解决中国社会何以发展迟滞的问题，一定要从究竟是什么事物妨碍生产方法进步和什么事物妨碍和破坏资本积累两方面入手。

关于妨碍或破坏原始资本积累。他举出三条：

第一，特殊的土地所有权关系。

秦以前土地归大小领主所有，秦以后，土地所有权转移于民间，土地可以自由买卖。这种土地所有权关系与西欧是不同的。欧洲的封建国家只有当封建社会解体时，土地才从领主中解放出来，归到民间，而领主也就随之没落，退下历史的舞台。中国却不然，土地从领主中解放出来之后，民间便出现地主，地主成为封建社会的主要支柱。由于土地可以自由买卖，工商业者经营工商业所获得的利润，可以用来购买土地，以增殖财富，而且比经营工商业更可靠，工商业增殖的利润脱离工商业范围，使工业只能继续其简单的再生产，或从事简单的扩大再生产，原始的资本积累受到妨碍。

第二，农民战争。

文章认为："中国封建时代的农民战争对于生产手段的破坏是极利害的。生产手段为原始的资本积累之前提，而且是其构成部分，破坏生产手段，当然是会妨碍积累之进行的。"

"但是，并非所有的农民战争都妨碍社会之发展。战争有时可以促进社会之发展，农民战争也是一样。"像德国农民战争，俄国农民战争，"对新社会的出生尽过极大的催产作用"。那么为什么中国封建社会的农民战争对中国社会的发展起着妨碍作用呢？因为中国农民战争有其特殊性，它们爆发于封建社会并无解体的征象之时，而不是爆发于封建社会解体的子夜。那里新的生产方法还没有在封建社会的母胎内孕育，城市的工商阶级也为数甚少，势力甚微。他们还没有痛感封建社会之桎梏他们的发展，所以他们对于农民战争不大关心，有时且加反对。像这样的农民战争当然是没有进步性的。领导这种农民战争的分子多是没落的知识分子和草莽英雄之类的野心人物，他们不过是一时利用农民以遂其称王称帝的野心而已。像这样的战争，当然只有破坏的作用。

第三，共有财产。

中国封建社会的宗族，大都有共有的财产，这种共有的财产即"蒸尝田""学田""庙田"等，其数量是相当多的。这些共有的田地，其出产多用于消费，都和生产不发生关系，这样当然会妨碍积累的进行。

关于妨碍生产方法的进步，他也举出了三条：

第一，重农抑商政策。

抑商政策，使工商业不能发展。这样使工业、农业新的生产方法都不能孕育出来。

第二，地域发展不平衡。

中国统一的封建国家，建立在经济发展不平衡的地域之上，其统治权虽握在经济发达地域的人们手中，但对于经济落后的地域，亦不能完全不予顾及，以顾全其统一性。所以，经济发达的地区，被经济落后地区所拖累，妨碍了生产方法的进步。

第三，由于儒家学说的影响，一般知识分子都向自己的内心做"存、养、省、察"的功夫，不对客观世界格物致知，反把研究生产技术的人视为"奇技淫巧"者。加上地理环境的特殊，环绕中国的各民族都很落后，缺乏外来的刺激，没有竞争，也都对生产方法的进步起着妨碍的作用。

蒙达坦的六条，也受到华岗、罗克汀、王亚南的批评。

1942年，华岗发表《中国社会发展阻滞的基因：兼评李达、蒙达坦两先生对中国社会发展迟滞原因的讨论》。

华岗认为，中国社会发展阻滞的原因，其"内在因素"，即"中国封建制度本身的特点"，主要有两项：一是"农业与手工业直接结合的农村公社遗制"；二是"中国特殊的土地所有权关系"，土地可以买卖，工商业的利润便向土地投资，妨碍了资本的积累。

华岗还认为，中国社会发展阻滞的"外在因素"，是五胡十六国、北朝、五代、辽、金、元、清等入主中原，对社会生产力的破坏。他说："如果说，这种外在因素，在从前还只演着次要的作用，那末，鸦片战争以后，国际帝国主义的侵略，便成了阻碍中国社会发展的主力。"

华岗的文章发表后，罗克汀和王亚南先后作过评论。

1942年，皮伦发表《秦汉以后的社会是停滞不进的吗?》一文，对"中国社会长期停滞论"提出了质疑。他认为："这长时间的中国社会在经济上有很大的变动，而变动的主要关键则约在唐中叶左右，故唐中叶以前，和唐中叶以后，实是两个形态完全不同的社会，绝对不能放入同一个阶段内。"他从秦汉以后国内商业的变动、海外贸易的变动、流通货币的变动三个方面来论证秦汉以后的中国社会绝不是停滞不进的。

1943年，罗克汀发表《论中国社会发展阻滞的原因：兼评几位史学家对于这个问题的意见》一文。严格说来，这是一篇对当时讨论的述评。文章最后用了二百来字概括了他自己的论点：

> 由于中国封建社会的特点（包括了特殊的土地所有权关系及自给自足经济——农村公社的残存、手工业与农业的直接结合）所造成的地租、商业资本、高利贷资本三者的强固结合，残酷的剥削使农民必要的物质生活资料不能维持，生产缺了刺激，只能以父子相传的同一生产方法去进行单纯再生产，因而造成了生产力的发展的龟步式的爬行。更加上了外在因素（条件）——地理环境的影响及历代异族的侵略和入主——的影响而形成了中国社会发展的阻滞。

1946年，陈贤禄发表了题为《论中国封建社会长期停滞问题》的长篇论文，提出了"地主经济封建制"是中国社会长期停滞的根本原因的观点。陈贤禄认为："由领主经济封建制转化为地主经济封建制，是历史的必然"；"研究中国社会长期停滞问题，必须牢牢把握住中国地主经济封建制的特殊规律"；"以中国社会的情况而论，土地自由买卖的现象，恰好是反映地主经济封建制的本质，所以伴随着土地自由买卖而发生的，并非新的社会生产条件的形成、工业与农业的分离、产业资本对商业资本起着积极的主导作用等现象的发生，却反是生产力的破坏，农工业结合体的保留，商业资本阻碍着产业资本的发展。所以土地自由买卖，在中国封建社会内，并不能成为劳动力自由买卖的条件"。随着土地集中，农民破产，在饥寒交迫中，群起暴动。农民战争最后摧毁了农业生产力。但是，正因为这种农民战争，使社会生产关系的矛盾于极度紧张之际得以缓和。新的王朝，利用农民战争推翻了旧的王朝。"新王朝延续地主经济封建制的生命，且把社会经济，生产力逐渐向前推进。"

1947 年，公盾发表了《中国封建社会停滞性的研究》一文，从宏观和微观两个方面进行考察，提出上述论断。他认为商业资本高利贷资本与封建的土地，结合成一个三位一体的结构，它强固了封建土地的占有，使中国封建生产关系更加复杂斑驳。土地的主人同时成为商业资本与高利贷资本的混合主人，商业资本不能独立地存在，与封建的土地资本对抗，相反，它参与了剥削农民，代替了原有的领主，使中国的封建社会更加巩固起来。

为什么中国的商业资本会投进土地资本，与它合流呢？公盾认为缘由有二：一是，中国土地的自由买卖；二是，中国历史上的重农抑商。

至于三种资本结合之后，在中国社会中所起的作用，公盾归纳为：第一，民力——生产力的摧残（各种名目不同的力役）；第二，租税的苛敛与征收更加繁重；第三，资本者与平民间的不等价交换；第四，由于三者结合的结果，发生了不断的战乱局面。这四项，使中国农民极端贫困，无法扩大再生产，只好死守农业与家庭手工业相结合的残骸。其次，由于对民力的摧残和统治者的相互争夺，以及农民战争的结果，使劳动力损失，更无从扩大再生产。再次，学术已操纵于上层人物手中，新的科学生产方法，或改善生产方法更是难为。所以，土地资本、商业资本、高利贷资本结合，成为中国社会停滞于封建阶段的内在最基本原因。

1948 年，王亚南出版《中国官僚政治研究》（1981 年社会科学出版社再版）一书，共 17 篇论文，其中一篇是《官僚政治对于中国社会长期停滞的影响》。王亚南认为，中国专制的官僚的政治形态是把地主经济作为它的物质基础的。而地主经济的大体内容，包括①土地是社会财富的最重要的生产手段；②私人土地所有权的确认；③土地自由买卖；④集约的小农经营；⑤土地剩余生产物的地租化与赋税化。

中国官僚政治有着无比的包容性与贯彻性，它动员了中国传统的儒术、伦理、宗法习惯等等来加强其统治，市民力量不可能在地主经济与官僚政治场面下产生出来。

这一阶段的讨论，有下列几个特点：

第一，这一阶段的论战，是由秋泽修二的两本书，主要是《支那社会构成》引起的。秋泽修二为日本侵华制造舆论。因此，"中国社会长期停滞论"，又成为日本发动侵华战争的"理论根据"。秋泽的反动观点，受到国内进步史学家的无情批判。所以，这个阶段的论战，带有明显的政治色彩。

第二，越来越多的人认识到"长期停滞论"提法本身所存在的问题。因此，讨论中，改称为"发展迟缓""发展阻滞""发展迟滞"等。与 30 年代的讨论相比，大大地推进了一步。当然，荒谬的、错误的观点，如无端指责农民战争等，仍然存在，但这种观点受到了应有的批评。

第三，从研究方法上看，马克思主义的历史唯物主义的研究方法，为越来越多的研究者所接受。人们普遍注意到要重视对各种历史现象和历史事件的综合分析，那种孤立地、片面地强调某一历史现象和事件，并把它当成历史发展的决定因素的现象，已越来越少。

这一阶段的讨论，在中华人民共和国成立的欢呼声中宣告结束。

## 三、 第三阶段： 20 世纪 50 年代至 60 年代初

中华人民共和国成立以后，为史学工作者提供了学习马克思主义的良好条件。广大史学工作者运用辩证唯物主义和历史唯物主义的基本原理，对中国封建社会长期延续问题，又重新展开讨论。1950—1963 年，发表的论著数量多，且具有一定的深度。

1950 年，范文澜发表《论中国封建社会长期延续的原因》一文，提出"中国封建社会长期延续的原因，主要应向社会内部去探求"的论断，也就是说"应研究中国封建社会本身生产方式的情况"。接着，范文澜从三个方面，来考察中国三千年来的历史过程。

第一，从农业生产力的迟缓发展来看封建制度的延续。

他认为地主阶级与农民阶级的阶级斗争，就是封建制度的基本特征。中国小农经营所用的生产工具是碎小的、粗陋的、狭隘的，只要有一把镰头，便可以进行生产，最多也不过牛马拉犁。工具和技术低劣的农业生产，特别需要土地面积的扩大，借以增加生产量。但要扩大耕地面积，也是很艰难的、很迟缓的。因此出现"人满之患"，"人满"出现，生产力和生产关系必然发生尖锐矛盾，最后这种矛盾表现为农民战争，推翻了旧的王朝。新的王朝，鉴于前车之覆，不得不制定一些让步的改良的新制度，借以和缓矛盾，稳定其统治地位。社会生产力将在一定程度上显示其进步。正因为历史发展的推动力是农民阶级而不是其他先进阶级；所以只能打击封建制度而不能打破封建制度。因而封建制度一代代延续下去。

从生产关系对生产力的破坏来看封建制度的延续。

他认为生产关系对生产力的破坏，主要表现为①残酷的剥削使生产力萎缩；②疯狂屠杀，使生产力遭受破坏；③军阀混战，破坏生产；④外族侵入，带来落

后的生产关系。而导致上述祸害的原因，不是别的，是地主对农民进行的残酷剥削与压迫。这样，农业生产力不得不前进两步，退后一步，陷于发展迟缓甚至停滞的状态中，同时也影响着工业生产力不能顺利地、较快地发展起来。

第三，从工业生产力发展的迟缓来看封建制度的延续。

他认为中国社会基本经济成分的结构是小农业与家庭手工业相结合的生产结构。中国的政治制度是世界上第一等的几乎牢不可破的封建专制制度。这种经济结构和政治制度，只有在国外或国内的市场无限扩充、工商业顺利发展的情况下，才有冲破的可能。而明清两朝，特别是清朝，恰恰严格执行闭关政策，不可能开辟国外市场。而中国农民过着非人的生活，被摈于市场之外，因之国内市场的范围也很狭小，不足以促进手工工场的发展。

范文澜着重从生产力与生产关系的发展变化，即生产力或本身来探索中国封建社会长期延续的原因，为了防止误解，他在文末加了一个附记：

> 封建社会的上层建筑物如政制、政策、宗教、哲学、学说、传统惯例等等，无疑是服务于地主阶级的利益，阻碍社会发展的一种严重力量，不过，它对于社会发展的影响，不是具有决定性的。本文没有较多地说到上层建筑的作用。

翦伯赞在1950年发表《论中国古代的封建社会》一文，提出"土地之被封建统治阶级瓜分，以及由此而引起的强烈的封建剥削制度和保护这种封建剥削制度的专制主义的中央集权国家，是中国封建社会发展迟缓的最主要的原因"。

1952年6月12日，上海《新闻日报》刊登修睦回答读者提出的"为什么中国封建社会特别长？"的问题。他阐述了如下观点。

第一，中国封建地主阶级对农民阶级的剥削和压迫特别残酷，使生产力发展很慢。

第二，外族的侵入，带来了落后的生产方式，使中国的生产力倒退。

第三，中国的手工业主要是农民的家庭手工业，只求自给自足，没有发展，这就是中国工业生产力没有发展起来的主要原因。

第四，商业资本本来是发展资本主义、破坏封建制度的一个重要力量，但中国的商业资本和高利贷资本总是封建地主兼营的，这样，就使商业资本不可能发展到破坏封建制度的程度。

第五，农民阶级革命因为没有先进阶级领导，只起了改朝换代的作用，而不能推翻封建制度。

郭晓棠在1952年《新史学通讯》上发表《略论中国封建社会长期性问题》一文，认为中国封建社会之所以比西欧发展缓慢，基本原因是地主阶级残酷的剥削和压迫。可以从五个方面考察。

第一，土地集中在历代皇帝及其皇亲国戚与文武官僚的手里，它们掌握了经济职务，大大影响了中国社会经济发展。另一方面，存在农村公社遗制及建筑在这个基础之上的专制主义中央集权。这可以解释为亚洲社会停滞的关键。

第二，中国地主政权掌握经济职务。大官僚、大地主、大商人三位一体，成为经济和政治的最高统治者，而独立的小生产者的农民经济和工商业经济以及农工平民阶级长期处于被压迫被剥削的状态中。自由主义在经济上政治上被绞杀了。

第三，落后民族的侵入，甚至长期统治中国。

第四，封建领主、封建军阀的反革命混战大大破坏了中国社会生产力。

第五，中国地大物博人口众多，由于经济的不发达，没有向外发展的强烈要求，长期夜郎自大，闭关自守。

杨向奎 1953 年发表《读〈马克思恩格斯论中国〉：兼论中国封建社会历史分期问题》，提出"造成中国封建社会晚期的迟滞性"，主要有四个因素。

第一，农业和家庭手工业的结合，长期阻碍了中国工业的发展。

第二，中国农村封建统治与商人资本的结合。这种结合也是中国向前发展的阻力。

第三，外族不断地入侵，破坏了生产力，使手工业工场的发展不断地遭到破坏。

第四，封建垄断经济是民间的工商业经济的最大敌人。这种经济政策是经济发展的阻力。

吴大琨 1953 年发表《论地租与中国历史分期及封建社会长期阻滞性问题》一文，从广义政治经济学的角度，对中国封建社会长期阻滞性问题作了分析。文章认为中国封建社会长期阻滞的原因，是因为"东方社会"的特性。所谓"东方社会"的特征，主要有三点：第一，土地国有；第二，建立在小公社之上的专制政府，它们依靠"贡赋"而生存；第三，这种"公社"，是一种工业和农业相结合的经济组织，造成了"东方式地租"的特殊性——实物地租，这种地租形式阻滞了社会的发展。

王亚南 1954 年发表《地主经济与中国社会长期停滞问题》一文，认为"中国社会其所以长期停滞在地主经济的封建阶段，就因为这种经济形态本身，已经存在着一些使它不易在胎内好好孕育出新生产方式的限制，而以这种经济形态为基础的官僚政治组织和儒家学说，更从中作了许多缓和矛盾对立措施。"

尚钺 1955 年发表《清代前期中国社会之停滞、变化和发展》一文，认为："中国社会发展的延缓，除了中国社会内部特点以外，我们不能不考虑到在资本主义萌芽出现以后，十三世纪落后的蒙古族和十七世纪满洲族的入侵，以及到十九世纪……更野蛮的资本主义和帝国主义各国先后侵入了中国。"

束世澂 1956 年发表《试论中国封建社会的分期》一文，他主张中国资本主义萌芽产生于宋代。他认为中国封建社会晚期（宋代），"社会上高利贷的猖獗、商人的地主官僚化"，阻碍了"商业资本转向工业资本"；而蒙古贵族、满清贵族进入中国内地，造成了"经济发展迟滞"。

傅筑夫、谷书堂 1956 年发表了《中国原始资本积累发生迟缓的原因》一文，提出"封建剥削的残酷加固了自然经济，成为生产力进步的障碍；商品生产和商品流通又不足以成为新的生产关系的刺激力量"；"所以封建制度依然长期保存下来"。

胡节 1958 年发表《关于我国封建社会经济规律的几个问题》一文，他说在讨论我国封建社会的停滞问题时，流行着一种看法：土地自由买卖使商业资本和地租结合在一起，也就是商业资本向地租转化，因而不肯把蓄积起来的资本投入商品生产促进其扩大再生产，甚至一些手工业者亦将已经积累的资金用来购买土地，这是我国封建社会停滞的基本原因。他认为这种看法是错误的。商业资本及手工业资本不肯继续发展商品生产而去购买土地，是商品生产不发达的结果，而不是其主要原因。关于为什么长期停滞的问题，他没有正面回答。

侯外庐 20 世纪 50 年代写过《秦汉社会的研究》一文，他认为建立在"国家土地所有制"之上的"农业和家庭手工业的结合"，"既然是东方封建制生产方式的条件，又是巩固东方专制政制的基础，……这种结合形式既然表现出'前资本主义生产方式内部的坚固性和结构，对于商业的分解作用是一种障碍'"。

徐旭生 1961 年发表的《对我国封建社会长期迟滞问题的看法》一文提出："我以为这全与我国统一时间特别长和中央政府权力特别大有关系。"并着重就"重农抑商或作重本轻末"学说等，进行了分析，认为重农抑商学说，"对于封建社会向资本主义社会发展，起了很大抑制作用"。

傅衣凌 1961 年先后发表两篇文章《关于中国资本主义萌芽的若干问题的商榷：附论中国封建社会长期迟滞的原因》《论乡族势力对于中国封建经济的干涉：中国封建社会长期迟滞的一个探索》。两篇文章的基本观点是一致的。他认为关于中国封建社会长期停滞原因的分析，固然，应从封建社会的经济基础——土地所有制进行分析，但为什么中国封建土地所有制是如此的牢固存在呢？他认为有两个理由：一是中央集权的专制主义政体对于封建经济的干涉；二是乡族势力对中国封建经济的干涉。

胡如雷 1962 年在《历史研究》上发表了《关于中国封建社会形态的一些特点》的长篇论文，文章实际上成为作者后来出版的《中国封建社会形态研究》一书的提纲。作者提出："我国封建社会生产关系与生产力发展的特殊形式的辩证法使社会经济的发展具有着周期性"，"正是这种周期性历史发展的特点使我国的历史迈着退一步、进两步的步伐前进，使我国的经济沿着迂回曲折的道路螺旋式地前进。这就是我国封建社会长期停滞这一特点所以能够产生的主要原因。"

综观这个时期的讨论，有一个明显的特点就是学者们都在马克思主义理论指导下进行研究。自觉地运用历史唯物主义的基本原理和方法来研究历史。所以，讨论是在马列主义的轨道上进行的。学者们都遵循马列主义关于生产方式决定社会面貌的基本原理，围绕中国封建制度本身，或从社会经济结构和生产方式的分析入手，或从土地所有制的形式的分析入手，或从生产关系对生产力的破坏入手，或从上层建筑对经济基础的反作用的分析入手，展开热烈的讨论，见仁见智。然而，在讨论过程中，基本上处于各说各的状态之中，彼此之间缺少交锋，因而，没有 40 年代的那场论战那样活跃。

## 四、 第四阶段： 1978 年后

这个时期的讨论有下列明显的特点：

第一，出版物的数量多、参加讨论的人数多、所提出的问题多，这些都是前几次所不能比拟的。特别是有不少青年学者（大学生、研究生）参加讨论，提出不少有见地的意见，表明史学界是大有希望的。

第二，比较注意中外的对比研究。尽管在中外比较研究过程中，还存在着这样或那样的问题，但是，中外比较研究，作为历史研究的一种方法，已为越来越多的史学工作者所接受。

第三，一些被搁置多年的老问题，又被一些人重新提出来加以论证。如果将前后四次讨论的具体内容加以对比，便不难发现，某些论点的承续关系是十分明显的。当然，任何一门学科的发展，都有一个批判继承的问题。所以我们必须保持清醒的头脑，对一些观点，既不能简单地一概否定，也不能轻率地一味盲从，而应该冷静地、审慎地进行分析，采取科学的态度。

本文内容主要参考：

白钢《中国封建社会长期延续问题论战的由来与发展》，中国社会科学出版社 1984 年版。

本编系作者 20 世纪 80 年代在中山大学历史系的演讲稿。

# 第三编 中国传统文化与现代化的关系问题讨论述评

# 一、 最近几年中国兴起 "文化热" 的原因

## (一) 关于文化的定义

关于文化的定义，中外学者并无一个统一的定义，据统计，对文化下定义的，不下数百种。但一般说来，文化不外指：①人们全部生活方式；②个人从他的群体中获得的社会遗产；③思想、感情、信仰的方式；④积累起来的学问；⑤社会组织、政治制度及经济关系；⑥伦理道德、价值标准；⑦行为方式；⑧历史的积淀；等等。总之，文化可以说是人与自然、人与世界全部复杂关系种种表现形式的总和。

周一良先生认为："文化应当包含一个民族通过长期体力和脑力劳动所取得的物质的、精神等全部成就。"周先生把文化分为三个层次：狭义的文化、广义的文化、深义的文化。

狭义的文化，是指哲学、文学、美术、音乐以至宗教等主要与精神文明有关的东西，这可以说是与政治、经济相对而言的狭义的文化。

广义的文化，是指政治生活中的典章制度、经济生活中的生产交换，社会生活中的衣食住行、婚丧嫁娶等风俗习惯，以及与衣食住行有关的物质条件如生产工具、服饰、房屋、饮食、车船等生活用具。所有这些，莫不都是一个民族通过长期劳动和经验所取得的精神的或物质的成就，是人们体力和脑力劳动的结晶。因而说这是广义上的文化。

深义的文化，就是说，在狭义文化的某几个不同领域，或者在狭义和广义文化的某些互不相干的领域中，进一步综合、概括、集中、提炼、抽象、升华，得出一种较普遍地存在于这许多领域中的共同东西。这种东西可以称为深义的文化，亦即一个民族文化中最为本质或最具有特征的东西。例如日本民族文化中在传统文学艺术中每每崇高"苦涩"和"闲寂"，爱好大自然，等等。深义的文化，已经近乎民族性的东西。

中外文化交流，不应只包括狭义的即思想、文学、艺术的交流。唐代中国典章制度之影响日本，科举制度之影响朝鲜高丽王朝，中国文字之影响周围国家，甚至考试制度在近代之传入英国，这些交流都应归入文化之列。至于各国与中国之间衣食住行婚丧礼俗之交流濡染，更是文化交流。此外，在这三个层次的文化之中，狭义和广义的文化可以互相学习、引进，在对方国家生根发芽，开花结果。而深义的文化，由于是长时期在特定的自然的、历史的和社会的条件下所形成的，已经成为民族精神的结晶，是近乎民族性的东西，尽管也可以互相交流学习，加深理解，用为参考。但不像狭义和广义的文化那样容易移植引进，能轻易

拿来化为我有。（周一良《我对中外文化交流的几点看法》，载《光明日报》1986 年 9 月 24 日）

## （二）中国兴起“文化热”的原因

所谓“文化热”是指重视研究文化的思潮的兴起。这种思潮的兴起，必然包含有对自我的传统文化进行反思和再估价的内容；这种思潮兴起本身，就是固有文化处于转变和迅速发展时期的一种表现。所以，中国目前就正处于这样一个“文化转变期”。

为什么目前会兴起一个对传统文化进行反思和再估价的“文化热”呢？一个民族或国家对自我的传统文化进行反思和再估价，大致是基于三种原因。

第一，由于自身社会的经济和政治条件的变化。社会的变化总是从经济开始的，然后反映到政治上，引起制度的变革，最后落实在文化上，造成从心理结构到风俗习惯的一系列变化。例如，中国从诸侯并主的春秋战国，到专制统一王朝建立的秦汉，实际上经历了一个由于自身的经济和政治条件的变化，从而最终导致文化变化的进程，以往我们的研究往往强调了前者而忽视了后者。例如崇尚游侠的风气和心理，在战国时期极为普遍，到司马迁时代则化作余风流响，到班固时代就荡然无存了，这就是文化上的民族心理的变化。

第二，由于与外来的文化发生接触，从而出现了一个与原有自我文化完全不同的参照系，也会促使一个民族或国家对自我文化进行反思和再估价。这其中又可以分为两种情况，即①当接受者自身强大的时候，对外来文化往往较多地表现为包纳、融合与吸收；②当接受者衰颓落后的时候，对外来文化的影响与接触，往往表现为疑忌和抵抗，采取冲突的形式。特别是在民族危亡的时候，这种冲突更会表现得十分激烈，但最终也会达到吸收融合。这两种情况在中国历史上都出现过，前者如佛教的传入，后者如鸦片战争后的西学东来，就是典型的例子。

第三，不是由于与外来文化发生了接触，也不是由于社会的经济基础发生了重大转变，纯粹是由于自我社会本身的人为原因，造成对传统和现实的原有自我文化信仰的动摇乃至崩溃，从而形成一种逆反心理，这也会形成对文化的反思和再估价。例如两汉时代提倡儒学，宣扬忠孝，最后搞到了极端虚伪和不近人情的地步，种种丑事和弊端不断暴露出来。结果到了魏晋之际，风气大转，忠孝观念茫然无存，人们从极端守礼一变而为极端放荡不羁，从政治观念、道德伦理观念，直到民间风气，都来了一个根本性的变化。

当前在我国正在兴起的“文化热”，我们上面所列的三个原因都具有：既是由于与外来文化发生了日益密切的接触，也是由于自身社会的经济的和政治的条件的迅速变化；同时，不可否认，它也与“文化大革命”这一人为的政治运动之后所产生的观念困惑相关联。因此，我们可以说，当前所兴起的"文化热"，也许正是我们进行的经济改革和体制改革不断向深层发展的必然结果。

当然，导致"文化热"兴起的原因不仅仅是这些，还有其他一些原因。例如近几十年来我们的社会科学各个学科在方法论上的教条化和简单化，造成了研究领域的狭隘和课题的饱和，而文化的研究则是一个长期被忽视的、几乎空白的课题，因此，"文化热"的兴起为学术研究的进一步发展开辟了新的广阔天地。同时，现代科学的发展使学科之间交叉、融汇、综合的趋向日益突出，而文化的研究恰恰是一种综合性的考察，这也使得人们自然而然会把目光转向文化研究。但是，这些都是第二位的原因。首要的因素还是由于随着改革的深入，人们对现代化的理解也在不断深入。从单纯的技术引进发展到体制改革，现在已经深入到观念变革——文化变革的层次。这个文化突变正在迅速地改革我们的生活。实际上，早在学者们普遍地开始注意这一问题以前，人们在日常生活中已经清楚地感觉到这种变化了。例如不同年龄的人们之间对话的艰难——往往只差十几岁，彼此的观念、兴趣、标准，乃至语汇，都存在着极大的差异；这种从观念、心理直到语言上的"代沟"，正说明了变化的速度是多么快，目前由学者们所进行的、主要表现为对中国传统文化进行反思和再估价的文化研究热潮，仅仅反映了我国在这个时代所发生的、更为广义的文化突变浪潮中的一个侧面。

## 二、 目前的研究概况

### （一） 研究者概况

第一类人是中国大陆的学者，人数最多，主要是中年人。

从判定中国传统文化在今天的作用和价值的基本倾向来说，我们发现存在这样一个现象，即持否定或基本否定认识的，以从事近代史和世界史研究的学者居多；而持肯定或基本肯定认识的，则以从事中国古代史、特别是从事中国古代思想史研究的学者居多。

第二类人是西方的"汉学家"。他们的背景、动机和观点有种种的差异。

有的是出于经济的和社会的原因，越来越感受到西方社会物质文明的膨胀与精神文明的堕落之间的尖锐矛盾，用审美的眼光到东方来寻找伦理道德。

有的则是由于现代物理学的发展使许多现象无法用传统的、常规的科学理论进行解释，从而促使他们到东方的神秘主义中来寻找原因。美国学者卡普兰的《现代物理学与东方神秘主义》一书，可作为这类认识的代表。

有的是为了实用而研究中国传统文化。例如，用《吕氏春秋》挑选人才，用《孙子兵法》管理工厂，用儒家学说治理企业等等。

还有少数西方人对中国文化抱有一种保存古董的心理，希望中国存留一块中世纪的"净土"来供他们猎奇。

也有的学者纯粹出于研究的目的，希望对中国文化尽量作出比较客观、公允和科学的评价。

西方"汉学家"都不主张对中国传统文化采取过于否定的态度。德国学者傅敏怡说："如果一个民族过于否定自己的传统。那么它就没有根了。"这可以说是绝大多数西方学者对中国文化的共同认识。

第三类人是中国大陆以外的华人学者，包括港台学者和外籍华人。这些人生活在西方（或受西方文化影响的）社会中，他们一方面在心理上存在着一种被包围的"孤独感"，从而产生强烈的"寻根"意识；另一方面则渴望中国文化在西方人心目中具有崇高的地位，因为这与他们的切身利益息息相关。这两个原因，决定了他们对中国文化一般都是采取基本赞扬的态度，有一种"拔高"的倾向。近年来在国外宣扬"儒学的第三次兴起"的，主要就是这些华人。由于亚洲近二三十年来有几个国家和地区经济发展较快，而这些地区和国家又恰好与中国传统文化有着比较密切的历史的和现实的联系，从而就成了这些人的事实根据。其典型代表是美国学者杜维明，他主张：工业文明是多元的，应该有东方式的工业文明，儒家学说在这一文明中占有重要的地位，起着重要的作用。

（二）目前的研究所达到的程度

总的来看，研究工作在步步深入，发展较快。前几年着重讨论"文化"的定义，提出了许多不同说法，可以说还处于"正名"阶段。现在已经逐步深入到对具体时代的具体问题的探索。

从目前国内学术界的情况看，研究主要是沿着两条线路在发展。其中一条是宏观的、整体的研究。例如①中国传统文化是如何产生的？要从地理环境、人种特点、生产条件、社会结构等各方面进行科学的分析和说明。②中国文化的核心精神是什么？包括哪些重要内容？有哪些不同于其他类型文化的特质？③中国传统文化与外来文化的关系是什么？历史上对外来文化的影响和输入采取过哪些做法？起到了怎样的结果？这些做法和结果对于我们今天有什么借鉴的意义？④如何看待中国传统文化在今天的表现和作用？应该怎样认识传统文化与马克思主义的关系？

另一条研究的线路是对比较具体的文化问题的探讨。目前出版界组织几套丛书，如"中国文化丛书""近代文化史丛书""明清文化史丛书"等，推动各种具体专题的研究。

至于像"中国文化史"这种带有体系性质的大题目，目前还没有人敢问津。大家一般认为，目前的研究还没有进入到能够写这类题目的阶段。

## 三、 国内学者在几个重要问题上的主要观点

近年来，国内学者发表的有关中国传统文化的文章很多，涉及的问题十分广泛。现在主要介绍三个主要问题。

### （一）什么是中国文化的基本特质和核心精神？

一者，有人认为中国传统文化的基本特征是"礼"或"礼治"。他们认为"礼"是中华文化世代相沿的主要形态，它最具有中华文化的原初性和普遍意义，兼有生活方式、伦理风范、社会制度的一体化内容，成为绵延数千年的传统文化模式。但对"礼"的认识有两种意见：

其中一种意见，对"礼"进行两面分析，认为其既有消极一面，也有积极一面。消极方面表现为"礼"的内容是等级隶属关系，这种隶属观念最集中的表现就是维护忠孝的三纲五常。这种隶属关系形成强大的社会关系网，人只有在隶属他人的关系中才有存在的价值。因此，民主、自由、平等，不仅在古人的观念中不存在，在古汉语词汇中也找不到。隶属观念与反躬自省的道德修养相结合，使个性的压抑达到最大强度，很难有自主意识的萌芽。"礼"的积极方面，表现为"礼"所表现的隶属观念，又增进了人与人之间的相互依赖，对家庭，对国家具有强韧的亲和力。所以古人常以天下观代替国家观，又以家族观实践国家观，修身、齐家、治国、平天下都是一回事，把个人命运与家庭和国家的利益融为一体，使爱国主义有坚实的基础。所以，由"礼"所表现的隶属观念，有助于中华民族的凝聚和中华文化的绵延。

另一种意见，对"礼"基本持比较激烈的批判态度。认为礼治秩序是一种对人的设计方式。它的特点是在感情交流的人伦关系基础上，强制地赋予他们尊卑名分的意义。它从两个方面取消主体性和个性。第一，礼治秩序只承认人伦关系网络的存在，而根本否认个人可以独立于这种人伦关系之外。个人永远是被规定、被证明、被定义的对象，永远不能获得主动性，因而它有很明显的成人儿童的倾向。第二，"礼"将人的个性、主体性消融在贵贱有差、尊卑有等的名分之中。在"礼"的统治之下，人被塑造成像产品一样，没有属于他自己的个性。这种把自我和主体消融在"礼治"中的结果，就形成"主奴根性"这种卑劣的品格。

二者，有人认为中国传统文化的基本特质是一种人文主义精神。但对人文主义精神的认识和评价也有两种意见。

其中一种意见认为：中国的人文主义与西欧的人文主义有一个根本的不同，就是对于人的理解差别很大。西方的人文主义把人看成是具有理智、情感和意志

的独立个体，每个人都是他自己内在因素的创造物，他对自己的命运负责。中国的人文主义把人看成群体的分子，不是个体，而是角色。认为人是具有群体生存需要、有伦理道德自觉的互相牵连的个体，每个人都是他所属关系的派生物，他的命运跟群体息息相关。因此，西方的人文主义强调自由、平等、权利；而中国的人文主义则强调和谐、义务、贡献。

这种意见认为：用西方的观点看中国，可以说中国人没有形成一种独立的人格，用中国的观点看西方，可以说西方人没有形成一种社会的人格。合理的观点，应该是二者的统一。实际上这种观点认为中西文化各有所长，也各有缺陷。

另一种观点也同意人文主义是中国传统文化的重要特征，但是认为中国传统的人文主义思想，从其主流看，导向的恰恰是王权主义，使人不成其为人。因为中国古代的人文思想是建立在自然经济基础之上的。在以小农为主的自然经济基础上，不可能产生民主思想，只能产生家长主义，而家长主义是王权主义的最好伴侣。从内容上看，中国古代人文思想的主题是伦理道德，这种认识结构也决定了人文思想只能导致专制主义。中国的人文思想取消了人的独立性，把人变为道德的工具。而采取的方法就是强调自我净化，把自我作为斗争的对象。因此，中国的人文思想猛烈抨击"人欲"。所谓"存天理，灭人欲"，即试图把有血有肉、有七情六欲的物质的人，变成一种纯理性的精神的人，排除人的物质性。其结果是使人不成其为人，或者是异化的人，畸形的人。可以看出，这是对传统文化的人文思想持批判态度的。

三者，还有的学者认为中国传统文化的基本精神是一种"实用理性"（或称之为"直观的理性主义"）。或以为是"典型的理想主义"，或以为是"人本主义"，有的学者总结为"四大要素"，有的总结为"七大特质"，等等，不胜枚举。

此外，还有少数学者指出：中国文化本身是在不断变化着的，先秦文化不同于两汉文化，两汉文化又有别于魏晋文化，一直在变化。即使拿儒家学说来说，先秦儒学与两汉儒学不同，两汉儒学又与宋明儒学不同。因此，他们认为：恐怕没有一个贯穿始终的、一成不变的中国传统文化。而所谓传统文化的核心精神，当然更不存在。

以上各说各的看法和体会，基本上还没有形成普遍的对话。这跟目前对传统文化的研究所达到的程度是相符的，它正在沿着宏观研究的线路逐步深入。

（二）怎样认识传统文化在今天的价值和作用？

目前存在三类不同的认识：①否定或基本否定；②肯定或基本肯定；③取中。但是有一点：在上一次文化研究运动中（20 世纪初直至中华人民共和国成立前），有提"全盘西化"的，有提"保存国粹"的。而在这次"文化热"里就没有了。不管持哪一种意见的同志，都一致主张对传统文化必须"批判地继承"，必须"弃其糟粕，取其精华"。如果从这一点来讲，可以说目前都是一派——"批判继承"派，谁都不主张全盘肯定，谁都不主张全盘否定。这比上一次文化研究是一个进步。但是，若仔细分析，我们会发现："批判继承"已经成为一种形式，这顶形式主义的帽子下面，包罗万象，存在着种种完全不同的真实看法。我们如果抛开这顶纯粹虚设的帽子，仅看他怎样肯定或否定，肯定哪些东西，否定哪些东西，哪些是第一位的，哪些是第二位的，就可以把看法区分为三类态度。

一是对中国传统文化在今天的价值和作用持否定或基本否定的态度。

持这种态度的人认为：以儒家为主体的传统文化，是一个封闭性的自足系统。它有广阔深厚的土壤，连绵悠久的历史，与宗法封建社会有着相互适应的紧密联系。正如中国封建社会商品经济无论怎么发展，也摆脱不了自然经济的脐带步入资本主义一样，传统文化也不可能靠自我批判达到自我更新。"以复古求解放"的道路是走不通的。

有的学者同意人文思想在中国传统文化中占有重要位置，但同时认为：中国传统的人文思想思维方式的特点是一体化思想。中国古代的专制主义是以具有深厚人文色彩的儒家思想为统治思想，这说明中国传统文化中的人文思想只能导致专制主义。因此，从总体上看，它不能作为建设新文化的基础和旗帜。这种观点主张积极学习世界先进文化，强调文化是没有国界的，先进的文化必将超越国界和民族，被先进的人们所接受。所以，在我们建设精神文明和新文化的时候，传统的民族文化只是起点，而不是终点。

有的同志认为：中国传统文化的精神向人生落实时形成的一系列价值观念、思想方式、秩序制度、风俗习惯等等，都是要随着时代的进步而被淘汰的。它决定了中国走向现代化将不采取民族文化复兴的形式，而采取"被现代化"的形式。所谓"被现代化"并不是指被动性，被推着走，不会主动迎接现代化的挑战，而是指由于文化上的缺环而失去思想资料的借鉴，在这方面没有民族文化做基础。于是"被现代化"就意味着需要给中国文化注入新的思想、观念和素质。因此，每前进一步，都将伴随着对旧传统的反省和批判。

还有的学者指出：中国文化是一种尊孔复古、陈陈相因的文化。历史经验表明，在近代中国，尚且不能以中学为主体，何况现代？如果时至今日，仍然一味尊孔，片面宣扬孔学，就太贬低马列主义了。必须警惕任何打着"新"字号的封建主义东西的复活。

有的学者说，中国传统文化是一种"明哲保身、安道乐贫"的思想文化，"是一种不讲是非，也不懂是非，一味追求荣华富贵的文化，把中国人的灵性讲得僵硬欲死"。在中国五千年的传统文化中，"天理国法人情，都抵挡不住权势"。因此，必须"认清中国传统文化及其赋予中国人的种种劣根性"，"向中国传统无情开火"。

还有的同志论述中国传统文化跟中国现代化的"十大冲突"。如法治社会和人治传统的冲突、平等原则和贵贱等级的冲突、民主精神和忠孝观念的冲突、创造需求和保守心理的冲突，等等。结论是：中国文化传统如果不能在中国奔向现代化的征途上得到合理改造，获得新的生命形式，中国现代化大业必然会遭受历史性损失。因此，中国传统文化必须彻底改造。

以上这些观点，都对中国传统文化在今天的价值和作用持否定或基本否定的态度。它们的共同认识是：中国传统文化，是一种农业文化，或称为"静态的农业社会的文化"。在现代工业文明时代，它只能被摧毁或改造，而很难起到积极作用。

二是对中国传统文化在今天的价值和作用持肯定或基本肯定的态度。

有的学者认为：西方文化是向前看的，以个人为本位，追求物质利益，因此崇尚科学和民主。印度文化是向后看的，其特征为努力于解脱生活，以求得自我否定。中国文化是注重现实的，注重社会问题，注重人与人之间的关系。从历史发展来看，这种"互以对方为重"的思想是未来世界的前途，必将取代"个人本位""自我中心"的思想。西方社会是物支配人的社会，它最终必将为人支配物的社会所取代。因此，未来的中国，不应效法西方，也不应效法印度，而应该致力于自身文化的复兴。因为世界的前途必然是中国文化的复兴。

有的学者指出，当过去中国还是旧的生产方式的时候，西方先进生产力的输入曾经遭到儒家的抵制，因此旧的精神文明成为生产进步的障碍。现在则不同了，因为补上了生产技术这一课。所以，传统文化中的精华在今天仍然是有用的。并且，由于中国文化强调伦理和人生观，而现在国际社会的发展趋势是相互间关系越来越密切，因此，世界将来会对中国文化日益感兴趣。

还有的学者提出中国文化从本质上讲是一种"刚健有为、崇德利用"的文化，这种自强不息的精神成为中国文化发展的内在动力。我们应排除一切对传统文化的浅见和偏见，正确处理继承与创新的关系，努力创造具有中国特色的社会主义新文化。

有的学者对孔子评价很高，着重论述了孔子思想中至今仍保有生命力而具有现实意义的东西，强调对孔子的思想方法、工作方法、品德修养等，都应该继承和发扬。认为孔子思想中的积极因素形成了很多优良传统，像爱国主义的传统、重视人才的传统、非宗教的传统。再如道德方面的重义轻利的风尚、不以贫贱为耻的精神、言行一致的作风等。有人并提出，在今天，孔子仍然是万世师表。

总的来说，持这种看法的学者，一般都强调对传统文化的继承。从年龄看以老先生居多。

三是对中国传统文化在今天的价值和作用持两面分析的取中态度。

这其中又可分为两类：

第一类观点不是出于一种价值判定，说传统文化是"好"或者"不好"；而是主要从"存在"的角度来看待传统文化。

这些学者认为，今天如何对待传统文化，与其说是应不应该抛弃的问题，不如说是能不能抛弃，也即抛弃得了还是抛弃不了的问题。

有的学者指出，儒家学说是中国文化中起主导作用的、最重要的一部分。儒学已经在两千多年中融化在中国人民的思想意识和行为规范里，积淀为一种遗传基因，成为民族心理的一部分。从这个意义上说，儒学在中华人民共和国成立后的几十年里，也从来没有成为"绝学"，而是始终存在的。我们只要到农村的老百姓中看一看，从他们为人处事、待人接物的方式和习惯中，从他们对待家庭、老人、子女、亲友、财产的态度中，从他们的风俗习惯乃至年画、对联中，都可以感觉到这种存在。因此，我们无法抛弃这种传统文化，因为它已经渗透在你的心中，而你只能在继承传统的基础上不断吸收外来文化中的优秀成分。这些优秀成分好比营养丰富的食物，瘦弱的人吃了它可以变得健壮、漂亮。但无论怎么变，总是在自身的基础上变，不可能做到全盘西化。

持这类观点的学者认为，中国文化给我们民族和国家增添了光辉，也设置了障碍；它向世界传播了智慧之光，也造成了中外沟通的种种隔膜；它是一笔巨大的精神财富，也是一个不小的文化包袱。像一切事物都有两重性一样，中国文化也有两重性。它的优点和缺点，不是分别放置而可简易取舍的；而是杂糅在一起，难解难分，它的缺点也就是它的优点。因此，想要全面否定和彻底抛弃传统文化，不但是不足取的，也是不可能的。

第二类取中的观点，不是像第一类观点一样从"存在"的意义来认识，而是从取舍的角度去分析，力求做到尽可能客观的、不偏不倚的两面分析，其标准纯粹是一种价值判定，由好坏来定取舍。

这种观点强调，中国文化，既有它开放的一面，也有它保守的一面；既有它积极进取的一面，也有它消极落后的一面，所以，我们只能吸收和继承前者，批判和扬弃后者，决不应有盲目性。片面夸大民族文化的优秀传统，会鼓动盲目抑外的夸大狂；而片面夸大民族文化的消极面，则会降低民族自信心。

目前，对中国传统文化在今天的价值和作用的不同认识，如上所述，至于哪些是正确的、哪些是错误的，哪些是可取的、哪些是不可取的，哪些是有益的、哪些是无益的，不必急于作出判断，让人们自己去研究吧。

（三）关于"国民性"问题的研究

关于"国民性"问题，陈独秀、李大钊、鲁迅都做过很多分析论述。但自

1949年以来至"文革"前，学者们只局限于研究鲁迅对国民的论述，并且一般认为"国民性"思想是鲁迅的早期思想，表现了他当时的局限性。在鲁迅接受马克思主义之后，就不再谈改造国民性问题了。到"文革"期间，则根本否认有国民性存在，认为这一提法本身就是宣扬超阶级的"人性论"。

重新开展对国民性的研究，是近几年随着对传统文化的研究同时出现的，因为国民性问题就包含在文化之中。有人认为国民性是一种"文化在民族心理上的积淀"，有人则认为是"文化烙于全民族的性格外观"。国民性问题的被提出，一开始就包含有自我批判的内容。所以有的学者在定义上就认为："国民性"主要就是指"劣根性"，也就是精神状态中消极、落后的那些东西。有的学者提出："所谓国民性问题，就是长期的封建社会及其自然经济基础所形成的愚昧、保守、近视的落后意识。"

由于国民性问题是这样被提出的，所以很自然，研究国民性的文章一般都是从批判和贬斥的角度来论述的。

从20世纪70年代后期到80年代初，一些论文探讨了国民性与阶级性之间的区别和联系；有的学者提出：国民性思想是贯穿鲁迅一生的思想活动核心，始终是他韧性战斗的基点，根本不存在后来被"扬弃"的问题。

到80年代后，出现了更加激进的文章，不仅积极肯定了鲁迅"改造国民性"的思想，而且还特别强调了它的社会意义和现实意义。提出"国民性的弱点"仍然是"四化的阻力"。

也有的文章对国民性的产生和变化作了比较深入的理论分析，认为：

> 随着自然、地理、民族构成状况，社会经济条件、社会政治结构、社会文化发展程度等等因素的改变，特别是生产力发展水平、社会阶级构成及阶级斗争形势、社会权力结构等等因素的改变，国民性与人的社会性中其他诸层次一样，不可避免地要发生变化。因此，坚持唯物史观，就必须将国民性的改造与对客观环境的改造紧密结合起来。
>
> 国民性中总不可避免地既包含保守性的一面，又包含变动性的一面。保守性表现了社会关系总和及其他各种历史条件自身的延续性、稳定性，变动性则表现了它们的发展变化。不能简单地把前者或后者分为消极或积极、优良或恶劣。封建社会中，在分散的、落后的、以手工劳动为主要形式的自然经济基础上，农民阶级与地主阶级有着共同的心理特征，像崇尚古风、因循守旧、讲求传统、崇拜权威、思想停滞、畏惧神灵等等。这些心理在那个时代，对于社会经济的繁荣和社会秩序的稳定曾经起过积极作用，因为当时的生产方式需要如此才能延续，当时的社会生活非如此不能稳定地正常运行。这些心理特征，后来成为历史发展中巨大的阻滞因素，并非因为它们生来便

属于所谓劣根性。只有这样，才能正确认识国民性改造和前进的方向与动力。

（姜义华《中国国民性问题析论》）

目前对国民性的研究，尚处于一个新的开始的阶段。

对于传统文化和外来文化的关系，日本学者大庭修说：在明治维新及其后的相当一段时间内，对于要不要保留传统，要不要全盘西化，也曾发生过激烈的争论。最后，日本采取了勇敢地向西方学习的态度。而到今天这个问题就不存在了，因为日本今天虽然现代化了，但并没有全盘西化。

因此，我们今天应当勇敢地学习一切其他民族文化中的优秀因素，而大可不必瞻前顾后，畏首畏尾。正如一位学者所说：

> 我们应当相信，在这种世界规模的文化交流与竞争当中，凡是我们民族文化确有的长处，决不会丧失，只会发扬光大。而那些一经与外来文化接触就如泥菩萨过河一样的东西，断然不是民族文化中值得珍惜的东西。

（耿云志《今日的中西文化问题》）

本编系作者20世纪90年代在中山大学历史系的演讲稿。

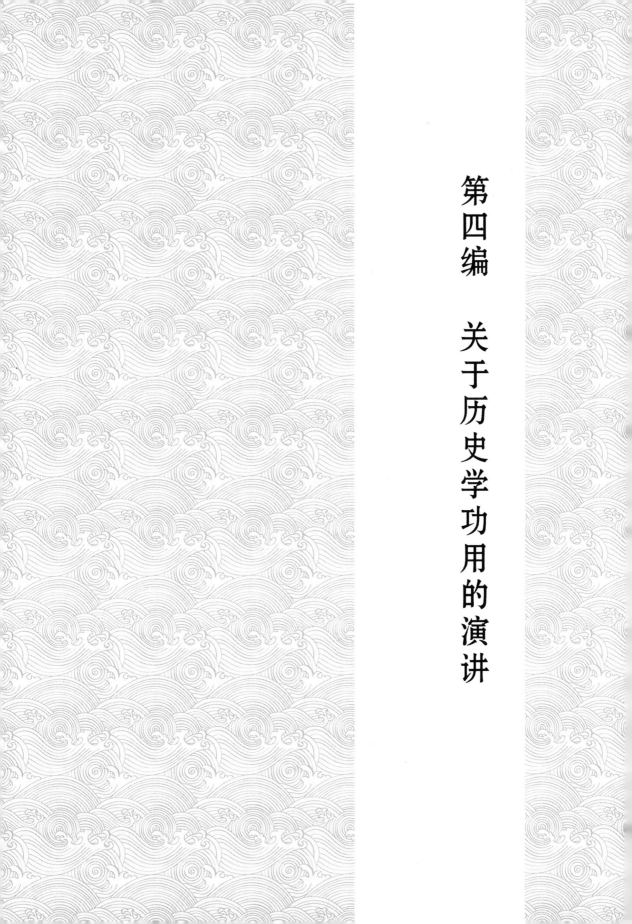

第四编　关于历史学功用的演讲

历史学的功用是一个古老而又始终引起人们广泛兴趣的历史哲学问题。在中国，早在两千多年前，司马迁就提出研究历史是为了"究天人之际，通古今之变"。在西方，大致与司马迁同时，修昔底德（古希腊历史学家，著有《伯罗奔尼撒战争史》八卷，是研究古希腊史的重要资料）也认为历史学家应该提供"关于过去的正确知识，使其有助于了解将来"。20世纪以来，国外史学界对史学功用的探讨一直未曾间断。近几年来，我国面临着一个全面改革的时代，历史学怎样改革，也是摆在历史学工作者面前的问题，特别是人们对于历史学本身的反思，更希望对历史学功用作出切合实际的估量。下面介绍一下国外和国内的讨论情况，以期大家对这个问题有正确的认识。

## 一、美国

美国史学界对史学功用大都持积极和肯定的态度。20世纪上半叶风靡一时的"新史学"派，美国现代资产阶级史学流派，首倡者为J.鲁滨孙，他的代表作是《新史学》。他在哥伦比亚大学执教多年，形成一个有势力的学派。"新史学"派强调史学的"综合功能"，认为史学可以从多方面造福于社会，为人类的未来谋利，从而成为人们踏向幸福道途的武器。他们认为历史功用的具体表现为两点：

一是，拓展人的智能。"新史学"的奠基人鲁滨孙指出，历史这门学问不但可以使工人得到一个社会进步和社会未来的观点，并且可以丰富他们的想象力，把他们的意识和观念扩展到工厂之外。

二是，史学研究还具有了解现在和"预测"未来的作用，帮助人们认识人类各种问题的"前景"。

"新史学"派认为，为了更好地体现出历史的作用，史学家应当走出书斋，主动而积极地向广大民众传授历史知识，使史学成为广大人民"共享"的财富。

"新史学"对当代美国史学的发展有着十分重要的作用；同时，它对史学功用的种种认识，也对后世产生一定的影响。20世纪50年代后，美国史坛对史学功用的估价主要有如下几点。

第一，从历史中寻求某种规律性的东西。曾任美国历史协会主席的C.李德指出，对于一个历史学家来说，一个必要的条件是在正确的社会哲学指导下，探寻历史的规律，"正是在这里，他拥有为社会服务的良好机会；正是在这里，他掌握着不是造福于社会就是危害社会的有力工具"。那么，这种研究是否有助于了解未来？一部分人的回答是谨慎的，而另一部分人则高度肯定了史学对未来的指导作用。他们指出，科学的史学研究不仅可以使人们了解世界，而且也有助于指导未来行为，从而改造世界。

第二，恢复历史的本来面目，让广大人民从正确的历史答案中得到教益。他们认为，历史研究不能与社会脱节，史学家的著作如果藏在象牙塔或真空之中就会变得毫无价值。闭门造车只能把史学引向穷途。甚至有人主张"历史教学的社会化"，就是采用"对于一般公民显然有意义的方式"；有人还主张史学成果的"反馈"，即史学家通过不同的读者群来估价自己作品的价值。

第三，历史直接参与现实社会的斗争。一些史学家认为，历史不应当超然于现实社会的斗争之外，它可以也应该为现实社会斗争服务。不过，持这种观点的主要是研究工人运动史和国际关系史等领域的学者。许多美国史学家标榜史学的"纯客观性"，不接受或者反对史学参与现实社会的斗争的论点。

第四，史学对于社会科学的其他学科也有重要意义。20 世纪 60 年代，特别是 20 世纪 70 年代以后，学科之间出现相互渗透、相互交叉、纵横交错的格局。在借鉴和运用其他学科研究方法和成果的同时，一些史学家认为，历史学也同样可以刺激和促进其他社会科学的发展。他们指出，在今日世界文化系统中，难道可以设想有脱离历史而存在的社会学、民族学、政治学、文学、艺术……？史学的方法、体系与成果，会给其他社会科学以很大的启迪。

在肯定史学功用观点占主导地位的同时，也有少数美国史学家对历史研究的作用持怀疑甚至否定的态度，其中，最具代表性的是 C. 贝克尔的观点（曾任美国历史学会主席，著述甚多），贝克尔是相对主义者，他认为客观的历史过程是不存在的，历史只不过是"我们所知道的历史"。从这个观念出发，他认为追求历史事实的正确解释和准确答案是没有必要的，也是没有意义的。所以，没有人可以从历史研究中得到好处。他说，物理学的成果，使千家万户用上了电灯，而历史却无法起到这些作用。

## 二、 英国

英国史学界对史学功用的估量不像美国那样全面和宽泛。历史哲学家 K. 波普否认历史客观规律，认为"历史没有意义"。其推论是这样的：社会历史不断发展，但其方向、形态、结局都不重复。因此，史学研究不可能预测未来，"知古鉴今"是一句空说，也是非常危险的想法。另一位历史哲学家 B. 罗素也认为，人们不可能从历史找到解释世界模式的"一般公式"。当然，波普等人与美国的贝克尔不同，他们并没有完全否认史学的意义和功用。罗素强调史学对过去过程的概括和总结作用。波普主张史学用于了解自身，提供对人的心理特征的解释。

波普等人关于历史哲学的论述对英国史学研究产生了不小的影响。由于追求"了解自身"，英国史学研究多次出现了与实际脱节的状况。20 世纪 60 年代中叶以后，这种情况有所改变。英国史学界以慎重的态度把历史和现实结合起来，从而使史学的应用面大为增加。这种慎重的态度在一定程度上保证了科学性。一个明显的事例：1984 年，英国教育大臣约瑟夫呼吁英国史学家用英国的"辉煌历史鼓舞英国人民的民族精神"，英国学者普遍对约瑟夫的讲话提出了质疑。R. 塞缪尔和 C. 希尔指出，不能不加选择地宣扬不列颠历史上的一切"荣耀"作为，如英国迫使中国清王朝进行的鸦片贸易，而应当如实地去解释和说明英国历史上值得骄傲和需要反省的行为。

近年来，英国史学家也受到波及全球的多学科研究方法的冲击，并意识到历史学对社会科学和人类文化有着不容低估的贡献。

## 三、 法国

史学是法国的一门传统学科。在近代，伏尔泰高度评价了史学的功用，他认为，史学可以改变一个民族的精神文化素质。1929 年，布洛赫和费弗尔创立了著名的"年鉴学派"，至今仍然是法国最有影响的史学流派。

"年鉴学派"是一个在研究方法上兼容并蓄的开放型史学派别，对史学功用问题，持积极肯定的态度。主要有三点：

第一，史学研究对未来的发展有很大帮助，它可以在一定程度上预测将来的运动方向。他们认为，史学研究不是沉闷的无用之物，或者是少数人自我陶醉、自我玩味的奢侈品，它构成了现代文明的一个重要组成部分。

第二，通过历史研究，达到"鉴今"和解决现实问题的目的。"年鉴学派"史学家不只关心过去，也关注着当代事态的发展。他们认为史学对今天人类的生活有着不可低估的意义。

第三，史学对于其他学科（社会科学和自然科学）有积极影响。他们特别认为，数学、人类学、生物学、语言学、遗传学等需要新的历史资料的补充，史学工作者应力求掌握上述这些学科的逻辑推理方法。唯有如此，史学才能在社会科学和自然科学的众多分支上，体现出自身的价值。

## 四、 苏联

苏联史学界对于史学功用的估价一直是很高的。但与西方国家相比，苏联史学界对史学应用面的估量是比较狭窄的。他们认为，历史作为一门科学应发挥其重要的社会作用。①历史的价值在于成功地确定历史进程，只有历史才能为社会发展模式提供基础，并能同其他社会科学一起，为管理现代社会提供有价值的科学基础。②历史科学所研究的过去发生过的现象和过程，或者是今天继续存在着，或者会对今天发生直接影响，因此，史学是有可能在某种程度上预测到明天的。

看来，苏联史学界主要把史学功用归纳为探索历史规律、以古鉴今，以及预测未来上。

## 五、 印度

印度的史学深受英国影响，在对史学功用估价上，也带有英国的格局，存在着两种截然相反的看法：一种观点否定史学研究的作用和价值，认为历史是无关宏旨的学科。近年来，大多数治史者则肯定或倾向于肯定史学的功用。概括起来，他们认为史学研究的意义在于通过了解过去，来认识现在和探索未来。

总而言之，国外史学界基本都对史学功用持肯定态度。绝大多数史学家都深信自己的研究工作绝不是可有可无的。

## 六、 近年来我国史学界对历史学功用的思考

在改革的形势下，历史学有没有存在价值，或者说史学对建设四个现代化能否发挥其应有的作用？近几年来的讨论中，以下几个方面的问题值得注意。

首先是"史学无用"论。当然，并没有人明确提出"史学无用"；但是当前的确存在着一种轻视历史、忽视在新的形势下史学存在价值和社会功能的倾向。在青年学生中，学法律和经济管理是热门，而历史则受到冷落。学历史的也想改行。有的同志也许不否认近、现代史与现实的联系，但对古代史和现实的四化建设究竟有什么关系，确实是怀疑的。

其次是为什么在今天有人会贬低史学存在的价值，甚至"自我否定"的问题。对于此，许多同志认为：

第一，上述倾向的存在与史学，特别是中国古代史这门学科自身的特点有关。史学是关于人类社会昨天和前天活动的学问，它与人类社会的今天和未来虽有继承沿袭，但这种联系并不是直接的，更不是绝对的；现实社会发展得越是迅速，我们祖先的历史在时间上就离我们越是遥远，古代的人事和社会风貌对于今人就显得越是陌生，以至难以索解；而现实生活的迅速变化，又使人目不暇接，眼花缭乱，使人无法从容回首往事。

第二，上述倾向的存在与我们以往在研究中存在的偏差更有着密切的关系。20 世纪 50 年代和 20 世纪 60 年代初，我们在运用马克思主义研究中国史方面取得了很大的成绩；但毋庸讳言，由于当时的历史条件和我们的幼稚，史学研究也存在着简单化和教条主义的毛病，研究的路子越走越窄，在"文革"期间，史学又为"四人帮"所控制，成为其篡党窃国的工具而任其摆布。打倒"四人帮"

以后，又有人提出"回到乾嘉去"，使史学脱离了现实，与广大人民群众的生活和斗争越来越隔膜。林甘泉在《历史学与现代化》一文中说："认为历史学可以不考虑社会的需要，无妨为历史而历史，这是对历史学社会功能的自我否定。"

第三，上述倾向的出现，与近年来我国社会主义物质文明建设和精神文明建设发展不平衡有一定关系。与物质文明建设的迅速发展相比，理论思维显得薄弱，民族文化素质没有得到相应的提高，这应该说是造成轻视历史的宏观因素之一。

但更多的同志则认为，史学有用，前途光明，在新形势下，史学将会发挥更大的作用。随着经济建设高潮的到来，一定会出现一个社会主义文化的繁荣时期。一个时代有一个时代的学术，这不仅是社会的需要，也是学术自身发展的规律。综合有关文章的论述，史学可以在以下方面发挥作用：

第一，史学有助于我们正确地理解、运用和发展马克思主义。因为马克思主义本来就是人类社会历史规律的总结，如果不通晓历史，那就根本谈不上掌握和发展马克思主义。

第二，史学将在社会主义精神文明建设方面，在培养人们的共产主义世界观方面发挥重大作用。通过讲述历史，讲清楚做人的道理，做一个新人的道理。通过学习历史，帮助人们树立辩证唯物主义和历史唯物主义世界观。

第三，史学研究所总结的历史规律和历史经验教训有助于进一步弄清中国的国情，为实现四个现代化的决策提供依据。

第四，历史是一门科学，是整体科学中的一个有机组成部分，史学研究将有助于人们对科学发展规律的探索。

最后是所谓历史学的"危机"问题。为什么会出现"危机感"？怎样看待"危机感"？一些同志认为，产生"危机"感的原因主要来自两方面：一是对史学的社会功能没有正确、全面的认识；另一方面则是没有正确认识和处理好史学和现实的关系。所谓"危机感"，在一定程度上反映了目前史学研究与现实社会前进步伐的脱节，反映了开创历史科学新局面的重大战略任务与史学队伍素质的脱节。但是，这种"危机感"，也反映了史学工作者的探索和追求。有的同志正是从这种"危机"感的认识出发，认为历史科学要能承担起时代所赋予的重任，正面临着一个使历史学自身现代化的问题。因此，只有史学改革才能消除"危机"感，并使这种危机感转化成为推动历史学发展的积极因素。

本编系作者20世纪90年代在中山大学历史系的演讲稿。

第五编　关于中国古代的人牲和人殉

原广州军区机关老干部大学举办历史班，招收对历史有兴趣的离退休老干部的学员。由于学员都是戎马生涯半辈子，出生入死，为党和人民作出了贡献的老干部，他们对中国现代史较为熟悉，因此，学习的重点放在中国古代史和近代史方面。中山大学历史学系派老师授课。一年多来就中国古代、近代政治、经济、文化方面的一些重大事件、重要人物、典章制度作了讲授。学员们学习兴趣很浓，上课时非常用心听课，仔细记笔记。据说有些同志原来没有报名参加学习的，现在也来听课。有的同志说，对中国古代史、近代史的知识原来知之不多，现在知之稍多；原来的历史知识像一粒粒散开的珍珠，现在有一条线把它串成串珠；有些历史事件、人物，原来只知其然，现在还知其所以然。

中国古代史包括中国原始社会至清朝 1840 年鸦片战争前的历史。也就是说，要通过具体的历史事实，阐明中国原始社会、奴隶社会和封建社会产生、发展和衰亡的历史过程。老同志学习中国古代史，不是"发思古之幽情"，而是有着非常重要的现实意义。

第一，通过学习中国古代史，可以使我们认识和掌握社会发展规律，特别是了解中国历史发展的规律，有助于进一步弄清国情，为实现四个现代化的决策提供依据，增强我们实现"四化"的决心和坚定共产主义的信心，批判否定或怀疑马克思主义的错误观点。

第二，通过学习中国古代史，可以知道中国有悠久的历史和光辉灿烂的文化。中国人民在历史上曾经创造了光辉灿烂的物质文明和精神文明，对世界历史和文化的发展作出过重大的贡献。毛泽东同志说过："在中华民族的开化史上，有素称发达的农业和手工业，有许多伟大的思想家、科学家、发明家、政治家、军事家、文学家和艺术家，有丰富的文化典籍。"我们学习中国古代史，可以培养民族自尊心，培养爱国主义和国际主义精神；批判资产阶级自由化的"精英"们所鼓吹的民族虚无主义和妄自菲薄、崇洋媚外与"全盘西化"的错误思想。

第三，通过学习中国古代史，可以知道中国历史是各族人民共同创造的。我国有五十多个民族，各族人民共同创造了祖国灿烂的文化，人民群众创造了社会物质财富和精神财富，他们是历史的真正创造者，是历史的主人。从而树立劳动观点、群众观点、阶级观点和加强民族间的友好团结，批判唯心主义的"英雄史观"。

第四，通过学习中国古代史，可以知道中华民族是酷爱自由和富有革命传统的民族。在中国古代，有两个民主性的传统很值得我们珍视：一是在中国历史上，农民起义的次数之多和规模之大，是世界历史上所仅见的。农民革命的传统表现了中国人民不能忍受黑暗势力统治的巨大决心和英勇气概。二是在中国历史上，有不少知识分子对国家的命运和人民的疾苦表现了十分真诚的关心和同情。特别是一些优秀知识分子反对剥削和压迫的大同理想，更值得我们珍视。他们希望建立一个没有人剥削人、人压迫人的社会，尽管在古代不可能实现，但他们的理想给后人以启迪。

为了学好中国古代史，必须以马列主义、毛泽东思想为指导，坚持无产阶级的立场、观点和方法，坚持理论联系实际、实事求是的学风，刻苦钻研，多加思考。使我们的老同志能够运用历史知识来为社会主义四个现代化建设服务。

由于学员对学习中国古代历史有较浓厚的兴趣，因此，有的同志提出怎样进一步提高的问题。下面我想谈两点意见。

第一，进一步提高自己的史学素养。老师们在课堂上所讲的重要事件、人物、制度等，都是根据原始资料，用马克思主义的观点加以分析，比较通俗地传授给学员。学员要提高自己的史学素养，还必须认真读几部中国古代史书。中国古书，浩如烟海，怎样选择古书来读？中国过去的史书，有其传统的体裁，大致有三种类型。

一是编年体：以年为主，先后次序清楚。这类著作，可以左丘明的《左传》和司马光的《资治通鉴》为代表。

二是纪传体：以人为主，记载详尽。这类著作，可以司马迁的《史记》和班固的《汉书》为代表。

三是纪事本末体：以事为主，记载一件事的始末。这类著作，可以袁枢的《通鉴纪事本末》为代表。

学员可以根据自己的兴趣，选择上述著作中的一种进行精读。从目前学员的古汉语水平来看，精读《史记》或《资治通鉴》较为适宜。所谓精读，就是要认真地读，扎扎实实地一个字一个字地读，要解其言，知其意，明其理。如果精读了《史记》，对从炎帝到汉武帝的几千年的历史就有较深的了解。如果精读了《资治通鉴》，对从战国到唐代的历代的盛衰存亡就有较深的了解。精读了几部史学名著，自己的史学素养就会大大提高。

第二，根据自己的兴趣，选择一个问题，进行研究，写出心得体会（即论文）。选择的题目，可以是一个人物，或人物的某一方面；可以是历史事件，或事件的某些片段；可以是一种制度，或制度的某些侧面。总之，选择的题目不宜太大，题目大了，不容易驾驭。

题目确定之后，就进行搜集资料。搜集资料，包括两方面的内容。一方面是关于这个问题的原始资料，即古书上关于这个问题的记载，搜集资料要尽可能全。另一方面要了解行情，摸清你要研究的题目前人是否研究过，研究的成果如何。这一工作可以通过史学论文索引或报刊索引一类的工具书帮你解决。在搜集资料的基础上，用马克思主义的立场、观点、方法对资料进行分析研究，在前人研究的基础上，提出自己的意见，写成文章。这就是研究历史。我们的学员如果每人每年研究一两个问题，用马克思主义的观点去阐释一两个历史问题。这就是对历史科学作出了贡献。这就是我们久经考验的老干部，在改革开放的年代，在四个现代化的建设中，发挥余热，为社会主义精神文明建设作出了贡献。我们热烈欢迎老干部在历史科学这个百花园地里，栽上花树，并盛开灿烂的鲜花。

今天我就专门作一次关于中国古代人牲、人殉问题的演讲。我准备讲七个专题：

一、人牲和人殉的起源

二、中国原始社会的人牲和人殉

三、商代的人牲和人殉

四、西周的人牲和人殉

五、东周的人牲和人殉

六、秦汉至明清的人牲和人殉

七、为什么中国人牲人殉长期存在

## 一、 人牲和人殉的起源

人牲（也称"人祭"）是用活人做牺牲，杀之以祭神灵、祖先。人殉是用活人去为死去的氏族首领、家长、奴隶主或封建主殉葬。在原始社会末期到初级国家专制的整个历史时期中，人牲和人殉曾经是古代世界普遍存在的一种社会现象。被当作祭品的牲人和陪同主人死去的殉人，都是原始宗教的牺牲者。但产生人牲、人殉的原因，牲人、殉人的身份和来源以及他们被杀害的含义却又很不相同。一般地说，人牲是供"食"的，而吃故人是个古老的传统，所以用的是俘虏、"仇人"；人殉是供"用"（役使）的，既为"用"，就要避仇敌，使亲近，所以殉者须"亲媚"，须"故旧"，殉者与被殉者的关系应是二者生前关系的继续。人牲、人殉两者有相似的一面，也有本质不同的一面，故要探讨它们的起源。

### （一） 人牲

万物有灵、鬼魂不死，是原始宗教崇拜的思想基础。在原始人看来，人们的生老病死，自然界的阴阳晦明，都由神灵主宰，因此对一些与人类日常生活有利害关系的自然现象产生一种崇拜心理。崇拜活动由简单到复杂，随后出现有祭品和牺牲供奉。他们相信神灵生活在另一个世界，照样要吃饭、睡觉。要永保神灵的青春常在，祈求神灵消灾赐福，就要杀戮大小牲畜祭奠。而杀人祭奠，则是对神灵的最大敬意。这种把人作祭品，以供神灵"食用"的做法，我们通常称之为"人牲"。

人牲最早发生于农业部落。在原始人看来，土地滋生着万物，所以把土地称为"地母"或"土地神"，对土地神的供养，就要有牺牲，比较隆重的就要杀人献祭。在母系氏族公社繁荣阶段的仰韶文化时期，即有用人血祭的祭祀活动。

## （二）人殉

人殉比人牲出现得晚，它开始于母系氏族制向父系氏族制过渡或父系氏族制已经确立的时期。父系氏族制的确立，标志着父权的尊严，这就为人殉的出现创造了条件。马克思指出：在氏族社会后期，氏族的首领、家长及显贵死后，为了让他的灵魂有所寄托，往往将其"生前认为最珍贵的物品，都与已死的占有者一起殉葬到坟墓中，以便他在幽冥中继续使用"。他又说：父权家族"对于子女和更远的后裔以及奴隶和仆役操有生杀之权。"（马克思《摩尔根〈古代社会〉一书摘要》，第36页）他们死后，往往要殉葬自己的妻或妾，甚至是他自己的子女。这是我们研究人殉起源的理论基础。古书记载和考古发现都证明马克思的论断是正确的。

## （三）割体

以人为殉，以人为牲，都要付出高昂的代价，也许原始人已意识到这一点，他们便采用一种自我伤残的替代办法，用以表示自己与死去的亲人或自然神的亲密关系。自我伤残大都要割断肌体的一部分，故称为"割体"。割体的形式很多，最常见的是切断指骨或趾骨，其次是刺破头皮，抓破面孔，烧烫胸、臂、腿、股，打去门牙、割舌、切耳，或撕破耳垂，等等。不论采取什么伤残形式，都要见血。活人为死人举行割体仪式，实质上是人牲、人殉的一种变通。

## 二、 中国原始社会的人牲和人殉

### （一）人牲遗存的考察

我国原始社会的人牲分为三大类。

**1. 血祭地母**

根据世界民族志资料，在许多原始民族中，都有用人血祭奠土地，祈求恢复地力、获得丰收的信仰。考古学者由此推测我国仰韶文化时期已出现杀人祭祀地母，这是有道理的。但史籍无征，考古工作又缺乏实例，一时还难于证实。到父系氏族公社时期，如大汶口文化、龙山文化和齐家文化等遗址和墓葬中，经常发现无头葬、多人丛葬，或人与牲畜同埋等现象，这可能就是人牲。

**2. 猎头祭谷**

猎头祭谷属于对农神的崇拜。我国南方的古代越僚系民族、东南亚及太平洋诸岛的土著民族都属于猎头民族。近百年来，西方一些学者，曾先后进行实地调查，写有专著。

### 3. 奠基牲

在我国黄河流域诸原始文化中，还发现一种在住房建筑过程中使用活人（主要是幼童）作祭品的习俗。因多数发现于房基下或房基中，所以称为"奠基牲"。仰韶文化时期已出现，但大多发现于河南龙山文化房基中。

## （二）人殉遗存的考察

中国早期的人殉，一般表现为妻妾殉夫的习俗。出现于母系向父系过渡或父系确立的时期，甘肃武威皇娘娘台和永靖秦魏家的齐家文化氏族墓地中发现的成年男女合葬墓和内蒙古朱开沟文化遗址中的一些成年男女合葬墓最为典型。

# 三、 商代的人牲和人殉

## （一）人牲

在商代政治生活中，神权色彩十分深厚，意识形态里的一个最突出特点是"尊神"观念。《礼记·表记》："殷人尊神，率民以事神，先鬼而后礼。"在商人看来，天神、地祇、人鬼（祖先）是永存的，他们具有至高无上的权威，活人的一切，都由神灵支配。所以事无大小，都要占卜，向神请示；给神灵奉献各种祭品，包括人在内。甲骨文中使用人牲的材料很丰富。

一般地说，祭祀天神、地祇大多在王宫所在地举行；祭祀祖先神明，大多在宗庙里或墓地上举行。

以人为牲的处理方法，名目繁多，手段残酷，据姚孝遂先生研究，大约有十几种之多。

（1）俎。全牲，俎人大多用美人，通常在比较隆重的祀典上以全牲祭祀。

（2）伐。即砍头。甲骨文中凡被砍头的人牲或将被砍头作为祭祀的俘虏都叫"伐"。

（3）馘。与伐同义，都是斩首。馘，甲骨文写作 𩵋、𩵋、𩵋、𩵋，好像将俘虏双手反缚，抓住其发辫，用斧钺断其头颅的形状。有的还带数小点，像血水淋漓之状。

（4）炙。字从人在火上，即用火烧死，一般用于求雨的祭祀。

（5）沈。《礼记·大传·注》："祭水曰沈。"凡投入水中的用牲方法皆谓之沈。沈祭的主要对象是"河"，当为防水之祭。

（6）敁。据于省吾《殷契骈枝·释敁》，敁字像以扑击蛇之形，引申为割杀之义。

（7）簋。《说文》篆文作"副"，训为"判"，当是劈开牲胸，取出内脏，风干以祭。

（8）兀。即《说文》"衁"，乃杀牲取血以祭。这种祭祀，大致相当于后世的"衅"。

（9）燎。《说文》："燎，柴祭天也。"卜辞"燎"多为牵年祈雨之祭，大多用牛羊，用人较少。

（10）卯。据《卜辞通纂》第39片考释："因卯之字形取义，盖言对剖也。"这种用牲方法，一般施主于牛、羊，有时也用于牲人。

（11）弹（弜）。甲骨文作钐、钐、钐，字从弓、从又，或从攴，正像"使战动掉弹"之形。有"击"义，谓击杀之。

上面列举的献祭人牲的方法，大多数发生在武丁时期。杀祭的次数和用人的数量也多，最多的一次杀祭竟达一千人。到了殷代晚期，数量减少。

（二）人殉

牲人和殉人，过去往往把两者混为一谈，把他们笼统地说成是奴隶，进而又把人殉、人牲现象简单地说成是奴隶社会（主要是奴隶制时代）的主要特征。近年来，这种看法受到了冲击。人们认为，牲人和殉人的性质截然不同，应该严格加以区分，牲人的身份主要是俘虏，殉人的身份主要是近亲、近臣和近侍。俘虏与奴隶之间有着密切的关系，然而俘虏并不等于奴隶，近亲、近臣和近侍，从某种含义说是奴隶（奴仆），但不是特定含义的典型奴隶，即生产奴隶。人殉、人牲只能作为推定所处的历史社会性质的一个侧面，但不能作为判断奴隶社会的主要依据。

殷商时代是中国人牲、人殉制的鼎盛时期。人殉起源于父系氏族公社确立以后，最初表现为女人为男人殉死。随着国家的出现，人殉逐渐成为阶级对立的牺牲品。从人殉的考古资料看，殷商早期人殉不多，中期以后有所增加，晚期为甚。人殉的对象从妻妾为殉逐步扩大到近臣、近侍。人殉的这种变化，反映了人与人之间不平等关系的加剧。

四、 西周的人牲和人殉

周人发祥于今陕西泾河、渭河流域，到目前为止，泾、渭两河流域的周人先世遗址中尚未见人牲、人殉实例，这或可表明，周人先世并不存在人牲、人殉的习俗。及至殷末，殷人原有的人牲、人殉习俗，可能被周人所接受。

## （一）人牲

《逸周书·世俘》中有周武王灭殷归来，在周庙行献俘大礼的记载：武王燎祭于周庙，献馘俘。太师献纣首。十七日（辛亥）至十九日（癸丑），武王祭天宗上帝，追王太王、太伯、王季、虞公、父王、邑考以列升。荐俘殷王鼎。荐俘殷恶臣王士百人。二十一日（乙卯）庶国祀于周庙。祀典用的是殷礼。说明周人行献俘礼祭是从殷人那里学来的。但不久可能被废止。

西周统治者非常重视天地山川社稷的祭祀，在王廷中特设"大宗伯"专司其职。《周礼·春官·大宗伯》中有记载，大宗伯主管许多神的祭祀仪式，这些神可归纳为天神、地祇、人鬼三类。祭祀仪式有禋祀、实柴、槱燎、血祭、貍沈等十多种。从中可以确定以人为牲的有血祭祭社稷、五祀、五岳。燎祀雨师、沈祭川泽，可能也是要用人牲的。

除了上述的自然崇拜祀典偶尔用人之外，周人先世没有用活人祭墓的传统，也不存在宫殿宗庙的建筑中使用人牲的习俗。

## （二）人殉

周人先世可能也不存在人殉习俗。及至殷代末年，人殉才开始在周人的本土上出现。周灭殷后，人殉制开始流行。西周王都沣西，从 1955 年至 1978 年，共发掘中小型墓 321 座，其中殉人墓 27 座，共发现殉人 38 人。宝鸡弓鱼国贵族墓地，1975—1981 年共发掘 27 座墓，其中有殉人墓 5 座。

西周王陵尚未发掘，但估计殉人不会太少。《西京杂记》卷六记汉广川王发掘周幽王墓：

> （周）幽王冢甚高大，羡门既开，皆是石垩，拨除丈余深，乃得云母，深尺余见百余尸，纵横相枕藉，皆不朽。唯一男子，余皆女子。或坐或卧，亦犹有立者，衣服形色，不异生人。

《西京杂记》为魏晋人笔记小说，所记多不足据为信史。但幽王墓有殉人当是可信的。

《晋书·五行志》记魏明帝太和三年（229），"时又有开周世家，得殉葬女子，数日而有气，数月而能言，郭太后爱养之。"《三国志·魏书·明帝纪》记青龙三年（235），"葬文德郭后"句下注引顾恺之《启蒙注》和晋干宝《搜神记》卷十五，都有大同小异的记载。

除王都及王都附近以外，各地也发现一些西周殉人墓。

### 五、 东周的人牲和人殉

东周包括春秋、战国两个时期，是中国社会大变革、大动荡的时代。政治斗争、军事斗争、思想意识领域的斗争都很激烈，殷商西周原始的实体崇拜的祭祀法被破坏殆尽。在祭祀活动中，"祭社"的位置被大大提高；人殉现象仍相当广泛。春秋中叶以后，人殉制遭到社会上一部分人的反对，出现利用陶俑、木俑随葬以代替活人殉死。从此以后，人殉现象才有所收敛。

值得注意的是，这时期的殉死者不一定要同主人同穴，更多的是同主人异穴、异地。在一般情况下，殉死者的墓穴以安放主人的陵园内或陵园附近为多。在这种风气的影响下，当时的王室、后妃、显宦，也以能把骸骨埋葬在国君陵园内为荣，并以此形成了中国历史上的陪葬制度。

东周列国的社会历史不同，人牲、人殉的传统也不同，可以分为七个文化区。

### （一）中原文化区

包括战国时期的三晋（赵、魏、韩）。

人牲实例：山西侯马市晋都城南郊发掘50多个祭祀坑（社祀遗址），主要用牛羊牲，但也有用人牲。

用少女祭祀河神，在中原地区颇流行。《史记·滑稽列传·西门豹传》有"河伯娶妇"的情节，借以窥见当时祭河神的一般情况：

> 魏文侯时，西门豹为邺令。豹往到邺，会长老，问民之所疾苦。长老曰："苦为河伯娶妇，以故贫。"豹问其故，对曰："邺三老、廷掾常岁赋敛百姓，收取其钱得数百万，用其二三十万为河伯娶妇，与祝巫共分其余钱持归。当其时，巫行视小家女好者，云是当为河伯妇，即聘取。洗沐之，为治新缯绮縠衣，闲居斋戒；为治斋宫河上，张缇绛帷，女居其中。为具牛酒饭食，十余日。共粉饰之，如嫁女床席，令女居其上，浮之河中。始浮，行数十里乃没。"

在殷商时，把女人直接投入河中，叫"沉"祭。春秋战国时把人牲变为人殉。

晋国的国君，用人殉葬的有晋景公。《左传·成公十年》：

> 六月丙午，晋侯欲麦，使甸人献麦。……将食，张，如厕，陷而卒。小

臣有晨梦负公以登天，及日中，负晋侯出诸厕，遂以为殉。

小臣有负晋景公上茅厕，景公不慎"陷而卒"，小臣有难辞其咎，"遂以为殉"。

春秋中叶以后，殉人的习俗已遭到反对。"结草以报"的故事，可以说明这个问题。《左传·宣公十五年》：

> 初，魏武子有嬖妾，无子。武子疾，命颗曰："必嫁是。"疾病，则曰："必以为殉。"及卒，颗嫁之，曰："疾病则乱，吾从其治也。"及辅氏之役，颗见老人结草，以亢杜回，杜回踬而颠，故获之。夜梦之曰："余，而所嫁妇人之父也。尔用先人之治命，余是以报。"

晋公室魏颗没有遵照其父病危时的"殉妾"嘱托，而采取初病时的"嫁妾"嘱托，说明魏颗是顺应社会上反对人殉的变革潮流的。辅氏之役，魏颗擒秦将杜回，挫败秦师，给秦国的入侵以严重打击。时人编造"结草"故事以赞赏魏颗。

## （二）北方文化区

包括赵国北部、中山国、燕国及更北地区。此地处于欧亚大陆北方游牧民族活动区的东境。欧亚大陆北方游牧民族流行的杀人头做头盖杯的风俗曾在在这里居住的匈奴、柔然及战国时赵国中间传播。而中原地区流行的人牲、人殉在这里没有多少发现。古书上没有人牲、人殉的记载，考古发现也很少。

## （三）齐鲁文化区

包括今山东境内的齐国、鲁国及其南部的"泗上十二诸侯国"。此地是人牲、人殉高度流行区。

人牲有几种：

### 1．献俘祭社

《左传·僖公十九年》："夏，宋公使邾文公用鄫子于次睢之社，欲以属东夷。司马子鱼曰：'古者六畜不相为用，小事不用大牲，而况敢用人乎？祭祀以为人也。民，神之主也。用人，其谁飨之？齐桓公存三亡国以属诸侯，义士犹曰薄德。今一会而虐二国之君，又用诸淫昏之鬼，将以求霸，不亦难乎？得死为幸！'（杜预注：'此水次有妖神，东夷皆社祠之，盖杀人而用祭。'）"这种杀祭于殷社的行为，虽遭人反对，但依然存在。

### 2．血祭社神

《管子·揆度》："《轻重之法》曰：'自言能为司马，不能为司马者，杀其身以衅其鼓；自言能治田土，不能治田者，杀其身以衅其社。'"

郊祭"焚尪求雨"活动。

《左传·僖公二十一年》:"夏,大旱,公欲焚巫尪(杜注:'巫尪,女巫也,主祈祷请雨者。')臧文仲曰:'……巫尪何为,天欲杀之,则如勿生,若能为旱,焚之滋甚。'公从之。"

人殉在齐鲁也很盛行。

齐桓公墓使用人殉。《史记·齐太公世家》正义引《括地志》:

> 齐桓公墓在临淄县南二十一里牛山上,……一所二坟。晋永嘉末,人发之,初得版,次得水银池,有气不得入。经数日,乃牵犬入中,得金蚕数十薄,珠襦、玉匣、缯綵、军器不可胜数。又以人殉葬,骸骨狼藉也。

春秋时期的齐国,从死之风亦极盛一时。《左传·襄公二十五年》载"崔杼弑齐庄公"。齐大夫贾举、公孙敖等十一人集体为齐庄公殉死。对这件事,当时的大政治家、思想家晏婴认为,国君为社稷而死,人臣应该从死;国君为私利而死,亲眷应该从死,人臣则不一定要从死。可见当时从死之风之盛。

在当时人的观念中,臣、妾为主人殉死是应尽的本分。如果有特殊情况,主人不要求臣妾为自己殉死,则要先嘱咐。《左传·哀公三年》记齐季桓子令宠臣正常不必为自己殉死就是典型的例子。

齐国的殉人习俗,到春秋中晚期已遭到时人的反对。《礼记·檀弓下》记齐大夫陈子亢、陈尊己制止用人殡葬的故事是其典型。录下:

> 陈子车死于卫。其妻与其家大夫谋以殉葬,定而后陈子亢(子车之弟)至,以告曰:"夫子疾,莫养于下,请以殉葬。"子亢曰:"以殉葬,非礼也;虽然,则彼疾当养者孰若妻与宰?得已,则吾欲已;不得已,则吾欲以二子者之为之也。"于是弗果用。
>
> 陈乾昔寝疾,属其兄弟,而命其子尊己,曰:"如我死,则必大为我棺,使吾二婢子夹我。"陈乾昔死,其子曰:"以殉葬,非礼也,况又同棺乎!"弗果杀。

考古发现齐鲁的人殉墓葬不少。

### (四)楚文化区

楚俗好巫鬼,重淫祀,人牲、人殉颇流行。

先说人牲。《春秋·昭公十一年》:"冬,十有一月,丁酉,楚师灭蔡,执蔡世子有以归,用之。(杜预注:'杀以祭山。')"《左传》作"用隐大子于冈山"。

隐大子即世子有，并指出杀祭的地点在冈山。

再说人殉。《史记·楚世家》："灵王于是独傍偟山中，野人莫敢入王。……芋尹申无宇之子申亥曰：'吾父再犯王命，王弗诛，恩孰大焉!'乃求王，遇王饥于釐泽，奉之以归。夏五月癸丑，王死申亥家。申亥以二女从死，并葬之。"楚灵王因派系斗争被推翻外逃。申亥为了报答他不杀其父申无宇之恩，把他接到家中藏匿起来。不久，灵王死。申亥胁迫自己两个女儿殉死。

在楚国，嬖臣、姬妾、相将、门客自愿申请从死的风气比别的诸侯国更流行。例如《说苑·权谋》："安陵缠以颜色美壮，得幸于楚共王。……王顾谓安陵缠曰：'吾万岁之后，子将谁与斯乐乎?'安陵缠乃逡巡而却，泣下沾衿，抱王曰：'万岁之后，臣将从为殉，安知乐之者谁?'于是共王乃封安陵缠于车下三百户。"

刘向《烈女传》卷五载楚昭王的爱幸越姬殉死昭王的故事：

> 楚昭越姬者，越王勾践之女，楚昭王之姬也。昭王燕游，蔡姬在左，越姬参右。王亲乘驷以驰逐，遂登附社之台，以望云梦之囿，观士大夫逐者，既欢，乃顾谓二姬曰："乐乎?"蔡姬对曰："乐!"王曰："吾愿与子生若此，死又若此。"蔡姬曰："固愿生俱乐，死同时。"王顾谓史书之："蔡姬许从孤死矣。"乃复谓越姬。越姬对曰："妾不敢闻命。"……居二十五年，王救陈，二姬从王，病在军中，……越姬曰："大哉君王之德! 以是妾愿从王矣。昔日之游，淫乐也，是以不敢许，乃君王复于礼，国人皆得为君王死，而况于妾乎? 请愿先驱狐狸于地下。"……遂自杀。……王薨于军中，蔡姬竟不能死。

《吕氏春秋·上德》载墨子巨子孟胜死，弟子从死者183人。

## （五）吴越文化区

包括吴国与越国。这一地区流行"啖人"和"杀食长子"的野蛮习俗。有的在杀食之前，还要举行宗教仪式，祈求谷物丰收。以后吃人的风气没有了，但杀人祭祀仪式却流传下来，形成历史上的猎头祭谷习俗。

人殉，在《尸子》中有披露："夫吴越之国，以臣妾为殉，中国闻而非之。"

《吴越春秋·百家杂说》："吴越阖闾，崇饰厚葬，生埋美人，多藏宝物，数百年后，灵鹤翔于林壑，神虎啸于山丘。"

《吴越春秋·阖闾内传》："吴王有女滕王，……（女）乃自杀，阖闾痛之，葬于国西阊门外。凿池积土，文石为椁。……乃舞白鹤于吴市中，令万民随而观之。逐使男女俱入羡门，因发机以掩之。杀生以送死，国人非之。"

《越绝书》亦有类似记载。

## （六）巴蜀滇文化区

包括川黔滇三省。史书未见本文化区有人牲的记载，但考古发现有人牲、人殉的滇人墓。云南滇池一带的滇人墓中，发现人牲、人殉资料较多。例如从晋宁石寨山发现的墓葬中的器物图像看，可以推定滇人流行猎头祭谷和献俘祭社习俗。

滇人亦有人殉习俗，已有四例考古资料作证明。

## （七）秦文化区

包括今陕甘地区。

春秋以前，秦人可能不存在人牲、人殉习俗。及至春秋时期，受东方诸侯国影响，人牲、人殉才流行起来。

秦国的人牲有几种。

### 1. 祭寝庙

1981—1984 年陕西雍城考古队发掘一处秦国寝庙建筑群遗址，有各类祭祀坑 181 个，其中人牲坑有 8 个。

### 2. 祠上帝

《史记·秦本纪》：秦穆公十五年，"缪公虏晋君以归，令于国，'齐宿，吾将以晋君祠上帝'。"后来是周天子和穆公夫人出面说情，晋君夷吾才不至于被杀以"祠上帝"。

### 3. 祭河神

《太平御览》卷八八二，《神鬼部》二引《风俗通》："秦昭王伐蜀，令李冰为守。江水有神，岁取童女二人为妇。主者自出钱百万以行聘。"

### 4. 焚女巫求雨

《礼记·檀弓下》："岁旱，穆公君召县子而问然，曰：'天久不雨，吾欲暴尪而奚若？'曰：'天久不雨，而暴人之疾子，虐，毋乃不可与。''然则吾欲暴巫而奚若？'曰：'天则不雨，而望之愚妇人，于以求之，毋乃已疏乎？'"

秦国人殉制开始于秦武公，这在列国人殉史上是较晚的，但它一经出现，就有"后来居上"的趋势。据《史记·秦本纪》，秦武公二十年，"武公卒，葬雍平阳。初以人从死，从死者六十六人。"历德公、宣公、成公三世，人殉数量可能都不少，至秦穆公时达到高峰。这次用人殉葬达到 177 人。秦国的奄息、仲行、鍼虎三位大臣也在从死行列中。《左传》《史记》对此均有记载。

## 六、秦汉至明清的人牲和人殉 （提纲）

这个时期的人牲，总的趋势是走向衰微或消失，但在特定的时间和环境下仍时有发生，使用人牲的范围大体上包括①献俘祭庙（或祭社）；②杀仇祭奠；③淫祀等三个方面。

这个时期的人殉大体上分为四个阶段：

（1）秦、西汉——盛极而衰；

（2）东汉魏晋南北朝——回潮；

（3）隋唐——又趋衰微；

（4）宋元明清——再度复活蔓延。

## 七、 为什么古代中国人牲和人殉长期存在

原因是多方面的，而最重要的约有三。

第一，中国是世界上唯一的文明传统未曾中断的古国，长期形成的传统习惯势力、崇尚"古代文明"的社会心理、"宗法等级秩序"的道德规范，在世界史上是极为罕见的。维系文明传统的是儒家。春秋末年以孔子为代表的儒家，提倡礼治，"仁者爱人"，所以对人牲、人殉是持反对态度的。汉武帝独尊儒术之后，提倡"三纲五常"，逐渐形成"臣死君、妻死夫、子死父、仆死主"的制度。到了宋明理学，程颐、程颢、朱熹把"三纲五常"绝对化，视"三纲五常"为天理，首倡"存天理，灭人欲"，宣传"饿死事极小，失节事极大"。因此借"守节死义"之名行人殉制之实的浩劫便蔓延开来。可见程朱理学为害之深。

由于中国是世界上唯一的文明传统未曾中断的古国，殷周以来的献俘祭庙（社）习俗，得以长期保留下来。儒家提倡的宗法伦理思想，即尊卑有序及血缘关系，被看成是永恒的、绝对的，于是血亲复仇，杀仇祭奠便成为理所当然。所以人牲得以长期存在。

第二，我国历来盛行多妻制度和奴婢制度，这是人殉制得以长期存在的根源。

第三，中国是多民族国家，国内各民族的军事对抗和经济文化交流，从未间断；风俗习惯的互为影响，也是很自然的。少数民族的人牲、人殉习俗，对于还没有完全摆脱这种陋俗的汉族地区，具有渗透复发的作用。这是人殉长期存在的外部原因。

*本编系作者20世纪90年代在原广州军区机关老干部大学的演讲稿。*

第六编 《史记》与人文精神

## 一、 何为人文精神

我们平时说，一个人要有科学精神和人文精神。这两种精神的形成，是要靠教育来完成的。所谓教育，就是以人为中心或者说是以人为出发点的文化熏陶。而人文精神是个人文化素质和社会文明层次的体现。无论任何时代、任何民族或个人，如果没有人文精神这个骨架支撑，也就不可能有丰富多彩的文化。

在现代人类科学知识体系中，自然科学、社会科学、人文科学大体上可以被看作三个主要的科学类型，共同构成了当代人类科学体系的三足鼎立之势。

人文科学，就是指那些主要以人的精神世界、价值体系与心灵情感为研究对象，并为人类理解把握存在意义、生命本质、生活目的等终极性问题提供价值理性、知识、思想和理论的科学。如果说，自然科学为人类创造着物质财富和技术手段，社会科学为人类提供着管理社会的知识财富和技术手段，那么人文科学的特殊意义，则在于为人类构建一个精神的家园，守护心灵的故乡，为人类筑起一个可供心灵诗情画意地栖息的精神与情感世界。通过人文科学塑造出来的精神就是人文精神。

事实上，每个社会都有它的精神价值导向和精神价值规范，每个人也都有他的人生价值取向与人生价值认同。每个人的潜意识中都受人生终极意义或价值体系的影响，它们抑或是科学的、理性的、高尚美好的，抑或是愚昧的、鄙俗的、丑陋的。"人生在世，吃穿二字"也是一种对人生意义的理解，但在人文科学看来，"吃穿"固然是人的一种属性，但仅有吃穿，无异于行尸走肉。在人文科学看来，人之所以为人，却还应有一些更为根本的属性。无论经济怎样发达，物质财富怎样丰富，但人在内心情感和精神世界的一些本质需要，即所谓那种"形而上"的"终极价值关怀"或"终极意义追求"，却是外在的财富与金钱不能满足的。唯其如此，人总需要在物质与财富的世界之外寻求一个精神的世界，总需要形成某种终极性的价值信仰体系，使自己的个体有限生命有所安顿、有所寄托。这种精神就是人文精神。对此，学术界有不同解说，众说纷纭，但也有不少共同点，综合起来有以下几点：

（1）重视终极追求，执着追求超越现实的理想世界和理想人格。

（2）高扬人的价值，否定神和神学对人的束缚。

（3）追求人生自身的完善的理想的实现，在肯定人欲的合理反对禁欲主义的同时，亦反对人性在物欲中淹没。

（4）谋求个性解放，建立人际间的自由、平等关系，实现自身的价值，反对宗法等级关系及与其相适应的意识形态束缚。

（5）坚持理性，反对迷信、盲从和认识领域的强制服从。

这些人文精神的内容，是人类文明累积的成果，它们是互相联系的，不应随便割裂。具有这种精神的人，是一位高尚的人。一个时代、一个国家、一个民族，如果人文精神高扬，它就是一个健康的时代，就会国运兴盛，民族发达；如果人文精神沦丧，整个社会的世界观、道德观、人生观都会出现问题。

每个人的人文精神的培养，是一个长期的过程，是一个潜移默化的过程。如何培养自己的人文精神？读书，读精品书，从中国优秀传统文化中吸收其精华，是培养自己的人文精神的一个途径。结合自己的业务，我特意推荐大家精读《史记》。

## 二、 司马迁其人就是人文精神的体现

司马迁，字子长，公元前 145 年（汉景帝刘启中元五年）生于冯翊夏阳县（今陕西省韩城市）。六七岁的时候，他随时任太史令（掌管天时星历、编写国史等的官职）的父亲司马谈进京（长安），开始学习。十岁时，便能诵读古书。二十岁开始旅行，他一生游历了中华大地，他的游历有三种情况：①二十岁南游。他在《史记·太史公自序》中说："二十而南游江、淮（今江苏省、安徽省一带），上会稽，探禹穴（在今浙江省绍兴市）。窥九疑（在今湖南省境内），浮于沅、湘（今湖南省境）；北涉汶、泗（今山东省境），讲业齐、鲁之都，观孔子之遗风；乡射邹、峄（今山东邹县的峄山）。厄困鄱、薛（俱属鲁地）、彭城（今江苏徐州市），过梁、楚（约当今江苏、安徽、河南三省交界一带地）以归。于是迁仕为郎中。"这次行程经过了陕西、湖北、湖南、江西、江苏、浙江、安徽、山东、河南等九个省区，行程数万里。②奉使征略西南夷。这次足迹及于今四川省、云南省及贵州省的部分地区。③扈从汉武帝之游。汉武帝是一位雄才大略的皇帝，一生喜欢巡幸。据统计，他一生在位 54 年，巡幸 34 次，除两次之外，司马迁都扈从参与。扈从武帝之游，所到之地，按今天地望而言，有陕西、山西、河南、甘肃、内蒙古、山东、河北、辽宁、湖北、安徽、江西等省区。司马迁一生的游踪遍及今天的近二十个省区，对其一生的事业有重大影响。

公元前 110 年（汉武帝刘彻元封元年），司马谈死于周南（今河南洛阳市）。过了三年，司马迁继任太史令，继承他父亲的事业，开始搜集史料，准备写作，当时他正 38 岁。他一方面把国家图书馆保藏下来的古籍、档案等加以编排和整理；一方面通过访问交游友好，或亲身实地调查来加以订正或补充。他 42 岁时，酝酿成熟，便着手写作。过了五年（即公元前 99 年，汉武帝天汉二年），他 47 岁，为了李陵战败投降匈奴的事说了几句直话，触怒了汉武帝，以为他有意诽谤李广利（武帝宠妃李夫人的哥哥，当时为贰师将军，是李陵的主帅，后来他也投降了匈奴），替李陵开脱，便把他关进牢里，并处以腐刑（阉割）。他在狱中继

续不断地写作。到公元前 96 年（武帝太始元年），被赦免出狱，任命他为中书令。中书令是皇帝近亲的秘书，地位比太史令为高，但大多用宦官来充任，司马迁不免受到侮辱，所以他每每自伤，以为"隐忍苟活"，"故且从俗浮沉（沈），与时俯仰，以通其狂惑"（司马迁《报任安书》，载《汉书·司马迁传》）。但他继续写作，直到公元前 91 年（武帝征和二年），他 55 岁，全书方才完成。以后略有增修，到晚年他 56 岁时便成绝笔。他的卒年，因为资料缺乏，学术界争论很大。

司马迁一生与汉武帝相始终，同是西汉大一统时代可歌可泣的英雄人物。

## 三、《史记》其书是人文精神的载体

司马迁完成这部书，开始称为《太史公书》，三国时才通称为《史记》。全书所记内容上起黄帝，下迄汉武帝太初年间，总括了三千余年的史事。全书"凡百三十篇，五十二万六千五百字"，分十二本纪、十表、八书、三十世家、七十列传五部分。后世的二十四部正史，《史记》位列其首，首创纪传体史书体例，足见其意义和价值所在。

"本纪"，就是记载天子的事情。"表"，就是用表的形式来说明历史的发展线索和阶段性。"书"，就是分门别类记载典章制度和文化的发展。"世家"，就是记载诸侯的事情。"列传"，就是"叙列人臣事迹，令可传于后世"。

司马迁《报任安书》中，明确说明写《史记》的宗旨，就是"究天人之际，通古今之变，成一家之言"。"究天人之际"，就是探索上天与人的关系，自然界的变化和人事社会变化的关系。"通古今之变"，就是要搞清楚古今历史变化及其发展规律。"成一家之言"，就是表达个人思想、主张和风格，要有所创造和发展。

在这种思想指导下，司马迁创造性地写出了中国第一部纪传体通史。《史记》中体现了"不虚美、不隐恶"的实录精神。《史记》展现出那个时代伟大而深刻的精神文明。

《史记》的价值表现在：第一，首创了纪传体通史体例；第二，描述和总结了三千年的史事；第三，《史记》是历史的真实见证；第四，《史记》是文史结合的典范；第五，《史记》体现了司马迁朴素的唯物辩证思想；第六，蕴含了丰富的人文精神。

下面我们解读一下《史记》中的人文精神。

### （一）热爱祖国、热爱伟大山河的爱国主义情操

中国疆域辽阔，河山壮丽，历史悠久，文化灿烂。司马迁游历中华大地，受

到大自然的美丽山水的沐浴，各地绚丽多彩的历史文化的熏陶，古往今来爱国志士业绩的感染，铸造了他爱国主义的情操。这种高尚的思想感情，在《史记》中表现在两个方面。

第一，用饱满的热情、如椽的大笔，讴歌祖国的地大、物博和悠久的历史。《史记》记述从黄帝到汉武帝时代的三千年历史，一百三十篇，篇篇引人入胜。司马迁所到之处，凡山川河流、物产矿藏，都进行考察，《封禅书》《河渠书》《平淮书》《货殖列传》等所记，大都是他从实际生活考察中所得，所以写得形象、生动，不仅寄托着他对祖国热爱的感情，而且使读者读后热爱祖国的感情油然而生。例如他在《河渠书》中简略而系统地记述了我国古代的水利发展史。自传说中的禹疏九川，经李冰之凿离确，西门豹之引漳水，关中郑国渠之兴建，汉代郑当时之议开漕渠，到汉武帝令群臣负薪塞瓠子壮举等。读了这些记述，使读者不但感到山河的伟大，更感到征服这些河山的人民的伟大。

又例如他在《史记·货殖列传》中记载了全国各地的物产矿藏，这些都是人民生活所必须：

> 夫山西饶材、竹、榖、纻、旄、玉石；山东多鱼、盐、漆、丝、声色；江南出楠、梓、姜、桂、金、锡、连、丹沙、犀、瑇瑁、珠玑、齿、革；龙门、碣石北多马、牛、羊、旃、裘、筋、角；铜、铁则千里往往山出棋置：此其大较也。皆为中国人民所喜好，谣俗被服饮食，奉生送死之具也。

这些话使读者为祖国各地有如此丰富的物产而自豪，我们生于斯、长于斯，能不珍惜它、热爱它吗！《史记》中记载祖国山河伟大之处俯拾皆是，不胜枚举。

第二，怀着极其崇敬的心情，歌颂那些热爱祖国，为国家统一、独立、富强而不屈不挠地奋斗，甚至不惜牺牲自己生命的爱国人物。

例一，《屈原贾生列传》载，屈原本为楚怀王的左徒，很受重用。后来楚怀王听信宠姬郑袖及张仪之计，疏远屈原亲近上官大夫，放逐屈原。然而，屈原流放远地仍然关心着楚国的命运。本传载："虽放流，眷顾楚国，系心怀王，不忘欲反，冀幸君之一悟，俗之一改也。其存君兴国而欲反覆之，一篇之中三致志焉。"

从中可看出屈原热爱祖国，不畏强暴的斗争精神。司马迁认为屈原"正道直行，竭忠尽智以事其君"；其操守"虽与日月争光可也"，对屈原的爱国的崇高品质大加赞扬。在《屈原贾生列传·赞》中说："余读《离骚》《天问》《招魂》《哀郢》，悲其志。适长沙，观屈原所自沉渊，未尝不垂涕，想见其为人。"也可看出司马迁对屈原的景仰。

例二，《廉颇蔺相如列传》载，廉颇是赵国的名将，立下赫赫战功，做了赵国的上卿。蔺相如是赵国的文臣，曾带着和氏璧出使秦国，勇敢地、不怕牺牲地挫败秦国的国王，完璧归赵。他又在秦王与赵王的渑池会议上，勇敢地、不怕牺牲地挫败秦王欲侮辱赵王的阴谋，机智地使秦王"为一击缶"，为赵国赢得了荣誉，也被拜为上卿，位在廉颇之上。廉颇不服，声言要侮辱蔺相如。然而，蔺相如"不欲与廉颇争列"，处处避免冲突。本传记载说：

> 相如曰："顾吾念之，强秦之所以不敢加兵于赵者，徒以吾两人在也。今两虎共斗，其势不俱生。吾所以为此者，以先国家之急而后私仇也。"廉颇闻之，肉袒负荆，因宾客至蔺相如门谢罪。……卒相与欢，为刎颈之交。

在这里，一位只重视国家利益，不计较个人私怨，心胸豁达的爱国文臣和一位为了国家利益而勇于接受批评，改正错误的爱国将军的形象均跃然纸上。司马迁的这篇传记，写得细致、生动、具体、形象，表现出他对两位爱国英雄的景仰，也能引起读者对于两位英雄的景仰。他在本传赞中说："相如一奋其气，威信敌国，退而让颇，名重太山，其处智勇，可谓兼之矣。"蔺相如"名重太山"，多么高大的形象。

在《史记》中，记载爱国的英雄人物很多，如《田单列传》记载田单孤军奋战保卫齐国的英雄业绩和捐躯守义的爱国志士王蠋；在《司马穰苴列传》中歌颂司马穰苴"将受命之日则忘其家；临军约束则忘其亲；援枹鼓之急则忘其身"的爱国精神；在《平准书》里记载商人卜式愿将自己一半家业捐献给国家，以抵抗匈奴的爱国事迹；等等。

### （二）同情和关爱被压迫人民的思想感情

司马迁跋山涉水、行数万里路，深入社会生活中作调查研究，广泛接触祖国各地各阶层人民，熟悉丰富、复杂的民情风俗，体验被压迫人民的疾苦，因而产生了对人民同情的思想感情。这方面，在《史记》中的表现是多方面的。

第一，为社会下层人物立传。

众所周知，《史记》有《陈涉世家》，司马迁把陈胜、吴广起义的事迹列入"世家"，以示尊敬。《项羽本纪》描写推翻"暴秦"的项羽的英雄气概，把项羽的事迹列入"本纪"，以肯定他的历史地位。《刺客列传》记载了曹沫、专诸、豫让、聂政、荆轲五人的事迹，表彰了为弱者伸张正义，藐视强敌，不惜牺牲一切的侠义精神，并在赞中说："自曹沫至荆轲五人，此其义成或不成，然其立意较然，不欺其志，名垂后世，岂妄也哉。"在《游侠列传》中，称赞"其言必信，其行必果，已诺必诚，不爱其躯，赴士之厄困，既已存亡生死矣，而不矜其能，羞伐其德"的侠客。《游侠列传》所记述的朱家、郭解等著名游侠，都是得到人民爱护的。司马迁在《赞》中说："吾视郭解，状貌不及中人，言语不足采者。然天下无贤与不肖，知与不知，皆慕其声，言侠者皆引以为名。"

司马迁称颂游侠，表现他同情人民的反暴愿望。《史记》中还有《滑稽列传》《日者列传》《龟策列传》等，都是记述下层人民的事迹，虽然其反映的意义不同，但可以说明司马迁广泛反映了社会各类人物的喜怒哀乐。

第二，在描写统治阶级的人和事时，能从人民的立场来判断是非。

《蒙恬列传》为蒙恬、蒙毅兄弟立传。蒙氏世代为秦将，在秦统一中国和政权巩固的过程中，都立有大功。司马迁记载了他们的历史功绩以及他们被赵高、胡亥合谋处死的遭遇。但司马迁在《赞》中说：

> 吾适北边，自直道归，行观蒙恬所为秦筑长城亭障，堑山堙谷，通直道，固轻百姓力矣。夫秦之初灭诸侯，天下之心未定，痍伤者未瘳，而恬为名将，不以此时强谏，振百姓之急，养老存孤，务修众庶之和，而阿意兴功，此其兄弟遇诛，不亦宜乎！何乃罪地脉哉？

说明司马迁站在人民的立场上，对蒙恬在筑长城、修直道等问题上，不顾人民疾苦、"阿意兴功"的行为，给予严厉的批评。说他们兄弟二人被杀，不也是该当的吗？这哪里是因为斩断地脉的罪过呢？

《卫将军骠骑列传》，记载了大将军卫青和骠骑将军霍去病在打击匈奴中的赫赫战功，并不断被汉武帝提拔、赏赐和爱重的事迹。但是最后则说：骠骑将军霍去病"然少而侍中，贵，不省士。其从军，天子为遣太官赍数十乘，既还，重车余弃粱肉，而士有饥者。其在塞外，卒乏粮，或不能自振，而骠骑尚穿域蹋鞠。事多此类。大将军（卫青）为人仁善退让，以和柔自媚于上，然天下未有称也。"显而易见，司马迁是站在广大士兵的立场上，批评霍去病"重车余弃粱肉，而士有饥者"的行为。在《李将军列传》中，赞扬李广"得赏赐辄分其麾下，饮食与士共之"，以及"广之将兵，乏绝之处，见水，士卒不尽饮，广不近水；士卒不尽食，广不尝食。宽缓不苛，士以此爱乐为用"的大将风度。司马迁认为李广是真正"仁爱士卒"，因而得到广大士卒的爱护和人民的同情。所以，李广在卫青的偏私和压抑之下被迫自杀时，"广军士大夫一军皆哭，百姓闻之，知与不知，无老壮皆为垂涕"。司马迁是站在广大士卒一方说话的。

第三，敢于揭露汉代专制主义的残酷统治，特别对汉武帝的暴力统治表现出极端的悲愤和厌恶。刘知几在称赞古代的直笔史家时，其中说"司马迁之述汉非"，正因为司马迁"述汉非"的现实批判精神，所以《史记》被东汉王允斥为"谤书"。司马迁对汉朝最高统治者从刘邦到汉武帝，对汉代文质彬彬而争荣逐利的儒生，对尔虞我诈的君臣关系，都作了深刻的"微文刺讥"。尤其对汉武帝一朝的社会矛盾作了深刻的揭露。《平准书》集中批判横征暴敛的经济政策；《儒林列传》《公孙弘列传》通过揭露汉儒阿贵取荣的丑态，批判文化政策；《封禅书》讥刺汉武帝的痴妄迷信，劳民伤财。《酷吏列传》则集中批判黑暗的官僚暴政，本传写了郅都、宁成、周阳由、赵禹、张汤、义纵、王温舒、尹齐、减宣、杜周等人，基本上反映了汉武帝时代政法状况。"酷吏"的共同特点是执法严厉，但执法不公平，他们专门凭着个人爱憎或看最高统治者的脸色办事。例如周阳由，他的执法是"所爱者，挠法活之；所憎者，曲法诛灭之"。又如王温舒，他"为人诒，善事有势者。即无势者，视之如奴；有势家，虽有奸如山，弗犯"。本传的中心人物张汤一贯看武帝的脸色行事。他"奏谳疑事，必预先为上分别其原，上所是，受而著谳决法廷尉絜令，扬主之明"。他判案的原则是"所治即上意所欲罪，予监史深祸者，即上意所欲释，与监史轻平者"。对于王温舒的滥杀，司马迁激愤地说："其好杀伐行威，不爱人如此！"这是有力的、愤怒的、人民的语言。说明司马迁具有同情人民的思想感情。

### （三）浩然正气的君子人格

儒家所推崇的"君子人格"是"浩然正气"。"浩然正气"这一语出自《孟子·公孙丑上》，孟子把君子人格抽象成"至大至刚"并且"塞于天地之间"的"浩然正气"。人一旦具有这种"浩然正气"，就可以"富贵不能淫，贫贱不能移，威武不能屈"（《孟子·滕文公下》），成为真正的"至仁至贤"的君子、伟人。这种人格超越时代和空间的。

这种精神在《史记》中有真实而丰富的再现，在本纪、世家、列传中都有体现，司马迁最怀念、推崇的首先是商周之际以来一些的圣贤和高尚人格精神的君子。例如《伯夷列传》中的伯夷、叔齐，在周武王东进灭商时，曾拦马阻止，殷灭后，心怀亡国之痛、故国之忠，"义不食周粟"，饿死于首阳山中，其做法虽违反历史前进的规律，而其人格精神则可歌可泣，固被孔子称为"至贤"。司马迁将其置于列传之首，称其事迹为"积仁洁行"，并由此大发感叹："举世混浊，清士乃见，岂以其重若彼，其轻若此哉？"

《鲁周公世家》记周公旦事迹甚详。周公为周初贤相，开诚布公，精诚辅政，"一沐三捉发，一饭三吐哺"。人格风范高尚，是中国历史上第一位具有高风亮节并受孔子赞美的宰臣。《史记》对其竭诚为国、刚正威严的精神气质甚为推崇，并渲染这位贤相死后的悲剧气氛："周公卒后，秋，未获，暴风雷雨，禾尽偃，大木尽拔。"以此来衬托周公的作用和影响。

《孔子世家》。孔子是儒家文化的创始人，是司马迁最倾心褒扬的人物，《史记》对这位一生为实现理想政治而周游列国，坎坷艰难却矢志不渝的先哲推崇备至，对其崇高理想、伟大人格及重大贡献予以极大赞美和高度评价。记孔子生平活动及思想说："天下君王至于贤人众矣，当时则荣，没则已焉，孔子布衣，传十余世，学者宗之。自天子王侯，中国言六艺者折中于夫子，可谓至圣矣。"

《鲁仲连邹阳列传》记载鲁仲连义不帝秦故事。齐国大隐士鲁仲连游历赵国，恰逢秦国包围邯郸，赵国危在旦夕，他力驳魏国使者新垣衍劝赵尊秦为帝的投降论调，并悲愤地说，假使秦国"肆然而为帝，过而为政于天下，则连有蹈东海而死耳，吾不忍为之民也"。后来又拒绝田单对其策助攻下聊城的赐赠，则明言："吾与富贵而诎于人，宁贫贱而轻世肆志焉。"并隐于海上淡泊为生，其气节风骨何等高尚卓越！读来不禁为之肃然起敬，司马迁说他"好奇伟俶傥之画策，而不肯仕宦任职，好持高节"。

此外，诸如忠义刚烈的伍子胥；敢"叱秦王左右"不辱使命的蔺相如；勇冠三军，兵败自刎的项羽；敢于在天子面前廷争面折的张释之、冯唐、汲黯等，这批人物尽管事功各异，年代不一，但大都透射出一种令人折服的精神气质，显示出卓而不俗，震撼人心的道义力量。

这种君子人格并非仅仅为一些重要的知名人物所拥有，在一些位卑名微的小人物身上也同样体现出来。例如，伍子胥自郑国南逃渡淮，后有追兵，危急中遇一摆渡渔父，渔父帮伍子胥渡过江，摆脱危险，伍为报救命之恩，解下佩剑相赠，并说："此剑直百金。"渔父微笑着拒绝了他，说："楚国之法，得伍胥者赐粟五万石，爵执珪，岂徒百金剑邪！"（《伍子胥列传》）毫不看重厚金高官而救一忠臣，真是义重泰山。相比之下，伍氏则显然低估了救命者的思想境界。这位渔夫的形象多么高大、美好，令人肃然起敬。《屈原贾生列传》和《项羽本纪》中另有两个渔夫同样卓而不俗，有异曲同工之妙。

再如《魏公子列传》（又名《信陵君列传》）中的侯嬴，实际身份不过是大梁城一看门人，在魏公子信陵君危难时刻，他成功地策划了退秦救赵的计策，以自己非凡的智慧导演了"窃符救赵"这一奇迹，并随后毅然献出自己的生命，使人掩卷太息。

再如《留侯世家》中行踪飘忽的黄石公，《晋世家》中深明大义的晋文公之齐国夫人（"齐女"）等，同样都有君子人格风范。

君子人格的凸现和彰扬，给《史记》赋予了鲜明的德义审美倾向，是对人性中最优秀品质的升华。上述人物有的有其事功，有比较长的篇幅叙述，有的则仅留下寥寥数语，但赖以流芳百世的恰是他们高尚襟怀和人格精神以及由此形成的道德风范。由于《史记》集中、形象的褒扬，这种君子人格遂得到后世的肯定和认同，积淀成后世文化精神中最优秀成分，升华成最高的人生精神境界。从后世的范滂、李固、诸葛亮、杜甫、王安石、文天祥等人身上，我们似乎都能发现《史记》人物的影子。我们可以这样说，《史记》以一系列典型化、具体化的传记形式雕塑了中国文化早期一批真实存在过的圣贤形象，奠定了中国人文精神中圣人行为规范的基本范式。

### （四）建功扬名的入世精神

孔子说："君子疾没世而名不称焉。"（《史记·伯夷列传》）儒家文化主张修身齐家治国平天下，建功立业，兼济天下，生命的意义在于立德、立功、立言以显扬天下。这是战国秦汉时士人的普遍价值取向和人生态度，因而儒家文化又可称为"人生进取型"文化。儒家强调孝，而孝的最高程度就是扬名耀祖，以显门庭。司马谈、司马迁父子两代之所以将修史视为人生最大夙愿，既是出于为"明主贤君忠诚死义之士"立传的目的，使其不至湮没无闻；又是对《春秋》微言大义褒贬人物、惩恶扬善的继承；更在于通过写史来"扬名于后世"，这在司马谈的泣血遗嘱中交代得非常明确，"扬名于后世，以显父母，此孝之大者"（《史记·太史公自序》）。

《史记》通过对一大批艰辛自励、终成功名的人物的追述和刻画，所弘扬的正是这一强烈的建功扬名精神。在一定意义上说，《史记》既是奋斗者的英雄谱，又是成功者的名人录，同时又可谓那事功虽未成却青史留名的英雄的挽歌。《太史公自序》中讲述名著的形成，都由于作者经过磨砺、危难，"昔西伯拘羑里，演《周易》；孔子厄陈蔡，作《春秋》；屈原放逐，著《离骚》；左丘失明，厥有《国语》；孙子膑脚，而论兵法；不韦迁蜀，世传《吕览》；韩非因秦，《说难》《孤愤》；《诗》三百篇，大抵圣贤发愤之所为作也。"《史记》中所记载的功名显世者，由于不忘功名，忍辱负重而终功成名就，如周文王、管仲、伍子胥、范雎、陈余、勾践、韩信、张骞等都是如此，其创功立世的原动力正是内心那些熊熊燃烧的强烈的功名执着追求。《管晏列传》中的管仲，曾被齐桓公囚禁而受囹圄之苦，后因鲍叔进言推荐方获救释放，并受重用而施展政治才干，成为声名远扬的春秋贤相。管仲对鲍叔至为感激，认为是鲍叔深知他的功名之心，使自己的抱负得以实现，说："吾幽囚受辱，鲍叔不以我为耻，知我不辱小节而耻功名不显于天下也。生我者父母，知我者鲍子也。"《伍子胥列传》中的伍子胥，暂忍杀父之仇，历尽艰辛南逃入吴，终于相吴伐楚，攻占郢都，完成复仇大志，名声也因之大振。司马迁对此甚为称赞，说："向令伍子胥从奢俱死，何异蝼蚁。弃小义，雪大耻，名垂于后世，悲夫！方子胥窘于江上，道乞食，志岂尝须臾忘郢邪？故隐忍就功名，非烈丈夫孰能致此哉？"《苏秦列传》记苏秦名微时受兄弟嫂妹妻妾讥笑，"出游数岁，大困而归。兄弟嫂妹妻妾窃皆笑之，曰：'周人之俗，治产业，力工商，逐什二以为务。今子释本而事口舌，困，不亦宜乎！'"苏秦于是发奋立志，建功扬名以抒屈辱，遂游走诸侯，巧言权变，大获成功以显名。《韩信卢绾列传》记韩信少怀大志，却名微身贱，曾忍受屠夫胯下之辱、漂母之骂，后在汉中又因坐法险些被斩，但终拜大将，奇兵入秦，后又伐赵降齐，成为楚汉相争时期功名最为卓著的将军。《刺客列传》中的聂政，刺杀韩相侠累后壮烈自杀，被暴于街头，时人莫知是谁。聂政姐聂荣闻讯赶去认尸，见果然是其弟。为了弟弟英烈事迹传世而不至湮没无闻，无畏地当众宣布死者身份姓名，并告诉众人聂政之所以刺杀韩相并悲壮殉难的缘由，慷慨表白"妾其奈何畏殁身之诛，终灭贤弟之名！"然后大呼天者三，气绝身亡于弟弟遗体旁，也正因为有姐姐的悲壮之举，聂政终于英名千秋传颂。《范雎蔡泽列传》的范雎，早先在魏国任职，因被人诬告，倍受魏相魏齐的凌辱："使舍人笞击雎，折胁摺齿。雎详死，即卷以箦，置厕中。宾客饮者醉，更溺雎，故僇辱以惩后，令无妄言者。"范雎后来逃出魏国入秦，终于以自己满腹韬略和雄辩天才封侯拜相，位极人臣，"重功名于天下者"。范雎是隐忍苟活，以求功名的最典型的例子。司马迁曾明言"扶义俶傥，不令己失时，立功名于天下，作七十列传"（《太史公自序》）。《史记》写作的主要目的在于为古往今来以德、言、功卓荦传世者树碑立传，以使不朽，这与战国秦汉时代人们普遍追求建功扬名的社会心理相一致。这一文化精神的实质在于积极入世，立足社会奋斗来显示自己的生命价值。《史记》这一价值取向是有积极意义的。

（五）强烈的人格与自尊自重的独立精神

义不受辱，强烈自尊，高度重视自我的人格尊严，是战国秦汉社会多层人物一个显著的精神气质特征。《史记》有意表现与弘扬这种文化精神。所谓"士可杀不可辱"，所谓"三军可夺帅，匹夫不可夺志"，都是对此而言的。

《史记》中这种例子俯拾皆是。《晋世家》记介子推，他是晋国义士，晋文公流亡途中二人曾有过患难之交。后晋文公登上大位后赏赐随从，竟疏忽"未至隐者介子推"。介子推以忍受这种疏略，遂隐居深山不出。晋文公再三召之，终不出仕。司马迁对此事大发感慨："晋文公，古所谓明君也。亡居外十九年，至困约，及即位而行赏，尚忘介子推，况骄主乎。"《留侯世家》记载的商山四皓（东园公、绮里季、夏黄公、角里先生，皆八十有余）为秦汉之际名士，汉高祖屡召不至，后在张良努力下出山辅佐太子（惠帝）。一次酒会上刘邦发现四人，诘问为何屡召不至而今却事奉太子，四皓回答可谓一针见血："陛下轻士善骂，臣等义不受辱，故恐而亡匿。窃闻太子为人仁孝，恭敬爱士，天下莫不延颈欲为太子死者，故臣来耳。"《郦生陆贾列传》记载郦食其，应召至高阳入见刘邦，见"沛公倨床使两女子洗足"，态度轻慢无礼，立即严肃指出不能如此"倨见长者"。刘邦理屈，只好"辍洗，起摄衣，延郦上座，谢之"。为了捍卫人格的尊严，即使帝王也敢面折其过。这种精神是值得赞扬的。

即使一般寒士，《史记》同样写出了他们的自尊与骨气。《魏公子列传》中的看城门的老人侯嬴，忠笃而矜持，信陵君厚礼相赠，被断然拒绝。后信陵君亲自驱车迎接，"侯生摄弊衣冠，直上载公子车上坐，不让"。又故意在途中下车与屠夫朱亥长时间谈话，以考验魏公子诚意，见公子"颜色愈和"，确实礼贤下士，方入魏府，成为上宾，但始终保持着人格的高贵。结果在日后退秦救赵的危急时刻挺身而出，帮信陵君解了邯郸之围。《平原君列传》的开头记载了一个故事：平原君邻居有一残疾人"躄者"，走路样子很奇怪。平原君的一个美姬在楼上看见，忍不住大笑出声。次日，躄者找上门来，提出要求以美姬头颅道歉。平原君一方面答应，打发躄者离开，一方面笑着说："观此竖子，乃欲以一笑之故杀吾美人，不亦甚乎！"终不杀美姬。结果一年多后，宾客散去大半。平原君困惑不解，一门人道出个中原因，说实因"以君为爱色而贱士"之故。平原君恍然大悟，"于是平原君乃斩笑躄者美人头，自造门进躄者，因谢焉"。不久，宾客又复之如故。躄者要笑己之美人头致歉，虽然失之残酷，但对残疾人人格尊严的看重和捍卫却是显而易见的。

与人格自尊观念相应是礼贤下士和贵贱尊卑等级观念的突破。战国四公子孟尝君、春申君、信陵君、平原君均以礼贤下士、善养宾客闻名天下，虽然有其政治目的，但宾客中有大量的平民寒士，贵族公子能以礼相待，邀为上宾，毕竟打破了商周、春秋时森严的等级观念，显示了士作为一支不可忽视的力量登上了历史舞台。孟尝君田文"食客数千人，无贵贱一与文等"。一次举行夜宴，一宾客坐处灯光暗些，自己觉得饭不好，便大为生气，"辍食辞去"。孟尝君追上，"自持饭比之"，客人大惭，竟羞愧自杀；宾客冯驩一而再，再而三弹铗而歌，要求提高待遇，孟尝君都不厌其烦，给予满足。结果后来冯驩在危急时用计退秦兵，保护了齐国。其他诸如信陵君敬侯嬴、平原君拜毛遂、秦始皇恭请王剪、萧何追韩信等均是礼贤下士的著名例子。

对个体人格的自尊和看重，表明战国秦汉时期人的主体意识的觉醒和提高。《史记》对人格尊严行为的有意凸显和评论，即是这一时代人文精神的反映。

### （六）舍生取义的牺牲精神

杀身成仁，舍生取义，道义高于生命，是中国传统人文精神又一显著特征，即孟子所说："生亦我所欲也，义亦我所欲也，二者不可兼得，舍生而取义者也。"（《孟子·告子上》），从而构成中国传统文化中伟大而悲壮的牺牲精神的最高境界。《史记》传记中，最催人泪下的也正是历史上为正义和公道悲壮牺牲的仁人志士，司马迁以深挚的情感，以浓墨重彩塑造了一批悲剧人物形象。《赵世家》中赵氏孤儿的故事，已为人们熟知。昏君在位，宠臣屠岸贾擅政，凶残迫害忠义大臣赵朔、赵同，欲灭绝赵氏家族，义士公孙杵臼、程婴等受赵朔遗命托孤，为保护赵氏遗孤或死或隐，经历了长达15年的艰辛努力，终使赵氏复位，真是可歌可泣。在这个凄绝悲惨的故事中，晋景公、屠岸贾代表了邪恶势力，而公孙杵臼、程婴、韩厥等则代表正义力量。后者拼死保卫的不仅仅是赵氏血脉传承，更重要的在于赵氏三代高风亮节，人心所向，是晋国光明正义的象征。司马迁倾注深情所褒扬的不正是那种舍生取义的伟大牺牲精神吗？《田儋列传》中说田儋、田荣、田横三兄弟"皆豪，宗强，能得人"。在战争中田横兵败被俘，不愿向汉朝投降而自杀，其随从也筑墓为邻，紧随其后殉难，他的部下东海五百义士闻此也集体自杀，其壮烈震撼人心，司马迁对此甚为崇敬，深情写道："田横之高节，宾客慕义而从横死，岂非至贤！"《田单列传》的附传中，记载了这样的故事，燕军侵齐，闻画邑人王蠋贤，包围画邑三十里而不攻打，派使者对王蠋说："吾以子为将，封子万家。"王蠋谢绝了，并说"忠臣不事二君"，因为齐王不听谏，而退耕于野。又说："国既破亡，吾不能存；今又劫之以兵为君将，是助桀为暴也。与其生而无义，固不如烹。"随即自杀身亡。忠贞爱国，令人感叹。他如项羽乌江自刎、栾布祠哭彭越等，都是《史记》所赞美的悲剧故事，而所表现的情感倾向是不言而喻的。

当然，最能体现《史记》舍生取义悲剧精神的当数《刺客列传》和《游侠列传》。游侠的悲剧精神实质在于"士为知己者死"，即以生命来报答他人对自己的信赖和恩德。刺客豫让、聂政之所以不惜性命为他人报仇雪恨，就是因为这一点。晋国豫让为给知己者智伯复仇而谋刺赵襄子，竟"漆身为厉，吞炭为哑，使形状不可知，行乞于市，其妻不识也"。当谋刺未成，赵襄子问他为何如此时，豫让回答说："至于智伯，国士遇我，我故国士报之。"最后硬是要过赵襄子的衣服，"拔剑三跃而击之"，以遂复仇心愿，然后"伏剑自杀"（《刺客列传》）。聂政刺杀韩相侠累也是为了报答严仲子以卿相身份，"不远千里，枉东骑而交臣"。刺杀成功后，也毅然选择了自杀的生命归宿。

荆轲刺秦王是《史记》最成功，流传最广的篇章之一。荆轲为挽救岌岌可危的燕国，毅然受命西行入秦。为这一冒险壮举得以顺利实施，先后有田光、樊於期毅然自杀以保证此事。荆轲明知此行绝无生还之理，毅然易水悲歌，慷慨西去。"风萧萧兮易水寒，壮士一去兮不复还"，成了千古名歌。

为道义甘洒热血的牺牲精神，千百年来曾激励过一代又一代忠臣爱国之士勇赴国难，杀身成仁。尤其是在国难当头，民族危机严重的时候，这一勇于牺牲的悲剧精神总会一再表现出来，形成强大的民族凝聚力和强劲的精神源泉。

（七）言必行、行必果的社会信义精神

珍重诺言、恪守信义是传统文化人格中一种极其优秀的品质。信是儒家思想核心之一。《史记》对恪守信义者给予特别的褒扬。《吴太伯世家》写季札出使鲁国途中，结识徐君，徐君喜爱季札的佩剑，但不好意思说，而"季札心知之，为使上国，未献"。季札使鲁归国途中再经徐地，闻徐君已死，甚为悲伤，遂解下宝剑挂在徐氏墓树相赠，随从不解。他回答说："始吾心已许之，岂以死背吾心哉！"这种对死者无欺之举，可谓守信之至了。《赵世家》中，也是因为程婴、公孙杵臼守信义，以及晋国大臣韩厥恪守信诺，严守机密，不忘赵朔临终相托，一直默默保护赵武的人身安全，才能将赵氏遗孤保护下来，最后使赵武复位。赵氏孤儿的故事也旨在宣扬守信义的精神。《齐太公世家》《管晏列传》和《刺客列传》都记载了这样一件事，柯邑之盟，齐桓公遭曹沫劫持，应允归还侵占鲁国城池，事后却企图违背许诺，管仲力谏不可："夫贪小利以自快，弃信于诸侯，失天下之援，不如与之。"这个故事讲的也是信义。之前说的平原君杀妾谢邻，平原君的用意也在昭示信用，以免失信于天下。

《游侠列传》集中记载了一批西汉以来以信义载誉天下的游侠，如朱家、田仲、剧孟、郭解等。《史记》高度评价游侠："其行虽不轨于正义，然其言必信，其行必果，已诺必诚，不爱其躯，赴士之厄困，既已存亡死生矣，而不矜其能，羞伐其德，盖亦有足多者焉。"遵守诺言，以信为重，是中国传统社会一种良好的社会品质，这一观念有时可以起到准法律作用。取信于民，昭示信义于天下，乃战国秦汉时期一种良好的观念行为，经《史记》的追述和升华，对后世产生了深远影响。

## （八）呼唤人间真情的人道精神

人道是对天道而言，指人事，为人之道，或社会规范。《礼记·丧服小记》："亲亲，尊尊，长长，男女之有别，人道之大者也。"主张以人为中心，爱护人的生命，尊重人的人格和权利。司马迁向往人道，追求人道，呼唤人道，以弘扬人道和人道精神为己任。

讲人道，一要缘人情，即符合人的情感要求，制礼作乐要符合人情；二要依人性，就是依据人的天性来制定规范，不要使人的天性受到损害；三是定人伦，就是要处理好人与人之间的关系，尤其是家庭的关系。"亲亲，尊尊，长长，男女之有别"使亲者得到亲情，使尊者受到尊敬，使长者得到礼遇，使男女得到区别对待，这就是人道中最基本、最宏大的东西。《史记》中大量记载缘人情、依人性、定人伦的言论、事情和故事。

司马迁是一个富于感情色彩的人，是一个理想主义者，他一生中追求人间的真情，对人类寄托着深深的爱。爱首先要施恩于人。他讲述君子之德时，认为"爱施者，仁之端也"（《汉书·司马迁传》）。一个人的爱心是从施惠于人开始的，如果对相爱的人，"拔一毛而不为"，那何来爱心？同时，他还认为人应该"恻隐而爱人"，"乐善而好施"（《史记·乐书》）。同情心（恻隐之心）的本质是善心，善心的具体表现为施惠。著名大侠郭解，在被汉王朝追捕时求助于司马迁，司马迁答应了。《史记》中说："解亡，置其母家室于夏阳。"据史家考证，是司马迁安置郭解的家室于夏阳，让郭解放心地走了（吉春《司马迁年谱新编》）。这是多么大的施惠啊。《伍子胥列传》记伍子胥逃亡至江边，后有追兵，在危难之时，"江上有一渔父乘船，知伍子胥之急，乃渡伍子胥。伍胥既渡，解其剑曰：'此剑直百金，以与父。'父曰：'楚国之法，得伍子胥者赐粟五万石，爵执珪，岂徒百金剑邪！'不受。"渔父的行为，表现了一种伟大的爱心，一种乐于施恩于人的崇高品格。

爱的第二要义为礼让于人。《史记》把《吴太伯世家》列于世家之首，把《伯夷列传》列于列传之首，都是强调太伯、伯夷的"礼让"之意。

《吴太伯世家》记载两个"礼让"的事例。一为太伯之让："吴太伯，太伯弟仲雍，皆周太王之子，而王季历之兄也。季历贤，而有圣子昌，太王欲立季历以及昌，于是太伯、仲雍二人乃奔荆蛮，文身断发，示不可用，以避季历。"二为季札之让："寿梦有子四人，长曰诸樊，次曰余祭，次曰余昧，次曰季札。季札贤，而寿梦欲立之，季札让不可，于是乃立长子诸樊。"

《伯夷列传》中记伯夷之让："伯夷、叔齐，孤竹君之二子也。父欲立叔齐，及父卒，叔齐让伯夷。伯夷曰：'父命也'。遂逃去。叔齐亦不肯立而逃之。国人立其中子。"太伯、季历、伯夷的"礼让"，根本上说就是"让利"。在"天下熙熙皆为利来，天下攘攘皆为利往"的世道世风下，能"让利"，就是一切都能让。让是在人与人之间播种爱的关键种子。

爱的第三要义则为宽容于人。司马迁在运用"宽容"一词时，着重于对改恶从善、改非从良者的宽大为怀。《高祖本纪》记汉王刘邦入关后受降秦王子婴一事："秦王子婴素车白马，系颈以组，封皇帝玺符节，降轵道旁。诸将或言诛秦王。沛公曰：'始怀王遣我，固以能宽容，且人已服降，又杀之，不祥。'"司马迁对刘邦总体上说评价不高，特别对其早年生活多有微词。但对刘邦"能宽容"为怀，是给予肯定的。

司马迁对以牙还牙，绝不肯"宽容"者是持批评态度的。司马迁对伍子胥是同情的，也深为他的有勇有谋所感动。但对他的过分的报复心理却颇有微词。《伍子胥列传》记吴兵攻入楚都郢时，"乃掘楚平王墓，出其尸，鞭之三百，然后已。申包胥亡于山中，使人谓子胥曰：'子之报仇，其以甚乎！吾闻之，人众能胜天，天定亦能破人。今子故平王之臣，亲北面而事之，今至于僇死人，此岂其无天道之极乎！'"表面看来，这是申包胥责难伍子胥之语，其实也代表了司马迁的思想和感情。报仇、雪恨到"其以甚"，即太过分了，就违天道，也违人道了。

讲人道要施惠于人，礼让于人，宽容于人。而人道的反面就是非人道。司马迁对非人道的人和事给予无情的鞭挞。《史记·吕太后本纪》载："太后遂断戚夫人手足，去眼，煇耳，饮瘖药，使居厕中，命曰'人彘'。居数日，乃召孝惠帝观人彘。孝惠见，问，乃知其戚夫人，乃大哭，因病，岁余不能起。使人请太后曰：'此非人所为。臣为太后子，终不能治天下。'"此段文字，写得惊心动魄，令人声泪俱下。这段鲜血淋漓的文字，就是对统治者非人道的严厉鞭挞。

司马迁还用如椽之笔，揭露了统治者非人道的种种罪恶。

一曰荒淫无度。《殷本纪》揭露纣王的荒淫无度："（帝纣）好酒淫乐，嬖于妇人。爱妲己，妲己之言是从。于是使师涓作新淫声，北里之舞，靡靡之乐。厚赋税以实鹿台之钱，而盈钜桥之粟。益收狗马奇物，充仞宫室。益广沙丘苑台，多取野兽蜚鸟置其中。慢于鬼神。大聚乐戏于沙丘，以酒为池，县（悬）肉为林，使男女倮相逐其间，为长夜之饮。百姓怨望而诸侯有畔者，于是纣乃重刑辟，有炮烙之法。"

二曰枉杀无辜。无辜即无罪之人。统治者连无罪之人也要杀，这不正是非人道的典型吗！《秦本纪》记秦穆公枉杀无辜。"缪公卒，葬雍。从死者百七十七人，秦之良臣子舆氏三人，名曰奄息、仲行、针虎，亦在从死之中。"秦始皇也是枉杀无辜者，"焚书坑儒"就是典型的例子。

三曰酷刑虐杀。用酷刑换取口供，用酷刑换取"欢乐"，公理何在？正义何在？《酷吏列传》中，司马迁怀着极为悲愤的心情，在"太史公曰"中记录下这些不人道者的姓名及其罪行："蜀守冯当暴挫"，蜀郡守冯当，为了满足自己的私欲，常常打断犯人的脊梁骨；"广汉李贞擅磔人"，广汉郡的李贞，善于把死人的肢体分裂；"东郡弥仆锯项"，东郡的弥仆其人，常常用锯子将人犯的项颈锯下来取乐；"天水骆璧推咸"，天水的骆璧，好作推论，无中生有地定人罪名；"河东褚广妄杀"，河东褚广以杀人为游戏，一不高兴就杀人；"京兆无忌、冯翊殷周蝮鸷"，京兆尹无忌、左冯翊殷周，其残酷，好比蝮蛇之毒、鸷鹰之攫；"水衡阎奉朴击卖请"，阎奉常让犯人相互扑击，自相残杀以为淫乐。司马迁在历数这些酷刑虐杀之后，最后用"何足数哉！何足数哉！"来表达自己的愤慨。

四曰钳制人口。统治者不让人说话，也是不人道的表现。《周本纪》记周厉王事：

> 王行暴虐侈傲，国人谤王。召公谏曰："民不堪命矣。"王怒，得卫巫，使监谤者，以告则杀之。其谤鲜矣。诸侯不朝。三十四年，王益严，国人莫敢言，道路以目。厉王喜，告召公曰："吾能弭谤矣，乃不敢言。"召公曰："是鄣之也。防民之口，甚于防川。水壅而溃，伤人必多，民亦如之。是故为水者决之使导，为民者宣之使言。"

周厉王不听召公的话，结果三年之后，国人起义，赶跑了厉王。

"腹诽之罪"，更是统治者凶险的钳制人口、限制言论自由的罪恶勾当。凡此种种，司马迁历数了统治者非人道的各种表现。

《史记》一方面讴歌了为正义而献身、为友情而相爱的人类崇高的德性——人道；另一方面对违背人类良志、庸俗残酷的非人道行为给予深刻的揭露和尖锐的谴责。司马迁的一生是坎坷的一生，悲壮的一生，他的《史记》是用血和泪写成的。他感受了人情冷暖，世态炎凉，因此他呼唤人间真情的人道精神。

## 四、 怎样阅读 《史记》

20 世纪初著名学者梁启超在其所著《要籍解题及其读法·史记读法》中提出：

> 《史记》文章之价值，无论何人当不能否认，且二千年来相承诵习，其语调字法，早已形成文学常识之一部，故专为学文计，亦不能不以此书为基础。学者如何读《史记》，则宜择其尤为杰作之十数篇精读之。孰为杰作，此凭各人赏会，本难有确定标准。吾平生所最爱读者，则以下各篇：《项羽本纪》、《信陵君列传》（即《魏公子列传》）、《廉颇蔺相如列传》、《鲁仲连邹阳列传》、《淮阴侯列传》、《魏其武安侯列传》、《李将军列传》、《匈奴列传》、《货殖列传》、《太史公自序》。右诸篇皆肃括宏深，实叙事为文永远之标范。班叔皮称史公"善序述事理，辩而不华，质而不俚，文质相称，良史之才"。如诸篇者，洵足当之矣。学者宜精读多次，或务成诵，自能契其神味，辞远鄙信。至如明清选家最乐道之《伯夷列传》《管晏列传》《屈原贾生列传》等，以吾论之，反是篇中第二等文字耳。
>
> （《饮冰室专集》之七十二，中华书局版）

梁启超提出的读《史记》的方法，诸君可以参考。

本编系作者 20 世纪 90 年代在中山大学管理学院企业人员培训班上的演讲稿。

第七编　对旅游专业学生作关于历史文化名城的演讲

前几年①国务院确定和公布了第一批历史文化名城，共 24 个。它们是：北京、承德、大同、南京、苏州、扬州、杭州、绍兴、泉州、景德镇、曲阜、洛阳、开封、江陵、长沙、广州、桂林、成都、西安、延安、遵义、昆明、大理、拉萨。这批历史文化名城的确定和公布，对于保护祖国的历史文化遗产，发扬优秀的民族传统，建设社会主义精神文明和中国式的社会主义城市，必将产生深远的影响。

对于一个旅游工作者来说，了解祖国的历史文化名城是十分必要的。马克思主义认为，城市是人类进入文明时代的起点。它随着私有制、阶级、国家的产生而出现。恩格斯在《家庭、私有制和国家的起源》中说："城乡之间的对立是随着野蛮向文明的过渡、部落制度向国家的过渡，地方局限性向民族的过渡而开始的，它贯穿着全部文明的历史，并一直延续到现在。"由此可见，城市的出现，是人类历史发展的必然，对人类文明的进步起着极为重要的作用。在我国第一批 24 个历史文化名城中，三分之二为我国历史上建都的地方，它们都是当时国家和地区的政治、经济、文化中心，即文明财富的聚集之地。其他历史文化名城也都是自古繁荣的都会、商埠、文化古城、游览胜地和革命圣地等，他们各自以得天独厚的条件孕育出灿烂的民族文化之花，也成为祖国文明精华的荟萃之地。而今，这些名城仍然是我国文物史迹和风景名胜最集中的地方，例如我国现有 243 处全国重点文物保护单位，约 40% 分布在 24 个历史文化名城内。这说明这些历史文化名城，是我国丰富多彩的历史文化遗产的极为重要的组成部分。

旅游专业与祖国历史文化名城的关系是十分密切的。我们向游客介绍各个历史文化名城的历史沿革、文物古迹、风物特产，同时也讲一些古代饮食文化，宣传祖国悠久的历史文明，帮助他们"认识自己的历史和创造力量"，增强民族自信心和自豪感，激发爱国热情，更好地献身于祖国社会主义现代化建设事业。这是非常重要的。因时间关系，我不能介绍 24 个名城，现只介绍北京、南京、西安这三个名城和中国古代饮食文化。每个名城分别介绍它们的历史沿革、名胜古迹、风物特产。

---

① 编者注：1982 年。

# 第一讲　北京

## 一、历史沿革

北京坐落于三面环山、面积不大的平原上。这块平原通称"北京小平原"。北部和东北部，属于燕山山脉的军都山。西部是太行山的北段，称"西山"。南部是辽阔的华北大平原。

北京西南郊的周口店地区，发现距今六七十万年举世闻名的"北京人"。在北京人住过的小山洞里，发现了原始人类化石，以及他们使用过的工具，火种遗迹和古生物遗骸。北京人处在原始社会初期，过着群居生活。用木棒和打制石器，从事狩猎、采集，与自然界进行艰苦卓绝的斗争。

在距今五六千年前，北京进入新石器时代。根据考古学的器型学研究，北京地区的新石器时代文化，既有中原的仰韶、龙山文化的特征，也有东北地区的红山文化的特征。说明北京地区与中原和东北有密切的联系。

在距今三千年前的商朝，北京地区的居民是一些不同于商人的其他部落，在政治关系上，并不受商朝的直接统辖。

公元前11世纪的西周，采取分封诸侯的办法，扩大了自己直接统治的地区。就是在这个时候，北京地区以封建国的形式，加入了周朝的政治体系。最初，北京这块地方分属于两个封国：北部的大部地区属于蓟国，都城在今北京市区的西南隅，大致在广安门附近；西南一角属于燕国，都城在今房山区境。今房山区琉璃河古城即其遗址。后来燕国吞并了蓟国，把自己的国都迁到蓟城，蓟城则一跃成为古代北京地区唯一的中心城市，蓟城就是最早的北京城的前身。故北京也称为"蓟"。

从春秋到战国，燕国已成为七雄之一。其都城蓟也成为"富冠天下"的名城之一。到公元前226年，秦国大将王翦攻打蓟城，之后不久，燕国灭亡。

公元前221年，秦统一全国，原来燕国的领土被分为六郡，其中广阳郡的治所就设在蓟城。蓟城位于秦版图的东北部分，是通往东北地区的重要门户。其地理位置是十分重要的。

西汉时期，按《史记》所描写，蓟城是渤海、碣石间的一大都会，南通齐赵，东北又和胡人接壤，盛产鱼、盐、粟、枣，北边邻近乌桓、夫余，向东又足以交流秽貊、朝鲜和真番的物质。处于这样一个贸易都会的地位，蓟城得到迅速的发展。新中国成立以来，在北京宣武门到西便门一带，曾出土大批战国秦汉时代的井圈，其数量之多，分布之密，足以说明当时人口的繁盛。两汉时代，北京小平原得到进一步的开发。

在三国时代，为了解决农田用水，在蓟城近郊修了一座较大规模的人工灌溉工程，即戾陵遏与车箱渠。戾陵遏是一座拦水坝，建造在㶟水（今石景山南麓的永定河）上。车箱渠是一条引水渠，使两千多顷土地得到灌溉。

隋朝时蓟城称为"涿郡"，隋炀帝时，在此结集兵马粮饷，向东北和朝鲜发动大规模战争。唐朝时蓟城称为"幽州"，唐太宗曾亲自统率主力大军，在幽州城誓师，向东北地区发动大规模的战争。唐太宗退兵时，在幽州城东南隅修建了一座悼念阵亡将士的庙宇，命名为"悯忠寺"。其后，大庙经过多次重修，清雍正时改名"法源寺"，至今仍为北京市重要的寺庙之一。此乃城内现存历史最久的名刹，位于西城区（原宣武区）。1956 年，中国佛学院在此成立。"法源寺丁香"是北京的名花之一（北京的花曾以法源寺的丁香、崇效寺的牡丹、极乐寺的海棠、天宁寺的芍药著称），过去每至盛开季节，举行"丁香大会"，不少文人墨客在此流连觞咏。

唐中叶以后，政局混乱。唐朝在边境设八个节度使，代表皇权，率兵驻守。幽州城的节度使便是其中之一，号称"范阳节度使"。公元 755 年，身兼范阳、平卢（辽宁朝阳）、河东（太原）三镇节度使的安禄山起兵幽州，造成了有名的"安史之乱"，从此唐朝便一蹶不振。

自公元 10 世纪始，由于北方的契丹、女真、蒙古民族的大举南下，幽州发展成为全国的首都。公元 916 年，东北地区的契丹族，正式成立契丹政权。随后向南发展，吞并了华北地区包括幽州在内的燕云十六州，改国号为"辽"，并在幽州城建立陪都，称为"南京"。南京是辽代五京中最大的一个。它基本上沿用唐代幽州城址，只是重修了城墙和在西南隅建造了一个不大的宫城。南京城城市人口达三十万。辽代佛教盛行，在南京城内外兴建了不少规模宏伟的庙宇殿塔。今广安门附近的天宇寺，创建于北魏，经历历代重修，今存的砖塔却是在辽代旧塔的基础上修造的，是北京地区现存较古老的佛塔。

北宋与辽曾发生多次战争，企图收复燕云十六州，但都失败了。1005 年，北宋与辽订立了"澶渊之盟"，形成了较长时间的南北对峙局面。

公元 12 世纪，女真民族崛起于辽国后方，1115 年建立金国。1122 年，金联合北宋，对辽进行南北夹攻。1123 年，金军突破居庸关，得胜口，攻陷辽南京。经过反复交涉，金军把残破不堪的南京城交还北宋，北宋将其取名为"燕山府"。公元 1125 年，金人灭辽，随即进攻北宋，燕山府的北宋守军不战而降，城市又归于金。不久，金攻陷开封，北宋灭亡。金人决定将首都从远在松花江上的会宁府迁到燕山府。1153 年，金主完颜亮正式迁都，并改称"中都"。金中都的确立，在北京城的历史上是一件划时代的事情。北京城从此真正开始了作为封建王朝统治的中心。

金中都的规划设计，参考了北宋京城开封的规制。在东、西、南三面，比旧南京城大大向外扩展。中都的皇城（宫城）故址大体在今广安门以南。皇城西部有一处园林区，叫"同乐园"。除皇城外，有简陋的城市居民区。中都居民总计达 22 万 5 千余户，民族成分很复杂。中都城北部，是全城最繁荣的商业区。金大定二十九年（1189）在永定河上建卢沟桥，因永定河古称"卢沟河"，故名。初名"广利桥"。明、清两朝对桥进行大规模的修葺。该桥石建，全长266.5 米，宽 7.5 米。桥身下分 11 个涵洞。桥墩呈船形，分水尖上装有三角铁柱，以迎击初春冰块的撞击，人称"斩龙剑"。桥身两侧石雕护栏各有望柱 140根，望柱头上卧伏有大小石狮 485 个，神态各异，栩栩如生，以精湛的雕刻艺术著称。意大利马可·波罗曾称"它是世界上最好的，独一无二的桥"。桥东碑亭内立有清乾隆题"卢沟晓月"碑。"卢沟晓月"，自金代即为燕京八景之一。因为旧时两岸多旅舍，以其密迩京师，驿通四海，行人使客，往来络绎，疏星晓月，曙景苍然，故名。桥东不远即旧宛平县城，是守卫京都的重要门户。1937年 7 月 7 日，日本帝国主义在此发动全面侵华战争，驻宛平城的我国守军奋起反击，掀起了全民族的抗日战争。

13 世纪，在金朝北方的蒙古族，突破南口天险，于 1215 年攻占金中都，1234 年灭掉金朝。蒙古人攻占中都后，对该城并未加利用，城市逐渐破败。直到 1260 年，忽必烈才决定在这里建都。于是，元朝的大都在这里诞生。

当时，忽必烈接受了具有丰富常识的汉族学者刘秉忠的建议，决定放弃中都旧城，另在其东北郊外选择新址，建设新城。城址的这一改变，在北京城的历史上，有着深刻的意义。原来的城市基本上靠莲花池水系供水，新城址选择了高粱河水系供水，解决了城市的用水问题。

大都城的建设，是以琼华岛（今北海白塔山）及其周围的湖泊为中心。城市平面近似于《周礼·考工记》中提出的帝王都城的理想设计方案，这就是城为方形，四面各开三门，城内有纵横各九条街道，朝廷在城南，市场在城北，朝廷左右是太庙、社稷坛。这种设计原则的用意，在于体现皇权至上的政治思想。

大都城周长 28.6 千米。城内宫殿分为三组，环绕在太液池（今北海、中海）的周围。湖泊东岸，为皇帝使用的"大内"，即明清紫禁城（今故宫）的前身。西岸北部是兴圣宫，南部是隆福宫，分别为太后和太子所居。三组宫殿有高墙围住，称为"萧墙"。太液池、万寿山（金朝琼华岛，今北海白塔山）及小岛瀛洲（今团城），是宫殿区的风景中心。萧墙以外是居民区。全城分五十坊，布局齐整。今天北京东城区东直门内大街到朝阳门内大街之间的一些胡同，还保存着元大都时的格局。大都城有三处主要市场：一处在积水潭北岸的斜街，一处在东四附近，一处在西四附近。1368 年，明军攻占大都，元朝灭亡。

明军攻下大都后，将大都改名为"北平"。朱元璋封其第四子朱棣于北平，称"燕王"。朱元璋死后，燕王从惠帝手中夺取政权，建元永乐，是为明成祖。为了有效地抗击蒙古人的南袭，进一步控制东北地区，明成祖将首都从南京迁至北平，改北平为"北京"，并开始重新营建北京城。紫禁城与皇城是建设的重点。紫禁城即宫城，是在元朝大内旧址上重建的。它位于金城的中心，周围环以条石砌岸的护城河。六座雄伟的大殿排列在宫城的中央。前三殿为皇极殿、中极殿、建极殿（清朝改称"太和殿""中和殿""保和殿"）；后三殿为乾清宫、交泰殿、坤宁宫。这六座宫殿，恰好位于北京城南北中轴线上。宫城之南，出承天门（清改名"天安门"），为"丁"字形宫廷广场。广场东西两侧为中央政府的衙署。宫城以北，出玄武门（清改名"神武门"），有万岁山（清改名"景山"）。宫城外面筑有皇城。皇城有四门：承天门（清改名"天安门"）、北安门（清改名"地安门"）、东安门、西安门。自万岁山向北，出皇城北安门，便到了钟鼓楼。北京城的中轴线，南起永定门，北止钟鼓楼，全长 8 千米。北京城还建了不少坛庙：太庙、社稷坛、天坛、地坛、日坛、月坛等。

崇祯十七年（1644），李自成率领农民起义军攻入北京，明朝灭亡。

清朝建都北京之后，对明朝的宫殿、城池、街巷等未做大的改动，但增建了不少王府。在西郊不遗余力地经营园林。圆明园、畅春园、香山的静宜园、玉泉山的静明园和万寿山的清漪园，就是有名的"三山五园"。

近代的北京城，既是封建王朝的巢穴，也是列强在中国施行侵略政策的大本营。第二次鸦片战争之后，根据《天津条约》，各帝国主义开始在东交民巷建使馆。1900 年，八国联军闯入北京，焚烧圆明园。近代的北京城，具有半封建半殖民地的色彩。

1911 年辛亥革命，建立"中华民国"。民国初年，北京仍为首都，还称"京师"，改顺天府为京兆地方。1927 年蒋介石叛变革命之后，以南京为首都，设北平特别市，1930 年改为北平市。日军占领时期称为"北京特别市"。1945 年变为北平市。

1949 年 1 月 31 日北平和平解放。3 月 25 日，中共中央从河北平山县西柏坡村迁至北平。9 月下旬，中国人民政治协商会议第一届全体会议召开，正式决定改北平为北京。10 月 1 日，中华人民共和国于北京宣告成立。

## 二、 名胜古迹

### （一）故宫

故宫（紫禁城）是明、清两代的皇宫。在北京旧城的中心位置，是我国现存最大最完整的古建筑群。始建于明永乐四年（1406），十八年基本建成，虽后经多次重修和扩建，仍保持原有布局。占地72万余平方米，屋宇9 000余间，建筑面积约15万平方米。四周宫墙长约3 400米，四角有形制别致的角楼。宫墙外有52米宽的护城河（俗称"筒子河"）。形成一个壁垒森严的城堡。

宫殿分为外朝（或前朝）和内廷两大部分：

外朝以太和、中和、保和三大殿为中心，以文华、武英两殿为两翼。是皇帝举行大典、召见群臣和行使权力的主要场所。

太和殿是外朝的前殿，俗称"金銮殿"。为明、清两朝皇帝举行皇帝即位、诞辰、节日、出兵征伐等大典活动的场所。殿内的金漆雕龙宝座，是封建皇权的象征。太和殿是故宫最壮观的建筑。也是全国现存最大的木构殿堂。

中和殿在太和殿之后。皇帝去太和殿视事时，先在此休息并接受内阁、礼部及侍卫执事人员等的朝拜。凡遇祭祀前一天，皇帝在此阅览祭文；去先农坛耕耘前，也来此检查种子、农具等的准备情况。

保和殿在中和殿之后。清时每年除夕和元宵节，皇帝在此宴请外藩王公贵族和京中文武大臣。后期（18世纪末）始作为殿试场所。

内廷是皇帝处理日常政务和帝后嫔妃、皇子公主们居住、游玩和奉神的地方，有乾清宫、交泰殿、坤宁宫及东西六宫等建筑。

乾清宫是内廷的前殿。清康熙以前为皇帝居住和处理政务之处。宫内正面挂有"正大光明"匾。康熙后，皇帝生前即将皇位继承人的名字写好置于匣内，放在匾后。皇帝死后，由辅政大臣开启，宣布皇位继承人。雍正以后，皇帝移居养心殿，但仍在此批阅奏报，选派官吏和召见臣僚。明崇祯十七年（1644）李自成打入北京，崇祯帝由此仓皇出逃，出神武门自缢于景山。

交泰殿是内廷的中殿。殿中央设宝座，宝座后面有四扇屏风，上有乾隆御笔《交泰殿铭》。清代封皇后，授皇后册、宝的仪式和皇后诞辰礼，均在此举行。乾隆十三年，将代表皇权的25颗宝玺权藏于此。殿内西有大自鸣钟，东有铜壶滴漏。

坤宁宫在交泰殿之后。明时为皇后住所。崇祯帝自缢于景山，皇后亦吊死于此。清代改西暖阁为祭神场所，东暖阁为皇帝大婚的洞房，康熙、同治、光绪三帝的婚礼均在此举行。

故宫有四座城门：南门（正门）"午门"，北门"神武门"，东门"东华门"，西门"西华门"。

午门，故宫正门，有高大的砖石墩台，墩台上建楼五座，俗称"五凤楼"。中楼左右有钟鼓亭，每逢皇帝在太和殿主持大典时，钟楼齐鸣，以示威严。清代每年颁发历书仪式也在此举行。

神武门，故宫北门，原称"玄武门"。平日作为宫内供应出入的门户。崇祯帝朱由检出此门到景山自缢。

此外，还有几个地方值得一提：

养心殿，在乾清宫西，西六宫之南。雍正以后，历代皇帝都在此居住。正间为皇帝处理日常政务的地方。西间（西暖阁）为皇帝阅览奏折和与臣下商讨军政大计之所。最西一间是三希堂，因乾隆将所得王羲之《快雪时晴帖》、王献之《中秋帖》、王珣《伯远帖》三件珍品藏于此，故名。东间（东暖阁）为皇帝寝宫，同治、光绪时为慈禧"垂帘听政"之所，辛亥革命后，宣统帝溥仪在此退位。1917年张勋在此演出复辟丑剧。

珍妃井，在故宫外东路。光绪二十四年（1898）戊戌变法失败后，慈禧将光绪帝及其爱妃珍妃分别囚禁在南海瀛台和冷宫中。光绪二十六年（1900）八国联军侵占北京，慈禧带领光绪帝仓皇出逃时，命太监将珍妃推入井内淹死，此井后来称为"珍妃井"。

### （二）中南海

中南海在故宫西侧。中南海和北海在明、清统称为"西苑"或"西海子"，也称"太液池"，并列为禁苑。明代后期按地域又分为南海、中海、北海，合称"三海"。民国以后，又分为中南海和北海，并分两处管理。中海为辽代开辟，是金代离宫万宁宫所在地，元代营建大都时划入"大内"范围。南海开辟于明代。中南海占地1500余亩①，其中水面约占700亩。现存建筑属清代遗物。园内湖面周围分布有丰泽园、崇雅殿、瀛台（光绪帝被慈禧幽禁于此）。西岸有怀仁堂、紫光阁和武成殿，东北岸有万善殿，南岸有宝月楼。殿台楼阁布置有序，建筑形式丰富多彩，为国内著名的皇家园林之一。民国初年曾在此设总统府。新中国成立后，这里一直是党中央和国务院的所在地。

### （三）天坛

天坛在正阳门外，永定门内路东。是明、清两代帝王冬至日祭皇天上帝和正月上辛日行祈谷礼的地方。明永乐十八年（1420）仿南京形制建天地坛，合祭皇天后土。当时是在大祀殿行祭典。嘉靖九年（1530）嘉靖听大臣言："古者祀天于圜丘，祀地于方丘。圜丘者，南郊地上之丘，丘圜而高，以象天也。方丘者，北郊泽中之丘，丘方而下，以象地也。"于是决定天地分祭，在大祀殿南建圜丘祭天，在北城安定门外另建方泽坛祭地。嘉靖十三年（1534）圜丘改名"天坛"，方泽改名"地坛"。大祀殿，清改名为"祈年殿"。

天坛的主要建筑在内坛的南北中轴线上，圜丘坛在南，祭天，有圜丘、皇穹

---

① 编者注：1 亩约为 0.67 公顷。

宇等；祈谷坛在北，祈谷，有祈年殿、皇乾殿、祈年门等。天坛的建筑不仅具有独特的艺术风格，而且有些建筑还巧妙地运用了力学、声学、几何学原理，因此，具有重要价值。1900 年八国联军曾在天坛斋宫内设立司令部，文物、祭器被席卷而去。天坛内现有 200 年以上的古柏 2500 多棵。天坛现存主要建筑有祈年殿、圜丘坛、皇穹宇、斋宫等。

祈年殿，是封建帝王祈祷五谷丰登的地方。明时称为"大祀殿""大享殿"等，殿顶上蓝、中黄、下绿，代表上天、中君、臣民。清乾隆时全部改为蓝色，改名"祈年殿"。殿高 32 米，直径 32.72 米，为图形建筑。大殿结构特殊，中央四根龙井柱，代表四季，中间十二根金柱，象征十二个月，外圈十二根檐柱，表示十二个时辰，檐顶全部重量由二十八根大木柱和三十六根枋桷支承。屋顶三层蓝琉璃瓦，逐层收缩向上，冠有鎏金宝顶。

圜丘坛，在天坛南部，是封建帝王祭天的地方。坛为露天三层圆形，象征天。古代把一、三、五、七、九单数称为"阳数"，又叫"天数"。所以圜丘的层数、台面的直径、墁砌的石块，四周的栏板，都用天数。九是阳数之极，表示天体至高至大。最上一层台面直径是九丈，名一九，中间一层十五丈，名三五，最下一层二十一丈，名三七。第一层台面中央嵌一块圆形石板，叫"太极石"。站在太极石上高呼，回音很大，这是音波反射的原因。

皇穹宇，在圜丘北，是放置圜丘祭祀神牌的地方。初名"泰神殿"，整个建筑由环转而立的八根檐柱、八根金柱支托屋顶。四周有圆围墙，直径 61.5 米，长约 193 米，高 3.72 米。这个围墙就是有名的回音壁。因为弧度规则，壁面整齐平滑，声音可沿内弧传递。另外在皇穹宇南台阶前还有三块奇妙的回音石。

斋宫，在天坛西部，圜丘西北，是帝王行祭礼时斋戒、沐浴的地方。是一座坐西朝东绿琉璃瓦的方形宫殿。按制度皇宫应该坐北朝南、用黄琉璃瓦，为什么斋宫坐西朝东，用绿琉璃瓦呢？因为皇帝自称"天子"，天的儿子到天坛来祭天，儿子在父亲面前，就不能妄自尊大，就不能住黄琉璃瓦的宫殿，而宫殿的朝向，也就不能坐北朝南。按制度，每年冬至祭天的前三天，皇帝就得从皇宫里出来到天坛斋宫住下，不吃荤腥、不近妇女，不饮酒娱乐，不过问司法案件，即所谓斋戒。清朝雍正时在紫禁城内又建一斋宫，叫"内斋"，把天坛的斋宫叫"外斋"。这样，祭天前三天，皇帝先住在内斋宫里，直到祭天前一天深夜，才从内斋宫出来，到天坛外斋宫去。这样，天坛里的斋宫，便成了祭天时临时休息的场所。待在那里总共不过几个小时。皇帝在天坛斋宫里"致斋"三天的制度，也就有名无实了。

（四）颐和园

颐和园是我国著名园林之一，主要由万寿山、昆明湖组成。占地 290 多公顷，其中水面约占 3/4。万寿山，是西山的支脉，高 59 米。金代称"金山"，元时称"瓮山"，相传有一老人在山上凿石，得一石瓮，故名。清乾隆时改称"万寿山"。昆明湖，元时称"瓮山泊""大泊湖"，明时称"西湖"，清乾隆时仿照汉武帝在长安昆明池练水师之事，将湖改名"昆明湖"。1949 年 4 月 29 日毛泽东在《和柳亚子先生》七律中，有"莫道昆明池水浅，观鱼胜过富春江"之句。此地在明代逐渐形成了西北郊有名的风景区。明清时把畅春园、圆明园、万寿山的清漪园、玉泉山的静明园和香山的静宜园，并称为"三山五园"，是北京西郊最大的皇家园林区。后遭英法联军破坏。光绪十四年（1888）慈禧挪用海军军费重建，改名"颐和园"。每年春季，慈禧搬进园里"颐养冲和"起来，直到十月中旬过完生日，天气转凉，才回到城里的宫内去。后颐和园遭八国联军破坏，现在园内的建筑大都是光绪时修建的。全园共有宫殿、寺庙和园林建筑三千多间。

从使用性质可概括为三大活动区。

政治活动区，以东宫门内的仁春殿（原叫"勤政殿"）为中心，包括两侧配殿和仁寿门外的南北九卿房。慈禧一年中大部分时间在此处理政务，进行统治。

居住区，以玉兰堂（光绪居住）、宜芸馆（光绪的隆裕皇后居住）、乐寿堂（慈禧居住）组成，是用五六十间迂回曲折的游廊沟通起来的三座大型四合院，但在庭院布置上更接近园林风格。

风景游览区，全园主要部分，精华所在，分万寿山前山、后山，昆明湖。园内布局运用我国园林艺术"虽由人作，宛自天开"的传统手法，人工创造富有诗情画意的自然环境。全园山、水、建筑、花木十分协调，是我国古典园林的典范。

今介绍两组建筑：

佛香阁，在万寿山前山，是全园的中心建筑。清乾隆十五年（1750）建造大报恩延寿寺时，计划在这里建造一座九层的延寿塔，但于二十三年修到第八层时，"奉旨停修"，并将已修好的八层全部拆除，改建为佛香阁。英法联军烧毁后，光绪十七年（1891）按原样重建。是一座宗教建筑，内供佛像。建筑高出于万寿山顶之上，登上佛香阁可饱览昆明湖风光和周围景色。

排云殿，在万寿山前山中部，是中轴线上的主体建筑。明代，此处曾建园静寺。清代乾隆帝为其母六旬生日而建大报恩延寿寺，前为天王殿，两侧是钟鼓楼，内为大雄宝殿，后为多宝殿、佛香阁，又后为智慧海。英法联军烧毁后，光绪十三年在大雄宝殿的旧址改建成排云殿，是慈禧在园内过生日庆典受贺的地方。"排云"二字出自晋郭璞游仙诗"神仙排云出，但见金银台"句。意即将慈禧吹捧为排云而出的"神仙"，以接受百官的朝贺。慈禧曾在此殿搞过六十、七十两次庆寿活动，每次做寿都极度挥霍，不仅园内要张灯结彩，而且从紫禁城到颐和园沿途还需设立三十三座经坛，戏楼和彩棚等景点。仅园内搭建一座彩棚就用彩绸一万七千多匹。1894 年中日甲午战争爆发之际，慈禧为庆六十寿辰，不但挪用海军军费修建颐和园，而且竟从国库中提取白银五百四十万两用于庆典。现在殿内陈设有慈禧七十诞辰时大臣们所献的寿礼。

### （五）八达岭长城

八达岭长城在北京延庆区。是长城的一个隘口。建成于明朝。关城有东、西两门：东门额题"居庸外镇"，西门额题"北门锁钥"。京张公路从城门中通过，为通往北京的咽喉。从北门锁钥城楼左右两侧，延伸出高低起伏、曲折连绵的万里长城。长城全长 6700 千米，是世界上古老的伟大建筑之一。从春秋战国起，为防止北方少数民族的骚扰而修筑长城，至明代，因为北方仍有蒙古族的进攻，东北又有女真族崛起，为了加强防御，将过去的土筑城墙部分改为砖石结构。西起嘉峪关，东达山海关，蜿蜒万余里，并沿城墙修筑了许多烽火台。八达岭长城是现存明代长城中保存最好的段落之一。城台两侧筑有墙台、敌台、宇墙、垛口、望洞、射孔等防御工事。八达岭居高临下，地势险要，历来是兵家必争之地。历代都曾派重兵把守，古人云："居庸之险不在关而在八达岭"，现附近山崖上还留有"天险"二字的题记。

### （六）明十三陵

明十三陵是明代十三个皇帝陵墓的总称。在昌平区境内，在天寿山下方圆 40 平方千米的小盆地上。十三陵按年代顺序为长陵（棣，永乐）、献陵（高炽，洪熙）、景陵（瞻基，宣德）、裕陵（祁镇，正统）、茂陵（见深，成化）、泰陵（祐樘，弘治）、康陵（厚照，正德）、永陵（厚熜，嘉靖）、昭陵（载垕，隆庆）、定陵（翊钧，万历）、庆陵（常洛，泰昌）、德陵（由校，天启）、思陵（由检，崇祯）。十三陵周围建有陵墙，设有十个关口。总神路自南而北，蜿蜒曲折，通向各陵。沿神路建有石牌坊、下马碑、大红门、神功圣德碑、神道柱、石像生、棂星门等。诸陵规模以长陵最大，思陵最小，建筑布局，大同小异。各陵前都立有石碑，陵墓各有陵垣、祾恩门、祾恩殿、棂星门、石五供、明楼等。明楼上立石碑，刻皇帝庙号、谥号。明楼后为宝城，中填黄土，下为帝后葬所。每陵各有监，是管陵太监的用房，今已形成村落。又各有神马房、祭祀署等建筑，今仅见遗址。陵各有园，种植瓜果，以供祭祀。又各有卫，在昌平区驻扎，护卫陵园。清代以来，诸陵年久失修，今惟长陵、永陵、景陵保存较好。

长陵，明成祖陵。十三陵中建造最早，规模最大，保存也最完整的陵墓。葬成祖朱棣与皇后徐氏。陵院三进。进陵门有祾恩门、祾恩殿、明楼。从明楼下通道进入宝城。明楼立石碑，刻"大明成祖文皇帝之陵"。明楼后为宝城。清陵中，长陵宝城、祾恩殿最大。

裬恩殿，原名"享殿"，为举行祀典所在。据《天府广记》载："裬者，祭而受福之名也。恩者，图极之恩也。"意为感恩受福。裬恩殿是楠木建筑，十分宏伟，是长陵主要建筑物之一。

定陵，明神宗显皇帝朱翊钧的陵墓，附葬孝端皇后王氏与孝靖皇后王氏。朱翊钧生前预建陵墓，日役工役三万人，耗用白银八百万两。主要建筑有陵门、裬恩门、裬恩殿、明楼、宝城、宝顶和地下宫殿。明楼石刻"定陵"二字，明楼内石碑篆书"神宗显皇帝之陵"。明季末叶，惑于风水之说，曾将北京大虏山金代陵寝捣毁，清兵进关后，进行报复，拆毁定陵裬恩门、裬恩殿、神宫监、神马房等。乾隆五十年，为缓和民族矛盾，又重新修缮，唯由大改小。

定陵地下宫殿，在明楼的正后部。1956 年发掘，1958 年完工。出土大量珍贵文物，揭开了地宫之谜。由前、中、后三殿，左、右配殿及隧道组成，总建筑面积为 1195 平方米。全部由石结构起券，无梁柱，地面用"金砖"（大型方砖）铺砌。各殿有汉白玉石门，用"自来石"顶住、封闭。后殿为地宫中最大的殿，长 30.1 米，宽 9.1 米，高 9.5 米。是帝后棺椁葬所。棺床中央放置朱翊钧和孝端、孝靖两后的棺椁，三具棺椁周围放有玉料、梅瓶及装满随葬器物的红漆木箱。定陵是中华人民共和国成立后有计划发掘的第一座帝王陵墓，1959 年建为博物馆，展出地宫出土的文物史料。

## 三、风物特产

风物特产包括衣、食、住、行、玩、乐等各个方面。北京的戏曲主要有京剧、评剧、曲剧等。工艺美术品主要有景泰蓝、雕漆、玉器、料器（玻璃器）、内画壶、绢花、北京织毯、京绣、挑补花、琉璃、风筝等。食的方面有北京烤鸭、涮羊肉、烤羊肉、仿膳小吃、砂锅居白肉、六必居酱菜等。

下面介绍几种"食"的特产。

### （一）北京烤鸭

北京烤鸭是北京第一名菜。原为元、明、清历代宫廷的御膳。自 16 世纪传入民间，深为人民群众所喜好。据《燕京杂记》载："京师美馔，莫妙于鸭，而炙者尤佳。"被国际友人称为"天下第一味"。北京烤鸭是用北京填鸭烤制而成。填鸭用人工填喂法育成，肉质细嫩丰腴，烤出的鸭皮脆、肉嫩、色艳、味香，油多而不腻，久吃不厌。烤鸭有"挂炉烤"和"焖炉烤"两种。挂炉烤，一般是以枣、桃、杏等果木为燃料，将鸭挂于炉中，不关炉门，用明火烤制而成。焖炉烤，是鸭子不见明火，先将炉墙烧热，再将鸭挂入炉内，关闭炉门，全凭炉墙的热度和炽热的柴灰，将鸭焖烤成熟。烤出的鸭子趁热削成片，再蘸甜面酱，加葱白或黄瓜条，用荷叶饼（薄饼）卷着吃。片净的鸭骨架，还可以加白菜、冬瓜或其他菜蔬做汤。著名的烤鸭店有便宜坊、全聚德。

便宜坊烤鸭店，原址在前门外鲜鱼口内，1974 年迁入崇文门外大街七层楼。自御膳烤鸭传入民间后，在明嘉靖年间宣武门外菜市口米市胡同的老便宜坊开业，为北京第一家烤鸭店。清代时，烤鸭便已誉满京华。一些商贾纷纷打起"便宜坊"招牌开业。最盛时期，以"便宜坊"为字号的烤鸭店有九家之多。现在的"便宜坊"于清咸丰五年（1855）开业，以经营"焖炉烤鸭"闻名。

全聚德烤鸭店，总店（老店）在前门外肉市胡同。另在王府井、西单、和平门有几处分店。全聚德开业于清同治三年（1864），为杨寿山所创。店名"全聚德"，取杨寿山字全仁，又有"聚财德隆"之意。杨寿山 1837 年从河北冀县（今冀州区）来京，在前门大街摆摊出售生鸡鸭。经过 20 多年的经营，由小摊而创饭馆，并雇用几名山东名厨，利用宫廷御膳房传出的挂炉烤鸭技术，精制烤鸭出售。由于烤出的鸭子枣红油亮，外焦里嫩，外皮酥脆，肉质鲜嫩，很快便名传京华。官宦显贵争相品尝，文人骚客食后作诗绘画，使之名扬海内外。现在除烤鸭外，还可以利用鸭舌、肺、肫、肝、心、膀、掌等原料，精心烹制各种美味冷热菜肴，共达一百多个品种。这些菜肴同烤鸭一起上席，就成了脍炙人口的"全鸭席"。

### （二）涮羊肉

涮羊肉是北京清真馆的独特风味。距今已有四百多年的历史。明代宋诩《宋氏养生部》已有记载涮羊肉。《清稗类钞》也有记载。清咸丰四年（1854）前门外肉市的正阳楼开业，是汉民馆出售涮羊肉的首创者。其羊肉"片薄如纸，无一不完整"。涮羊肉的关键在于选料精、切片薄、调料全。冬日三五食者围坐在火锅前，食时将羊肉片夹入滚沸汤中，肉色变白即夹蘸调料随涮随食。调料有七种：芝麻酱、腌韭菜花、辣椒油、卤虾油、绍兴酒、酱豆腐汁、酱油。肉涮食完后，火锅汤伴白菜头、粉丝、葱花、香菜末等，当汤菜食用。

### （三）仿膳小吃

仿膳坐落在北海公园琼华岛北面沿湖的漪澜堂道宁斋内。漪澜堂和道宁斋始建于清乾隆十六年（1751），后来成为慈禧游览散心时用膳的地方。1925 年，原御膳房的孙绍然、王玉山、赵永寿、牛文质、温宝田等几位厨师设"仿膳斋"，按照清宫御膳房的做法烹制菜点。仿膳所烹之菜，色、香、味、形俱佳，尤以制作宫廷小吃著名，小巧玲珑，精细美观，味美适口。最有名的有：豌豆黄、芸豆卷、小窝头、千层糕、佛手卷、肉末烧饼、酥合子等等。细腻甜润，清凉爽口，别有风味，令人赞叹不已。

## （四）六必居酱菜园

六必居在前门外大栅栏东口。据传为山西临汾赵氏所创，开业于明嘉靖九年（1530）。初为酿酒厂。因在选料、制作上有六个必须做到，故名"六必居"。"六必"是：一、黍稻必齐（酿酒用粮必须齐备）；二、曲蘖必实（酿酒用曲必须如实投放）；三、湛之必洁（浸泡酒曲必须保持清净）；四、陶瓷必良（酿酒用缸必须是优等的）；五、火候必得（生产操作必须精心得当）；六、水泉必香（酿酒必须用香甜的泉水）。由于做到这六条，酒质优良。后来，六必居发展为酱菜铺，并特聘名师，保持原有优良传统，选用优质原料，精心制作，制出各种独具特色的酱菜，成为中外人士争相选购的北京风味特产。


# 附录：万里长城古今谈


## （一）孟姜女哭长城

说到长城，人们自然想到孟姜女哭长城的故事。在山海关有许多与孟姜女有关的古迹："望夫山"，望夫山上有"望夫石"，"望夫石"旁有姜女庙、振衣亭；姜女庙下的大海还有一座姜女坟。

这个孟姜女是何许人呢？据传说，秦始皇时，陕西同官县有一家姓孟的，院里种了一棵葫芦。这葫芦藤爬到了隔壁姓姜的邻居家里。秋天，结了一个大葫芦。两家商量，决定把葫芦从中锯开，一家一半。没想到，葫芦一锯开，里面却钻出一个美丽的小姑娘来。两家都十分喜爱，共同抚养，取名"孟姜女"。孟姜女十八岁那年，秦始皇开始修万里长城。天下的男子都四处逃奔，逃避差役。苏州有一个书生名叫范杞梁，从南方逃到北方。一天，官兵追他，他无处藏身，便跳墙躲进孟家的后花园中。后来孟姜两家发现了范杞梁，原以为是个小偷，经过询问才知道是个有才学的书生。加上范杞梁人品端正，彬彬有礼，被孟姜两家看中，招为女婿。但好景不长，正当范杞梁和孟姜女欢度花烛之喜，共叙恩爱之情时，官兵闯进家门抓走了范杞梁。一对小鸳鸯被活活拆散了，孟姜女悲痛不已，日夜思念范杞梁。冬天来了，孟姜女决定给丈夫送几件寒衣。她翻山越岭，忍饥挨饿，走了一程又一程，终于来到山海关，却找来找去都找不到她的丈夫范杞梁。原来她的丈夫早就死了。孟姜女哀伤得死去活来，愤然痛骂秦始皇。她的哭声感动了天灵，只听轰隆一声，长城倒塌了几百里，露出了丈夫的尸骨。孟姜女扑倒在尸骨旁，眼泪都哭干了。这时，秦始皇听说孟姜女骂他，派人去捉拿孟姜女。孟姜女一气之下，纵身跳进了茫茫大海。

那么，历史上有没有孟姜女这个人呢？据考证，根本没有。那么这个故事是怎样演化出来的呢？

在《左传》中有记载杞梁妻的故事，但杞梁妻姓甚名谁也不知道。到唐朝，一位僧人叫贯休的，牵强附会了"杞梁妻哭长城"的故事。他在《禅月集》中，以诗的形式写道：

> 秦之无道兮四海枯，筑长城兮遮北胡。筑人筑土一万里，杞梁贞妇啼呜呜。上无父兮中无夫，下无子兮孤复孤。一号城崩塞色苦，再号杞梁骨出土。

这是"杞梁妻哭长城"的故事。那么"孟姜女"这个名字是何时何人编造出来的呢？

《敦煌曲子词集》中，有一支曲子，曲名叫《捣练子》，第一次出现了"孟姜女"的名字：

> 孟姜女，杞梁妻，一去烟（燕）山更不归。造得寒衣无人送，不免自家送征衣。

这曲子产生于晚唐，是民间文学，没有具体作者。"孟姜女"之名，来自亿万群众的创作。多少年来，人们总是借孟姜女的故事来斥责秦始皇对劳动人民强暴奴役，同时也以此抒发对一切残暴统治者的不满。

## （二）万里长城的悠久历史

"孟姜女哭长城"的故事是编造出来的，那么万里长城是不是也是编造出来的呢？不是的。长城，是我国古代一项极为雄伟的防御建筑工程。它纵横交错，绵延起伏于祖国辽阔的土地之上。长城东西相距长达一万余里，故被称为"万里长城"。它翻越群山，穿过草原，横跨沙漠，奔入大海。长城气势雄伟，工程艰巨，历史悠久，不仅在我国古代建筑工程中少有，即使在世界上也属罕见。因此被列为世界的一大奇迹。长城是中华民族勤劳智慧、勇敢坚强的象征，是人类历史的奇迹，凡是到中国来访问的外宾，旅游的客人，都把游览长城作为不可缺少的参观游览项目。"不到长城非好汉"已经成为旅游者们都认同的一句俗语，他们都想登上长城，看看这一雄伟的历史丰碑。我国加入联合国时，赠送给联合国的那面大毯，织的图案就是长城，挂在联合国大楼的正厅。正如电视剧《霍元甲》的主题曲歌词所写的"万里长城永不倒，千里黄河水滔滔"，长城确实是中国人民的骄傲。

根据历史记载，有 20 多个诸侯国和封建王朝修筑过长城。其中秦、汉、明三个朝代的长城的长度都超过一万里。若把各个时代修筑长城的长度加起来，大约有十万里以上。现在新疆、甘肃、宁夏、陕西、内蒙古、山西、河北、北京、天津、辽宁、吉林、黑龙江、河南、山东、湖南、湖北等 16 个省、市、自治区都有古代长城、烽火台的遗迹。其中内蒙古的长城长达三万里。

万里长城的工程量确是惊人的。仅以明朝一次所修筑的长城粗略估计一下，若以修筑长城的砖石、土方用来修筑一道厚 1 米，高 5 米的大墙，这道墙可环绕地球一周而有余。如果用来铺筑一条宽 5 米、厚 35 厘米的马路，那就能环绕地球三四周了。这只是以明朝一次修筑的万里长城而言，如果以十万余里计算，则这一道长墙可绕地球十几周，这条马路可绕地球三四十周了。长城工程之巨大，可想而知。

人们提到万里长城的时候，总会把它和秦始皇联系起来。秦始皇修长城已是人们所熟知的事。但远在秦始皇统一中国以前就开始修筑长城了。

长城是由烽火台和列城等单体建筑发展而成的。起初先建彼此相望的烽火台，或连续不断的防御城堡，然后用城墙把它们连接起来，便成了长城。周朝为了防御猃狁而建小城和烽火台以传递军情。周幽王烽火戏诸侯的故事，正反映了用烽火来传递军情的情况。

到春秋时，各诸侯国，为了相互防御，逐步用城墙把烽火台、列城连接起来，就构成了完备的军事防御工程——长城。

到战国时，各诸侯国为了相互防御和防御北方的游牧民族东胡、匈奴等，都相继修了长城。

公元前 221 年，秦始皇灭六国，建立起我国第一个多民族统一的中央集权制封建国家。为了国家的安全、防止匈奴奴隶主贵族的掠扰，秦国在统一六国后立即派大将军蒙恬和太子扶苏，率领三十万大军，北击匈奴，收复河套地区，大规模修筑长城，西起临洮，东止辽东，长达一万余里。自此，这一世界上古代最为宏大的建筑工程便巍然屹立在我国北部土地上。

自秦始皇以后，经西汉、东汉、北魏、北齐、北周、隋、辽、金、明各代，都大规模地修筑或增建长城。其中尤以汉代和明代的长城规模最大。汉代的长城、亭障、烽燧长达两万里。明是长城修筑史上最后一个朝代，也是长城防御工程技术发展的最高阶段。

清朝对修不修长城曾进行过长久的争论，到康熙时才决定不再修长城了。

(三) 长城是怎样修建的

当我们登上居庸关、八达岭、山海关、嘉峪关城楼的时候，看见那宛如长龙奔驰在崇山峻岭之间的长城，一种惊叹赞赏之情不禁油然而生。这样伟大艰巨的工程，古代劳动人民不知付出了多少辛勤的劳动，流出了多少血汗。

首先我们看看劳动力。劳动力的来源，大约有如下几个方面：第一，戍防的军队，这是修长城的主要力量。如秦始皇时修长城，就是大将蒙恬率领三十万大军，经过九年多的时间才修成的。第二，强迫征调的民夫，这也是修长城的重要力量。秦始皇时强征了五十万左右民夫。历史文献记载，各朝代修长城都征调大量民夫。隋大业三年（607）发丁男百余万筑长城，四年又发丁二十万筑长城。由于丁男已征尽，最后连寡妇也被强征去修筑长城。第三，发配充军的犯人。在秦汉时，有一种刑罚叫"城旦"，这就是把罪犯剃头，颈上加上铁圈，送去修筑长城。白天轮流看守巡逻，夜间则修筑长城。这种刑罚为期四年。第四，历代统治者为了征调修长城的劳力，还巧立各种名目，强迫人民去修筑长城。

修长城的建筑材料，在没有大量用砖以前，主要是土、石、木料、瓦件等。需用的土、石量很大，一般都就地取材。在高山峻岭的地方，开山取石，用石块砌筑。在平原黄土地带即就地取土，用土夯筑。在沙漠地区，则采用芦苇或红柳枝条层层铺砂的办法来修筑，如今天还保存的新疆罗布泊尔与甘肃玉门关一带的汉长城就是这样修筑的。芦苇或红柳枝的厚度约5厘米，砂石的厚度约20厘米，层层铺筑。充分说明了我国劳动人民采用因地制宜，就地取材的办法。

根据记载和传说，搬运建筑材料上山的方法有以下几种。

一是人力搬运，用人背、肩扛、筐挑、杠子抬等方法。当时人们还采用了传递的方法，把人排成长队，从山脚下排到山背上，依次传递上去，以提高运输效率。

二是用简单机具运输。如用手推小车。在运送上千斤的大石上山时还采用了滚木和撬棍。在跨过深沟狭谷时，还用"飞筐走索"的办法，大大节约了劳动力。

三是利用动物运输。传说在八达岭高山上修长城时，曾利用善于爬山的山羊和毛驴。

但是，大量的运输和修筑工作都依靠人力来完成。为了修筑长城，不知丧失了多少劳动人民的生命。一千多年来不少诗人用诗词歌谣等形式，揭示了劳动人民对奴役筑城的愤怨。汉朝陈琳的《饮马长城窟行》诗中写道："生男慎莫举，生女哺用脯，君独不见长城下，死人骸骨相撑拄。"上引唐朝贯休的《杞梁妻》诗也是典型的一首。

总之，长城的一砖一瓦，一土一石都浸透了古代劳动人民的血汗。同时，长城的雄伟工程，也充分表现了我国古代建筑工程的高度成就，表现了劳动人民的聪明才智。

（四）长城的用途和军事防御体系

长城的用途主要有三点。

第一，防御扰掠，保护国家安全和人民生产生活的安定。

春秋战国时期，长城用于各诸侯国的互相防御；秦统一后，长城主要用于防御匈奴的扰掠。

第二，保护屯田和保护边远地区生产的发展。

秦始皇、汉武帝都在西北地区实行屯田，发展生产。屯田和发展生产，都需要比较安定的生活。长城、烽燧便是保护屯田和开发这些地区最好的屏障。

第三，保护通讯和商旅往还。

秦始皇时北部地区有直道和驰道，传递文书、商旅往还络绎不绝。长城和烽燧正是保证这些交通大道畅通的重要条件。汉通西域，开辟了"丝绸之路"，长城烽燧正沿着这条大道修筑，保护了"丝路"的畅通无阻。

长城的主要用途是防御和守望，因此它的布局和构造都是为了这一目的而安排的。长城并不是孤立的一条线，而是一个防御网的体系。它首先起着阻挡敌人的作用，而且要与周围的防御工事、政权机构（郡、县）密切联系，以至与王朝的首都联系起来。长城线上的每一个小据点都通过层层军事与行政机构和中央政权机构相联系。

明朝的长城军事防御体系由七部分构成。

第一，是中央政权的军事机关兵部奉皇帝之命，掌管长城沿线以及全国的军事。这一机构设立在首都城内，皇帝身边。

第二，是长城沿线所设的军事管理区"镇"。一共有九个镇。每镇设总兵（又称"镇守"），指挥本镇所辖长城沿线的兵马，每镇兵员约十万人。

第三，有些镇在总兵之下又按实际情况分设几"路"防守。"路"的军事头目一般以守备任之，所驻地点大多在重要的关城地点。

第四，为关城和隘口，这是长城线上的重要据点。管辖附近一段长城的巡防，并支援相邻关隘的防务。

第五，是堡或小城。这是长城防线上的基本单位。有沿长城的堡，还有长城内外纵深排列的堡。

第六，是烟墩或墩台，也叫"烽火台"，是专门用来传递军情的。汉简中所发现的《烽火品约》，就是传递军情的规定。

第七，是敌台或敌楼。是跨建在长城城墙上的台子。上面可住人巡逻、眺望和打击来犯的敌人。

以上七点构成了长城严密的防御体系。这个防御体系和长城的建筑是互相配合一致的。

（五）长城的几处遗址

万里长城现在虽然已经失去了它原来的作用，但是，作为我国古代劳动人民创造的一项伟大工程来说，它是永远值得我们珍视的一份历史文化遗产。1961年，国务院已将山海关、嘉峪关、居庸关、八达岭等处的重要长城地段公布为全国重点文物保护单位。

### 1. 山海关

山海关在河北省北部秦皇岛市的东北。依山临海，形势险要，历来为兵家必争的战略要地。过去曾有人用"两京锁钥无双地，万里长城第一关"来形容关城的险要。"两京"指燕京（北京）和盛京（沈阳）。

首先引人注目的是城楼上悬挂的"天下第一关"五个大字的巨幅匾额。这是谁写的呢？据说是明代进士肖显所书。说起肖显写匾，有非常神奇的传说。

相传，明成化八年（1472），镇守山海关的兵部主事，奉命邀请名手写匾额。应邀的人很多，可是，写出来的字，跟魏然屹立的雄关都不相称。有人建议兵部主事请本地两榜进士肖显写匾。兵部主事知道肖显架子很大，傲气十足。但没有办法，只得厚礼请肖显写匾。肖显听明来意之后，闭眼沉吟说："要我写可以，但不能催促我，什么时候写好，什么时候送去。"兵部主事只好答应了。可是一两个月过去了，肖显还没有写出来。兵部主事每次派人去打听，都只见肖显在飘然自在地吟诗、欣赏历代书法家的真迹墨宝，或在用扁担练武功。兵部主事气炸了肺，把肖显抓来，要问他欺君之罪。正在这时，圣旨传来，限三天之内把匾写好，不然就要治这位兵部主事的罪。他怕打坏了肖显，更没有人写。只好向肖显赔礼道歉。肖显叹了一口气说："蒂不落，瓜亦难熟啊！"于是他提笔很快就写好了。当他把"天下第一关"五个大字送到兵部主事面前时，主事大吃一惊。这五个大字结构端庄雄健，笔锋峻利惊人。他才悟出来肖显不是架子大，也不是拖时间，而是在深下功夫。这位老先生精益求精的精神，使兵部主事佩服得五体投地。

在山海关附近有一座碣石山，据说秦始皇在此访求过"长生不老术"。秦皇岛、北戴河、碣石山，都是令人神往的名胜。毛泽东《浪淘沙·北戴河》词中写道：

> 大雨落幽燕，白浪滔天，秦皇岛外打鱼船。一片汪洋都不见，知向谁边？往事越千年，魏武挥鞭，东临碣石有遗篇。萧瑟秋风今又是，换了人间。

秦皇岛这一名称的来由，即是因秦始皇于公元前215年东巡海上曾经到此而得名的。《史记》记载秦始皇三十二年至碣石，"使燕人卢生求羡门高誓，刻碣石门"。因寻找不死药，寻找蓬莱、方丈、瀛洲三仙山，受方士欺骗来过这里。

关于秦始皇和碣石山，有个美丽的传说。秦始皇到山上后，看见满山荆条

（灌木丛），十分惊愕，说："这不是我小时候，老师教训我用的教鞭吗？它教训我认识过错，没有它，哪有我今天呀！"说罢立即从马背上下来，向荆条施礼磕头。荆条看见皇帝向自己朝拜，当即显了灵性，都垂首向地，成弯腰伏背状。自那以后，这个山上的荆条都不再直挺挺的生长，而总是贴地而生。

古代许多帝王和诗人都到过这里并写下描写海山景色的诗篇，最有名的是魏武帝曹操的《步出东门行》，也称《碣石篇》。其中有"东临碣石，以观沧海。水何澹澹，山岛竦峙。树木聚生，百草丰茂。秋风萧瑟，洪波涌起"的诗句。

当你登上碣石山，看山中景色，想古今轶事，一定会有一番感慨。

在"姜女庙"堂大门两侧，有一副对联。上联是"海水朝朝朝朝朝朝朝落"，下联是"浮云长长长长长长长消"。数百年来，都没有人读通它，只好望"联"兴叹。

其实，要解这副对联，只要掌握"一字双音"和"同音假借"这两个诀窍，就可以迎刃而解了。

先断句，标点：

> 海水朝，朝朝朝，朝朝朝落；
> 浮云长，长长长，长长长消。

然后，把有的朝字读为"招"音，有的朝字变为"潮"；把有的长字读作"掌"，有的长字变为"常"。那么这副怪联就不"怪"了：

> 海水潮，朝朝潮，朝潮朝落；
> 浮云长，常常长，常长常消。

显然，这是一副绝妙的写景对联。它描写了姜女庙下滔滔大海的潮起潮落，和茫茫海天上空变幻不定的白云。蓝天、碧海、浮云、新潮，多么的辽阔，多么的美好啊！

### 2. 嘉峪关

嘉峪关在甘肃省的西部，河西走廊的西头，明代万里长城的西端即起于此。建于明洪武五年（1372）。因建在嘉峪山麓，故名。是历代军事要地，是现存长城关城中最完整的一处。

自今酒泉市往西，乘汽车经过戈壁滩，约一个小时即来到嘉峪关。关城雄峙于嘉峪山上，南为祁连山，雪峰如玉，绵亘千里；北为龙首山、马鬃山，与祁连相峙，雄踞河西。关城高踞其间，西侧城墙横穿戈壁，与两山相连，形势险要。关城呈梯形，周长733米，面积33500平方米，高10米，垛墙高1.7米。东西城垣开门，均有瓮城。城四隅有角楼。西面城垣凸出，中间开门，门额刻"嘉峪关"三字。西门外一里处有石碑，上刻"天下雄关"四字。

俗传当年建关时，匠师计算用料十分精确，竣工后只剩一砖。此砖今存西瓮城门楼后檐台之上。

嘉峪山上有九眼泉，清澄如镜，不涸不竭，古称"峪泉活水"，是肃州八景之一。

### 3. 居庸关

居庸关在北京昌平区境，距北京市区 50 余千米。居庸关是长城的一个重要关口，是北京西北的屏障。"居庸关"之名，取"徙居庸徒"之意。传说秦始皇修长城时将强征来的民夫士卒徙居于此。历代沿称，三国时名"西关"，北齐时改"纳款关"，唐代有"居庸关""蓟门关"等称谓，辽、金、元、明、清各代仍称"居庸关"。这里形势险要，为历代兵家必争之地。关城建于一条长达 18.5 千米的深谷中，谷曰"关沟"。沟旁崇山峻岭，山峦间花木葱茏，犹如碧波翠浪，因有"居庸叠翠"之称，自金代起即为"燕京八景"之一。

相传居庸关、关沟有许多名胜古迹，号称"七十二景"，今介绍几处。

拴马桩，是一个石柱形的山峰，传说杨六郎在打败辽兵之后，把马拴在这里。用这样大的山峰来拴马，当然是不可能的，但它的传说，表现了人们对英雄人物的景慕。

五郎像，在八达岭下数里关沟中的一块崖石上，刻有杨五郎像，传说杨五郎在五台山削发为僧，这一像也许是明代人雕刻以为纪念的。

点将台，在居庸关之上。传说是穆桂英的点将台。

关于杨家将的古迹，在居庸关一带流传甚广。清初学者顾炎武曾作考证，以历史事实说明杨业（又名杨继业，即杨令公）是北宋初期名将，与契丹转战于山西雁门关内外，当时幽、燕早入于辽，杨令公从未能到过这一带。至于杨延昭（杨六郎）、穆桂英，杨令公战败身死之后，北宋更南退雁门关内，不可能来到辽的南京附近的居庸关了。但是为什么在北京北面的居庸关有许多杨家将的古迹流传呢？这可能是因为明朝修长城是为防鞑靼的，杨家将又是抗击北部游牧民族统治者的英雄，为了激励守关将士的斗志，把杨家将作为榜样。于是就这样流传下来。

### 4. 八达岭

八达岭位于居庸关关沟的北口，与南口相对，为居庸关的门户，地势险要，古人说："居庸之险不在关而在八达岭。"

八达岭名称的由来有两种说法：一说是"把鞑岭"，因明朝长城主要是防鞑靼，这里是防守鞑靼的重要口子，所以称"把鞑岭"；另一说是由于这里南面通向南口、昌平、北京，北面通向延庆、永宁，西面通向沙城、宣化、张家口，道路从此四通八达，所以称之为"八达岭"。应以后一说为是。

八达岭这里两山夹峙，中通一径，在岭口之间有一小小关城，长城即从关城的南北两侧依山上筑。关城东西两面各有关门一座，东门题额曰"居庸外镇"，西门题额曰"北门锁钥"。据记载，关城是明弘治十八年（1505）修筑的。

八达岭由于地形险阻，守防谨严，所以古时战争直接强攻取胜的不多，而都是绕道从南口前后夹攻，夺取居庸，攻破北京。

詹天佑铜像，建在八达岭下的青龙桥火车站老站处。詹天佑（1861—1919）是我国近代杰出工程师。早年留学美国，回国后即致力于铁路建设。京张铁路八达岭这一段工程路险坡陡，外资公司不敢承担设计施工。詹天佑经过调查，大胆创造，解决了坡陡的问题。火车行到南口改由两个车头前拉后顶，使当时这一段铁路的坡度成为世界上少见的奇迹。詹天佑提前两年完成我国自行设计的第一条铁路。为纪念他，1919年建此铜像。

**思考题：**
听完这一讲，你对长城的历史有什么感想？

# 第二讲 南京

## 一、历史沿革

南京是一座有两千四百多年历史、十代建都，而又富于革命传统的名城。南京位于长江下游，是江苏省省会。

南京西北面临长江，南面是秦淮河，东郊有钟山（紫金山），西郊有石头山（今清凉山），孙权在山上建有石头城。相传诸葛亮出使东吴时，曾与孙权并驾观察这里的山川形势，赞叹说："钟山龙蟠，石城虎踞，真乃帝王之宅也。"因此，南京向以"龙蟠虎踞"而著称于历史。毛泽东诗《七律·南京》有"钟山风雨起苍黄，百万雄师过大江，虎踞龙盘今胜昔，天翻地覆慨而慷"之句。

南京有人类活动的历史，可以追溯到距今五六千年前。1955 年，在今鼓楼冈的北阴阳营发现新石器时代遗址，这是南京人类最早的聚落。

春秋时代，吴王夫差在今南京城内的冶山（朝天宫附近）建冶炼作坊，取名"冶城"。公元前 472 年，越灭吴后，越王勾践命范蠡在今中华门外长千里筑越城。公元前 333 年楚灭越，楚威王在今清凉山上筑城，取名"金陵邑"。史载楚威王以此地有王气，因埋金以镇之，故曰"金陵"；或云此地接华阳金坛之陵，故名。南京古名"金陵"自此始。当时在秦淮河的中游，还有秣陵。三国时，孙权于 211 年徙治秣陵，改秣陵为"建业"，以后虽在武昌称帝，最后于 229 年定都建业，并新建建业城。城虽属草创，颇有规模。在都城里，孙权建太初宫居住。到东晋时，建都于此，改建业为"建康"，并在东吴建业城的基础上，改土城为砖城，建新宫称"建康宫"。在南朝宋、齐、梁、陈时，仍称"建康"，都于此。宫殿更加富丽堂皇，统称为"台城"。

古有"江南佳丽地，金陵帝王州"之说，六朝建都于此。这个时期，建康的手工业、商业、文化科学都获得较大的发展。当时建康设有儒学、玄学、文学和史学四所学馆，几部著名的文学、史学著作均成书于建康，如刘义庆的《世说新语》、刘勰的《文心雕龙》、钟嵘的《诗品》、萧统的《文选》、范晔的《后汉书》、裴松之的《三国志注》、沈约的《宋书》、萧子显的《南齐书》等。建康还涌现出像祖冲之、葛洪、范缜、王羲之、顾恺之、法显等伟大的科学家、思想家、书画家和名僧。建康又是当时佛教的中心，梵刹林立，释子成行；钟磬之声，不绝于耳。《南史·郭祖深传》有"都下佛寺五百余所，穷极宏丽。僧尼十余万，资产丰沃"的记载。唐杜牧有"南朝四百八十寺，多少楼台烟雨中"的描绘，可见佛寺之众多。

商业方面，这时建康有"大市百余"个，市场名目繁多，专业性很强，往往是一个市场经营一种商品。秦淮河边的乌衣巷是六朝有名的商业区和王公贵族的住宅区。在白鹭洲公园西、夫子庙文德桥南，三国时孙吴的都城卫戍部队驻此，官兵身穿黑色军服，所以被称作"乌衣营"，驻地叫"乌衣巷"。东晋王、谢两大家族皆居乌衣巷，他们的子弟也都在此生活，被称"乌衣诸郎"。谢混有"昔为乌衣游，戚戚皆亲姓"诗。唐刘禹锡有题为《乌衣巷》的怀古诗："朱雀桥边野草花，乌衣巷口夕阳斜。旧时王谢堂前燕，飞入寻常百姓家。""乌衣巷"之名的由来，另传有一个姓王名谢的金陵人，航海误入燕子国，归来后述其事，人们似信非信。时人称燕子为"乌衣"，故戏称王谢所居之巷为"乌衣巷"。

隋灭陈以后，隋文帝杨坚采取了平毁建康城的野蛮政策，一道命令，把盛极一时的建康城化为废墟。隋在石头城置蒋州。唐时先后在此地置蒋州和昇州。自隋炀帝开凿运河以后，扬州成为南北转运的枢纽，因此，唐代扬州盛而金陵衰。但金陵当时仍不失为一座文化名城。许多著名诗人如李白、崔颢、刘禹锡、杜牧、李商隐、许浑、韦庄等，都曾前来游历凭吊，感叹兴亡，写下了许多传诵千古的金陵怀古诗篇。

五代十国时的南唐国建都于金陵，改为"江宁府"，以府治作宫城。江宁府城，把秦淮河两岸的商业区和居民区，以及沿江的石头城，都包入城内。所建宫殿，画栋雕梁，富丽堂皇，不减当年"六朝金粉"。此时期的古迹，著名的有南郊祖堂山"南唐二陵"（李昇、李璟陵墓），栖霞山的栖霞寺等。

南唐政权虽然只存在了38年就被宋朝并吞了，但后来北宋的江宁府、南宋的建康府、元朝的集庆路，都继承了这座南唐的江宁府原址。王安石曾三次担任江宁府尹，他变法失败后，就定居在金陵，住在白塘的半山园，经常骑着驴子到钟山的宝林寺去读书作诗。他曾邀苏东坡览胜钟山，留下了许多艺术性很高的金陵怀古诗词。

朱元璋统一全国，建立明朝，改元朝集庆路为"应天府"，定都于此，号称"南京"，这是南京第一次作为全国的首都。朱元璋营建的南京城，规模宏大，把元朝的建康城、石头城和南唐的金陵城统统包括在内，并向东、向北扩展，依山临江，气势雄伟，构成14世纪世界上第一大城。今城墙尚存20千米，作为古迹保存下来。明建都南京共53年，明成祖朱棣迁都北京之后，南京还一直保持"留都"的名义。

洪秀全领导的太平天国起义军于1853年攻取南京，定都为"天京"。太平天国在天京前后共11年（1853—1864）。洪秀全在天京建天王府。辛亥革命后，孙中山曾将天王府西侧平房作临时大总统办公处。以后蒋介石也利用天王府作国民政府的总统府。

孙中山1912年就任临时大总统于南京，并定都南京。他对南京的地理形势总的评价是："南京位置乃在一美善之地区，其地有高山，有深水，有平原，此三种天工钟毓一处，在世界中之大都市诚难觅此佳境也。"1925 年他在北京病逝，1929 年葬于南京紫金山的南坡，依山建陵，气势宏伟，庄严肃穆。

1949 年 4 月 23 日，南京解放，从此这座文化名城获得了新生。

## 二、 名胜古迹

### （一）钟山

钟山在中山门外，东西长约 7 千米，南北宽约 3 千米，周围约 30 千米，整体呈弧形。远望犹似蜿蜒逶迤的盘龙，故诸葛亮有"钟山龙蟠"之说。钟山始称"金陵山"，汉代称"中山"，三国时孙权为避其祖父孙钟之讳，借汉秣陵尉蒋子文死难于此之故，改名为"蒋山"。又因钟山岩层有紫色页岩，在阳光照射下呈紫金色，又称"紫金山"。南齐周颙曾归隐此山，又称"圣游山"。孔稚珪于此作《北山移文》以讥周颙，又名"北山"。因朱元璋的孝陵在此，明嘉靖中又改名"神烈山"。此山高于南京其他诸山，为群山之首。有三个山峰，东西并列如笔架，气势雄伟，是南京名胜古迹比较集中的地区之一，有紫霞洞（朱湖洞）、一人泉、黑龙潭、昭明太子读书台、杨梅岩、头陀岭、桃花坞、道光泉、八功德水、梅花岩、道士坞诸胜。山前正中为中山陵，左为明孝陵、廖仲恺、何香凝墓，右为灵谷寺、邓演达墓、谭延闿墓。明孝陵前的梅花山，有孙权墓。钟山之阴有明功臣徐达墓、常遇春墓、李文忠墓、吴良墓、吴祯墓等。钟山在六朝时为佛教圣地。分布在其周围的大小寺庵在萧梁时达 70 余座。明时已所存无几，后为建明孝陵，均被迁到钟山东南麓合建一寺，改名"灵谷寺"。明时因孝陵故，钟山成为皇陵禁区，今孝陵卫就是守陵部队的卫所驻地。孙中山归葬于此后，钟山遂成为陵园风景区，供人瞻仰与游览。

### （二）明孝陵

明孝陵是明太祖朱元璋和马皇后的陵墓。在钟山南麓独龙阜玩珠峰下。始建于明洪武十四年（1381），最后完成于永乐三年（1405）。整个孝陵的建设，连前期拆迁庙宇和墓葬在内，计达 30 年。"孝陵"之名，取意于谥法中的孝字，有"以孝治天下"之意。一说马皇后谥"孝慈"，故名"孝陵"。陵面积极大，周长达 22.5 千米，四周建有围墙，内植松十万株，养鹿千头。每鹿项间挂有"盗宰者抵死"的银牌。为保卫孝陵，内设神宫监，外设孝陵卫，有五千到一万多士兵日夜守卫。清康熙、乾隆帝南巡时，都曾亲往谒陵。清咸丰三年（1853），孝陵地区成了太平军和清兵对峙的重要战地，地面木结构建筑几乎全毁。现存神烈山碑、石兽、翁仲和清末新建的碑亭、享殿等。

### （三）灵谷寺

灵谷寺（又称"大灵谷寺"）在中山陵东 1.5 千米。旧在钟山南麓独龙阜，即今明孝陵处。洪武十四年，为建明孝陵，将位于该地的蒋山寺、志公塔及定林寺、宋熙寺、竹园寺、悟真庵等统统迁于此，合并为灵谷寺。规模宏大，自山门至梵宫长达 2.5 千米。"其中路履之有声，鼓掌则声若弹丝，俗称琵琶街。"当时殿宇如云，浮居林立，建筑宏大，可容千僧。清康熙、乾隆二帝屡次南巡，亲临寺中，均留宸翰。寺内万松参天，一径幽深，古称"灵谷深松"，为舍陵四十景之一。1853—1864 年太平天国定都南京期间，太平军与清军曾在此作战，灵谷寺遭到严重破坏。现灵谷寺是清同治年间重修的。

### （四）中山陵

中山陵在钟山中部小茅山南麓，西邻明孝陵，东毗灵谷寺，岗峦前列，屏障后峙，气势宏伟。1925 年 3 月 12 日，孙中山在北京逝世，遵照他生前葬在钟山的遗愿，从 1926 年 1 月动工兴建中山陵，1929 年春建成，同年 6 月 1 日，遗体自北京碧云寺运来南京，安葬于此。陵由著名建筑师吕彦直设计施工，建筑平面形象"木铎"，取"木铎警世"之意，以我国传统风格为主，融合西方建筑精髓，简朴、浑厚、坚固、美观。陵坐北朝南，主要建筑有祭堂、墓室、碑亭、墓道等，占地面积 8 万平方米，整个陵园面积 3000 多公顷。陵前为广场，大石坊上刻"博爱"二字。墓道的门额刻"天下为公"大字。祭堂有拱门三，分书"民族""民权""民生"门额。祭堂的黑色大理石护壁上，刻有"建国大纲"全文。墓室顶似覆釜，有门两重，分别书有"浩气长存"横额和"孙中山先生之墓"刻文。墓室外用钢筋水泥密封，内置中山先生大理石卧像，此像为捷克雕刻家高琪按遗体形象塑造，十分逼真。

### （五）王安石故居

王安石故居在中山门今海军学院内，王安石变法失败罢相后居此。元丰七年（1084），王安石生了一场大病，宋神宗派医把他治愈。他就奏请舍宅为寺，神宗遂赐"报宁"寺额。此地离建康城的白下门七里，离钟山也是七里，正好在白下门到钟山的半道上，故王安石所居之园称"半山园"，报宁禅寺称"半山寺"，王安石也自号为"半山老人"。1086 年王安石死，就葬于半山寺后。王安石卜居前，半山园地势低，积水多，不长庄稼，故叫"白塘"。王安石迫于水患，凿渠泄水于青溪。宋时此地很偏僻，正合王安石过隐居生活之意。王安石非常喜爱半山寺的自然环境，写下"终日看山不厌山，买山终待老山间；山花落尽山常在，山水空流山自闲"（《游钟山四首》之一）的诗句。明初筑南京城，半山寺被包入城内，划为禁地。清多次重建。现有半山寺殿宇数间及半山亭、清代碑刻等。古柏一株，相传为王安石手植。

### （六）玄武湖

玄武湖在城东北玄武门外。古名"桑泊"。秦汉时比较荒凉，孙权定都建业后，引水入城，始成湖。因湖位于钟山之后，称为"后湖"。相传三国孙吴曾在此操练水兵，故称"练湖"。东晋时，因湖在都城之北，改称"北湖"。南朝刘宋时，湖中出现"黑龙"（鳄鱼一类动物），改称"玄武湖"。六朝时，是帝王游乐场所，建有上林苑、乐游苑、华林苑等。湖中堆有三座岛山，分别以传说中的海上仙山"方丈""蓬莱""瀛洲"为名，是今湖中五岛中三个岛的前身。隋文帝灭陈，下令把建康城邑荡平耕垦。玄武湖自此消失了二百多年。元朝时重新疏浚恢复，但湖面已大大缩小。明朝时是贮藏全国的户口、赋役、图籍的黄册库，设有专职官员掌管，一般官民不得随意进入，成为禁地。1911 年辟为公园，因湖中有五岛，象征世界五大洲，故名"五洲公园"，以梁洲为美洲，环洲为亚洲，樱洲为欧洲，翠洲为非洲，菱洲为澳洲。1950 年开始全面整建，现在风景佳丽，为钟山风景区的重要组成部分。园中五洲各据其胜，环洲烟柳、樱洲花海、菱洲山岚、梁洲秋菊、翠洲云树，使人目不暇接。

### （七）莫愁湖

莫愁湖在小西门外，唐时叫"横塘"，原是秦淮河入江口的河槽，后淤塞成湖。因近石头城，故又称"石城湖"。北宋乐史《太平寰宇记》云："石城西有湖，名莫愁。"这是莫愁作湖名的最早记载。"莫愁"之名，最早见于南朝乐府《莫愁乐》和梁武帝萧衍写的《河中之水歌》，后世附会为洛阳少女莫愁，家贫卖身葬父，远嫁金陵，不容于舅姑，投湖自尽。明初在湖畔筑有胜棋楼等十楼。"胜棋楼"之得名，相传朱元璋与中山王徐达常在此下棋，徐达虽然棋艺高超，但每下必输，朱元璋知道他有意失子，一定要他拿出真水平来。徐达下到最后，棋子竟排成"万岁"二字，朱元璋很高兴，就将此楼送给徐达，故名胜棋楼。清乾隆时，江宁知府李尧栋建郁金堂、湖心亭、赏荷亭、光华亭等。1912 年，为纪念辛亥革命保卫南京临时政府，粉碎张勋进攻南京而牺牲的粤军死难烈士，在郁金堂西建"粤军烈士墓"。郁金堂相传为莫愁故居，今院中四壁有莫愁石刻像、梁武帝《河中之女歌》碑刻和郭沫若 1964 年题写的《莫愁歌》。院中荷花池上，有一汉白玉雕莫愁女像，亭亭玉立。莫愁湖为南京著名风景区，曾被称为"金陵第一名胜"。

### （八）雨花台

雨花台在中华门南约 1 千米。因附近延盛产五彩缤纷的玛瑙石，古代称为

"石子岗""聚宝山"，也叫"玛瑙岗"。包括东岗、中岗、西岗三座岗峦。雨花台之称，始于南朝梁代。相传中岗建有高座寺，云光法师在山顶筑台讲《法华经》，天上落花如雨，故得此名。此处形势险要，自古为兵家必争之地。元兵南侵，从雨花台进入建康，太平军与清军在此有过三次大的争夺战。辛亥革命时，革命军多次在此与清军激战。日军全面侵华时期，1937 年 12 月 12 日，日军攻占雨花台，用重炮轰击中华门、新街口等地，入城后，野蛮制造"南京惨案"，屠杀我国 30 万人民。1927 年"大革命"失败后，这里成为国民党杀害共产党人和革命志士的刑场，恽代英、邓中夏、罗登贤等烈士都在此英勇就义。新中国成立后，在此兴建雨花台烈士陵园。有杨忠襄公（杨邦乂）剖心处、浡泥国王陵墓、方孝孺墓、辛亥革命雨花台之役人马合冢等名胜古迹。

## 三、 风物特产

南京的工艺品有南京金银线、南京云锦、南京彩灯、南京剪纸等。南京的雨花石，畅销国内外。

在食品方面，有南京板鸭、南京香肚、龙池鲫鱼、沙洲圩水八鲜闻名于世。现介绍两种。

### （一） 南京板鸭

生鸭最初产于湖熟，这里自然条件适于鸭子生长，其鸭肉质细嫩，特别适于做板鸭。以后湖熟制鸭工人大多流入南京，"湖熟板鸭"之名遂为"南京板鸭"所代替。明初，南京已有板鸭出售。明、清两代，地方官常将板鸭进贡皇帝，故又称"贡鸭"。后又成为朝廷官吏节日互访时的礼品，所以又叫"官礼板鸭"。其特点是肉质细嫩，肥而不腻，食有余香。制作南京板鸭有一段顺口溜："炒盐腌，渍卤复，烧得干，焙得足。"用此法制作的板鸭，煮熟后皮白、肉红、骨头绿，色香味俱全。1910 年在南京举办的南洋劝业会上，被评为一等奖，荣获金质奖章。建国初期，中国食品公司举办食品展览时，又荣获一等奖。南京板鸭以味美适口而享名国内外。

### （二） 沙洲圩水八鲜

水八鲜是南京著名土特产的统称，尤以沙洲圩所产最好闻名。它们是：鱼、菱、藕、茭瓜、慈姑、鸡头果、莲蓬、水芹。由于均产于水中，故称"水八鲜"，因为沙洲圩沟渠纵横，水塘密布，土地和水质肥沃，所产"水八鲜"特别鲜嫩香甜，故有"沙洲圩水八鲜"之名。

# 第三讲　西安

## 一、历史沿革

西安地处物产丰富的关中。位于渭水盆地的中部稍南，盆地南为秦岭，北为永寿梁，均呈高耸状态。只有渭河流域比较低而平坦，号称"八百里秦川"。附近山脉有终南山、南五台、翠华山、圭峰山和骊山。境内有渭、泾、沣、涝、潏、滈、浐、灞，号称"长安八水"。西安是关中的中心，四周皆有山川险隘作为天然屏障，故《史记》称之为"四塞之国"。

由于优越的自然条件，西安早就成为人类聚居之地。西安地区的公王岭发现的蓝田猿人是距今五六十万年前的旧石器时代的原始人类。半坡如姜寨遗址是距今五六千年的仰韶文化遗存。

西安是十朝古都。先后在此建都的有西周、秦、西汉、前赵、前秦、后秦、西魏、北周、隋、唐。历时千余年。东汉、三国曹魏、五代后唐亦以此为陪都。此外，汉末的王莽和绿林赤眉、唐末黄巢、明末李自成等都曾在这里建立过政权。

西周的国都丰京和镐京，分别位于沣河的西岸和东岸，是当时全国最大的城市，布局整齐，成正方形，宫殿在南，市场在北，左建祖庙，右建社稷坛。平王东迁后，丰、镐残破不堪，春秋时，地面建筑物已荡然无存了。

秦国占有关中以后，经过几次迁都，终于定都咸阳。主要宫殿都在咸阳原上。已发掘了第一号宫殿遗址，宫殿规模很大，由殿堂、过厅、居室、浴室、回廊、仓房和窖穴等组成，富丽堂皇无比。除宫殿外，还有墓葬区和手工业作坊、居民区与市场。由于受到渭河的制约，秦咸阳实际上跨有渭河南北两个方面。从自然条件看，渭河以南比渭河以北优越，因此政治中心的南移，带有历史的必然性。秦朝灭亡，项羽烧秦宫室，"火三月不灭"，堂堂一代帝都，顿时化为灰烬。

刘邦决定建都关中以后，不能不选择龙首原（我国北方把高而平的地叫作"原"，在原上建都显得格外宏伟，且便于眺望）以北的长安另建新都。汉长安城周长25.7千米，面积为36平方千米。平面为不规则的方形，缺西北角，犹如天上的北斗星，故有"斗城"之称。主要宫殿分布在城南和城西，最著名的是未央宫、长乐宫和建章宫。未央宫位于城西南，是西汉王朝政治统治中心，有43所台殿，而以前殿为中心，向四面展开，约占长安城总面积的1/7。长乐宫位于城的东南，是皇太后居住的地方，由前殿、宣德等 17 座大殿构成，约占长安城总面积的 1/6，比未央宫还大。建章宫位于城西建章乡，是汉武帝时修建的，号称"千门万户"，其规模之大是未央宫、长乐宫无法比拟的。它是汉武帝以后皇帝主要游乐的地方。此外，还有明光宫、桂宫、北宫等。城内的其他地方，大都为居民区和市场。据说东西共九市。城墙夯土筑成，每面各有三个城门。街道东西和南北向排列，十分宏伟壮观。

隋文帝迁都龙首原以南。修建了一座规模更大的城市——大兴城，唐改为"长安城"，今西安城及其附近郊区就是它的所在地，城周长 36.7 千米，面积 84 平方千米，几乎等于今西安城的十倍，宫城和皇城是唐长安城的核心。宫城是皇帝居住和处理朝政的地方，皇城为中央政府机关所在，是全国行政的中枢。城内东西 14 条大街，南北 11 条大街，把全城分割成 110 个坊，坊有围墙，是当时主要的居民区。有东市和西市，是全市经济活动的中心。唐代的宫殿也有三组，这就是宫城内的太极宫、龙首原上的大明宫和春明门内的兴庆宫（今兴庆公园）。其中以大明宫最为辉煌壮丽，是唐代皇帝居住时间最长的一座宫殿。兴庆宫的规模较小，但仍比今北京的故宫大出将近一倍。唐长安城规模宏大，整齐美观，左右对称，以南北向的朱雀大街为全城的中轴线。这座壮丽的都城，是举世闻名的"丝绸之路"的起点，同当时世界上 300 多个国家和地区有联系，是各国人民友好往来和学习的中心。

唐末，朱温拆毁了长安城，佑国军节度使韩建以皇城为基础，另建新城，即五代、宋、元的长安城。

明朝洪武二年（1369）置西安府，治所在长安，西安亦由此始名。清承明制，仍称"西安府"，至 1913 年废府，1928 年设西安市，1930 年改为"西京市"，1943 年复称"西安市"。明代的西安城墙高大雄伟，是目前全国保存最完整的一座较大的古城堡。今天的西安城墙，基本上保留了明代的风貌。

目前西安正在兴建城墙公园，以明代西安城墙为中心，统一规划，分期施工，修葺城墙，建设环城林路和改造护城河。这一工程既保护了文物古迹，又为古城增添了光辉。不久的将来，这座独具风格的公园将展现在人们面前。


## 二、 名胜古迹

西安旧称"长安"，我国西周、秦、西汉、隋、唐等十个王朝在此建都，历时达一千多年，是我国著名古都之一。西安留有大量的文化遗产。虽然周、秦、汉时期的建筑物已荡然无存，唐代建筑也只有屈指可数的几座砖塔。但大量的宫殿台基、残垣断壁、陵墓石刻、宗教石刻、柱础水道、秦砖汉瓦，特别是日益增多的地下出土文物，使我们在几千年后的今天，得以了解当时长安的政治、经济、文化状况。可以说西安及其周围，存在着一个巨大的地下文化宝库。下面我们介绍一些闻名中外的古迹及趣闻。

## （一）半坡遗址

西安附近发现的新石器时代遗址，以半坡遗址最为典型。

半坡位于西安市东郊浐河东岸的台地上。这是一个距今大约六七千年的母系氏族公社村落遗址。1957 年，陈毅拨专款在这里建成了我国第一座宏大的遗址博物馆。

半坡人以农耕和渔猎为生，他们会制造很多精巧的工具，有了纺织和烧制陶器等手工业，身穿衣服，建筑了能抵御风寒的房屋，生活在有组织的公社之中。

5 平方米遗址，分居住区、墓葬区、烧制陶器三个区域。

## （二）秦始皇陵与兵马俑博物馆

秦始皇一方面派方士去求"长生不死"之药，另一方面又怀疑是否有这种药。所以他从初即位开始，就在今天临潼区东十华里处的骊山下修建陵墓。全国统一之后，又征发 70 万人大加整修。根据《史记》记载，墓坑挖到深深的泉水之下，里边装满了奇珍珠宝；墓顶画着天文星宿图，下边是百川、五岳和九州的地理形势；还有川流不息的水银河湖；墓中点燃人鱼膏灯，可以永不熄灭；门口又装有几重防盗的机弩。陵墓土堆高五十丈左右，沿陵根走一圈有五里多路，整个陵园周长三十余里。

根据《汉书》记载，秦始皇陵被项羽所发掘，并烧了地面上的附属建筑。后来一个牧童因为羊跑进项羽所挖的始皇陵墓洞穴中，便手执火把去找，引起了一场大火，把内部的建筑烧毁了。五代时军阀温韬又曾经以筹军饷为名，进行过一次大规模的盗掘，陵中的物品就基本被洗劫一空。

秦始皇陵考古队经过 12 年的辛勤劳动，调查、钻探面积达 10 平方千米，证实了司马迁关于墓中以水银为"江河大海"的记载。从 1981 年开始，考古队会同中国地质科学院物探研究所，对陵区及其周围的含水银量进行了多次取样分析，发现地宫中心有大量集中的水银存在，分布面积达 12000 平方千米，其他地区则无。地宫内水银的分布有一定规则，构成几何图案。这些图案可以反映地宫的部分结构。

同时，考古材料推翻了秦始皇陵地宫两千多年前被项羽烧毁的记述。从 1974 年以来，考古队开始对陵园作全面调查、钻探，终于找到了秦始皇陵地宫。这个地宫就在现存的秦始皇陵封土堆下、兵马俑坑身后一千多米处。目前找到的是地宫宫墙和通往地宫深处的甬道。地宫轮廓呈长方形，长约 460 米，宽约 400 米，大于现存封土堆的底面积。在现存封土堆只发现两个盗洞，盗洞直径 90 厘米至 1

米，深不到 9 米，未能接近地宫，整个封土的土层为秦时原状。考古队认为，封土堆的土层未被掘动，地宫宫墙没有被破坏痕迹，地宫中水银分布有规律，均可成为地宫未被盗毁的证明，项羽所盗毁的可能仅是陵园的附属建筑。

1974 年春，在秦始皇陵东 1.5 千米的地方，当地群众在打井时发现一个一丈见方的陶俑坑，挖出几个比现代一般人还要高大的陶俑。经过发掘，发现三个秦俑坑，总面积为两万多平方米。据推算，三个坑有大型兵马俑七千多件，战车数百乘。现在建立了"秦始皇兵马俑博物馆"，先在一号坑上盖起了宽敞的展览大厅，一边发掘，一边供中外游客参观。八九年来，一号坑已发掘了两千平方米，出土陶俑一千多件、陶马三十多匹、战车八乘。这些兵马俑，犹如我国两千多年前的一支威武雄壮的大军展现在人们的眼前。它们引起了国内外学者的极大兴趣，是中华人民共和国国成立以来最重要的考古发现之一。新加坡总理李光耀参观后说："这是世界的奇迹，民族的骄傲。"

秦俑坑出土的兵器，也是令人赞赏的。出土的兵器有剑、戈、矛、殳、钺、弓、弩、镞、箭等。其中一些青铜剑、青铜镞，在地下埋葬了两千多年，至今仍锃亮闪光。经金相考察，发现上面有一层约 1%—2% 毫米厚的铬盐氧化物，含铬约 2%，起着防锈防蚀的作用。这在世界冶金史上，也是名列前茅的。

### （三）汉武茂陵与霍去病墓

茂陵是汉武帝的陵墓，位于西安西北方 40 千米的咸阳北原上。此陵在西汉时因地属槐里县的茂乡，故名。今属兴平市。

茂陵从汉武帝即位第二年起，即开始营建。汉武帝做了 54 年皇帝，茂陵修建了 53 年。为了建茂陵，动用了全国赋税的三分之一。茂陵是西汉帝王陵中规模最大的一个。据实测，陵高 46.5 米，覆斗形，顶部东西 39.5 米，南北 35.5 米，底部东西 231 米，南北 234 米。陵内殉葬品极其丰富。据记载，武帝当皇帝时间久长，等到殡葬他的时候，陵中早已盛满殉葬物，不能再容纳东西了。相传，康居国王贡献的玉箱、玉杖，武帝生前所读的 30 多卷经书，都盛在金箱里，一并埋入陵内。这是封建帝王穷奢极欲、劳民伤财的极好见证。

茂陵区有陪葬墓二十多座，最著名的是骠骑将军大司马冠军侯霍去病墓。墓冢高大如山，绿树掩映。游人登上墓顶，远望隐隐青山、悠悠白云，不由得想起霍去病一生的赫赫战功。霍去病 18 岁就随大将军卫青出征，率轻骑八百，一举歼灭匈奴入侵部队两千多名，被封为票姚校尉。他在祁连山一带，曾先后六次大败匈奴。霍去病屡建战功，武帝赐给他高贵的住宅，他却说："匈奴未灭，何以家为!"这位年轻的将领，年仅 24 岁就病故了。武帝把他葬在自己陵墓的旁边，为他修建祁连山形的墓冢，以记其功。

在霍去病墓前，现存的墓地石雕，是世界早期的雕刻艺术中罕见的。石雕可分三组：第一组是驯顺的动物，如鱼、蛙、蟾等。匠师们把这些可爱的动物陈列于此，表达了人们对这位青年将领眷恋的深情。第二组是猛兽，如卧虎，人与熊的搏斗场面。看了这些惊心动魄的场面，人们不由得想起霍去病奋勇搏击匈奴的情景。第三组是马，这一组最多，有卧马、跃马、马踏侵略者等。这一组石雕高度地概括了霍去病一生抗击侵略者的战绩。汉武帝用石雕来表彰霍去病的战功，开创了历史的先例。几百年后的唐太宗，为了炫耀自己的战功，也雕石马，立于自己的陵前，就是著名的"昭陵六骏"。

### （四）大雁塔与小雁塔

大雁塔位于唐代长安城内东南晋昌坊的慈恩寺中。慈恩寺是唐太宗的太子李治（即唐高宗），于648年为纪念他的母亲文德皇后而建立的。由于是皇家主持修造的寺院，因而特别豪华富丽。玄奘在慈恩寺内翻译从印度带回的六百余部梵文经卷，经过19年，共译出经、论75部。合计1300多卷，并根据西去取经时的耳闻目睹，写成《大唐西域记》。玄奘在翻译佛经的过程中，于公元652年亲自设计并指导施工，在寺内修建一座佛塔，这就是最早的大雁塔。塔的表面砌砖，中心是土，共五层，高一百二十尺。玄奘把他从印度带回的梵文经卷和佛像，藏在塔内。大约由于质量不好的原因，这座塔仅仅存在四五十年便逐渐坍塌，因而在武则天长安年间（701—704）又彻底拆除改建，全部用砖砌成。大雁塔重修以后的层数和高度，在唐、宋人的记载中很不一致。或说六级、或说七级、或说十级；或说三百尺、或说一百八十尺。五代时安重霸将残留下来的七层塔加以修整，以后就再没有大的改变了。现存的大雁塔从平地到塔顶，共高64米左右。是一座仿木结构的方形七层楼阁式砖塔，各层都有斗拱、柱额及塔檐。檐四角悬挂的铁钟，在风中叮当作响。

塔，是梵语"窣堵波"的音译，中国古代又译作"率都婆""浮屠""浮图""佛图""塔婆"等。岑参、杜甫等盛唐诗人关于大雁塔的诗题都没有用"雁塔"这个名称。《大慈恩寺三藏法师传》中详细叙述造塔的经过，也没有提到玄奘设计的塔名叫"雁塔"。唐代中叶以后，才出现了"雁塔"一名。

关于"雁塔"名称的来源，有许多传说。一种是为了宣扬佛教迷信而编造的神话。相传印度佛教原分大乘、小乘两大宗派，大乘教不吃肉，小乘教吃肉。玄奘前往取经的那烂陀寺属大乘教。那烂陀寺附近有一座小乘教佛寺。一天，这座佛寺中的做饭僧人买不到肉吃，非常焦急，突然看见天上有一群大雁飞过，便对着雁群开玩笑说："今日僧房无肉吃，菩萨应该知道。"僧人话音未落，引头的雁便折断翅膀，坠落地上。于是全寺僧人大惊失色，互相传告："此菩萨也！"他们立即在雁落的地方修起了一座高塔，并把雁尸埋在塔下。这座塔便被人称为"雁塔"。寺内的小乘教僧人，从此也不吃肉了。人们是根据这一传说，将慈恩寺塔改称为"雁塔"的。

另一种说法是，在西方达嚫国的一座佛寺中，"穿山石作塔五层，最下一层作雁形，谓之雁塔"。长安慈恩寺在最初修塔时，玄奘曾经建议用石块作建筑材料，修成三十丈的高塔，由于工程太大，唐高宗没有采纳，只修了五层的砖表土心的塔。大概玄奘当初设计的就是雁形石塔。这个计划虽然没有实现，但名称却保存了下来，后来逐渐传播，雁塔便成了这座砖塔的专用名称。

还有一种说法是，唐代中叶以后，新考中的进士都在慈恩寺塔下题名留念，"雁塔题名"被唐代知识分子看作一件非常荣耀的事。白居易27岁考中进士后，在游慈恩寺时得意地高唱："慈恩塔下题名处，十七人中最少年。"由于题名的名字"妙有行列，宛若雁阵"，因而逐渐就把塔也称为"雁塔"了。

明代以后，科举考试及第的文、武举人，也分别聚集在慈恩寺和荐福寺的塔下，效法唐代及第进士在塔下题名留念，也称为"雁塔题名"。大约为了区别文、武举人题名地点的不同，后来便根据塔的大小，将慈恩寺和荐福寺中的两座塔分别称为"大雁塔"和"小雁塔"了。

小雁塔位于唐代荐福寺中，因而唐、宋时期一直被称为"荐福寺塔"。荐福寺创建于武则天光宅元年（684），最初名叫"大献福寺"，武则天天授元年（690）改为大荐福寺。小雁塔表里全部用砖砌成，原来一共十五层，玲珑秀雅，与雄伟壮观的大雁塔互相辉映，各有特色。塔身为正方形，现高45米。

唐代另一位著名僧人义净，曾在荐福寺翻译了他从印度带回来的大量佛经。公元713年死于荐福寺，遗骨埋在洛阳北原上。

小雁塔经历了陕西古代两次大地震，被震毁两层，虽震开裂缝，而终于不倒塌。这除了塔身结构坚固等特点外，还特别因为塔下地基被夯筑成半球形，能使震动力均匀分散。因这充分显示了中国古代工匠们的建筑技巧。

### （五）乾陵

乾陵，是唐高宗和武则天的合葬陵。位于陕西乾县城北6千米的梁山上，距西安80千米。这座陵海拔1047.9米。梁山是近似圆锥形的石山，有三峰：北峰最高，即乾陵所在地；南二峰较低，东西对峙，远望峰顶土阙，恰似妇女奶头，当地群众俗称"奶头山"。这座合葬墓为什么称为"乾陵"？因为它在当时京都长安的西北方向，据八卦的说法，西北方向即是"乾"位；八卦又有"乾为天，坤为地"之说，皇帝有"天子之贵"，因此，这里就有了"乾陵"之称。

乾陵的特点是男女两个帝王合葬。唐高宗死于683年（56岁），武则天死于705年（82岁），相距22年。他们虽然是夫妻，但合葬却经历了一场风波。给事中（门下省之要职，掌驳正政令之违失）严善思说："尊者先葬，卑者不合于后开入。则天太后卑于天皇大帝，今欲开乾陵合葬，即是以卑动尊，事既不经，恐非安稳。"他极力反对合葬。但唐中宗"准遗诏以葬之"。于神龙二年（706）五月庚申，打开乾陵隧道，将武则天与唐高宗合葬于乾陵。

乾陵规模宏大，气势雄伟，建筑富丽，甚为壮观，为唐陵之冠。按《长安图志》记载，乾陵周围原有内外两重城墙，四个城门，还有献殿、偏房、回廊、阙楼等许多辉煌建筑。陵园面积约 230 万平方米。乾陵地表保存着一批精美的大型石刻群。华表、翼马、鸵鸟、石马和牵马石人、中郎石像、七节碑、无字碑、六十一王宾石像、石狮，这些石刻绝大部分集中在陵前司马道两侧。这一百多件石刻，从梁山南峰土阙起，依次向北对称排列，气势磅礴。

在封建社会的帝王陵前本来是不树碑、墓室内不放墓志铭的，其用意是皇帝的功德太大，难以用文字去表达。但乾陵却打破了惯例。在石人之北的西边，矗立着唐高宗的金字"述圣纪碑"，这碑共七节，称"七节碑"。节数取于"七曜"（日、月和金、木、水、火、土五大行星），意为唐高宗的"文治武功"如七曜光照天下。碑高 6.3 米，边宽 1.86 米，重 81.6 吨，碑文为武则天所撰，唐中宗李显楷书，主要内容是歌颂唐高宗的"文治武功"，计八千余字。唐高宗李治，是唐朝的第三代皇帝。他是唐太宗的第九个儿子，为长孙皇后所生，得母舅长孙无忌的助力，被选为太子。太宗死，即帝位。他在位 34 年，但昏弱无能，政权掌握在武则天手中。

在"七节碑"的东侧，耸立着武则天的"无字碑"。这碑高大壮观，但原无一字，世上独奇。碑高 6.3 米，宽 2.1 米，厚 1.49 米，重 98.8 吨。为什么立碑而无字？说法不一。有人说武则天临终遗言：已之功过由后人来评；有人说武则天自以为功高莫名；也有人说中宗李显难定武则天称谓（是称"皇帝"，还是称"母后"）。这些说法都有待研究。"无字碑"当初虽无一字，后人却刻上了十三段文字，有汉文，有女真文，其中一部分由于年深日久，风雨剥蚀，字迹模糊。

汉唐时期，帝王陵前多置石狮，象征守卫，但以石狮作为陵园四门的主要"守卫者"，是从乾陵开始的。狮子为兽中之王，威慑山河，故以之守陵。

反映唐代外交情况，是乾陵石刻的一大特色。唐高宗死后，武则天主持葬礼，有友好国家特使和我国少数民族首领 61 人前来参加葬礼。葬礼之后，武则天为了"张大夸示来世"，遂将中外六十一王宾像刻石立于乾陵的朱雀门两侧。这些石像与真人一样大小。这六十一王宾石像是我们研究唐代民族团结及中外友好往来的珍品。

经考古勘查，乾陵未发现被盗痕迹。

乾陵陪葬墓 17 座，已发掘 5 座，虽然都已被盗，但出土文物仍有四千多件。永泰公主墓和章怀太子墓已开放，以其精美而富有特色的文物吸引着无数中外旅客。

永泰公主是唐高宗李治与武则天的孙女，名仙蕙，字秾辉，嫁于武延基，死于则天皇帝大足元年（701），时年17岁。李仙蕙死前被封为永泰郡主，死后才被封为永泰公主，该墓1960—1962年发掘。此墓唐末以后被盗，在盗洞口发现一副矗立人骨架，旁留有一铁斧，洞口下面甬道的淤泥中散失有金、玉、鎏金饰品，这人应是盗墓人。出土文物1354件。壁画非常精美。

章怀太子（唐高宗子李贤）墓，1971年发掘。据文献记载，唐睿宗文明元年（684），李贤被武则天流放巴州后自杀。唐中宗复位后，于神龙二年（706）以雍王身份陪葬乾陵。景云二年（711）重开墓室，以章怀太子身份与妃房氏合葬。墓室壁画具有深厚生活气息，如狩猎出行图、打马球图、观鸟捕蝉图等；也反映了唐代宫廷生活的情景，如仕女图。

懿德太子（名重润，中宗李显长子，高宗李治与武则天之孙）墓，与永泰公主墓东西相望。李重润大足元年（701）被武则天处死，时年19岁。中宗李显复位后，于神龙元年（705）追赠为"懿德太子"，神龙二年迁墓陪葬于乾陵。此墓是已发掘的三座太子、公主陪葬墓中，规模最大的一座。墓内遍布壁画。墓早年被盗，1971年发掘，出土三彩器皿、金银器物及三彩俑等文物。

### （六）唐玄宗与杨贵妃爱情故事的遗址

杨贵妃（杨玉环）是唐玄宗（明皇）李隆基的爱妃。白居易写的长篇叙事诗《长恨歌》，说的就是李隆基和杨贵妃的爱情故事。西安有许多关于这一故事的遗址。

吹笛楼，距西安25千米的临潼骊山，山上有两峰，称"东绣岭"和"西绣岭"。吹笛楼建立西绣岭上，是唐明皇为杨贵妃所建。"骊宫高处入青云，仙乐风飘处处闻"，是他们吹笛行乐之所在。杨贵妃"容色绝代"，能歌善舞，特别喜爱磬、笛、琵琶。据说李隆基一爱羯鼓，二爱玉笛。他哥哥宁王也善吹横笛，有一次，杨贵妃因吹了宁王的紫玉笛，惹得李隆基大发脾气，被赶出皇宫。后来李隆基回心转意，才又把她接回宫去。了解杨贵妃的艺术生活，游骊山时寻吹笛楼的遗址，也是耐人寻味的。

华清池，在骊山脚下，以温泉出名，山秀树茂。唐玄宗在这里建华清宫，是离宫，玄宗与贵妃一年之中有好几个月在这里度过。"春寒赐浴华清池，温泉水滑洗凝脂。侍儿扶起娇无力，始是新承恩泽时。"杨玉环美貌娇媚，李隆基如醉如痴。他们过着荒淫奢侈的生活。杨玉环爱吃鲜荔枝，李隆基便派人从南方产地驿驿相传，飞马送来，比传递军情还要紧急。传说七夕时，他俩还仿照民间"七巧"的习俗，晚上在华清池的长生殿，摆下香案，双双发出"在天愿作比翼鸟，在地愿为连理枝"的誓言。

兴庆宫，在西安市内（今兴庆宫公园）。李隆基还是藩王时，这里是他的宅邸。即位后，曾在这里理政。杨玉环天资聪颖，善于迎合上意，她在兴庆宫施尽了这种本领。有一次李隆基与诸王弈棋，杨玉环抱着一只猫在玄宗的背后观看。眼见玄宗势将败北，灵机一动，纵猫入枰，把棋子搅乱了，博得玄宗的欢心。

马嵬坡，在西安附近的兴平市境，有杨贵妃之墓于此。安史之乱，李隆基带着杨玉环仓皇逃离，一行人走到马嵬坡，将士不再前行，要求杀死杨国忠、杨玉环，以平天下民愤。李隆基迫于形势，只得命令把杨玉环缢死。对杨贵妃之死，历来评价不一。有的同情，说李隆基背弃了她；有的惋惜，说她不如嫁给一个平民百姓，倒能白头到老；有的责骂，说她是个"女祸"，害了李隆基，也害了大唐；也有的为她鸣不平，说"安史祸由三郎（指玄宗）起，倾国何须怒玉环"。站在杨玉环的墓前，人们自己去评说吧。

（七）碑林

西安碑林是全国收藏碑石最多的地方，共有一千多块碑石立在那里，堪称"世界上最大的石质书库"。碑林建于北宋元祐二年（1087），最初是为了保存唐代开成二年（837）刻成的"开成石经"。

"开成石经"包括《周易》《尚书》《诗经》《周礼》《仪礼》《礼记》《春秋左氏传》《春秋公羊传》《春秋穀梁传》《孝经》《论语》《尔雅》等十二部经书。它们是封建社会读书人的必修课程。唐代印刷术尚不发达，为了避免传抄错误，便特意刻了这么一套石经作为范本，立在长安城的国子监内。"开成石经"有114石，两面刻写有228面，总计60多万字。清代又补刻《孟子》，全称"十三经"。外宾们参观了，风趣地称它是"世界上最大最重的一部书"。

碑林是书法艺术的百花园。这里有许多镌刻了唐人书法原作的碑石。颜真卿、柳公权、欧阳询、褚遂良、怀素……这些著名的书法大师，都在这里留下了代表性的作品。唐代以后的一些名家墨迹，也都汇集于此。名家如林，流派纷呈，百花争艳，来这里参观，是一种艺术享受。

更有意思的是，碑林中有几块刻有外国文字的石碑，其中最著名的是《大秦景教流行中国碑》。这座碑立于唐建中二年（781），碑的下段和碑侧，刻有古叙利亚文。大秦，指的是罗马。景教是基督教中聂斯脱里教派的中国称呼。唐太宗时，景教随波斯商人传入中国，在长安建有寺院，开始叫"波斯寺"，后改名"大秦寺"。这块碑长期埋在地下，明代发掘出土后，引起世界各国的重视。清代有的外国人想用重金把这块碑石买走。或企图用复制品把它换走，都没有成功。这块碑世界闻名，是研究中西交通史、宗教史的罕见的资料。

碑林中还有一件奇事：晋代大书法家王羲之竟然书写了二百年后的唐太宗为玄奘和尚撰的《圣教序》。

这是怎么回事？原来唐代有一位怀仁和尚，既以唐太宗为和尚撰文而感到光荣，又喜爱前朝王羲之的书法艺术，他为了两全其美，到处寻觅，终于按《圣教序》把王羲之的字一个一个地集起来，成了一块集王羲之字的"圣教序碑"。传说他在集字过程中，有几个字怎么也找不到，还是朝廷贴出告示，以选中一个字，赏一千金的高价募集来的。这真是一段"一字千金"的文坛佳话。

（八）钟楼与鼓楼

钟楼在西安城中心，即西安旧城东、西、南、北大街十字交叉处。初建于明洪武十七年（1384），原址在西大街中段北侧，与鼓楼东西相望。万历十年（1582）迁于现址，古代报时，晨钟暮鼓，故钟楼悬钟，早晨击钟报时。清乾隆五年（1740）曾重修。辛亥革命后，西安政局紊乱，省警备旅与督军府开战，此钟楼为制高点，破坏惨重。中华人民共和国成立后，对钟楼全面维修，顶部饰以金箔，内外油漆彩绘，皆焕然一新。楼高 36 米，基底呈方形，每面宽 35.5 米，四面开券洞门。楼分两层，屋面为四角攒尖式，飞檐翘角，覆碧琉璃瓦。楼厅轩敞，外建游廊。凭栏四望，可饱览西安城内全貌。

鼓楼在西安市西大街以北，与钟楼相距约一里。建于明洪武十三年（1380），清康熙、乾隆曾两次维修。楼悬巨鼓一面。楼形制类似城楼，基底用青砖砌成。台基上建两层楼，重檐歇山式。楼内上下厅堂皆极宽敞，绛栏朱楯，雕梁画栋，具有明代建筑风格。楼北檐下立有乾隆五年（1740）张楷所撰《重修西安鼓楼记》碑。

三、风物特产

戏曲方面，西安有眉户剧（因起源于陕西眉县、原户县一带，故名）、碗碗腔（乐器演奏时，以铜碗撞击，清脆悦耳，宛如泉水叮咚，故名）、秦腔等戏曲。

艺术品方面，西安以西安碑帖、复制唐三彩最为著名。西安碑碣富甲全国，自宋即有拓印工艺。拓法分"乌金拓"与"蝉翼拓"两种。前者清楚，侧重形体，适于临摹；后者传神，兼重风致，适于研究。现西安碑帖，除颜、柳、欧、赵诸大家名帖外，最珍贵者为《大唐三藏圣教序碑》《大秦景教流行中国碑》《石台孝经》《隆阐法师碑铭》《章怀太子墓志铭》等。复制唐三彩是一种独特的仿古工艺。三彩原是起源于隋唐之际的低温瓷。以高岭土为胎，涂釉炼制。釉色有黄、绿、蓝、褐、黑、白、绛红诸种，一般以三色相配，故名。多为随葬冥器，唐墓出土最多。中华人民共和国成立后，西安有关部门即从事三彩研究，对其原料工艺进行了科学分析，在严格忠于原物的基础上加以复制。复制三彩品，以"腾空马""骆驼载乐俑"最佳，颇受国内外游客欢迎。

食物方面，西安的著名小吃有柿子饼、泡油糕。著名清真食品有羊肉泡馍、腊牛羊肉。西安饭庄七大名菜之一的"酿金钱发菜"，更是享誉中外。此菜始于盛唐。相传唐代王元宝嗜吃发菜，都中商人以为王元宝发迹是常食发菜之故，纷纷仿效，并做成金钱状，寓意为"发财致富"。此菜用料以发菜为主，鸡蛋皮、鸡脯肉、蛋清为配料。此菜形似金钱，软滑可口，营养丰富。

本编系作者20世纪90年代在中山大学的演讲稿。

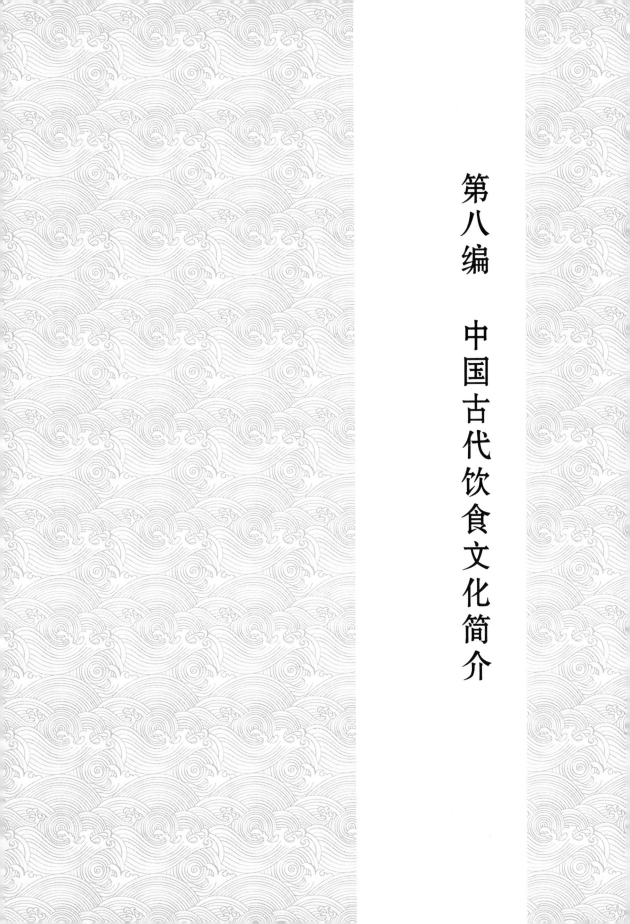

第八编　中国古代饮食文化简介

我国饮食之考究、烹调技术之高超，是世界闻名的。我国古代饮食水平的不断演进提高，是我国古代灿烂文化的一个组成部分。

## 一、 我国古代主要的粮食作物

我国是世界上最大的农作物起源中心之一，许多农作物是我国古代劳动人民最早从野生植物驯化选育而成的。

新石器时代的粮食作物主要有以下几种。

粟，现在人们叫"谷子"，脱壳后叫"小米"。它是由一种野生的狗尾草培育而成。粟耐旱，自生能力较强，是黄河流域黄土地带的重要农作物之一。西安半坡、临潼姜寨等新石器时代遗址及墓葬中，都发现有碳化的粟粒或粟壳，证明距今五六千年前我国的北方已普遍种植。

稻，一般称"水稻"，是从野生稻经过人工栽培而成。在距今七千多年的浙江余姚河姆渡遗址，发现稻谷、稻壳、稻秆、稻叶等。经鉴定，属栽培稻中的晚籼稻。这是目前世界上已知年代最早的栽培稻。说明我国是世界上栽培稻的起源地之一。

麻（大麻），其籽可食，古代列为"五谷"之一。但主要用其纤维来纺线织布，西安半坡出土的陶器上保留有麻布印痕，说明我国种麻的历史很悠久。

商周时代，农作物品种显著增加，基本上具备了后世的主要粮食作物。除粟、稻之外，还有以下几种。

黍，即黄小米。

稷，即白小米。

麦，分大麦，小麦。

菽，即大豆，《诗经》里曾多次提到它，相传四千多年以前就成为我国人民的重要食品之一。大约公元 1790 年左右传到欧洲，当时只是作为观赏植物种在花园里。1873 年，中国大豆在奥地利维也纳万国博览会上展出，轰动一时。1908 年，中国大豆两千吨运到英国。此后，大豆在欧美各国大面积种植。因此，大豆在英、法、德、俄文中的名字，其发音都接近于菽。

高粱，不择地，耐旱涝，它的秆高，可以作燃烧材料，作农村建筑材料。高粱米可以酿酒。因为用途广，很早就成为北方的粮食作物之一。

及汉代，粮食作物品种就更多了。中原地区有粟、黍、稷、高粱、大麦、小麦、粳稻、秫稻、大豆、小豆、麻籽等。

除了本地的粮食作物外，世界各地的一些粮食作物，也先后传入我国。例如玉米，是明代中叶从国外引种的，当时没有受到重视，只是种在贫瘠的田里或山坡地上，显不出它的高产优点来。到了清代中叶，玉米才开始推广，成为干旱地区最主要的粮食作物。

我国古代原有芋、山药等薯类作物，但都不占重要位置。明代中叶从国外传来的红薯、马铃薯，受到欢迎，逐渐推广种植。

## 二、 我国古代主要的主食

馒头，魏晋以前我国没有馒头，汉以前甚至面食也很少。我国古人是用粮食蒸饭、煮粥或炒成干粮吃。干粮称为"糗"，携带时往往装在竹器里，调和糗的水浆则装在瓦壶里，即所谓"箪食壶浆"。早期的面食统称为"饼"，这个字最早见于《墨子·耕柱》篇。吃面食的风习大约开始于战国。汉、魏时期，虽然面食的种类不少，有炉饼（烧饼）、胡饼（芝麻烧饼）、汤饼（片儿汤）、笼饼（无酵蒸饼）、环饼（油炸面圈）等。但都不是发面的。

馒头是面经过发酵后再蒸熟的，不但松软适口，而且易于消化。发面，要较熟练地掌握了酵母菌的生化反应的特性才能做到。馒头的出现不晚于晋代。开始并不叫"馒头"，叫"蒸饼"。《晋书·何曾传》说何曾这个人"性奢豪"，"蒸饼上不坼作十字不食"。意思是说蒸饼上不蒸出十字裂纹，他是不吃的。这是所说的裂纹蒸饼，和现代北京地区所说的"开花馒头"差不多。萧子显在《齐书》里说，西晋永平九年（299）规定太庙祭祀时用"面起饼"。宋代程大昌在《演繁露》一书中解释说，"面起饼"是"入酵面中，令松松然也"，无疑"面起饼"就是发酵的面食即馒头了。

包子，大约在魏、晋时已经出现。本来包子的原名叫"馒头"。宋代高承《事物纪原》引《稗官小说》：三国时，诸葛亮征服孟获，改革了当地用人头祭神的恶习，而用面包着牛、羊、猪肉来代替，"后人由此为馒头"。晋代束皙《饼赋》说，初春时的宴会上宜设"曼头"。这里所说的"曼头"就是包子。至于包子这个名称，则始于宋代。北宋陶谷的《清异录》就读到当时的"食肆"（卖食品的店铺）中已有卖"绿荷包子"的。南宋耐得翁在《都城纪胜》中说，临安的酒店分茶饭酒店、包子酒店、花园酒店三种，包子酒店专卖鹅鸭肉馅的包子。可见此时包子这种食品已很普遍了。

饺子，我国原无饺子，只有馄饨。汉代扬雄《方言》说："饼谓之饦，……或谓之馄。"说明当时已有一种类似后世馄饨的食品。《齐民要术》中有"水引馄饨法"。"馄饨"之得名，据《资暇录》说，是"馄饨，以其象浑沌之形"的缘故。成都谓"抄手"，即馄饨。将馄饨做成偃月形，就成为饺子。此物起于隋代。颜之推说："今之馄饨，形如偃月，天下通食也。"在新疆吐鲁番一座唐代墓葬中出土的木碗中保存着完整的饺子，说明在唐代吃饺子的习惯已经传到了我国的边远地区。

面条，因为汉代将一切面食都叫作"饼"，所以汤面起初被称作"汤饼"，汤饼又叫"煮饼",不过汤饼和后来的面条还不一样。宋以前的汤饼,实际上是一种"片儿汤"。开始,面片不是用刀切,而是用手撕。晋代束皙《饼赋》说,做汤饼时要用一只手托着和好的面,另一只手往锅里撕片。所以汤饼又叫"托(饦)"。因为片撕得薄,像蝴蝶翅膀,所以也叫"蝴蝶面"。至唐代则用案板、刀、杖之类工具来切面,而不用手托,所以也叫"不托"。但不托最初还是切成片状。五代孙光宪《北梦琐言》所记的"不托面",就是用"片"作单位的。切成细条的汤面叫"索面"或"湿面",要到北宋后期才逐渐流行开来。至元代,已有将面条加工成"挂面"。《水浒全传》第四十五回中就记有用挂面送礼的事情。

元宵,南朝宗懔《荆楚岁时记》中只说正月十五日吃豆粥,未说吃元宵。用浮圆子即汤圆作为正月十五日的特殊食品,起自宋代。南宋初周必大《平园续稿》中说正月十五日煮食浮圆子一事,前人的作品没有提到过。因为农历正月十五夜又称"元宵",所以浮圆子后来就得名为"元宵"了。

粽子,五月五日端午节,这一天煮食用菰叶包糯米、栗子、枣及其他佐味品做成的粽子。粽子既可以在端午这天吃,也可以在夏至这天吃。如西晋周处《风土记》说:粽子"于五月五日及夏至日啖之"。

在我国南方地区,原有在五月五日于水上划船竞渡的风俗。竞渡的原因,一说是为了纪念屈原,人民"伤其死",竞相划船来搭救他;一说是为了纪念伍子胥。后来,南朝梁时吴均在《续齐谐记》中强调端午节日的活动是为了纪念屈原。早期粽子的包装法,是用楝叶堵起盛米的竹筒,再用五色丝线缠上。据吴均说,这是防止当粽子投入江中祭屈原时被神话中的蛟龙抢走的缘故。吴说既行,伍子胥逐渐被人们淡忘,端午吃粽子以纪念屈原的说法遂为人们所接受。

## 三、 我国古代主要的蔬菜

蔬菜是食物组成的重要部分。现存词语里"饥馑"的"馑",就是指蔬菜歉收而言,即《尔雅》所说"菜不熟为馑"。但上古时代物质生活简陋,蔬菜的种类很少。

战国、秦、汉时代,情况稍有改善,但品种仍然不多。主要有《素问》中所说的"五菜":葵、藿、薤、葱、韭。

葵,文献中称为"百菜之主"。葵菜现代有的地方称之为"冬寒菜",植物分类学上称为"冬菜"。在唐朝以前是很重要的蔬菜。在汉代的诗歌里一说起菜园,开篇就是"青青园中葵"。魏、晋时人一提起蔬菜,不是说"霜蒿露葵",就是说"绿葵含露"。《齐民要术》中有专门的章节讲栽葵的技术。唐代以后,葵受到新品种的排挤,加上它"性太滑利,不益人",种植的逐渐减少,到明代已经很少有人种葵了。明代的植物学家王世懋说:"古人食菜必曰葵,今乃竟无称葵，不知何菜当之。"李时珍的《本草纲目》中也以"今人不复食之"为理由，把它列入草部，不再当蔬菜看待了。

藿，也是先秦时代主要的蔬菜。《战国策·韩策》说"民之所食，大抵豆饭藿羹"，就是说老百姓常吃藿菜汤。可见它只不过是大豆苗的嫩叶，今天也不再拿来当菜吃了。

至于薤、葱、韭，则是所谓荤辛类的蔬菜，在我国古代蔬菜中独成一类。早春嫩韭，温而宜人，自古已为世所珍。早在汉代，我国劳动人民已经创造出冬季将韭菜移于温室或地窖中，以软化其茎叶的方法。《汉书·召信臣传》中记载太官园在冬天用温室生产葱、韭的情况。这样培育出来的韭菜名"韭黄"，尤其鲜美。当然在汉代这样的菜很少见。及至宋代，此物已较多了。苏轼诗中说："渐觉东风料峭寒，青蒿黄韭试春盘。"至于蒜，虽然早见于《夏小正》，但那时的蒜叶"卵蒜"，也叫"小蒜"，产量低。现在常见的大蒜，是东汉时引进的，又名"胡蒜"。

萝卜，我国自古盛行栽培，并培育出了许多优良品种。欧美虽然也有萝卜，但都是小型的四季种，而且单位面积产量少，在利用价值上无法同我国的萝卜相提并论。

蔓菁，我国是原产地之一。《吕氏春秋·本味》篇："菜之美者，具区（太湖一带）之菁。"三国时，诸葛亮以为蔓菁有六利，其一是冬天可以用蔓菁当主食。至唐代，杜甫还说过："冬菁饭之半。"说明蔓菁可以顶粮食。

魏、晋至唐宋时期，陆续从国外引进了一些新蔬菜品种，如茄子、黄瓜、菠菜、莴苣、扁豆、刀豆等。

茄子，原产印度和秦国，我国古文献中最初见于晋代嵇含的《南方草木状》。北魏贾思勰的《齐民要术》中，就更多地提到了它。茄子的皮通常呈紫色。唐代由新罗传入一种味道很美的白茄。有人送给诗人黄庭坚一些白茄，他作诗道谢说："君家水茄白银色，殊胜坝里紫彭亨（紫色的大茄子）。"

黄瓜，原产印度，大约汉代传入我国，初名"胡瓜"。《齐民要术》中有"种胡瓜法"。至唐代改名为"黄瓜"，而且成为南北常见的蔬菜。

菠菜，据《册府元龟》记载，是唐朝贞观二十一年（647）由尼波罗国（尼泊尔）传来的。最初叫"菠棱菜"，后简称"菠菜"。此菜色味俱佳，从早春到夏秋都可以供应。苏东坡诗说："雪底菠棱如铁甲"，"霜叶露芽寒更苗"，赞赏了菠菜的耐寒特点。

莴苣，原产地是地中海沿岸。最早见于初唐孟诜的《食疗本草》，而杜甫也有《种莴苣》诗。所以，它的传入当不晚于唐代。

在豆类中，我国主要有长豇豆（带豆）、扁豆、刀豆、菜豆（芸豆、豆角）等四种，除长豇豆为我国原产外，其他三种都是由外国传入的。扁豆原产印度及爪哇，南北朝时传入我国。刀豆原产印度，唐代传入我国。菜豆原产美洲，16世纪才传入我国。

我国自行培育的一些蔬菜新品种有以下几种。

茭白，生茭白的植物本名叫"菰"，它是水生的，在秋天开黄花，结籽可碾米，叫"菰米"或"雕胡米"。菰米滑腻芳香，古人多用它合粟煮粥，蒸饭。它的产量一度相当大，曾被认为是"九谷"之一。但是，菰在夏末或秋季，有些不能开花结籽，而在基部形成膨大的嫩茎，洁白甘脆，就是蔬菜中的茭白。宋以后，对茭白日益重视，所以，种菰转以培育茭白为目的。能结籽的植株被看成"公株"，一见即除去。因此，开花结籽的菰变得很罕见。明代人甚至以为只有"野菰"才能产菰米了。茭白是我国的特产，世界上以之为蔬菜而进行栽培的唯有我国。

白菜，原名"菘"，最初见于东汉张机的《伤寒论》。但汉代的"菘"质量还很差，经过劳动人民的不断辛勤培育、改造，到南北朝时，陶弘景说"菜中有菘，最为常食"。至宋代，培育成功白菜的最佳品种，它结实、肥大、高产、耐寒、滋味鲜美。苏轼用"白菘类羔豚，冒土出熊蹯"之句来赞美它。明代人更把黄芽白菜誉为蔬中"神品"。

胡萝卜，原产北欧，在元代时由波斯传来我国，最初引入云南地区，后来遍及全国。

辣椒，原产美洲，在明代的《蔬谱》《本草纲目》等著作中均未提到，直到清初陈淏子的《花镜》中始有"番椒丛生白花，果俨然秃笔头，味辣色红"的记载。不过辣椒自传入后，推广得很快，特别在西南和西北一带，更成为主要的香辛类蔬菜。

西红柿，原产美洲，在我国的传播比辣椒还要晚，此物最早见于18世纪初编成的《佩文斋广群芳谱》中，称之为"蕃柿"，供观赏用。19世纪中才作为蔬菜栽培，由于西红柿柔软多汁，甘酸适度，既可佐餐，又可生吃，在我国受到广泛的欢迎。

蔬菜在其几千年的发展过程中，充满了劳动人民用勤劳和智慧换来的硕果，以及中外文化交流的佳话。

## 四、 我国古代主要的果类

我国自古重视经营果木，因而果品种类众多。

樱桃，因为"最先百果而熟"，所以古代特别重视它。《礼记·月令》记载，周代用樱桃于贵族宗庙的祭祀。此物虽小，然而"味甘，主调中"，"令人好颜色，美志气"。故为人们所喜爱。我国原产的樱桃植物学上叫"中国樱桃"，区别于原产西亚一带的甜樱桃和原产南欧一带的酸樱桃，后两种都是近百年才传入我国的。

桃，原产于我国雨量较少而阳光充足的山区，其栽培历史不下三千余年。在河北藁城商代遗址中出土过桃核。在《诗经》《尔雅》中不乏记述。《齐民要术》中详细记载它的繁殖方法、培植技术。桃，是水果中品质极高的一种，受到世界各地人民的欢迎。约在公元 2 世纪传入印度，所以梵文中称桃为 cinani（"秦地持来"，秦地即中国），这个名称到现在仍然通行。波斯的桃子也是自中国传入的，后来由波斯传到欧洲各地。

杏，原产我国，《管子》说"五沃之土，其木多杏"。江苏徐州西汉霍贺墓出土杏核。波斯的杏是从我国引入的，又从波斯传到亚美尼亚，自亚美尼亚传入希腊。所以在希腊语中，杏便被叫作"亚美尼亚苹果"了。

梨，在《庄子》《韩非子》《尔雅》中均有记载，实物在长沙马王堆西汉墓中出土过。汉代已有大规模的梨园，而且培育出了若干优良品种，如《史记》所记"大如拳，甘如蜜，脆如菱"的"真定御梨"；《西京杂记》记载上林苑出产的梨，有紫梨、芳梨、大谷梨、细叶梨、瀚海梨等。公元 2 世纪时，我国的梨西传到印度、波斯等地。梵文称梨为"秦地王子"，明确地说明来自秦地（中国）。

李，我国栽培的李主要是中国李，少量的美洲李和欧洲李则是近代引入的。中国李，产量高，《尔雅》说："李，木之多子者。"

奈（柰），古代对这个名称用得不太严格，现代的沙果、海棠果、绵苹果，古代都被称为"奈"。晋代郭义恭《广志》说："林檎似赤奈子，亦名黑檎，一名来禽，言味甘来众禽也。北人呼为频婆果。""苹果（频果）"之名在明代的《群芳谱》上才见到，显然是从"频婆果"之名转化而来。不过古代的频婆果即绵苹果，与现代的苹果不同。

山楂、柿子，都是先秦时代已栽培。山楂古名"朹（qiú，求）"，见于《尔雅》；柿子则见于《礼记·内则》。山楂属植物广泛分布在欧、亚、非、美诸洲，但其中作为果树栽培的只有中国山楂一种。柿属植物也广泛分布在热带与亚热带，但也只有中国柿是著名的温带果树。19 世纪后半叶，柿才从我国传入欧洲。

枣、栗，《战国策·燕策》说：燕国"北有枣、栗之利，民虽不由田作，枣、栗之实，足食于民。"燕地即今河北一带，直到现在仍以产枣、栗著称。河北沧县的"无核枣"，为枣中佳品。河北迁西和邢台等地的栗树，树龄则有达四、五百年的。枣的品种不断增加，《尔雅》中记录了 11 个品种，元代柳贯《打枣谱》中记录了 72 个，而清代吴其濬《植物名实图考》中所记的品种则已达 87 个了。

以上主要是中原地区的产品。战国、秦汉以来，南方的果品也崭露头角。

柑橘，屈原的作品里有"后皇嘉树，桔来服兮"之句，说明至迟在战国已有桔。在当时，北方要吃到橘子是不容易的。至汉代，崔寔《政论》还说："桔柚之美，尧舜所不常御。"至唐朝，柑橘在江南和四川一带已广泛栽培了。

荔枝，是我国特有的果树。主要产于福建、广东、四川，它的果实在西汉初才有输至中原的记录。在陕西乾县唐中宗时的永泰公主墓内的石椁线雕画中，有一侍女双手捧着一盘荔枝，这是目前所见的最早的荔枝的形象资料。荔枝果"味特甘滋"，"一树下子百斛"，因而被人们推许为"压枝天子"。荔枝树是最长寿的果树之一。福建福州西禅寺生长着一株树龄 1300 多年的唐荔。莆田市城的"宋香"古荔，树龄也在千年以上，经过复壮措施，至今仍开花结果。荔枝直到17 世纪中才由我国传入泰国、印度、20 世纪初传入美国。英语中称之为 litchi，就是汉语荔枝的对音。

龙眼，又名"桂圆"，在植物分类上和荔枝同科。产地同荔枝相仿，但果型比荔枝小。一般荔枝才过，龙眼即熟，所以有人称荔枝为兄，龙眼为弟。

枇杷，原产我国中部。最早见于西汉司马相如的《上林赋》。

椰子，原产亚洲亚热带地区，我国海南岛是原产地之一。晋代嵇含的《南方草本状》、刘欣期的《交州记》等书中才对椰子有较详细的描述。它传入中原，较荔枝、枇杷稍晚。

甘蔗，印度、马来半岛和我国华南地区都是甘蔗的原产地。其中"大蔗"原产于印度。《三辅黄图》说，汉武帝于公元前 111 年修"扶荔宫"，那里栽有甘蔗十二株，可见汉代已传入中原。

汉代从国外引入的果类有以下几种。

葡萄，原产欧洲、西亚和北非一带。它传入我国中原是汉武帝时张骞通西域的成果之一。葡萄一词是外来语。葡萄传入后很受欢迎，到南北朝时，西安一带的葡萄已是"园种户植，接荫连架"了。

石榴，原产波斯一带，传入我国中原的时间大约比葡萄晚，不过在晋代已经种得相当广泛了。潘岳《石榴赋》称之为"天下之奇树，九州之名果"。

核桃，原产西亚、南欧一带，传入我国的时间与石榴相近。

宋、元时代传入的果类主要有甜橙、酸橙、柠檬、西瓜等，其中后来种得最广的是西瓜。西瓜原产于非洲，至南宋初才由阴山地区引种至中原和长江下游一带。元代中期以后，西瓜"北方种者甚多"。王祯在《农书》中，用"醍醐灌顶，甘露洒心"来形容吃西瓜的感觉。

明代晚期以来，巴西的菠萝、花生，北美的草莓、向日葵，都先后传入我国，并得到广泛的种植。

进入 19 世纪，最后传入我国的重要果类是苹果。此果原产土耳其一带，在欧洲久经栽培，它的果实大，风味佳，且耐贮藏，受到人们的欢迎。传入我国后，我国原产的绵苹果，"未熟者食如棉絮，过熟又沙烂不堪食"因而被欧洲苹果所淘汰。

## 五、 我国古代酿酒的历史

酿酒在我国已有几千年的历史。由于原料、曲药和酿造方法不同，所以酒的名目繁多，风味各殊。但总的说来，可分为三大类，即自然发酵的果酒，榨制酒（如黄酒）和蒸馏酒（如烧酒）。

酒是碳水化合物经过发酵作用而成的。不论什么酒，里面都有酒精，学名叫"乙醇"。在碳水化合物中，能够直接发酵产生酒精的，有麦芽糖、葡萄糖和果糖。原始人类由于受到含糖野果自然发酵成酒的启发，而逐渐有意识地利用野果发酵造果酒。在仰韶文化遗址中出土有若干小型容器，推测是用来饮酒的。

自然发酵的果酒受季节限制。到龙山文化时期，古代居民开始采用谷物作为酿酒的原料。谷物的主要成分是淀粉。淀粉不能直接发酵成酒，必须先经过糖化，然后再酿造成酒。龙山文化时期的酒器有尊、斝、盉等。商代用谷物造酒更加普遍，统治阶级饮酒的风气极盛。出土的酒器有铜的、陶的，制作都相当精致。古文献中记载商代统治阶级沉湎于酒的很多。商代的高级酒叫"鬯酒"，或叫"秬鬯"。鬯是香草，秬是黑黍，这是用黑黍加香草酿成的好酒。商王用这种酒来祭祀上帝或赏赐大臣。普遍饮用的酒叫"醴"，这是一种用蘖（麦芽）做的甜酒。到了春秋战国时，在各种祭祀、会盟、庆功、接待使者等的场合中，酒已经成为不可缺少的东西。1974 年，在河北平山战国时期中山王墓里，出土了距今 2200 多年以前的古酒。出土时，酒装在两个铜壶中，打开壶盖时，仍可嗅到酒香。根据科学工作者分析，酒中含有乙醇、糖、脂肪等十多种成分，是曲酿酒，这是当时酿酒技术高度发达的实物例证。

先秦时代已经发明用曲来酿酒，这可以使淀粉的糖化和酒化两个步骤同时进行，这是我国古代酿酒技术上的一项重要发明。欧洲到 19 世纪 90 年代，从我国酒曲中制出一种毛霉，才在酒精工业上建立起淀粉发酵法。秦汉以来，战国的制曲技术有了很高的成就。

汉代酒的品种增加，有廉价的"行酒"，有"少曲多米，一宿而熟"的"甘酒"，有叫作"醝"的白酒，有叫"酾"或"糟下酒"的红酒，有叫作"酨"的清酒。清酒酒味醇厚，浓烈芳香，在魏晋时名气很大。《齐民要术》中讲了十二种造曲酿酒的方法，其中饼状曲至今仍是酿造高粱酒最常用的曲。

唐、宋时期，制曲技术又有所发展，酒的品种更多了。时人除粮食酒之外，重视酿果酒和药酒，如葡萄酒、薏苡酒、天门冬酒等。宋代朱弁《曲洧旧闻》中有一条谈酒的笔记，举出了 210 多种名酒。北宋朱翼中的《北山酒经》是一部论述造酒的专著，书中记录了十三种曲的制法，有些曲子里都加了草药，如川芎、白子、白术、苍耳等。

我国什么时候开始有蒸馏酒（烧酒）？古书里没有明确的记载，目前说法不一，有的说元代从阿拉伯传入我国，有的说元代以前我国已有蒸馏酒。明李时珍《本草纲目》说："烧酒非古法也。自元间始创其法。"

我国也善于吸取外来的酿酒经验。制造葡萄酒就是一例。我国在汉代已经栽种葡萄，大约到东汉或三国时已能自造葡萄酒了。魏文帝曹丕在写给吴监的一封信中说："中国珍果甚多，且复为说葡萄，……酿以为酒，甘于曲蘗，善醉而易醒。"到唐代，葡萄酿酒在我国已逐渐通行。

## 六、 我国古代饮茶的历史

我国是世界上种茶、制茶和饮茶最早的国家。《神农食经》讲，经常喝茶可以"令人有力悦志"。《广雅》记载："其饮，醒酒，令人不眠。"著名医学家华佗说："苦茶久食益意思。"由于茶对人体有兴奋大脑和心脏的作用，所以受到人们的重视。

但是，茶作为一种普通饮料，比起酒来要晚得多。茶最初被当作一种药材。在先秦古籍中，没有"茶"字，只有"荼"字，荼是一种苦菜，也当"茶"字用。最初称茶为"苦荼"。在长期的医药实践中，人们认识到茶不仅可以治病，而且可以清热解渴，是一种很好的饮料。于是开始大量种植、采制，逐渐养成了饮茶的习惯。"茶"字也就随之出现，并成了专用名称。

茶从药用过渡成为一种饮料，据可靠记载，当在西汉时期。王褒的《僮约》中有"武都买茶叶，杨氏担荷"和"烹茶尽具，已而盖藏"之句，反映了当时煮茶、卖茶的情景。

三国时期，至少在江南一带，饮茶的习惯就已形成。《三国志·吴书·韦曜传》说。吴国皇帝孙皓每次举行宴会，都要强迫臣下喝酒，每人至少要以七升为限。韦曜不会喝酒，孙皓密赐给他茶，允许以茶代酒。茶既能代酒，说明当时已有了饮茶的习惯。

魏晋南北朝时，饮茶之风在统治阶级中已成为一种嗜好。《晋书》中记载，东晋的桓温招待宾客，不多备酒菜，主要用茶果。谢安去看望吴兴太守陆纳，主人也不预备酒食，只用茶果款客。南朝的昙济道人，在八公山煮茶敬奉新安王子鸾和豫章王子尚，子尚饮茶后赞不绝口，认为味美无比，有如甘露。由此可见，茶在南北朝时，已被用作招待客人，成为进行社交活动的一种媒介了。有关茶的文学作品也随之兴起。

唐朝，饮茶的风气更为普遍。封演的《封氏闻见记》有生动的描述：当时的一些城市里，已经有了专门卖茶的茶馆。这些茶叶来自江、淮一带，运茶的车船相继不断，茶叶堆积如山，品种甚多。1957年，在陕西西安出土刻有"左策使宅茶库"的鎏金银茶托多件。可见唐代一些贵族家庭中设有专门的茶库。在新疆吐鲁番市的唐代墓葬中，出土过一幅绢画"对棋图"，上面画着一个手捧茶托端着茶的侍女。说明饮茶的习惯，已传到边疆地区。当时茶叶产地已遍及四川、湖南、湖北、河南、浙江、江苏、江西、安徽、福建、广东、贵州等省的广大地区。江西的浮梁，就是当时著名的茶叶集散中心之一。白居易就曾写下"商人重利轻别离，前月浮梁买茶去"的诗句。唐朝政府在贞元九年（793），接受张滂的建议，征收茶税，每年收入四十万贯。这是茶税之始。陆羽写的《茶经》，对饮茶的历史，茶的起源、性质、产地，采茶的器具，制茶的过程，饮茶的方法、茶具等，都做了比较全面系统的论述。这是世界上出现的第一部茶书。据《太平御览》记载，从宋代起，陆羽就被人们称之为"茶神"了。

在宋代，名茶的品类很多，有龙、凤、石乳、白乳、龙团、胜雪、雨前、大方、玉液长春、龙苑报春、万春银叶等数十种。宋代的蔡襄，是一位茶的鉴赏家，著有《茶录》一书。他品茶能力很高。据说有一年，福建建安能仁寺的和尚送给他一些精品茶，名叫"石岩白"，是寺里自产的珍品。过了一年以后，蔡襄回到京师开封，去拜访朋友王禹玉，主人用上好的茶招待他，他品尝之后说："这茶极像能仁寺的'石岩白'，你是怎么得到的？"主人大加佩服，这茶就是"石岩白"。

元、明、清时代，人们饮茶已成为司空见惯的事了。在元曲《玉壶春》中有这样的话："早晨起来七件事，柴、米、油、盐、酱、醋、茶。"可见当时茶在日常生活中的地位。

唐宋以前饮茶的方法，是先将茶叶碾成细末，加上油膏、米粉之类的东西，制成茶团或茶饼，饮用时将茶团捣碎，放上葱、姜、橘子皮、薄荷、枣和盐等调料煎煮。这种方法仍保留着茶作为药用的遗风，不仅饮用时很麻烦，而且损害了茶叶的清香。从元代开始，饮茶的方法有了革新，是直接用焙干的茶叶煎煮，不再加其他调料，并且出现了泡茶。用茶叶代替茶团、茶饼，更适合人民的需要。

在我国古代，男女结婚还有以茶为礼的习俗。由于茶树的栽培，只能下种，不能移植，人们便取其含意，把茶作为婚姻中女方接受男方的订婚聘礼，叫作"受茶"。《红楼梦》中，王熙凤说林黛玉"你既然吃了我们家的茶，还不给我们家当媳妇？"，指的就是"受茶"的典故。

我国是茶的故乡。在唐代，茶首先传到日本。17 世纪初，茶叶输入欧洲。现在茶成为世界各国人民喜爱的饮料之一。

## 七、　我国种植烟草的历史

烟草属于茄科，原产美洲。17 世纪以来，陆续传入我国。传入的途径有南北两条：南路由菲律宾传到福建、广东；北路由日本传到朝鲜，再传到我国东北。

最初传入烟草的是 17 世纪初年的福建水手。他们从菲律宾带回烟草的种子，再传到广东、江、浙。明末名医张介宾的《景岳全书》中最先记载了烟草传入的情况："烟草自古未闻。近自我万历时出于闽、广之间，自后，吴、楚地土皆种之。"清初的方以智在《物理小识》中，对烟草的来源和流传经过介绍得更详细。他把烟草叫作"淡巴姑"，说是万历末年传入福建漳州和泉州的，后来向北一直传到长城地区。人们口衔长管点上火来吸，甚至有呛晕了的。崇祯时曾严禁吸烟，但没有什么效果。与方以智同时的姚旅，在其所著《露书》中把烟草叫作"淡芭菰"，并明确说是产于吕宋（菲律宾）。淡巴姑或淡芭菰都是 tabacco 的译音。这个词，原是美洲阿拉瓦克族印第安人用以称呼他们通过鼻孔来吸的那种卷烟的，以后为各种欧洲语言所借用。当亚、美两洲开始通航以后，许多美洲作物东传时首先到达的地点就是菲律宾。烟草、甘薯（白薯）等都是自美洲经菲律宾传入我国的。清代张向安《亥白集·竹枝词》中说："淡芭菰好解愁能，幽怨传来吕宋曾。"清代董含的《三冈识略》也说福建是最先流行吸烟的地方，"他处百无一、二也"。

第二条路线是由朝鲜传入辽东。朝鲜称烟草为"南灵草"或"南草"，是在我国万历年间由日本传入的。朝鲜《李朝仁宗实录》说，南灵草虽然号称治痰消食，但实际上损害健康，"久服者知其有害无利，欲罢而终不能焉，世称妖草"。当朝鲜商人将烟草输入沈阳时，清太祖皇太极因为这不是本地土产，下令禁止。不过皇太极的禁烟是禁人民，不禁贵族，所以禁令没有什么效果。后来清统治区烟草开禁，但只限于自种自用。这样，东北一些地方开始种植烟草，这就是后来所谓"关东烟"的起源。

清入关以后，吸烟的习惯在华北一带传播开来。董潮《东皋杂钞》说当时吸烟已习以为常，"大廷广众中以此为待客之具"，甚至妇女都有吸烟的。乾隆时陆耀的《烟谱》，是我国有关烟草的最早专书，嘉庆时，陈琮编的《烟草谱》叙述更详，说福建的烟草，"以百里所产，常供数省之用"，又说"衡烟出湖南，蒲城烟出陕西，油丝烟出北京，青烟出山西，兰花烟出云南，……水烟出甘肃酒泉，又名西尖"。可见种烟之普遍，品种之多。但这时的烟叶还都是用日光曝晒的晒烟。自 1890 年纸烟（卷烟）传入我国后，适宜做纸烟的烟草品种——烤烟，才逐渐推广种植。

烟草内含有多种毒性和刺激性的物质，吸烟对身体有害无益。据统计，20岁以下的青少年开始吸烟，死于肺癌的比不吸烟的高 28 倍。吸烟能引起癌症，已被现实所证明。

本编系作者 20 世纪 90 年代在深圳某酒店举办的饮食界业务人员培训班上的演讲稿。

第九编 跟上时代步伐，重振广东教育历史雄风

省委、省政府提出把广东建设成为教育强省的决策，是有理论依据、实践要求和历史根据的。理论依据是，教育属于上层建筑范围，任何教育都要受一定社会的经济、政治、文化所制约，并为一定社会经济、政治、文化的发展服务。改革开放以来广东经济发展十分迅速，已成为经济强省。经济强省必须同时是教育强省，教育为经济发展服务，使整个社会协调、稳定地向前推进。另外，经济发展对人才提出更多更高的要求，只有加速发展教育才能适应这种需求。这就是建设教育强省决策的理论依据和实践需要。

而历史的根据是什么呢？我从历史的角度谈谈对这个问题的一点看法。

广东在历史上曾是教育很发达的地区之一，并且对全国的教育产生过重要的影响。中国古代的教育有中央官学、地方官学和私学之分。中央官学由封建朝廷直接举办和管辖。地方官学指历代官府，按照地方行政区划，在地方所办的学校。封建王朝的地方官学及其中央官学，共同构成中国古代社会最主要的官学教育制度。中国整个封建社会都存在着与官学相对而言的私学，全部时间历时两千余年，在中国教育史上占有重要地位。中国古代书院是私学的一个重要方面，其势大，其日久，影响很大。书院初为私立，后来才由政府控制了一部分。

广东书院的兴起迟于中原及长江中下游地区。北宋初年书院兴盛，而未见有广东的书院。广东真正意义的书院是从南宋嘉定年间的禺山书院开始。岭南的书院虽然兴起较迟，但发展却很快。据章柳泉著的《中国书院史话》统计，整个宋代，全国的书院74%分布于长江流域，21%在珠江流域，到了明代，尤其在嘉靖、万历年间，岭南书院更加兴盛。当时全国书院分布情况约为：长江流域占51%，珠江流域占30%，黄河流域占19%。如果按省份排列，江西位居第一，浙江居第二，广东跃居第三。清代岭南书院再次快速发展，仅康熙、雍正两朝74年间，岭南新创办书院百多所。乾隆年间，珠江流域的书院数已居全国首位。据《中国书院史话》统计，以复兴的书院计，珠江流域约占38%，长江流域占44%以上。但在新的书院中，珠江流域所拥有的书院数已超过45%，而长江流域只占35%左右，黄河流域则约占18%。

岭南书院始于南宋，经明、清两代的发展，到清代已雄居一方，令全国学人刮目相看。岭南书院不但数量多，而且办学的宗旨、管理制度的改革、治学态度及办学影响都在全国独树一帜，给全国的教育以深刻的影响。道光四年（1824）两广总督阮元在广州建成学海堂，同治六年（1867）广东巡抚蒋益沣倡办菊坡精舍，光绪十三年（1887）两广总督张之洞倡办广雅书院，这60多年间是清代岭南书院发展的高峰期。由于这些书院的创办人讲求实学，提倡实事求是的研究方法，使广东的学术文化有了新的发展，对清代中叶以后全国许多地区学术风气的变化，产生很大影响。阮元创办的学海堂，与当时一般的书院有所不同，它是一个合教学、学术研究、藏书和出版事业于一堂的机构，大体继承了他在杭州创办诂经精舍的办学宗旨和办法，在教学和研究上反对支离破碎的理学，反对千篇一律的八股文风，倡导一定程度的兼容众说。在书院管理制度上，取消传统的山长制，代以带有一定民主性质的学长制，这在当时是带有实验性的创举。在学风上讲求实学，提倡质疑问题，对问题作实事求是的探讨。学海堂实行的新规制，给学术界带来新风，为后来不少书院所参照。广东巡抚蒋益沣倡办的菊坡精舍，其基本精神是参照学海堂的。菊坡精舍的院长是学海堂的高才生陈澧，他声称"澧既应聘，请如学海堂法，课以经史文笔"。并提出"吾不自立法"和"吾不自立说"，基本上是学海堂的继续和发展。张之洞倡办的广雅书院，在岭南书院中别有一番景象。广雅书院以梁鼎芬为首任山长。广雅书院与其他书院不同的是：扩大教学内容，一般书院专习"试帖诗"和"八股文"以应科举，而广雅书院则设经、史、理、文四门课程，兼及实学，如增设舆地、历算等；改进教学方法，刺激学生学习的积极性；严格教学管理。所以广雅书院的教学质量比一般书院为高。张之洞还创办广雅书局，除刻印教材之外，还刊印《广雅丛书》，对整理和保存广东地方文献起了一定的作用。清代广东的书院出现的上述新气象，给全国的教育以积极的影响。

明清以来岭南教育事业的发展，与自宋朝以后全面经济重心的南移是分不开的。明清时期珠江流域商品经济的发展和对外贸易的加强是岭南教育事业发展的经济原因。而教育事业的发展又促进了经济的发展。两者是相辅相成的。

进入近代以来，随着西方势力的入侵，新的教育思想也首先在岭南地区传播和普及，得改革开放风气之先。由于鸦片战争的失败，岭南知识分子对落后就要挨打的现象有切肤之感，要求改革旧的教育制度以培养新的人才更为迫切。同治二年（1863），李鸿章在广州创立同文馆，培养翻译人才。同治十一年（1872）洋务派主张派遣学生出洋留学，此举先在广东实行，推出容闳、陈兰彬主持办理，而第一批出国留学者，岭南人最多。光绪十六年（1890）康有为在广州创办万木草堂，开始强调德智体全面发展，具有西方近现代教育的因素，丘逢甲在潮州创办新式东文学堂，聘日本人教授，为世人所注目，经过 19 世纪中后期中西文化的激烈碰撞，封建教育体制分崩离析，一个兴办西式学校的风气勃然兴起。而岭南西式学校的发展走在全国之前列。清政府于光绪二十八年（1902）诏令停办书院之时，颁布《钦定学堂章程》（即壬寅学制），光绪三十年（1904）又公布《奏定学堂章程》（即癸卯学制）。而这两个章程的主要起草人之一，就是广东学政张百熙，可见当时岭南办学堂情形在全国的影响。

以上事实说明，在历史上广东曾是教育很发达的地区之一。今天广东得改革开放风气之先，经济迅速发展，教育滞后的问题，已成了经济腾飞的负累，我们提出要建设教育强省，既有历史的根据的，又是现实的需要，我们应该认清形势，抓住机遇，理直气壮地去干，重振历史雄风。

本编系作者 1994 年 11 月在广东建设教育强省座谈会上的发言稿。曾以《广东在历史上曾是教育强省》为题，载于《南方日报》1995 年 3 月 18 日。后收入许金丹主编《建设教育强省》，广东教育出版社 1996 年版。

第十编 以图为中心漫谈中山大学峥嵘岁月

## 一、 孙中山与中山大学

孙中山于1923年3月重新在广州设立大元帅府，就任陆海军大元帅。1923年11月27日，他以大元帅名义令将广东高等师范改为国立，并任命邹鲁为国立广东高等师范学校校长。

**孙中山像**

1924年1月20日至30日，在孙中山的主持下，中国国民党在广州举行有共产党人参加的第一次全国代表大会，标志着国共两党第一次合作的实现。孙中山鉴于历次革命斗争失败的教训和列宁所领导的俄国十月社会主义革命成功的经验，深感建立革命军队和培养革命理论科学文化建设人才的重要，于同年1月24日下令筹办陆军军官学校，以孙中山为总理，蒋介石为校长，是为黄埔军校。2月4日，孙中山又以大元帅名义发布两道命令：一是《着创建国立广东大学令》，"着将国立高等师范、广东法科大学、广东农业专门学校合并，改为国立广东大学"；二是《委派邹鲁职务令》，"派邹鲁为国立广东大学筹备主任"。

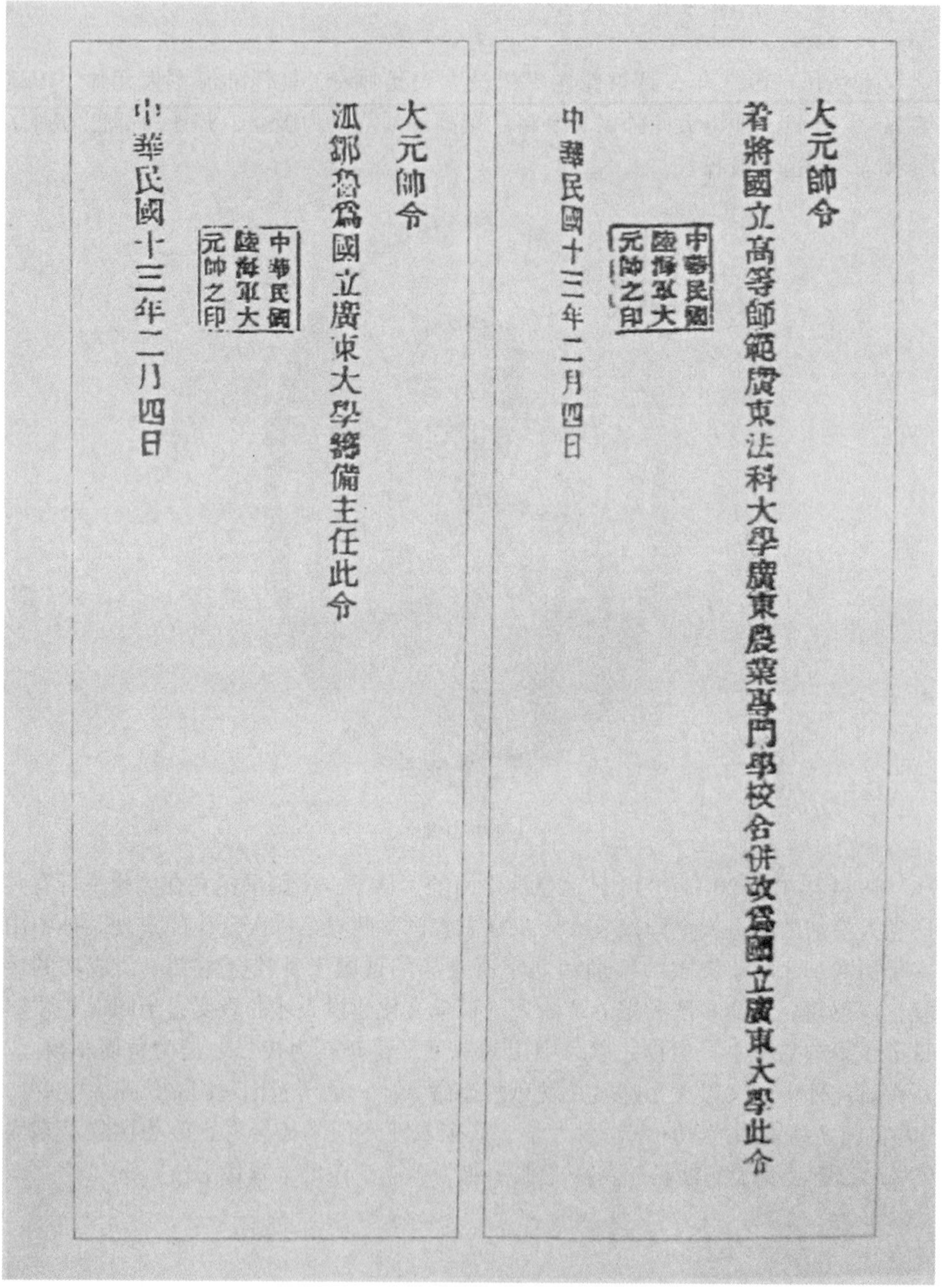

大元帥令

着將國立高等師範廣東法科大學廣東農業專門學校合併改為國立廣東大學此令

中華民國十三年二月四日

中華民國
陸海軍大
元帥之印

大元帥令

派鄒魯為國立廣東大學籌備主任此令

中華民國十三年二月四日

中華民國
陸海軍大
元帥之印

孙中山发布的两道大元帅令

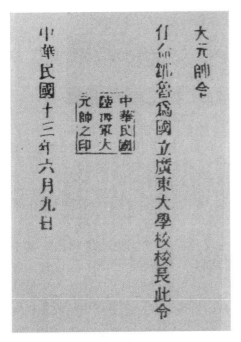

任命邹鲁为国立广东大学校长的大元帅令

邹鲁像

### （一）筹建国立广东大学

孙中山从中国革命和建设的需要出发创立国立广东大学，说明他重视人才的作用，重视培养人才的教育。正如邹鲁在一项呈文中所说的，他视"教育为神圣事业，人才为立国大本"。"故国家设立大学，实振兴教育之总键，陶冶人才之巨炉。东西各国莫不注重大学，其在该本国无论已，即近来在吾国设立者，几无接踵而起，所以不惜竞投巨资，莫非为国家奠定基础。我大元帅有鉴及此，将本省高师、法大、农专三校合并，改为国立广东大学。"

孙中山决定创立国立广东大学并任命邹鲁为筹备主任后，亲自抓筹建工作的落实，解决办学的具体问题。

广东省省长廖仲恺，坚决执行孙中山的训令，1924年2月20日发布省长训令，三校校长即予取消，由邹鲁统筹国立广东大学工作。邹鲁聘请学术界、教育界知名学者共35人为筹备员，包括胡汉民、汪精卫、廖仲恺、孙科、许崇清、蒋梦麟、李大钊、胡适、王星拱、王世杰、陈树人、熊希龄、顾孟余等人。

关于筹办经费，针对当时经费困难的情况，孙中山以大元帅名义训令广东省省长杨庶堪，"于四月一日起，在该市征收租捐一月，以该款之半在市外建筑兵房，俾居军队，以其他半数，拨交国立广东大学，充开办设备两费"，并特别指示："事关整军兴学，仰即迅速遵照办理。"这些训令对筹集经费起了重要的保证作用。

成立六个特科委员会：

（1）预科委员会。预科分文、法、理、农、工等五科办理。预科主任，均由大学各本科教授担任，以利于预科与本科衔接。

（2）文科委员会。分设中国文学、外国文学、史学、哲学四个学系。

（3）法科委员会。分设法律、政治、经济三个学系。

（4）理科委员会。分设数学、物理、化学、生物、地质五个学系。

（5）农科委员会。分设农学和林学两大部。

以上各科系的学生，均由合并前三校的学生转入肄业。

（6）工科委员会。计划先办土木、机械、电气三个系。因未有本科学生来源，决定从预科办起。

从1924年3月3日至7月11日，筹备会议开了29次，决议案88起。其中重要的有八项：①国立广东大学规程集；②特别会计规程集；③预科及文理法农工五科之计划课程备案；④原有高师、法大、农专三校学生归并入国立广东大学办法案；⑤经费筹措案；⑥图书扩充案；⑦教职员待遇案；⑧暑期中招收预科生及下学年成立大学案。

开办一所大学，艰巨的任务是筹措经费。孙中山亲自抓经费来源，采取行政手段加以特殊解决。

筹备各项工作顺利，准备成立典礼。

## （二）成立典礼

孙中山创立国立广东大学，使它成为华南举世瞩目的多科性最高学府，当然，成立典礼备受各方关注。

孙中山十分关注开学及成立典礼。早在1924年6月间，孙中山就指令邹鲁呈报准备工作情况。邹鲁报告筹备情况主要有几点：

（1）注意聘请学有专长的学者来校任教。

（2）注重学术交流和开展学术活动，显示深厚的学术气氛。组织考察团到国内外考察各地办学情况。

（3）改组办事机关。由下列人员组成校务会议：校长邹鲁，秘书长陈耀祖，文科学长杨寿昌，法科学长梁龙，理科学长徐甘棠，农科学长邓植仪，预科主任林炳光，教授代表卢兴源、费鸿年、黄枯桐。

（4）筹备开学和成立典礼的具体工作。

1924年9月19日按期开学。

决定于11月11日举行国立广东大学成立典礼，计划请孙中山到会训词，从成立典礼这天起一连三天举行各种活动以示庆祝。

正当国立广东大学紧张筹备成立典礼之时，传来冯玉祥在北京发动政变并邀请孙中山北上的消息。孙中山从统一全国的愿望出发决定接受邀请北上。11 月11 日国立广东大学举行隆重的成立典礼这天，孙中山却因为准备北上（11 月 13日离广州）大量公务缠身，抽不出空亲临成立典礼讲话，委托广东省省长胡汉民代其向师生致敬训词，并特题"博学、审问、慎思、明辨、笃行"十个意味深长的字，成为国立广东大学（后改为国立中山大学）的校训。

**孙中山先生手书的训词**

孙中山北上后，十分关心国立广东大学的情况，从北上后至 1925 年 3 月 10日临终前的四个月时间，有关解决国立广东大学问题的大元帅训令、指令有十三件之多，涉及事件有：

（1）关于提拔有关捐款以解决国立广东大学经费问题。

（2）关于给原高师毕业生印发毕业证书问题。

（3）关于邹鲁因公北上，校务由褚民谊代理问题。

（4）关于原所拨番禺学宫为国立广东大学宿舍未如期交付，于 1925 年 2 月25 日再次训令有关部门移交，以维持教育事业。

（5）解决国立广东大学学生操练学军事利用废枪支问题，1925 年 3 月 10 日训令各军总司令，"将各军废枪拨作该校教授体操之用"。

可见孙中山为办好中山大学呕心沥血，鞠躬尽瘁。

### （三）国立广东大学改名"国立中山大学"

孙中山由于长期为革命操劳，积劳成疾，患了肝癌，医治无效，不幸于 1925年 3 月 12 日逝世。

当全国各地和海外华侨及国际友人沉痛念孙中山之际，有一国民党员致函国民党中央《改广大为中山大学之提议》（刊登在 1925 年 3 月 24 日《广州民国日报》）。廖仲恺在 1925 年 3 月 30 日的国民党第一届中央执委会第 71 次会议上，正式提议将国立广东大学改名为"国立中山大学"，作为对孙中山的纪念。1925 年 8 月 5 日，国立广东大学第 38 次校务会议上，将"大学改名为'国立中山大学'案"提出讨论，决定"由本校申叙改为国立中山大学理由，提出国民会议及广东人民代表大会会议决定，以示郑重"。邹鲁校长根据校务会议决定，呈请国民政府，说明将孙中山手创的国立广东大学改名为"国立中山大学"，以作纪念，并于 11 月 11 日学校成立一周年时改名。国民政府指示：决定改名，"自应积极筹备，俾名副其实"，改名时间过于仓促，"应以缓议"。

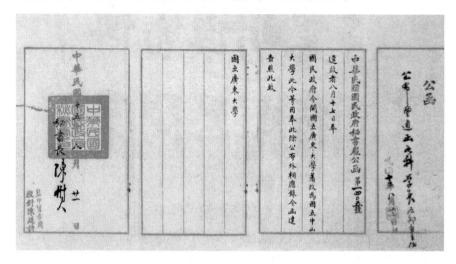

1926 年 8 月 7 日，国民政府秘书处将国立广东大学改名为"国立中山大学"的公函

关于改名事，国民政府政治委员会决定成立一个调查委员会调查此事。调查委员会由甘乃光（监察院）为主席，另有马洪焕（教育厅）、陈公博（青年部）组成。调查委员会工作失误，将调查写成查办，引起学生和教授们的不满。其时，校长邹鲁去北京参加 1925 年 11 月 23 日召开的"西山会议"，被国民党取消国立广东大学校长职务，改任褚民谊署理校长，并着手筹备广大改组中山大学事宜。

1926 年 6 月 19 日，国民政府批准了筹备中山大学委员会名单。筹备委员会由褚民谊、甘乃光、沈宝同、陈树人、陈公博、蒋中正、金曾澄、许崇清、郭沫若等 40 人组成，并特聘委员林伯渠、孙科、蔡元培、顾孟余、蒋梦麟、张伯苓、于右任等人。政治委员会还批复了广东大学署理校长褚民谊关于改办中山大学的 10 条提案。7 月 17 日，国民政府发布命令，正式宣布将国立广东大学改名为"国立中山大学"。

### （四）各地创办或筹办中山大学

国立广东大学改名为"国立中山大学"消息传出之后，全国各地为纪念孙中山，陆续创办或筹办中山大学，据统计有 8 所之多。主要有：

1926 年 11 月，湖北成立国立武昌中山大学。即国立第二中山大学。1928 年 7 月，国民政府决定将国立第二中山大学改名为"国立武汉大学"。

1927 年 6 月，在杭州成立国立第三中山大学。1928 年 4 月 1 日，正式宣布改校名为"浙江大学"。

1927 年 4 月，在南京成立国立第四中山大学。1928 年 3 月，改名为"国立中央大学"（今南京大学）。

1927 年 6 月，河南开封成立国立第五中山大学。1930 年改名为"河南省立河南大学"。

此外，还有江西筹备江西中山大学，安徽筹办安徽中山大学，甘肃筹备兰州中山大学，陕西筹办西安中山大学。

国民政府大学院为了统一管理大学，公布了《大学组织条例》，分区管理大学。1928 年初，国民政府大学院在上海作出决定："将各地中山大学悉易以所在地之名，只留广州第一中山大学，以资纪念总理。"同年 2 月中旬，大学院副院长杨杏佛答记者问时指出："大学以中山名，原是纪念总理的意思，但纪念并不在多。"然各省纷纷成立中山大学，"不但失却了纪念意义，而且在国际交际上，

**国立广东大学主楼**

尤感不便"，故有上述决议。国立第一中山大学在大学院决定保留以中山名称作为纪念之时，于1928年2月乃正名为"国立中山大学"。时至今日，中山大学仍为纪念孙中山的唯一以中山命名的大学，为全国重点大学之一而名闻中外。同学们应为能在中山大学读书学习而感到荣耀。

国立广东大学钟楼与教学楼

## 二、 中山大学的校址

### （一）文明路、中山路校址

1924年，孙中山手创国立广东大学。学校之成立，并没有新建的校园，而是选址于广州文明路原国立广东高等师范学校的校园。这个时期的校址建筑散布于今天文明路、中山路。具体地址是：高师在文明路贡院旧址（今越秀区文明路），法大在天官里后街（今越秀区法政路），农专在东山（今越秀区农林路），医大在百子岗（今越秀区中山二路，中山大学广州校区北校园）。

下面介绍文明路、中山路校址的主要建筑。

#### 1. 钟楼

钟楼坐落在今越秀区文明路215号广东省立中山图书馆，原广东高等师范学校校园内，建于清光绪三十一年（1905），因楼顶设立四面时钟而得名。钟楼所在地曾是清代的广东贡院。两广总督岑春煊，拆掉除明远楼之外的广东贡院建筑，建立广东高等师范学校。在明远楼前兴建钟楼，钟楼两侧新建了东堂、西堂。钟楼坐北朝南，是一座"山"字形的中西合璧、仿罗马古典式建筑。钟楼外墙呈淡黄色，风格高耸独特，后被用作中山大学校徽的主体图案。

钟楼

1924年，孙中山在这里创办了国立广东大学。钟楼是学校的办公机构。百余年来，钟楼见证了诸多重要的历史事件：1924年1月20日，中国国民党第一次全国代表大会在钟楼礼堂举行，因此，它也是第一次国共合作的诞生地。1924年1月至8月，孙中山十多次到钟楼礼堂系统演讲三民主义。1927年，鲁迅在国立中山大学担任文学系主任兼教务主任、组织委员会委员时，曾在钟楼工作和居住，并写下了《在钟楼上》等重要文章。1957 年钟楼被建成了鲁迅纪念馆。钟楼被列为全国重点文物保护单位。

钟楼内的礼堂

孙中山先生在钟楼礼堂讲演三民主义

## 2．明远楼

明远楼俗称"红楼"，因外墙为红色而得名，位于今越秀区越秀中路125号大院（中山大学旧址内），建于清朝康熙二十三年（1684），是广东贡院的主考楼。"明远"两字，取自《论语·学而》中"慎终追远，民德归厚矣"一语。贡院，是明清时期举行乡试的地方。中国近代史上著名人物如黄遵宪、康有为、梁启超等都曾在这里参加过考试。

1962年，明远楼被广东省公布为第一批文物保护单位。

明远楼

## 3．天文台

天文台位于越秀中路125号大院内，为钢筋混凝土框架结构，主楼建筑为西式风格。是天文系主任、留法博士张云教授提议修建，1929年建成，是广东第一座、中国第二座天文台。对广东、中国乃至全世界的天文学研究都有所贡献。1937年天文台迁往石牌校址。

1985年，天文台原址被定为省重点文物保护单位。

天文台

修缮后的天文台

### 4. 国立广东大学正门与革命广场

国立广东大学正门现为广东省立中山图书馆大门，已几次改建、重建。

穿过大门是一大片翠绿的草地，与耸立的钟楼相映成趣。这片草地曾被称为"革命广场"。在广场东侧，仍有一演讲台，当年北伐军将领曾在此发号施令。20 世纪 20 年代，广场曾爆发过许多大规模的工人运动、学生运动。在第一次国内革命战争时期，这里成为革命群众游行和集会的重要场所。

1986 年，国民党"一大"旧址（包括革命广场）被公布为全国重点文物保护单位。

今广东省立中山图书馆大门

### 5. 中山医学院办公楼

中山医学院办公楼俗称"红楼"。北校区编号为一号楼。红楼于 1916 年 11 月 25 日奠基，1918 年 3 月建成。建成之初，作为广东公医医学专门学校的医院用房。1953 年辟作华南医学院行政办公楼。1957 年后，开始用作原中山医学院、中山医科大学办公楼。

**中山医学院办公楼**

红楼由谭胜设计，红墙绿瓦，混合结构，花岗岩石砌筑基础层，楼高三层，分前后两座，建有地下室。是一座中西结合、具有欧洲古典主义建筑风格的建筑物。

红楼顶层至今保留邓小平于 1985 年 9 月 26 日为中山医科大学题写的校名。前座门柱镶嵌"医病医身医心，救人救国救世"楹联。原联为 1927 年秋由校长戴季陶撰题（现为复制品）。

1996 年，中山医学院办公楼被列为广州市文物保护单位。

### 6. 孙逸仙纪念医院门楼

孙逸仙纪念医院门楼位于越秀区沿江西路 107 号，是一座凯旋门式的西式门楼。门楼上刻着莫珉府题写的"中山医科学孙逸仙纪念医院"石匾。

2002 年，孙逸仙纪念医院门楼被列为广州市文物保护单位。

孙逸仙纪念医院门楼

### 6. 孙逸仙博士纪念碑

孙逸仙博士纪念碑立于孙逸仙纪念医院大院前庭，坐北朝南，上面刻着"孙逸仙博士开始学医及革命运动策源地"十七个金字，纪念碑右侧碑文为"中华民国二十四年十一月二日纪念大会立"。

1935 年 1 月，为纪念医院成立一百周年暨孙逸仙先生开始学医并从事革命运动五十周年，由孙科先生主持了隆重的纪念碑竖碑仪式。纪念碑见证了孙中山从学生到革命的成长史。

2002 年，纪念碑被列为广州市文物保护单位。

孙逸仙博士纪念碑

### 8. 博济楼

博济楼分前后两座，前座坐北朝南，正对"孙逸仙博士开始学医及革命运动策源地"纪念碑。大门上的"博爱、崇德、求精、奋进"八个大字是孙逸仙纪念医院的院训。后座 1934 年 6 月奠基，1935 年 6 月竣工，经费由钟荣光筹集。建筑风格体现了当时中国最新的建筑理念——新古典主义建筑风格。

博济医院

### 9. 南华医学堂

南华医学堂位于博济楼北面，是中国历史上开办的第一所现代医学院。创建于 1866 年。该建筑始建于 1902 年，次年竣工。1904 年南华医学堂在博济医院挂牌。

### （二）石牌校址

因为文明路、中山路校址，建筑分散、学院分散，不便学校的发展。经过近 10 年的实践，必须找到学校进一步发展的空间，国民政府决定在广州东郊石牌建设中山大学新校区。石牌校区始建于 1933 年，其时正值国民政府的黄金十年，许多建筑保留至今。邹鲁为建石牌新校区立下了汗马功劳。与文明路、中山路校区相比，全新的石牌校址，学校建筑设计、布局比较规范，可以从整体的规划布局上去实现某种观念和设计。

石牌曾是晚清大败法军的名将刘永福的驻军之地。刘永福（1837—1917），字渊亭，本名义，广西钦州人，"黑旗军"创建人。中法战争时，"黑旗军"曾因帮助越南政府成功抗击法国的侵略而闻名中外。刘永福曾驻军于石牌。1937 年，湖南省政府主席何芸樵捐资千元，建刘义亭以纪念（该亭现存于华南理工大学校园内）。石牌远离闹市，风景清幽，地域广阔，是一个难得的办学佳地。因筹划经费困难，邹鲁校长和董事会商量，制定了建筑新校的"六年计划"，分三期兴建。

石牌校区主要建筑物

第一期的兴建从 1933 年 3 月开始，至 1934 年秋。1934 年秋农学院、工学院、理学院三个学院由文明路旧校迁入石牌新校。同年 11 月 11 日，国立中山大学隆重举行了十周年校庆暨石牌新校落成典礼。参加庆典的师生和来宾达 6000多人。

第二期的建设从 1934 年 10 月开始，到 1935 年秋大部分工程告成。第二期校舍建成后，除医学院尚在百子路原址外，文、法二院相继迁入新校，文明路的旧校舍则全部拨给学校的附中、附小为校舍。至此，石牌新校的规模初具，当初荒山野岭，人烟稀少的石牌，突然变成了堂皇雄伟的大学校园。

第三期建设，由于经费问题一度延缓。后在学校的努力下，于 1936 年 7 月开始建设。1937 年"七七事变"爆发，中国开始全面抗战，第三期工程被迫中止。

石牌校址的建筑，采用传统与现代相结合的三段式建筑样式：第一，建筑的主体，在平面上呈方形、长方形或"工"字形等；第二，屋顶样式，通常挪用传统皇家建筑的庑殿顶，或歇山顶，现代式的建筑躯体上安放传统的琉璃瓦大屋顶，成为表征"宫殿型"的主要符号载体；第三，在建筑主体主要的门楼、台阶与正立面上附加装饰符号，一般以传统装饰符号为主，或使用传统与西洋装饰的混合式。这种建筑风格，更显出民族文化自尊的特点。关于整个校址建筑之布局，邹鲁校长在《国立中山大学新校舍记》中说："全校建筑物之位置，礼堂居中，左为文学院，右为法学院，礼堂正北为农学院，其东南为理学院，西南为工学院。礼堂之南则总理铜像巍然在目，像东为图书馆，西为博物院。礼堂东南高峰为天文台，其西南则为大门，门之左为稻作物。"不难看出，整体布局的中轴线意象相当明显，《新校舍记》还说："以言夫形势，则白云山环其侧，珠江绕其前，校内冈峦起伏，池沼荡漾，分划区段，以我国诸行省分名其区。复因各区之冈峦池沼，附以行省内山川湖泽名号，使入本校者，悠然生爱国之心，即毅然负兴国之责。"石牌校址建设，唤起爱国之心、表征民族自尊和国家自强的理念是十分清晰的。

石牌校舍用地 1 万多亩，连同林场计算在内有 4 万多亩，当时有一句流行语："中山大学，半座广州城。"大学办农、理、工等各科，实行教学、科研和生产三体结合。校长邹鲁游历 29 个国家，参观各国著名的大学，本着"不但求之中国不落后，即求之世界各国中亦不落后"的宗旨来筹建石牌新校。

中大规模宏大，到 1938 年内迁前，拥有文、理、法、工、农、医、师范 7 个学院，23 个系和研究院。

校友回忆石牌校址："石牌时代的洞天福地，是中山大学划时代的阶段。那皇宫式的建筑，那沥青的大马路，太阳把屋顶鳞瓦反射得闪闪有光，巨大的圆柱，意大利式批荡，皮鞋在土敏土（水泥地）上敲得格格地响。那绿油油的草茵切得像地毯一样，普遍地平铺着。一丛丛的细竹、芭蕉树、仙人掌，散布在转弯拐角的小径上；一座座的洋房，星罗棋布。宿舍有电灯、电话和抽水小马桶，坐着大汽车，学生进城有'巴士'。教室宿舍大礼堂的地板永远照出人来。到处都是土敏土，香花垂柳，静水幽山。总之，这儿是现代化了，科学化了。大学生高兴得说不出话来，这才是大学啊！……石牌变成美丽的桃源，教职员宿舍附近有一条笔直的马路，二行油加利树，在晚昏日斜的时候，放出一阵阵或然的香气，会令你心旷神怡。弯月形的五座学生宿舍前面，是一个大广场，广场有无数石条长凳，许多小组辩论和人约黄昏都在这儿产生出来。横在女生宿舍前面的洞庭湖，更是垂钓、泛舟、游泳的所在。"（黄仕忠《老中大的故事》，江苏文艺出版社 1998 年版，第 83－85 页。）

下面介绍石牌校址的主要建筑。

### 1. 正门牌坊

国立中山大学石牌校址正门（南门）牌坊属华表牌坊，建于 1935 年。门北现为华南理工大学（简称"华工"）校园。整座牌坊由两排共十三根方形花岗石统一组成，每排六根、中柱高、两侧渐低。牌坊匾额正面刻"国立中山大学"；背面刻文"格致、诚正、修齐、治平"。"文革"期间，牌坊遭破坏，门额上的"国立中山大学"被"为人民服务"所取代。2013 年 11 月至 2014 年 1 月，作为市政工程，恢复了牌坊昔日的风采。

国立中山大学石牌校区正门牌坊

### 2．法学院

法学院，今华工内编号为 12 号楼。位于校址中轴线左侧的山丘上，高大雄伟。四周绿枝环绕，大楼正前面有一广场，广场中央为日晷台。

法学院大楼 1934 年 11 月 11 日奠基，次年 11 月竣工。这是一栋红墙绿瓦的宫殿式建筑，中西合璧，坐北朝南，由中间的主楼和两边的衬楼组成。主楼三层，庑殿顶。二重檐，绿色琉璃瓦当，上刻"中大"二字。正门口上方刻有"法学院"。整个建筑掩映在一片绿树丛林中，给人以古朴典雅之感。两边的衬楼为歇山顶。

2007 年 7 月，该楼被列为广州市第六批文物保护单位，现为华工工商管理学院。

国立中山大学法学院

### 3．日晷台

日晷台位于法学院前面的广场中央，始建于 1936 年 11 月，次年建成，日晷台的基座为近似圆形的花岗岩三层石台。日晷台为黄铜造的等边八角形平面体，上有刻度，有一条约一米长的近似三角形的铜晷针。针影随太阳运转而移动，刻度盘上的不同位置表示不同时刻。

置于昔日法学院前的日晷台全景

日晷台

#### 4．刘义亭

刘义亭位于今华工北校区。始建于 1937 年 2 月 11 日。为河南省政府主席何键（芸樵）捐资千元所建。亭子地面用花岗岩石铺成，檐下有一亭匾，书"刘义亭"，署名为"邹鲁"。亭内中央立有一块石碑，碑文为邹鲁书写，意为勉励学生向刘永福学习，复兴民族。

刘义亭

邹鲁手书的亭牌

清末爱国将领刘永福

刘永福（1837—1917），原名业，又名义，字渊亭，清末爱国将领。今广西防城人。曾先后率军在越南抗击法国侵略者，在台湾抗击日本侵略者。同治八年（1869），任广东赐石镇总兵。辛亥革命后，曾被推为广东民团总长，不久告老还乡。刘义亭所在地梁山南麓，刘永福曾驻军于此。广州百姓为怀念他，在今白云山能仁寺前山石上刻有他上山时写下的造型奇特的"虎"字，沙河附近有永福村，广州动物园斜对面有永福路。

### 5. 校训石刻

中山大学校训石刻，又称"校训石"，位于今华工北校区。石牌校址初创时期，校址西北部的一处黄土山丘，名曰"贺兰山"，山巅横卧着硕大无比的天然巨石，阳面平滑，流线自然，约六十度角向上倾斜，背面平整陡峭，被另一块巨石稳健地承载着。因其上镌刻着邹鲁手书的孙中山先生寄语中山大学学子的"博学之，审问之，慎思之，明辨之，笃行之"的校训，故称"校训石"。石刻为1934年邹鲁书。

2002年7月，广州市政府公布中山大学石牌校址校训石为文物保护单位。

国立中山大学石牌校区校训石

### 6. 西二、西三宿舍

西二宿舍为女生第二宿舍，1935年4月动工，次年竣工。西三宿舍原为女生第一宿舍，1933年10月动工，次年9月竣工。两座宿舍均为框架结构，高三层，属中外混合式建筑风格，没有中国传统的大屋顶式结构。一直为女生宿舍。

2002 年 2 月，两楼被列入广州市第六批文物保护单位。

国立中山大学西二、西三宿舍

### 7. 工学院土木工程教室

该教室位于今华工北校区校园中轴线之西。今为华工电力学院。1933 年 3 月动工，次年 9 月竣工，框架结构，属石牌校址首期工程建筑。大楼坐西朝东，高两层，为中西合璧的宫殿式建筑。该楼包括教室、办公室、实验室、绘图室、仪器室、标本室、教授及学生会议室、会议室、休息室等。

2002 年，学院土木工程教室被列为广州市第六批文物保护单位。

国立中山大学工学院土木工程教室

### 8. 工学院机械电气工程教室

该教室位于校址中轴线之西。今为华工机械与汽车工程学院。1933年3月动工，次年9月竣工，框架结构，属石牌校址首期工程建筑。大楼坐北朝南，高两层，为中西合璧的宫殿式建筑。中国工程建筑的精华大都运用其中，整座建筑造型优美、恢宏大气。

2002年7月，工学院机械电气工程教室被列入广州市第六批文物保护单位。

国立中山大学工学院机械电气工程教室

### 9. 理学院化学教室

该教室位于今华工北校区庐山路北端。又称"华工红楼"。今为华工土木与交通学院工程管理系。

1934年10月动工，次年10月竣工。该楼坐北朝南，框架结构，楼高两层。由中间的主体及两边的衬楼组成。中间较两翼略突出，红砖墙，庑殿式顶，铺绿色琉璃瓦，瓦当上刻"中大"两字。

2002年7月，被列为广州市第六批文物保护单位。

国立中山大学理学院化学教室

### 10. 工学院化学工程教室

该教室位于今华工北校区。该楼于 1945 年抗战胜利后，改为中山大学总办公厅。1954 年归建筑系使用，又名"建筑红楼"。

1933 年 3 月至 1934 年 10 月建。该楼坐东朝西，两层结构，由中间的主楼和两边的衬楼组成，整体平面呈"凹"字形。主楼屋顶为硬山顶，衬楼为歇山顶。

2002 年 7 月，工学院化学工程教室被列为广州市第六批文物保护单位。

国立中山大学工学院化学工程教室

### 11. 东一至东五宿舍

东一至东五宿舍位于今华工北校区。为石牌校址男生第一至第五宿舍。该宿舍群史称"五座宿舍"，又有"五座楼"之称。该楼群为 1933 年至 1934 年由捐资者兴建，分别冠名"广西宿舍""中孚宿舍""芝庭宿舍"等。属中西混合式建筑风格。一直作为男生宿舍使用。2010 年 8 月起，由华工建筑设计院使用。

2002 年 7 月，该宿舍群被列为广州市第六批文物保护单位。

国立中山大学东一至东五宿舍

### 12.“国立中山大学新校舍记”石刻

该石刻于 1935 年树立于今华工二号楼东侧，四号楼前背南面北的土坎上。石刻宽 1.4 米，高 2.8 米，主要讲述当时兴建校舍的情况。石刻文字由校长邹鲁书。

“国立中山大学新校舍记”石刻

### 13.文学院

文学院大楼，今华工五号楼，位于校址中轴线东侧衡山之巅。1934 年11 月动工，次年竣工。大楼为框架结构，红墙绿瓦、左右对称的宫殿式建筑，由中座主楼和两翼附楼连体构成，主楼成“工”字形。整体坐北朝南，气势恢宏，中座高三层，以中式歇山大屋顶为特点，呈现红砖墙花岗岩石脚的三段式建筑风格。两翼附楼为两层，略前出于中座，平顶四屋檐起排。

国立中山大学文学院

门额由邹鲁题写“文学院”匾额。凸显中西合璧的建筑理念。现为公共管理学院和思想政治学院使用。

2002 年 7 月，文学院被列为广州市第六批文物保护单位。

### 14. 老图书馆

老图书馆位于校址中轴线上。1936 年 11 月动工，预计 1937 年秋建成。全国抗战爆发后，工程被迫暂停，当时仅完成了首层楼面的混凝土工程。中华人民共和国成立后，1952 年全国院校调整，中山大学迁址康乐村。由新组建的华南工学院继续兴建，1954 年 5 月竣工。原设计方案为三层半仿中国古典式建筑。新中国成立后续建，考虑到经费制约，舍弃了原有的大屋顶等造价高昂的传统建筑风格，转而采用简洁实用的现代主义风格。它作为新中国建国十周年"我国基本建设方面伟大成就的一个缩影"，于 1959 年被国家建设工程部建筑科学研究所主编的画册《建筑十年：中华人民共和国十周年纪念（1949—1959）》收录。

国立中山大学老图书馆

### 15. 体育馆

体育馆位于今华工北校区，右侧是游泳池，正前方广场上有一个大型花坛，视野开阔。1936 年 11 月动工，次年 9 月竣工。为框架结构的中外混合式建筑，分前后两部分；前部为体育馆两层辅助用房，由主楼及两边的衬楼组成；后部为室内运动场。整座楼红墙绿瓦，瓦当上刻"中大"两字，建筑富丽堂皇，气势恢宏，

中西合璧，融汇古今。现为华工保卫处办公用房。

2002 年 7 月，体育馆被列为广州市第六批文物保护单位。

国立中山大学体育馆

### 16. 东区教授住宅群

该住宅群主要集中在今华工五山东住宅社区。1936 年 5 月起陆续建造，至 1937 年 11 月先后建成，当年，该片住宅有甲、乙、丙、丁、戊、己六种设计规格，共 46 座。目前，该片住宅尚存十余座。甲、乙、丙、丁、戊五种规格为砖木结构、一层坡屋顶独立住宅，己种规格则为混合结合三层平顶现代主义风格独立住宅。

该住宅群经历了 70 多年风风雨雨，房屋数易其主，宅内门窗、隔断、地面等，虽有所变化，但总体看来，基本保存了原来的外观结构风貌，具有一定的历史文化价值。目前除少数几栋仍作居住用途外，大部分已经改造后用于办公。

2002 年 7 月，该片住宅群被列为广州市第六批文物保护单位。

国立中山大学东区教授住宅群

### 17. 研究院

研究院位于今华南农业大学（简称"华农"）校园内。1936 年 11 月 11 日奠基。整体呈"回"字形，两层建筑。大楼首层功能性用房 22 间，二楼 19 间。研究院是大学教学科研能力、水准的体现。中山大学研究院成立于 1935 年 6 月，为当时经教育部批准成立的第一批国立研究院，是继北京大学、清华大学之后的第三所大学研究院。中山大学研究院由文科研究所、教育研究所、农科研究所组成，并向全国招收研究生。文科研究所下设语文学部、历史学部，教育研究所下设教育学部、教育心理学部，农科研究所下设农林植物学部、土壤学部。首任研究院院长由邹鲁校长兼任。

国立中山大学师范学院

1952 年院系调整前，该楼为中山大学师范学院所在地。此后，曾作为华农动物医院。

2002 年 7 月，广州市政府公布该楼为文物保护单位。

### 18. 农学院农学馆

农学院农学馆，今华农三号楼。修建于 1933 年，是一座红墙绿瓦的三层宫殿式建筑，散发着浓郁的中国古典建筑气息。

1952 年全国院系调整，农学院农学馆为新成立的华南农学院办公用房。现为华农人文与法学学院办公楼。

国立中山大学农学院农学馆

### 19. 农学院农林化学馆

农学院农林化学馆是石牌校址标志性建筑之一，位于今华农校园内。现为华农二号楼，人文与法学学院办公楼。该楼始建于 1934 年，为中西合璧的三层宫殿式建筑，绿瓦庑殿顶。

国立中山大学农学院农林化学馆

## 20. 利寅楼

利寅楼，又称"利寅故居"，位于华农校园内。是一栋三层砖混结构建筑，融合中西建筑风格。一楼大门右下方有一石碑，校长邹鲁亲笔书石："利寅教授任职二十八年。戴前校长季陶先生赠与之住宅。民国二十五年一月邹鲁识。"

利寅楼

利寅（1876—1954）字寿峰，广东花都人。清朝末年官费留学英国，在伦敦大学化学与农业化学科深造。1908 年回国后，一直从事农业化学教学和科研工作，历任广东实业厅厅长、高等农林讲习所所长、国立中山大学农学院教授，为广东高等农业教育作出了杰出贡献。

邹鲁亲书石

利寅像

### 21．理学院物理数学天文教室

该教室现为华农四号楼。建于 1935 年，为一座三层仿宫殿式建筑，绿色庑殿顶，古色古香。在该楼西南方，有石坊钟亭。大楼气势磅礴，石坊钟亭造型优美，它们两两相映成辉，相得益彰，为校园风光增色不少。

现为华农思想政治理论课教学部。

国立中山大学理学院物理数学天文教室

### 22．理学院生物地质地理教室

该教室现为华农五号楼，为华农校史馆及丁颖纪念馆。建于 1934 年，大楼坐东朝西。大楼为中西合璧宫殿式建筑，楼高三层，平面呈"凹"字形，由主楼和两侧副楼组成。主楼庑殿顶，绿色琉璃正脊，两层。主楼两侧的副楼，为歇山顶，装饰风格与主楼相同。

2002 年 7 月，广州市政府公布为文物保护单位。

国立中山大学理学院生物地质地理教室

### 23. 西门牌坊

西门牌坊位于广州市区东莞庄路，邻近华工北校区北门。建于 1935 年，坐东朝西，为四柱三门石牌坊，属典型的冲天牌坊，牌坊匾额正面"国立中山大学"、背面"忠孝仁爱信义和平"均为邹鲁书。

2002 年 7 月，广州市政府公布为文物保护单位。

1935 年建立的西门牌坊

2013 年修复的西门牌坊

1931 年"九一八"事变之后，中山大学各学院都进行备战教育，进行抗日活动。十九路军军长蔡廷锴到中山大学发表演说。1931 年底，中大高中部同学成立抗日剧社。1933 年组织北上救护队。1935 年支援"一二·九"运动。1938

年，因中大校园遭日军轰炸，中大收到陕甘宁边区民众抗敌后援会、陕甘宁边区政府主席林伯渠、抗日大学校长林彪和副校长罗瑞卿以及中国学联发来的慰问电。中大为进行救死扶伤、抗日救亡活动，成立战地服务团随军服务，成立抗日先锋队等等。石牌时期的中山大学师生，为抗日救亡运动作出了重要贡献。

抗日先锋队队旗

1935 年 12 月 12 日，中大学生 3000 多人举行抗日游行

（三）抗战时期迁徙中的校址

1. 西迁云南澄江

1938 年 10 月广州沦陷，中大先迁罗定，再迁云南澄江。

国立中山大学师生奉命迁往云南澄江县

澄江县县城远眺

在澄江的校舍：

云南澄江时期的工学院原址

云南澄江时期的理学院原址

云南澄江时期的研究院和校本部原址

云南澄江时期的师范学院原址

云南澄江时期的农学院原址

云南澄江时期的法学院原址

云南澄江时期的文学院原址

云南澄江时期的医学院原址

1939 年 5 月中大医学院学生毕业前师生合影

中大学生在澄江

### 2．二迁广东坪石

　　1940 年秋天至 1943 年 4 月，中大回迁广东，运送校产 17 批 948 箱至坪石。

　　在坪石时期，除了教学、科研、为当地服务之外，学校还积极进行抗日救亡活动：服务军需征调、提供后方战时服务、组织抗日宣传活动、成立战地服务团、组织师生入伍奔赴战场、参加东江纵队等等。

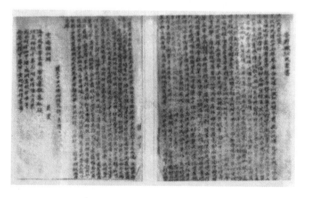

许崇清代校长的《告别澄江民众书》

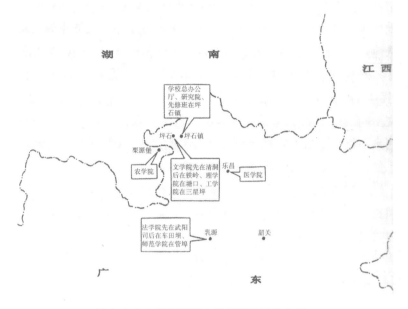

国立中山大学迁坪石办学后的院系分布图

坪石金鸡岭

乳源车田坝（法学院所在地）

1942年，理学院化学系镭社成员合影于坪石新村

1942年，工学院机械系毕业生合影于坪石三星坪

在湖南省宜章县栗源堡的农学院

1941 年，丁颖院长（第二排左六）与
农学院第 15 届毕业班同学合影于栗源堡

### 3．三迁粤东

1945 年 1 月，日军占领坪石，中大被迫第三次迁徙，分散在梅县、连县、仁化县三地办学。

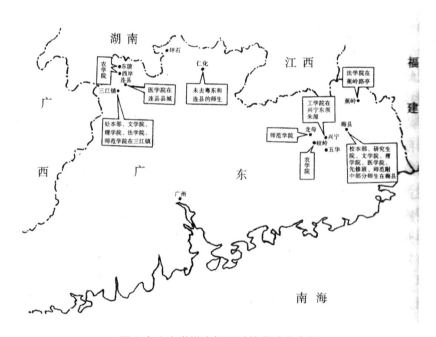

国立中山大学撤离坪石后的学院分布图

1945年6月，国立中山大学第19届工学院毕业同学合影于兴宁

### 4. 重见石牌

1945年8月15日，日本宣布无条件投降。中大经过七年颠沛流离，三易校址，终于迎来了胜利复员的日子。1945年10月成立复员委员会。主任委员为金曾澄。校址、房产及仪器回归石牌。

日军侵占中大石牌校园时印行的明信片

### （四）康乐园校址（校园）

1952年，全国高校进行院系调整。以中山大学与岭南大学文、理学院为基

础，其他院校的有关系科组成新的综合性大学——中山大学。10月2日，中山大学从石牌原址迁入康乐村原岭南大学校址。岭南大学校园，即1905年至1949年间的康乐园，引人瞩目的是其建筑风格：它的正校门在北面，面临珠江。中轴线非常清晰，建筑样式精美典雅。从小礼堂（怀士堂）经孙中山铜像、惺亭，一直到珠江边，是一条中轴线，许多红墙绿瓦的精美建筑，错落有致地分布在中轴线两旁。20世纪90年代，国家教育部门对全国各重点大学的学校环境进行评估，对中山大学的评价是8个字：通透、幽雅、自然、平实。康乐园的建筑，资金大都是来自主动捐助和校长发起募捐行动。岭南大学的性质由美国教会学校转成由华人校董会管理的私立学校。岭大建筑的捐助者，明显地分为两类人。一类是美国人，其中有医生、将军和上层妇女，也有基金会和教会、大学等机构。这一类捐助的建筑物，一般是采用中西合璧的风格——英式红砖墙为主体，中国传统屋顶为帽子的混合样式。这类建筑，基本上命名为"屋"，并通常冠以捐助者的姓氏，以某某屋为通例。另一类捐赠者，主要是海外华侨富商。这类建筑，因其体量较大，通常以"堂"命名之，如张弼士堂、陆祐堂等。凡华人捐赠的建筑，在选择中西合璧的混合样式之中又更为强调中国传统建筑的特征，大多刻意强调中国官式建筑的装饰特征。

另外，1978年中国改革开放以后，爱国港澳同胞、华侨华人，也在中山大学康乐园捐助一些建筑物。

下面介绍康乐园的主要建筑物。

## 1. 怀士堂

怀士堂，又称"小礼堂"，位于校园中轴线上。孙中山手书中山大学校训"博学、审问、慎思、明辨、笃行"矗立于它背面（南面）的草坪上。

怀士堂（正面）

怀士堂（背面）

怀士堂 1915 年动工，1917 年 2 月竣工。由美国著名的天文仪器制造家、俄亥俄州克里夫兰市华纳与史怀士公司总裁布雷·史怀士捐资修建，为纪念捐赠者，命名为"怀士堂"。1923 年 12 月 21 日，孙中山在此作长篇演讲，勉励青年学生"立志要做大事，不可要做大官"。1925 年 3 月 13 日，即孙中山辞世翌日，岭大学生在此举行悼念仪式，并号召大家投身到孙中山倡导的革命运动中去，实现先生的理想。2003 年 12 月 4 日，德国总理施罗德访问中山大学，亦在此发表演讲。

2002 年 7 月，怀士堂被列为广东省文物保护单位。

### 2. 孙中山铜像

孙中山铜像位于中轴线的中心：先生像北望白云珠水，左前为"西院"陆达理堂，右前为"东院"马丁堂，后倚怀士堂。

孙中山先生铜像

铜像由先生生前日本友人梅屋庄吉捐赠。1931 年 1 月由梅屋庄吉偕夫人乘中国军舰靖安号护送运到广州。铜像重 1 吨多，高 2.5 米，原置于石牌校园，1954 年曾被广州市人民政府借置于中山纪念堂。1956 年 11 月 12 日，被迎置于康乐园。

2002 年，孙中山铜像被列入第四批省文物保护单位。

### 3. 张弼士堂

张弼士堂在西南区 486 号，位于校园中轴线南段西侧，西大球场东侧。落成于 1921 年。为铭记与弘扬捐资人的善举，此堂用主要捐资者张秩捃父亲张弼士来命名，捐资者共 11 人。

张弼士堂

张弼士（1841—1916），本名振勋，字弼士，号肇燮。生于广东大埔，在南洋成名后，一直以"张弼士"通行。张弼士提出吸收、利用侨资的主张，并身体力行回国办厂。1894 年出资在山东烟台创办张裕葡萄酒公司，一直延续至今。1912 年后，他历任袁世凯总统府顾问、华侨联合会名誉会长等职。1915 年发起组织赴美实业考察团，筹办中美银行等。1916 年 9 月 12 日病逝于巴达维亚，孙中山手书挽联。他的灵柩从印尼运回大埔时，沿途百姓杀牲设祭，路经香港时，英国和荷兰领事馆下半旗。

张弼士是中国近代民族工业的先驱，他推动了近代中国的铁路、矿山、现代农业和现代金融业的发展。他捐资重建北洋水师，捐巨资支持孙中山和辛亥革命。一生热心社会福利和教育事业，晚年立下遗嘱，要捐助岭南大学，张弼士堂就是遵照他的遗言修建的。

2002 年 7 月，张弼士堂被列入省文物保护单位。

### 4. 惺亭

惺亭是康乐园中轴线上的标志性建筑物之一。掩映于绿树当中，环境优美，亭中央悬吊着一个巨大铜钟，因而又名"钟亭"；又因纪念三位殉国烈士而建，故有烈士钟亭的尊称。

惺亭

为什么又称"惺亭"呢？惺亭于1928年落成，是原岭南大学"惺社"毕业生为纪念母校史坚如、区励周、许耀章三位烈士所捐建。史坚如为兴中会成员，1899年入读格致书院。次年10月为配合惠州三洲田起义，他欲炸两广总督府和总督德寿，未果，后被捕，英勇就义。孙中山称他是"为共和革命牺牲第二个健将"。岭南大学教员区励周和学生许耀章，因参与1925年6月23日反英示威游行，在沙基惨案中遇难。惺亭寄托了20世纪初革命青年追求民主、期盼中华觉醒的爱国情怀。

亭上牌匾，由商承祚教授于1981年秋题写。

2002年，惺亭被列入省文物保护单位。

### 5. 乙丑进士牌坊

乙丑进士牌坊位于康乐园中心轴线西面，与惺亭、八角亭和图书馆等，构成康乐园的横轴线。

乙丑进士牌坊

牌坊建于明崇祯八年（1635），为表彰天启年间广东梁士济、李觉斯、罗亦儒、吴元翰、岑之豹，尹明翼、高魁等七位进士所建。中间上方石额刻"乙丑进士"四字，下刻梁士济等七位进士的名字。

乙丑进士牌坊与盛世直臣牌坊、承恩五代牌坊、奕世台光牌坊、戊辰进士牌坊一道，构成晚清时期广州市区街上五座牌楼。乙丑进士牌坊原立于市区解放中路，20 世纪 40 年代因道路扩建，市内几座牌坊需迁移，该牌坊由当时岭南大学接纳安置于康乐园格兰堂西面，后遭人为损毁，现牌坊于 1999 年重建。

2002 年，乙丑进士牌坊被列入省文物保护单位。

### 6. 哲生堂

哲生堂又称"工学院"，西北区 571 号，位于校园中轴线西北侧，与荣光堂隔大道相望，邻近北校门。哲生堂 1929 年 11 月 29 日动工，1931 年 8 月竣工。为国民政府铁道部拨款。1927 年岭南大学收归国人自办，孙科出任第一届校董会主席。

**哲生堂**

孙科（1891—1973），字哲生，孙中山之子，与钟荣光校长交情浓厚，对岭南大学有感情。1929 年，孙科任铁道部部长。国民政府铁道部为培养铁路及公路专门人才，委托岭南大学筹办工科学院。经钟荣光与孙科商议，并由铁道部派林逸民来岭大接洽，双方订立了条约，规定了学院的名称、性质、地址、经费等诸多事宜。为铭记孙科的鼎力支持，命名为"哲生堂"。该堂是一座以个人命名的非个人捐建楼宇。

该建筑坐南朝北，绿瓦蓝脊，采用西方古典主义的构图原则来组合中国古典建筑构图元素，表现了皇家宫殿建筑的风格。匾额由商承祚教授于1982年题写。

2002年，哲生堂被列入省文物保护单位。

### 7．黑石屋

黑石屋位于校园中轴线东侧，怀士堂东北，编号东北区306号。落成于1914年，由美国芝加哥伊沙贝·布勒斯顿（Blackstone，意为"黑石"）夫人捐建。内部设计颇具美式风格，外观独特，错落有致，环境优雅。

黑石屋

黑石屋最初为岭南学校教工宿舍，后为岭南大学首位华人校长、著名教育家钟荣光的寓所。现为中山大学贵宾楼，提供五间客房。

2002年，黑石屋被列入省文物保护单位。

### 8．麻金墨屋一号（陈寅恪故居）

美国芝加哥麻金墨夫人为纪念夫君，捐赠了两栋建筑，分别命名为"麻金墨屋一号"和"麻金墨屋二号"。

麻金墨屋一号，东北区309号，捐建于1911年。北与格兰堂隔草坪相望，现为陈寅恪故居。坐南朝北。为两层建筑，也有地下室。建成之初，是岭南学堂附属中学校长、岭南大学图书馆馆长葛理佩的住宅。后陈寅恪、周寿恺、王起、杨荣国、容庚、商承祚等都曾在此居住。2009年11月12日辟为陈寅恪故居，楼匾为饶宗颐所题。2012年3月，陈寅恪座像安置于门口草坪。

陈寅恪是著名史学大师，与陈垣并称"史学二陈"。从1953—1969年居住于此，在这里度过他生命的最后16年，《论再生缘》《柳如是别传》均成稿于此。

麻金墨屋一号（陈寅恪故居）

### 9. 麻金墨屋二号

麻金墨屋二号，建于1913年，东北区280号，西邻怀士堂。为坐南朝北的两层建筑，兼有地下室和阁楼。外观为殿宇式。最初为清末秀才、岭南学校国文教授陈辑五的住宅。1931年成为岭南大学副校长李应林的住宅。现为中山大学工会、教职工代表大会常设委员会办公用房。

2002年，麻金墨屋一号、二号均被列为文物保护单位。

麻金墨屋二号

### 10. 马丁堂

马丁堂又名"东院"，位于校园中轴线东侧。1904年岭南学堂迁入康乐园伊始，岭南学堂美国纽约董事局出售自己的证券筹资兴建。

**马丁堂**

马丁堂，是一座中西合璧的建筑，完整地见证了岭南大学和中山大学的时代变迁。岭南学堂从澳门迁回广州并落户康乐村时，仅有木板屋两栋作为临时校舍之用，马丁堂是岭南大学迁入康乐园后建的第一栋永久性建筑，也是第一栋由硬质红砖建起的楼房。以马丁堂为开端，红墙绿瓦成为康乐园内建筑风格的基调。马丁堂还是中国较早的钢筋混凝土建筑，在中国建筑史上具有重要地位。建成之初，被称为"东院"，与西面的"西院"陆达理堂相对，为了纪念建校捐资最多的美国辛辛那提工业家亨利·马丁先生，命名为"马丁堂"并沿用至今。

马丁堂建成后，便成为岭南大学主要的教学和办公场所。中山大学迁入康乐园之后，马丁堂为图书馆，直至1982年。现在是人类学系的办公楼，南面门楣上的题词"中山大学人类学系"为费孝通所题。南立面左下角墙体镶着凿有AD1905字样的岩石和一幅照片，照片为1912年孙中山首次莅临岭南学堂时所摄。当时，孙中山在马丁堂前向岭大师生们作了热情洋溢的演讲"非学问无从建设"，鼓舞岭大人奋发图强。南面正门正前方安放着一座石狮雕像，它是钟荣光先生从一个被拆除的庙宇中找来的，此石狮为典型的"南狮"形象，蹲姿回首，脚踩一头小狮子，口含飘带，生动灵巧，肌肉部分处理柔韧而富有弹性，强调线条的流动感。雕像采用了圆雕、浮雕、线雕等技法。2014年学校90周年庆典之际，该石狮形象被学校确定为吉祥物（岭南狮）。

2002年，马丁堂被列入省文物保护单位。

### 11. 荣光堂

荣光堂在东北区 350 号，位于校园中轴线东侧，邻近北校门，与哲生堂隔校园大道、草坪相影成衬。

荣光堂 1921 年设计，1924 年落成。建筑资金主要由岭南大学学生利用假期等时间，在省港等地募捐。竣工后，为纪念钟荣光校长的卓越贡献，命名为"荣光堂"，后由容庚题字。荣光堂与爪哇堂（第一寄宿舍）、陆祐堂（第三寄宿舍）同时为大学寄宿舍。荣光堂的建成，解决了当时岭南大学学生宿舍不足的困境。

2002 年，荣光堂被列入省文物保护单位。

荣光堂

### 12. 马应彪招待所

马应彪招待所，又名"迎宾楼""马应彪招待室"，东北区 388 号，位于校园中轴线东侧。

由岭南大学首位华人校董、先施百货创办人马应彪于 1922 年捐资建成，作为招待宾客聚会使用。1904 年，岭南大学由澳门迁回广州，为吸引更多中国学生，学校有意聘请一些有名望的中国学者任教。为解决教员的住宿问题，马应彪带头捐建了马应彪招待所，开创了独资捐建整座建筑之先河。与此同时，马应彪还以其夫人的名义建立了马应彪夫人护养院，并同林护、蔡昌等十名侨商，捐建了十友堂。

马应彪招待所原为两层，可容纳五六十名宾客。1989 年马应彪之子马文辉捐资增加了一层，仍保留了原有的建筑设计风格。现为中山大学金融工程与风险管理研究中心。正门石匾由商承祚所题。

2002 年，马应彪招待所被列入省文物保护单位。

马应彪招待所

### 13. 马应彪夫人护养院

马应彪夫人护养院位于怀士堂东侧，建于 1919 年，由马应彪捐资兴建，供岭南大学师生就医留诊之用。为纪念夫人霍庆棠女士，特命名为"马应彪夫人护养院"。

马应彪夫人护养院

马应彪先生为广东香山县人，早年在澳洲开果店致富。1900 年在香港创办先施公司，首创商品标价出售、聘用女售货员的先河。1910 年先施公司在上海开设分公司，成为民国时期上海名噪一时的四大百货公司之一，被誉为"中国百货业的先驱"。

马应彪对中国农业发展尤为关注，在他和钟荣光的影响下，岭南大学农学院和农职班才得以开办。还令其次子马文甲在岭南大学就读农科。

该建筑现为中山大学附属孙逸仙纪念医院南校区门诊部。

2002 年，马应彪夫人护养院被列为省文物单位。

### 14. 格兰堂

格兰堂在东北区 333 号，因楼顶设置大钟一口，俗称"大钟楼"，位于校园中轴线以东。落成以来，至 21 世纪初，主要作为学校行政大楼，与东面的积臣屋党委办公楼，构成学校的管理中心。

格兰堂 1915 年奠基，次年 6 月竣工。建楼资金由美国纽约商人肯尼迪（Kennedy，又译"干尼特"）夫人捐建，后肯尼迪夫人的姐姐苏夫勒夫人捐资购买家具。为铭记对岭南大学作出重大贡献的董事会成员格兰先生，根据捐资者的意愿，大楼命名为"格兰堂"。

马应彪夫人霍庆棠女士像

格兰堂坐北朝南，红墙绿瓦，为中式单檐庑殿式建筑，适当糅合西方建筑元素，屋顶清式龙吻脊正中，建有重檐八角攒尖顶式钟楼，设计精美而独具匠心。大钟楼本为两层，20 世纪 60 年代初，因楼顶破损，进行了维修，在保持原建筑风格的基础上加建了一层，并将木屋顶改为钢筋混凝土建筑。1984 年，澳门知名人士梁尧琚捐资购买日本精工石英韵律报时系统一套，安置于格兰堂楼顶，以贺中山大学 60 周年校庆。

2001 年新行政大楼"中山楼"投入使用后，格兰堂的使用单位有招生办公室、教育发展与校友事务办公室等。

1999 年起，格兰堂被列入省文物保护单位。

格兰堂

### 15. 新女学

新女学又称"广寒宫"，东南区 210 号，位于园东湖畔，邻近东校门。落成于 1933 年 9 月，由广东信托公司工程部黄玉瑜设计。资金由岭南大学美国基金会向美国友人募捐，以及钟荣光校长在广东发动华人妇女认捐而得。

新女学

新女学为三层建筑，另有地下室和阁楼。坐南朝北，东西两翼各有一个中式门楼。其立面保持了中国古典宫殿建筑的台基、屋身、屋顶的三分构成。屋顶覆盖绿色玻璃瓦。整个建筑让人一睹难忘，尽显中国宫殿式建筑的恢宏气势。现为中大女研究生宿舍。

2002 年，新女学被列入省文物保护单位。

### 16. 卡彭特楼

卡彭特楼又称"旧女学""女生第一宿舍""岭南医院护士学校"，东北区 378 号，位于松园湖畔。

卡彭特楼

卡彭特楼于 1911 年兴建，费用来源于美国纽约豪拉斯·卡彭特将军为岭南学校董事会留下的一笔遗产。为纪念捐赠者，命名为"卡彭特楼"。卡彭特楼为三层建筑，悬山式屋顶，另有地下室。原楼西侧现加建一栋三层楼，有走廊与原楼连接。

岭南大学在 20 世纪初就开始招收女学生，但由于尚未设立女生宿舍，女学生最初均寄宿于钟荣光寓所。卡彭特楼建成后用作女生第一宿舍，相对于 1933 年兴建的女生宿舍，此楼又称"旧女学"。

1934—1936 年，此楼用作岭南医院护士学校。1940 年，岭南大学历史与政治科学系博士曾在此居住。曾为植物学家、中国科学院学部委员陈焕镛（1890—1971）创建的植物研究所所在地。现为中山大学珠江水利委员会等单位所用。

2000 年，卡彭特楼被列入广州市近现代优秀建筑群体保护名录。

### 17. 美臣屋一号（陈序经故居）

美臣屋一号又称"47 号住宅""陈序经故居"，东北区 319 号，位于校园中轴线以东马岗顶，在图书馆的东北。

美臣屋一号（陈序经故居）

为美臣捐建的两栋教师住宅之一，落成于 1919 年。为两层建筑，坐南朝北，红墙绿瓦，为单檐歇山式建筑，另有地下室和阁楼。北门建有门亭，挂"陈序经故居"牌匾。

岭南大学校长、中大副校长陈序经，数学系许淞庆教授、梁之舜教授，都曾在此居住。陈序经在国内外学术界享有盛誉的百万字学术巨著《陈序经东南亚古史研究合集》就是在此完成的。2004 年 9 月，在此屋南门立石碑纪念陈序经，将此屋命名为"陈序经故居"。

2002 年，美臣屋一号被列入省文物保护单位。

### 18．美臣屋二号

美臣屋二号又称"19 号住宅"，位于校园中轴线东侧，神甫屋（又称"马利诺堂"）西侧，东北区 304 号。建于 1919 年至 1920 年间，是美臣捐资的两栋教师住宅之一。1936 年前后，为岭南大学历史政治系教授兼系主任包令留住宅。现为中山大学廉政与治理研究中心。

2002 年，美臣屋二号被列入省文物保护单位。

**美臣屋二号**

### 19. 宾省校屋

该屋为美国宾夕法尼亚州（旧称"宾省"）州立大学来华职员宿舍，又名"宾省大学屋"，又称"许崇清故居"，东北区 317 号，位于校园中轴线以东马岗顶，在图书馆东面，伦敦会屋的西面，韦耶孝实屋的南面。

**宾省校屋（许崇清故居）**

宾省校屋于 1920 年竣工，由宾夕法尼亚州立大学出资捐建，命名为"宾省大学屋"，作为宾省代表的住宅。为当时任农学院院长高鲁甫的住宅。许崇清校长曾在此居住，当年学校若干重大决策在此商谈，许校长晚年论著《人的全面发展的教育任务》亦在此完成。2004 年 9 月立石碑纪念许校长，将此屋命名为"许崇清故居"。现为中山大学历史人类学研究中心。

2002 年，宾省校屋被列入省文物保护单位。

## 20．陆达理堂

陆达理堂又名"史达理科学纪念大楼"，又称"科学馆""西院"。陆达理堂在西北区 536 号，位于校园中轴线西侧，与马丁堂呈一线分列于中轴线东西两侧。

陆达理堂

1926 年动工，1928 年落成，是史达理夫人为纪念她的丈夫，与美国洛克菲勒基金会共同捐建的。此堂是岭南大学开办以来第一座真正的理科实验楼，主要作为理学院的教学研究用房，供生物、化学、物理三个系共享。当时岭大理学院设于此楼。四层建筑。另有地下室，坐南朝北。现为化学与化学工程学院使用。

2002 年，陆达理堂被列入省文物保护单位。

## 21．陆祐堂

陆祐堂又名"陆佑堂"，西北区 565 号，位于校园中轴线西侧。

1930 年动工，1931 年落成。由黄容康、黄容章兄弟捐资。陆祐先生是黄氏兄弟的先祖，命此楼为"陆祐堂"。四层建筑，另有阁楼，歇山单檐式琉璃屋顶。外观仿宫殿式。建成后用作岭大第三学生宿舍。20 世纪 80 年代前后为地理系大楼，现为信息科学与技术学院电子系教学大楼。"陆祐堂"额匾为 1981 年商承祚题写。

陆祐堂

2002 年，陆祐堂被列入省文物保护单位。

### 22．爪哇堂

爪哇堂在西北区 555 号，位于校园中轴线西侧，与陆祐堂相邻。

爪哇堂

1904 年，岭南大学由澳门迁到广州，初搭建木屋作为临时校舍，后木屋改建为马丁堂，作教学楼使用，而宿舍尚无着落。为此，钟荣光校长 1919 年赴爪哇各地筹款修建宿舍。此堂 1920 年动工，为纪念爪哇华侨的赤诚，将宿舍命名为"爪哇堂"。建筑风格为中西结合，中式风格主要体现在屋顶的造型采用双层屋檐。落成后一直作为学生宿舍，2004 年改为物理系办公用房。"爪哇堂"楼匾为容庚题写。

2002 年，爪哇堂被列入省文物保护单位。

### 23．十友堂

十友堂在西北区 537 号，位于校园中轴线西侧，东邻陆达理堂。

十友堂

1928年动工，1929年落成。由马应彪、林护等十名华人捐资兴建，故命名"十友堂"。三层建筑，另有地下室。坐南朝北，采用双层屋檐。"十友堂"楼匾为容庚题写。

1917年岭南大学始设农业课程，次年在原来农学短期培训班的基础上设立农学部，正式接收修读农学的学生。1921年将农学部扩充为岭南农科大学。1927年岭南大学由国人主理，钟荣光为校长，农科大学遂成为岭南大学的一个学院，培养了不少农学人才。"十友堂"落成时为农学院行政及系务办公场所。现为物理系使用。

2002年，十友堂被列为省文物保护单位。

以下是1978年中国改革开放以后，爱国港澳同胞、华侨华人，在康乐园兴建的主要建筑。

### 24.梁銶琚堂

梁銶琚堂又称"大礼堂"，是改革开放后内地高等学校接受港澳同胞捐资兴建的第一栋建筑。1982年动工，1984年建成。大礼堂内设有会议厅、贵宾厅、花园，首层座位1400个、楼座600个，合计座位2000个。1985年被评为广东省优质样板工程。每年许多师生员工集会和大型学术会议在此举行。

梁銶琚堂

梁銶琚（1903—1994），广东顺德杏坛北头人。香港恒生银行常务董事，大昌贸易行执行副董事长，香港十大慈善家之一。梁先生的宗亲梁钊韬教授执教于中山大学人类学系，两人常有书信往来。梁钊韬在一封信中说，中山大学人类学系历史悠久，发展势头很好，当时影响发展的主要问题是没有融合教学、科研、实践等多方面功能于一体的独立教学大楼。梁銶琚派人到中山大学考察，得出结论，梁钊韬反映情况属实。学校领导与梁銶琚先生沟通，从学校层面来说，最为迫切的是建一座大礼堂，满足全校会议及大型学术活动的需要。最后学校将我国第一栋钢筋混凝土建筑马丁堂分配给人类学系使用，梁銶琚决定捐建大礼堂。中山大学立的《梁銶琚堂记》中说："海涯岭表，咸谓先生龄高德重"，"爱乡报国之心，共襄兴学育才之举，垂范垂式，可钦可则"。

### 25. 冼为坚堂

冼为坚堂内为中山大学高等学术研究中心，堂内竖立着杨振宁的铜像。杨振宁与冼为坚有什么关系呢？

冼为坚堂

杨振宁祖籍安徽凤阳人，1922 年生，1942 年毕业于西南联合大学物理学系。著名物理学家，现任清华大学高等研究院教授，中山大学名誉教授。1957 年与李政道共同获选诺贝尔物理学奖，是最早获得诺贝尔奖的二位华人。杨振宁对中山大学的一项重要建树就是在香港成立中山大学高等学术研究基金会，并亲自担任董事会主席，筹集资金，支持中山大学高等学术研究中心开展一些基础学科学术研究。自 1983 年至 2004 年，冼为坚投入资金达到 2000 万港元，包括兴建4000 平方米的研究中心（即冼为坚堂，因冼为坚捐款最多，故命名为"冼为坚堂"）；资助的学科有数学、理论物理、古文字学、考古学、民俗民族学等。基金会给予的这些学科资助，无疑是雪中送炭。

### 26．英东体育馆

20 世纪 80 年代初，中山大学一直想建一座体育馆，因资金紧缺而无法实现。全国政协副主席、香港著名爱国实业家霍英东先生得知此情况，马上决定捐资 3700 万港元，在中山大学兴建现代化体育建筑群，包括英东体育馆、田径运动场、网球场、综合球类场、游泳场和管理办公楼。1984 年 11 月 11 日，中山大学隆重庆祝建校 60 周年，同时举行了英东体育馆奠基典礼。1988 年秋，英东体育中心落成，中山大学立《英东体育中心落成记》，云："我校名誉博士霍英东先生，商界巨擘，爱国名流，为振我体育，翼我雄风，赠我巨资，起我宏图"，"溯自中心奠基以还，英东博士育才心切，爱校如家，亲临敦督，以底于成，其行可则，其情可感"。后来，在霍英东的积极倡议下，国家教委于 1990 年 1 月，在中山大学成立第一个"中国大学生体育训练基地"。该基地为中山大学培养了许多高水平运动员。

英东体育馆

### 27．善衡堂

1985 年，何善衡捐资 2000 万港元，在中山大学建立何氏教育基金会，支持中山大学管理学院的教学、科研、师资培训及学术活动。为管理学院新建了高标准的教学科研办公大楼——善衡堂，何氏教育基金会出资购置了数十台计算机，并资助师生们出境参加各式各样的培训活动，推动管理学院成为华南影响力较大的经济发展与管理研究中心。凭借何氏教育基金会的支持，加上管理学院自身水平的不断提高，学院先后得到 EQUIS 和 AMBA 两项国际认证，跻身国际著名商学院之列。

善衡堂

　　何善衡还在南校园建造善衡楼，以解决管理学院中青年教师的住宅问题。在北校园建造了以其母命名的何母刘太夫人中心实验室和中山大学附属一院住院大楼善衡楼。

　　何善衡（1900—1997），祖籍广州市海珠区石溪村。恒生银行、何梁何利基金的创始人，"恒生指数"的编制人。先后获得 MBE、OBE 和 CBE 勋衔，香港中文大学荣誉社会科学博士衔和荣誉法律博士衔，中山大学荣誉博士衔，中山大学荣誉顾问衔等荣誉职衔，以及获颁泰国白象勋章、日本瑞宝章。1993 年广州市授予其荣誉市民称号。

### 28. 曾宪梓堂

　　曾宪梓，广东梅县扶大区珊全村人，1938 年生。幼年丧父。1957—1961 年就读于中山大学生物系。1963 年赴香港。1990 年秋，曾宪梓捐资兴建的"曾宪梓堂"落成，中山大学立《曾宪梓堂记》，云："后定居海外，挈妇将雏，胼手胝足，有胆有识，克俭克勤，创建金利来及银利来有限公司，任董事长。经营十载，蜚声宇内，获'亚洲领带大王'之誉。春云舒展，鸿业有成，先生饮水追源，复思需泽桑梓；于康乐园一草一木，尤系深情。斯堂之建，先生殚思竭虑，求实求精。"曾宪梓对母校中山大学情谊深厚，除捐建曾宪梓堂，还捐建了曾宪梓堂南院、中山大学党政办公楼中山楼和生物系教工住宅曾宪梓楼。此外，还设立了曾宪梓奖学金，支持中山大学品学兼优的在校学生。

曾宪梓堂

1992 年，曾宪梓与教育部合作，捐赠 1 亿港元设立曾宪梓教育基金会；2004 年捐资 1 亿港元设立曾宪梓载人航天基金；2008 年，捐资 1 亿港元设立曾宪梓体育基金会。到 2015 年底，曾宪梓给内地在教育、体育、航天等方面的提款累计达到 11 亿元人民币。

1994 年 2 月 2 日，中国科学院紫金山天文台为表彰曾宪梓对国家和人民作出的重大贡献及其高尚情操和奉献精神，商定将该台发现的"3388 号"小行星，命名为"曾宪梓星"。

曾宪梓于 1997 年获得中国香港特区政府紫荆奖章，任第八至十届全国人民代表大会常务委员会常委、金利来集团有限公司董事局主席、中华全国工商业联合会副主席、中山大学名誉博士。2008 年被评为"改革开放 30 年——中国企业改革十大杰出人物"。

### 29. 永芳堂

1990 年，为纪念中国近代史开端 150 周年，香港南源永芳集团董事长姚美良捐资创办中山大学"近代中国研究中心"，以及兴建永芳堂（也称为"孙中山纪念馆"）。作为永芳堂的有机组成部分，近代中国十八先贤铜像广场随后建设，在中山大学建校 70 周年（1994 年）之际落成。十八先贤是林则徐、魏源、黄遵宪、邓世昌、康有为、梁启超、章炳麟、蔡元培、孙中山、洪秀全、容闳、冯子材、严复、谭嗣同、秋瑾、詹天佑、张謇、黄兴。这十八先贤在中国内忧外患的近代，为国家独立富强、为人民自由幸福而前仆后继，付出了艰苦卓绝的努力。

2019 年改建前的永芳堂及十八先贤铜像广场

  姚美良祖籍广东梅县，是已故马来西亚侨领姚永芳之子，为纪念其父，命该堂为永芳堂。姚永芳始终心怀祖国，关爱乡梓，教育子女说："炎黄子孙在海外不管怎样有钱和有地位，如果祖国不富强，也是抬不起头来的，更不用说扬眉吐气了。"姚美良在铜像落成典礼致辞中说："中华民族是一个不甘沉沦的民族，是一个奋发向上的民族，一个充满希望的伟大民族！我们海外华人，世世代代都以此为自豪，并以此作为不断奋斗的精神支柱。"永芳堂和十八先贤铜像广场曾是一个进行爱国主义教育的场所。

2021 年改建后的永芳堂正面

2021 年改建后的永芳堂侧面

### 30. 马文辉堂

马文辉（1905—1994），广东中山人，马应彪哲嗣。曾就读于岭南大学附属小学、附属中学，后遵父愿辍学从商。马文辉从小受其父马应彪熏陶，爱国爱乡，常思报国。尝谓振兴中华，宜倡教育与科学民主。中国改革开放后，率先重游康乐，睹物思人，亲情愈切，乃扩建其父母所捐的马应彪招待所及马应彪夫人护养院。

马文辉生前了解到，中山大学生物标本库存量为全国最大，却没有合意的收藏与陈列场所。其夫人卢雪儿女士遵照马文辉遗愿，热心支持，捐资兴建马文辉堂。该堂于 1995 年 11 月奠基，1996 年 12 月 21 日落成，用作生物博物馆。生物博物馆下设三个标本室。现在，植物学标本室拥有植物标本 20 万份；昆虫标本室拥有昆虫标本 42 万份；动物学标本室拥有鸟类、兽类、鱼类以及无脊椎动物标本 3 万多份。1996 年，中山大学立《马文辉堂记》，云："斯堂巍然屹立，气象轩昂，遂使我园宇增辉，科研添翼。"先生刚直不阿，一身正气，师

马文辉堂

生景仰其高风亮节，置铜像于堂内，"俾莘莘学子仰高风而知盛德云"。

### 31. 伍舜德图书馆

伍舜德（1912—2003），广东台山市四九镇塘虾村人。11 岁时父亲去世，母亲遵丈夫遗嘱将他送到岭南大学附属小学读书。后来先后考入岭南大学附属中学、岭南大学商业经济系。在大学学习期间，他好学不倦，成绩优良，又乐于助人，服务团体。1935年毕业，在大学毕业典礼上，岭南大学教授黄延毓这样评价伍舜德："所谓典型的岭南学生吾于君得之矣，愿后之来者，以君为模范。"大学毕业后，供职于香港陆海通有限公司。1956 年创建美心餐厅，

伍舜德图书馆

后来发展为美心集团，属下数百间中餐、西餐、快餐、饼店，业务遍布香港地区及东南亚，位列香港饮食界前列。任香港美心食品有限公司董事长兼总经理，中山大学岭南（大学）学院名誉董事。

1980 年初春，伍舜德、马兰芳夫妇等到内地旅游、考察，由此触发了他"民富国强，教育为本"的思想。在家乡捐资兴办文化教育事业，累计达 6000 多万港元，建起从幼儿教育到高等教育的"一条龙"教育设施，形成了"伍舜德文化教育系列"。

1995 年，伍舜德捐资兴建中山大学岭南（大学）学院伍舜德图书馆。以创建国内中小电子图书馆为发展方向，1996 年 9 月，正式向岭南学院读者开放，并服务于中山大学和社会。其使用面积为 5000 平方米。2005 年 9 月，中山大学进行图书资料系列人事制度改革，将伍舜德图书馆并入图书馆系统，定名为"经济与管理学科分馆"，并保留原名"伍舜德图书馆"，由中山大学图书馆和岭南（大学）学院合作共建。经过多年的努力，目前成为拥有 102 个电脑检索口的电子图书馆。伍舜德还在中山大学珠海校区捐资兴建伍舜德国际学术交流中心，以方便国际学术交流。

## 三、 中山大学掌门人留给我们的治校精神财富

从 1924 年算起，中山大学至 2016 年，已有 92 年的历史。一所大学的发展，

与其掌门人是分不开的。不算前身学校，仅中山大学和原中山医科大学的历任正副校长、书记就有近 180 人。这些人都有可圈可点的功绩。我今天只谈邹鲁、许崇清、钟荣光①、陈序经四人，谈谈他们分别给我们留下什么样的治校精神财富。

### （一）邹鲁：中山大学的奠基者和开拓者

邹鲁（1885—1954），原名邹澄生，字海滨，号澄庐主人，因自感天资鲁钝、学业进步迟缓而希望有所警惕，改名为邹鲁，广东大埔人。

邹鲁一生追随孙中山革命，1905 年加入中国同盟会，留学日本早稻田大学，加入中华革命党，深受孙中山器重，曾任大总统特派员。邹鲁著作等身，以 200 万字的《中国国民党史稿》代表作，奠定他国民党党史研究专家的地位。

邹鲁两次掌管中山大学。第一次是 1924 年创建学校到 1925 年 11 月，因参加"西山会议"，而被国民党开除出党，免去校长职务；第二次是 1932 年 2 月至 1940 年 4 月。前后两次掌门中山大学，共 10 年之久。他给我们留下的治校精神财富，可以概括为以下几点。

邹鲁像

一是开拓精神。

1924 年孙中山任命他为国立广东大学筹备主任，继而任命为国立广东大学校长。在中国教育史上不做高官做校长的人不多，但中大就有两位，一位是邹鲁，一位是冯乃超。

这个时期，他的办学方针是确立本科意识，创建大学规范。筹备处成立时，首先制定了《大学筹备处之组织》大纲共 10 条。根据孙中山《大学条例》8 条规定，8 月 22 日制定了《国立广东大学规程》，于 9 月 1 日开始实施。邹鲁筹备国立广东大学半年时间，通过了 88 件决议案，许多章程都是在没有任何可参考的情况下创建的。重视规范化管理，是邹鲁重要治校方略之一。

对学科改造和专业建设，从一开始就确立了真正意义上的本科意识。根据合并的四校（有些是专科学校）的情况，改造成文、理、法、医、农本科专业，按正规本科大学模式创办国立广东大学。专门成立 6 个委员会研究各科系的课程设置和设备建设。学校筹备到招生，各项规章制度陆续建立，从组织制度、学制和科系、课程设置，教职工的聘用与待遇，到学生管理制度，都相应建立。这些

---

① 钟荣光执掌的岭南大学，后成为中山大学的组成部分，从这个意义上，将钟荣光列入。

都具有开拓性。

1932 年 2 月到 1940 年 4 月，邹鲁第二次掌管中大，也有许多开拓性的举措。

譬如选择新校址。国立广东大学成立时，校址是在现在的文明路广东省立中山图书馆，地方小，不便发展。1925 年孙中山命邹鲁选择石牌五山官地筹建新校园。当时划定新校址有 27187 亩。因财政困难，没有完全到位。至 1936 年时，校园面积已扩展至 12100 多亩（不含林场在内）。邹鲁开始拟定计划，筹备建设石牌永久校址。邹鲁把它定位在"不但求之中国不落后，即求之世界各国中亦不落后"，根据世界一流大学的标准来建设。为了筹款建设新校园之艰辛，邹鲁在回忆录中写道："当时焦头烂额的情形，真非笔墨所能形容。我曾对学生说，为了筹款，除没有叫人爸爸和向人叩头外，可说一切都已做到。"这并非戏言，而是实在的情形。

新校区建设有长远的规划，布局合理，各学院自成一区，为今后的发展留有充分的余地。石牌时期的中山大学规模雄伟、宫殿式建筑群特具民族风格，在中国及至世界高校史上都是不可多得的大手笔，受到海内外人士的交口称赞。在建筑校舍的同时，"凡植竹木果树二百万株有奇，复辟道路至白云山林场，联贯为一。林场种树约 160 万余株，是不特可增河山之美丽，而资全校员工之修养，亦有足多焉。"石牌校址的建设，表现出的石牌精神，正是邹鲁在石牌所立的碑记上刻着的"筚路蓝缕，以启山林"。

二是按现代学术分类办学，使中山大学成为全国三所研究型大学之一。

中国传统的学术是经、史、子、集。邹鲁第二次执掌中山大学，在新修订的《国立中山大学大纲》中确立以"研究高深学问，培植专门人才，发展社会文化"作为办学宗旨。努力引进优秀人才，创办研究院，发展学术交流，为中山大学成为当时在国际上有影响的大学，做了一些重要的奠基性工作。

邹鲁在中山大学建立了文、理、法、医、农等学院，这就是现代的学科体系。在中山大学建立研究院，招收研究生，出版刊物，使中山大学跻身于与北京大学、清华大学鼎足而三的有研究院的国立大学之一。邹鲁兼任首届研究院院长。研究院下设三个研究所：文史研究所，1932 年聘请朱希祖为主任，出版《文史月刊》等刊物；教育研究所由庄泽宣创办，出版《教育研究》月刊，在国际上有相当大的影响，1934 年被中国教育学会邀请为团体会员；农科研究所、研究院的成立，使中山大学一跃成为全国三所研究型大学之一，居全国名牌大学前茅。

三是根据学科需要，延揽学术人才。

邹鲁从筹备处开始就努力向国内外延揽人才，筹备处的 35 位人员中就有 31 位有国外留学经历。1924 年 7 月，聘请的著名学者哲学有张真如（英美两国哲学博士），生物学有费鸿年，国学有谢无量，理科有周鲠生、皮宗石，教育学有许崇清，经济学有周佛海。1932年到1940年重新掌校之后，招揽著名教授来校任教成为每年的常务工作。这时期聘请的教授有沈刚伯、周谷城、朱显桢等几十位。这些教授，不少人在中华人民共和国成立后，陆续当选为中国科学院各学部委员（院士），如陈焕镛、梁伯强、丁颖、罗宗洛（中央研究院首届院士）、朱洗、斯行健、乐森、孙云铸、杨遵仪等；周谷城后来成为全国人大常委会副委员长。

四是坚持教学科研服务于社会生产和国家建设的优良学风。

邹鲁的一个重要教育思想，就是认为"大学要注意理论与实践相互贯串，必须将理论与实践联系起来"，"学术研究的成果，应当尽量贡献于社会"。在这种思想指导下，中大师生在坚持教学科研面向现实生活服务方面，做了以下几项工作。

第一，编撰广东省通志。

1932年8月1日，邹鲁派员接收了广东通志馆，组织各院系教师参加修志工作。要通力合作，编写出一本"适应近代新潮流"的新通志。到1938年中山大学迁离广州前夕，省志全部门类的志稿均已完成，但因经费缺乏，只先印了列传四本，其余志稿则随校搬迁未能付梓。

第二，开展社会学术调查与社区性服务。

中山大学的两广地质调查所，对两广的地质进行了全面普查，到1937年底，已完成调查，并写出了相应的调查报告。为纪念此事，中山大学地球科学系于1999年在地学院门口立有纪念石碑。广东土壤调查所，对全省的土质认真地开展了考察，先后完成了全省各县的土质查验，制成了许多土壤图。为社区服务方面，学校组织民众法律顾问处和经济调查处，为民众解决法律疑难问题，并调查近代中国经济的变迁。

第三，积极推广应用农学院的水稻、蚕桑等多项研究成果。

(二) 许崇清：三次掌管中大的杰出教育家

许崇清（1888—1969），别号志澄，广东番禺人。出身于广州高第街许氏家族。8岁丧父，家道中落。17岁东渡日本留学，先入第七高等学校，再入东京帝国大学文学部，后完成研究院学业。在日求学期间，专攻哲学及教育学。精通日、英、德语。他在《关于我的学术思想》一文中说："我在大学时，是由哲学而社会学，最后才走上教育这条路来的"，"我几乎走遍了唯心论各科形态的哲学的歧路，结局是摸上了唯物论的最高发展形态——辩证唯物论的道路。从那时起（1919年）起，在马克思主义理论的基础上建立教育学的一个新体系就成了我的理想。"他被公认为"新教育学和新中国高等教育的奠基人之一"。他三次执掌中大：第一次是1931年6月到1932年1月，被任命为代理校长；1940年4

月到 1941 年 7 月，再一次被任命为代理校长；1951 年 2 月 20 日，由毛泽东主席签署，任命为校长，直至 1969 年逝世。许崇清逝世时，中山大学才经历了 45 个寒暑，而许崇清三次掌管中大，共 20 年，可见他与中大关系之深。1952 年 2 月，冯乃超副校长在欢迎许崇清第三次执掌中大时说："中山大学是应该同许崇清的名字联系在一起的。"

许崇清像

毛泽东主席签署的任命通知书

许校长留给我们什么治校的精神财富呢？

一是营造缅怀孙中山先生的文化氛围。

为了让中大人时刻铭记孙中山，以国家兴亡和民族复兴为己任，许校长做了两件事来缅怀孙中山。

其一，重新确定符合原本用意的中山大学校庆日。

国立广东大学是孙中山于 1924 年 2 月 4 日以陆海军大元帅的名义下令创建的。本来 2 月 4 日应是中大的校庆日。但出于对孙中山的敬仰，筹委会决定以孙中山的诞辰之日为校庆日。孙中山为了预防别人为他祝寿，不把生日告诉别人。有人发现 11 月 11 日晚，孙中山请朋友吃饭，以为 11 月 11 日为他的生日，便决定 11 月 11 日为校庆日。直至 1951 年 11 月 3 日，在许崇清主持下，中山大学发布《决定以孙中山诞辰日为校庆日》的布告。11 月 11 日，许校长致电中央人民政府宋庆龄副主席："我校为国内唯一纪念孙中山先生的大学，为了加强纪念孙先生的意义，我们决定从本年起将我校校庆日改为 11 月 12 日（孙中山先生诞辰）。"此电得到宋庆龄的赞同，复电说："接读来电，欣悉你校改以中山先生诞辰为校庆日，此实深具纪念意义。"自 1951 年 11 月 12 日起，这一天便是中大校庆日。

其二，将孙中山铜像迎回中山大学。

目前，康乐园中矗立的孙中山铜像是中山先生日籍好友梅屋庄吉所赠，于1931 年运抵广州天字码头，随后接到中大旧址石碑校园农场暂置。1933 年 11 月 11 日，中大建校 9 周年，在石牌举行孙中山铜像揭幕暨新校奠基典礼。1954 年，广州市人民政府借这尊铜像安放在孙中山纪念堂的广场上。1956 年 11 月 12 日，中大建校 32 周年，把铜像迎回康乐园校园内。许崇清校长在座基上写了碑记："此铜像为中山先生故友日人梅屋庄吉所赠。1933 年冬奉置于我校石牌旧址，1954 年广州市人民政府借置于中山纪念堂，1956 年 11 月 12 日复由我校迎置于此。"

二是实行民主治校。有两大措施。

其一，沿用 1950 年以来的校务委员会负责制。

从 1962 年 2 月起，学校开始实行党委领导下的以校长为首的校务委员会负责制。校务委员会是学校行政工作的集体领导组织，由正副校长、党委书记、教务长、总务长，系主任及若干教授和其他必要人员组成，讨论决定校长提交的学校工作中的重大问题，其决议由校长负责组织执行。实践证明，这是一种比较好的领导体制。许校长与冯乃超书记兼副校长相互尊重、合作共事的事迹在中大传为佳话。

其二，启用系主任负责制。

1952 年全国院校调整之后，不再设学院一级，只设系一级教学单位。1953 年度只有数学、物理、化学、生物、地理、中文、西语、历史、语言 9 个系和数学、物理、有机化学、动物、植物、自然地理、中国语言文学、俄罗斯语言文学、英国语言文学、历史、语言学 11 个专业。1953 年 3 月，学校实行系主任负责制，并制定《中山大学"系"工作暂行条例》，明确了系主任职责。系只设立系秘书。1962 年以后，系又组织系务委员会，由系主任负责。

三是尊重知识，任用优秀人才。

许校长认为，要有好的教育，必先有好的教师。因此他十分重视人才，通过多种形式培养教师，优化师资队伍。培养教师的措施有：①聘任著名学者来校任教；②建立教研室，开展教学、科学研究，在实际工作中提高教师的理论素养和业务水准；③派一些教师出国进修，拓展学术视野；④开办多样化的培训活动，如外语学习班等；⑤为老教师，如陈寅恪、岑仲勉、梁方仲、容庚、商承祚、王起、詹安泰、杨荣国、徐贤恭等配备助教或教学助理，以老带青，青老结合，这种方法收到很好的效果；⑥努力改善教师的生活条件。

中大流传着许多关于许校长保护人才、礼遇人才的故事。20 世纪 50 年代初，著名化学家徐贤恭教授有个老乡从上海来广州，在徐家借宿一夜，第二天便去香港。而此人原是国民党的特务，但徐教授根本不知其底细。结果有人举报徐包庇国民党特务。徐一气之下去了复旦大学。学校通过细致调查了解情况真相之后，许崇清和冯乃超一起到上海请徐贤恭回来。1952 年院系调整之后，著名寄生虫专家陈心陶调入华南医学院工作。但医学院不能发挥其作用，冯乃超了解这一情况后，向许校长汇报。他们研究后，决定与医学院协商，在中大成立一个寄生虫研究室，陈心陶每星期抽出一天时间到中大工作，发挥陈教授的专长。1958年至1963年，"兴无灭资"运动伤害了许多知识分子。一贯坚持"独立之精神，自由之思想"的著名历史学家陈寅恪写辞职信，提出"坚决不再开课，以免贻误青年；马上办理退休手续，搬出校园"。许校长、冯乃超多次登门拜访，再三挽留，陈寅恪才收回退休要求，同意不搬出校园。

### （三）钟荣光：岭南大学首任华人校长

钟荣光（1866—1942），字惺可，香山县（今中山市）小榄镇人。17岁中秀才，28岁中举人。他加入过兴中会、同盟会，跟随孙中山革命。他于1899年受聘为岭南大学前身格致书院国文总教习，同时，在该校随班学习英文、数理化，与学生同时上课。1905年成为岭大预科班的毕业生之一。1908年任岭大教务长，1917年担任岭南副监督，1927年担任岭大首任华人校长，并长达10年之外，在岭大的发展史上占有相当重要的位置。岭大由中等教育机构发展成为综合性大学，最后转为由华人接办的私立大学，钟荣光有不可磨灭的功劳，人称他为"岭大之父"。

钟荣光像

钟荣光给我们留下什么治校理念呢？

一是收回教育主权的爱国精神。

岭南大学的前身，是1888年由美国教会创办的"格致书院"，地址在广州沙基。1899年钟荣光应邀任该校国文总教习。1900年书院迁至澳门，更名为"岭南学堂"。1902年定校址于广州康乐村并购地建校。1904年岭南学堂迁回广州。

钟荣光举家迁往学校临时木屋宿舍。从此他以岭南为家，为岭南大学的发展鞠躬尽瘁。

钟荣光长期坚持收回帝国主义在中国的教育权，主张中国学校由中国人自己办。1908 年他任岭南学堂教务长时说：依赖外国人捐款办学终非善法，中国的学校由中国人自办才是正理。他屡次出国募捐，在各种场合宣传这一主张，受到各界人士和华侨的热烈拥护。1924 年他前往南北美洲为岭南农科大学筹款，在华侨中积极宣传收回教育权的主张。他用两年半的时间，走遍南北美洲，1926 年 6 月 9 日，在欢迎他募款回来的宴会上，他说："此次出洋捐款，完全为农科大学收回我华人自办。"1927 年 1 月，一个按中国政府颁布的规则工作的、主要由中国人组成的岭南大学校董会正式成立，校董会主席为孙科，校董会举定钟荣光为校长，也是第一任华人校长。校董会向国民政府教育行政委员会呈请立案，8 月 1 日校董会与旧董事会举行正式交接，从此全校主权收回，岭南学堂更名为"私立岭南大学"，成为中国第一所由外国教会设立而收归华人自办的大学。

钟荣光与孙中山交谊甚笃，他的办学思想有鲜明的革命与爱国精神。他告诫学生，求学中不应忘救国。他邀请孙中山来校演讲，孙中山勉励青年学生要立志做大事，不可做大官，要钻研科学，为国家为人民服务。钟荣光的爱国精神是值得弘扬的。

二是学以致用，调整学科格局。

钟荣光认为，教育绝不能脱离中国的社会现实。根据中国的实际，首先是关注农学。他认为中国以农业立国，而农业落后，粮食不能自给。欲求中国富强，必须急谋改进农业。因此他筹办岭南农业大学。岭南大学的农科是办得很出色的。农学院不仅为国家培养了一批专家教授，而且为华南农民改良稻种、推广瓜果优良品种和农产品加工等方面作出了贡献。

其次是重视商学，将商学系扩充为商学院，并在广州附设商科职业学校。这项尝试非常受欢迎，因为大多数岭大学生来自商人家族，他们接受这方面的训练，以便日后继承家业。

最后是扩建医学教育。自 1928 年始，接管创办于 1826 年的博济医院，在1936 年在此基础上成立了"孙逸仙博士医学院"。医学院共有 5 个系：解剖系、物理学系、细菌学系、药理学系、公共医疗系。

这些学科都是中国现实社会急需人才的学科。

三是积极募捐，建造美丽校园。

中山大学广州校区南校园，就是岭南大学原址。今天我们欣赏红墙绿瓦的建筑，漫步在绿草如茵的林荫大道上，不能忘记钟荣光的功劳。

钟荣光对校园建设的功劳表现在以下几方面。

第一，选址。

1904 年，岭南学堂从澳门回迁广州，他陪同美国监督尹士嘉四处选地，最后选定河南康乐村为永久校址。此地原有三千多穴坟墓，为迁坟、付迁移费、补偿金等，遇到无数困难，钟荣光以超人的能力——解决，建立起美丽的校园。"康乐村"之得名，据说是因中国山水诗创始人之一的康乐公谢灵运。南朝刘宋元嘉年间，宋文帝将其流放于此。这里远离闹市，地势高起，临珠江旁，校园面积四千余亩。有人描述校园："从江上内望，翠陌纵横，红墙隐约，反照则鸳瓦晶莹，来风则树木摇曳。"整体规划设计由美国建筑师史徒敦所为。

第二，绿草如茵，树木摇曳的校园。

钟荣光跨洋过海，为募捐足迹遍及北南美洲、南洋新加坡、印尼、泰国、越南等地。因为去的次数多，各地侨胞见他就招手说："钟先生！汝又来乎！"岭大校友杨华日写的《钟荣光先生传》说岭大的校园："向之高陷者坦平之，向之荒芜者广植之，三十余年间，蔚然巨观。其中绿草如茵，百花似锦，棕、榕、樟、桉、杨、柳、松、柏、荔枝、玉兰之属，浓荫蔽天，清风拂地。巍巍之建筑物，分区排列，皆是红垣绿瓦，画栋雕栏，古色古香，庄严壮丽。"钟荣光使岭南大学成为当时广东最堂皇秀丽的花园式学校。

第三，中西合璧的建筑文化。

岭大校园由钟荣光筹款建成的建筑有 4 座中学生宿舍、张弼士堂、爪哇堂、嘉庚堂、陆佑堂、十友堂、马应彪招待所、马应彪夫人护养院等。

岭南大学的建筑群，硬制红砖为墙，绿琉璃瓦为顶，采用钢筋混凝土。文保部门名之为"康乐园早期建筑群"，包括岭南大学校舍建筑群、岭南大学附小建筑群、马岗顶洋教授建筑、模范村中国教授建筑群、孙中山铜像等，于 2002 年 8 月公布为广东省文物保护单位。这些建筑分布于今由南校门至北校门的中轴线一带。李延保书记在《康乐红楼·序》中说："一所大学就是一部历史，大学的校园就是学校发展历史的见证。在康乐园中，20 世纪初的一批建筑承载了中山大学及其前身院校百年发展的历史"，"康乐红楼更是中大校园的一道风景线，成为中山大学校园文化的重要组成部分，成为陶冶和教育学生、承继文化传统的重要载体。"

每一位中大学子都能从红楼中感悟到中西文化的精髓，感悟到中大历史上名师们的风采，感悟到深厚的人文传统的积淀。这也是我们不能忘怀钟荣光先生的原因之一。

（四）陈序经：学识渊博、服务教授的校长

陈序经（1903—1967），今海南省文昌市人，中国近代史上一位杰出的学者、思想家和教育家。复旦大学社会学系毕业后，他两度留学欧美，获得美国伊利诺斯大学的博士学位。他勤于治学，是一位学识渊博的学者，在政治学、社会学、教育学、历史学等领域，取得丰硕的成果，著述近一千万字。他也是一位独特的思想家，是20世纪20—40年代"全盘西化"思潮的重要代表人物，参与了多次关于中西文化的论战，在思想界产生很大影响。他亦是一位杰出的教育家，先后在岭南大学、中山大学、暨南大学、南开大学任过校长、副校长等职。在20世纪50年代，他是中山大学仅有的四位一级教授之一。

陈序经像

他在担任岭南大学校长和中山大学副校长期间，给我们留下什么治校的精神财富呢？

一是名师造就名校，依靠教授治校。

陈序经认为，一所大学能否成为名牌大学，关键取决于拥有多少名教授。1948年，他接受岭南大学聘为校长之后，即不惜花大力气，四处求贤。新中国成立前夕，北方许多名教授为逃避蒋介石政权而纷纷南下，拟去香港或台湾，陈序经千方百计把他们留在岭南大学，要把岭南大学办成"南方的清华"。一些名教授所以愿意留在岭南大学，也是出于对陈序经一不经商，二不做官，三不入国民党，一心从事教育学术精神的认同。经他聘任的名教授有：

著名历史学家陈寅恪　　著名语言学家王力　　著名古文字学家容庚　　著名数学家姜立夫

著名测绘学家陈永龄　　著名土木工程学家
陶葆楷　　　　著名经济史学家梁方仲　　著名临床放射学家
谢志光

著名教育学家汪德亮　著名法学家端木正　著名电子学家林为干　　著名眼科学家陈耀真、毛文书夫妇

著名医学放射学专家谢志光还带来了一批著名的协和医学院的教授，如秦光煜、陈国桢、白施恩、许天禄等；请来外科专家司徒展教授，著名眼科专家陈耀真、毛文书夫妇；还不断聘请从国外留学回来的学者，如教育学家汪德亮、经济学家王正宪和夫人、数学家潘考瑞、法学家端木正、电子学家林为干、数学家郑曾同、历史学家蒋相泽、政治学家钟一均、生物学家廖翔华、外国文学专家杨琇珍，等等。

岭南大学本来是一所文、理、农、工、医等学科兼具的基础较好的综合性大学。这些名教授的到来使医学院、文学院、理工学院、商学院等都得到了空前的加强，一些院系已堪称国内一流，岭南大学的学术地位明显提高。

陈序经对教授们说："我这个校长是为你们服务的。"为了按时发工资，他想尽办法。他利用当时开学前收入的部分学费购入一些物资储备起来，在需要用钱的时候放出去保值，保证教职工的生活。要为教授服务，必须配备好教务长和总务长，前者由冯秉铨担任，后者由伍锐麟担任。为教授服务有许多具体事例，如对陈寅恪关照到他的家事等，在此就不多讲了。

二是治学严谨的校风。

陈序经本人是一位治学严谨、知识渊博的学者。他行政事务繁忙，尽量挤时间做学问，每天三四点起床读书、写作，五点开始在校园散步，他先后写成的八本东南亚古史著作就是这样完成的。上面所说的教授都是以严谨治学著称。

治学严谨还表现在对学生学习要求非常严格，每年学生升级的淘汰率，医学院很高，其他院系也不低。对青年教师也同样要求严格，教授们写的推荐书，从不"卖大包"（送人情）。

三是"校长服务教授"、平易近人、团结广大教职工。

陈序经晚上经常在校园散步，有时也会走到一些职工或教授的家里聊天，解决一些实际问题，他连教职工孩子们的乳名都叫得出来。很多人回忆说，陈校长乘车外出公干，只要车上还有位置，在路上无论遇到学校外出的教授、干部还是工人，他都要司机停下车来，将他请上车，顺路送一程。这些都是在中山大学流传的佳话。

本文内容主要参考下列著作：

余志主编：《康乐红楼：中国大学建筑典范》，香港商务印书馆 2004 年版。

吕雅璐主编：《红楼叠影：中山大学近代建筑群的人文解读》上下册，商务印书馆 2016 年版。

吴承学主编：《中山大学与现代中国学术》，商务印书馆 2014 年版。

吴定宇主编：《中山大学校史（1924—2004）》，中山大学出版社 2006 年版。

易汉文主编：《中山大学编年史（一九二四—二〇〇四）》，中山大学出版社 2005 年版。

陈汝筑、易汉文主编：《巍巍中山：中山大学校史图集》，中山大学出版社 2004 年版。

吴承学主编：《山高水长：中山大学文化研究》，高等教育出版社 2011 年版。

吕雅璐主编：《抗战烽火中的中山大学》中山大学出版社 2017 年版。

李庆双、崔秦睿：《雕塑上的中山大学》，中山大学出版社 2020 年版。

本编系作者 21 世纪 10 年代在中山大学多次对不同层次学生作校史教育演讲的整理稿。本编的插图和配合演讲时的幻灯片均由作者的夫人黄曼宜编制。

# 第十一编 在广州大学第一次院级本科教学工作水平评估情况通报会上的讲话

## 一、 各学院对评估的态度

各学院对这次评估工作都相当认真，做了充分的准备，主要表现在以下几方面。

第一，各学院都能认真地按照学校下发的有关文件，准备各种材料，进行自评。这个材料包括两部分：一部分是发到我们手里中的《自评报告》《自评依据》《特色项目》《教学基本情况一览表》《支撑材料目录》等；另一部分是放在各学院供我们查阅、调研的各类文档，这些文档基本上是按评估指标体系分类的。这些材料，使我们工作十分方便。为了准备这些材料，各学院夜以继日地工作了几个月。

第二，我们在每个学院工作两天，受到学院领导热情、负责、诚恳的接待，他们积极支持、配合，随叫随到，耐心地回答我们的各种咨询。

第三，对我们反馈的意见诚恳地接受。在反馈意见会上，院领导战战兢兢、如履薄冰。反映了他们对评估工作的重视和责任心。

尤其值得指出的是，有的学院的领导，带病来作院长报告。如旅游学院彭青院长，在医院做了两次手术，刚出院几天，就带病来作院长报告。有的教师带病参加座谈会。如艺术与设计学院的米澄质老师，正在住院，因随机抽到他，他从医院出来参加座谈会。在艺术学院，我们还发现，除了一般的"以评促建，以评促改，以评促管，评建结合，重在建设"的标语外，还有一条"迎接评估，关系你我"的标语，说明这个学院动员大家都来重视评估。这些都是对迎评工作积极负责的典型事例。

## 二、 文科类七个学院的初评结果

我们比较严格地按照评估体系的指标及内涵打分和评定等级。这次我们用的指标体系基本上是教育部制定的指标体系，一级指标有 7 项，加上 1 项特色项目，共 8 大项；二级指标有 18 项（其中重要指标有 9 项）；有 38 项主要观测点。我们在每个主要观测点上打分，按权重求得二级指标的等级。按照这样的标准，我们先分别对 7 个学院作了评估，最后又进行了综合平衡。我们在各学院反馈意见时，都谈了他们的主要成绩和存在的不足，在这里我想就共性的问题谈一下认识。

一个学院为什么能够评为良好或者及格？他们的共性有以下几条。

第一，办学指导思想明确，学院定位准确，确实保证教学工作的中心地位，发展规划切实可行。我们听院长汇报，主要是看他的办学思想，包括学院的定位、教育思想观念的更新、教学工作的中心地位等。因为能否培养适应社会需求的优秀人才，往往与学院发展的定位有关。21 世纪初中国高等教育发展的一个重要特点，就是学校重新分化、整合和定位。不能与北大、清华比。我们的一些学院，下大气力找准自己的发展位置，在人才培养类型上，在服务面向上，结合地方经济的发展，明确思想，并用于指导学院专业建设规划和人才培养模式。比如艺术与设计学院、中法旅游学院、人文学院等，都是学院定位准确或比较准确，并按照定位，更新教育观念，与时俱进，把教学工作放在中心位置，这些学院就生气勃勃，团结奋进，创造出各种成绩。当然，要找准学院的发展位置，领导班子是很重要的。院长必须是在该学科领域有较深造诣，对国内外该学科发展前沿有较深了解，能团结广大师生、襟怀坦白的学者。这样的领导班子，凝聚力比较强，全体教师，认准目标，团结一致，齐心协力往前走。

第二，学院师资队伍结构比较合理、素质较高，教风、师德建设有成效。比如人文学院，重视师资队伍建设和师德建设，汉语言文学和历史两个专业，师资队伍结构合理，数量充足，素质较高、形成了稳定的研究方向和合理的学术梯队；教师普遍治学严谨，教学质量高，多名教师获省、市级及学校奖励。又如经济与管理学院，其工程管理专业也有较强的师资队伍，有著名的学者作为学术带头人，凝聚力较强，故能打开局面，取得令人瞩目的成绩，尤其是有的学院重视鼓励教师教学与科研相结合，以科研促进教学，把科研成果转化为教学资源，提高教学质量。调查学生对这种学院的教师的专业水平、敬业精神、教书育人评价，普遍较高。

第三，教学改革与建设力度比较大，教学管理机构比较健全，人员结构较合理，日常教学管理比较规范。能够结合本院的实际，制定必要的实施细则和管理规定，保证了教学工作的稳定和规范，且已初见成效。比如说经济与管理学院就编印了该学院各种管理文件汇编。

第四，学生有比较良好的学习风气，鼓励学生的创造能力，教学效果卓有成效。这种学院有学风建设的工作方案和调动学生学习积极性的多项措施，效果较好，初步形成良好的学习风气和较浓的学习氛围。学生基本理论与基本技能的实际水平较高。大学英语四级通过率较高，毕业论文的选题、指导教师的评语、答辩工作等都比较规范。鼓励学生创新，参加校内外各种比赛，因而各学院都能有成绩优异而获奖项者，比如艺术与设计学院，近三年以来获得校级以上（不含校级）各类科技文化活动和竞赛奖励共 46 人次，51 个奖项，其中不乏全国性和省级竞赛的奖励。获得数量多，层次较高。在《中国当代大学生平面设计优秀作品选》《广东之星优秀作品集》等书刊上发表作品 42 篇。这种学院的学生在我们的调查问卷"对我校学生的学习精神和学风状况的总体评价"中打 A、B 两级的比率都较高。

第五，学院初步形成办学特色。如人文学院对培养地方性、应用型人才方面的鲜明特色，其新闻系的广播电视新闻学、播音与主持艺术专业，历史系的专门史与岭南文化研究，中文系的中学与大学语文教学的互动研究等，都充分体现了地方服务的办学理念。又如艺术与设计学院，其创造性、应用型艺术人才的培养模式就很有特色。他们明确提出"构建创新人才的培养体系"的改革目标，遵循教育教学的基本规律，不追求短期效应，重视素质教育，以知识、能力、素质协调发展和综合能力提高为原则，适应新世纪对高级人才培养要求，这一理念已成为全院的共识，并成为推动各项改革的指导思想。因此，专业设置、课程内容与课程体系的改革都体现"开放性""创意性""时代性"。他们培新的学生富于创造性，就业率高，社会声誉好。又如旅游学院，以中法合作为基础，提出整合旅游教育资源，坚持国际先进教育经验与国内实际结合、理论与实践结合、宏观与微观结合，建立旅游管理教育大平台，培养国际化、应用型、复合型的旅游经营管理人才的办学理念都具鲜明特色，而措施具体、合理，实践结果已见成效，展现出广阔的发展前景。

## 三、 对这次评估的几点建议

我们通过这段时间的工作，对文科各学院的情况已有初步了解。制约着学校发展的因素是什么？我们进行过研究和讨论。本着"以评促建，以评促改，以评促管，评建结合，重在建设"的精神，向学校领导提出几点建议。

第一，应积极引进或培养高层次、高资历、高水平的学术骨干和学术带头人。著名教育家梅贻琦在长期治理高等学校的过程中形成了"三大支柱"教育思想，即通才教育、教授治校和学术自由。当然，我们今天提出教授治校，或者会有异议。但我敢说，一所高校或一个学院或一个系或一个专业，没有一定数量的教授、没有一个对该学科国内外发展动态熟悉的学术带头人，在激烈的竞争中，必然败下阵来，没有发展前途。没有教授群体，就没有学术可言，要提高教学质量也成为一句空话。梅贻琦有一句名言说："所谓大学者，非谓有大楼之谓也，有大师之谓也。"现在仍广泛流传。民国时期岭南大学的校长，中华人民共和国成立后曾任中山大学副校长、南开大学副校长的陈序经教授，是大师级的著名学者、教育家、五六十年代他回顾自己的办学经历，笑着说"我办学有二好一不好：教授好、校园好，就是学费高不好。"为了做到"教授好"，他不惜花大气力，四处求贤，陈寅恪、姜立夫等一级教授，都是他亲自出马请来的。所以，我们的领导如能亲自出面来聘请好教授，将在广州大学发展史上立下不朽的功勋。有了好教授，就能够提高我们的科研水平，提高我们的教学质量，提高我们的办学层次。

第二，急需改善办学条件，包括更新各种教学设施，购置图书资料。

第三，加强学风建设，大力整顿教学秩序。我这里所讲的"学风"概念是宽泛的，是一所大学中治学、读书、做人的风气。这种风气的形成不是一朝一夕的事，一种良好学风形成需要大力倡导，也需要教师、学生以及职能部门工作人员的共同努力。学风是一所大学之所以成为大学的根本所在，是大学的立校之本。一所大学的学风追求，与它的校训有很大的关系。广州大学的校训是卢瑞华省长题写的"博学笃行、与时俱进"。我们的治学、读书、做人就应该是博学笃行，与时俱进。我们要注意处理好四种关系：①学生的数量与质量的关系问题。我们不能一味地追求数量，要倡导质量主导的数量。数量的过度追求，必然带来学术上的急功近利，教师穷于应付，有何学术可言？②传授知识与创造知识的关系问题。在大学里也可以理解为教学与科研的关系。大学是分层次的，有研究型大学，有教学研究型大学，有教学型大学。我想广州大学应该正向教学研究型大学发展。因此，我们的老师，不单是教书匠，而在教书的同时，必须进行科学研究。我们的教师既要传授知识，也要创造知识。大学是国家、民族发展和前行的动力，而这种动力的来源在于创造和发展知识。广州大学的教学应该建立在科学研究的基础上。③老师与学生的关系问题。老师与学生是大学学风建设的主体。老师应该是知识的创造者和传播者，而学生学习的任务则不仅要获取知识，而且要创造性地传递知识。师生间薪火相传，不仅是知识相传，更要强调严谨的治学态度，传承有为、求真、求知的道德感与社会责任感。教师是大学的灵魂，大学中教师学风的优劣，将直接影响到一所大学的学风。我们所倡导的大学教师的学风应该是富于道德感和社会责任感的，真正教书育人，以教导学生为自己的天职，应该满腔热情地对待学生，去传道、授业、解惑。我想要树立优良的学风，倡导正确的师生关系是十分必要的。④课堂秩序与课外学习的关系。学生听老师上课，是学生在大学里获得知识的主要渠道之一，当然不是唯一的渠道。建立良好的课堂秩序是良好学风的表现之一。广州大学课外科技、文化节、社团活动、课外各种比赛等搞得有声有色，红红火火，这点是很好的。但必须处理好课堂秩序与课外学习的关系问题。

第四，宜发挥学院各个学科的整合优势。更重要的是发挥各学科整合的优势。就是说 1＋1 要大于 2。比如人文学院，有中文、历史、新闻传播等专业，在培养人才方面，应培养出文史通才，让学生更适应社会经济发展的需求，这就是学科整合的优势。研究如何发挥学科整合的优势，是摆在学校领导和各学院领导面前的现实问题。

第五，要加强职能部门工作人员及管理队伍的服务意识教育。

这次评估按学校领导的意见是一次"诊断性质"的评估，找出问题，进行整顿，为迎接 2006 年教育部组织的评估作准备。我对广州大学领导的高瞻远瞩、远见卓识，对他们对教育事业的高度责任心，表示由衷的敬佩。祝愿广州大学再经过两年的努力，以优异的成绩顺利通过教育部的评估，一所美好的广州大学耸立在珠江岸边。

　　本编系作者 2003 年 12 月 25 日在广州大学第一次院级本科教学工作水平评估情况通报会上的发言稿。曾载于广州大学迎接本科教学工作水平评估领导小组主办《教育教学评估与发展》2004 年创刊号。作者时任评估专家组文科组组长。

# 第十二编 在广州大学第一次研究生教育评估情况通报会上的发言

# 一、 评估的基本情况

从 10 月 25 日开始，到 11 月 3 日，我们评估专家组对广州大学课程与教学论、马克思主义理论与思想政治教育、语言学及应用语言学、中国古代文学、专门史、教育学原理、发展与教育心理学 7 个硕士学位授权点，以及课程与教学论硕士点所属之计算机自动推理及应用软件、教育软件的研究与应用、数学方法论、思想政治教育、英语教育、美术教育、生物学教育、化学教育、环境教育 9 个研究方向进行了比较全面系统的评估。

评估程序是：听取硕士点（方向）负责人汇报、查阅研究生教育教学文件档案、召开导师（授课教师）和研究生座谈会、专家组讨论评估意见等级、向学院领导和硕士点（方向）导师反馈意见等。

各学院普遍重视研究生教育评估，各硕士点（方向）负责人及导师则将这次评估视作难得的发展契机，做了大量细致扎实的"迎评"准备工作，并在专家组现场评估期间，给予大力的配合，提供了多方面的便利，使评估工作顺利进行。学校评估中心精心策划组织，秘书兢兢业业服务，为评估提供了可靠的组织保障。

著名数学科学家张景中院士、知名教育学家张人杰教授等硕士点负责人以积极而平和的心态、谦虚而务实的精神，自始至终参加评估活动，认真听取专家组的反馈意见，并与专家组成员进行关于研究生培养工作的交流，李训贵副校长作为环境教育方向的负责人，向专家组作自评汇报，探讨环境教育发展问题，并参加教师座谈会。马克思主义理论与思想政治教育硕士点的自评材料第一个按时送交评估中心，公共管理学院和社科部领导及导师提前一个小时来到学校，迎接专家组到来。各学院均设置了欢迎标语牌或大幅标语，外国语学院安排礼仪向导为专家们指引道路，院长、书记、研究生教育分管领导、导师等全部参加了评估汇报会。艺术与设计学院精心制作了"迎评"材料，营造了优美的评估环境，全体研究生旁听了自评汇报过程，师生精神状态饱满，给专家组一种团结有为、奋发向上的强烈感受。

以下优势和特点，均为评估专家组所瞩目，并达成共识。计算机教育软件所的教师们所营造的浓郁学术氛围；中国古代文学硕士点年轻而富有朝气、发展后劲十足的学术队伍；语言学及应用语言学、专门史硕士点的导师们治学严谨、为人师表、实事求是的学术风格；教育学原理硕士点"学会做人，学会研究"的学术精神和丰硕的研究生培养成果，以及自觉的质量管理意识；发展与教育心理学硕士点和美术教育方向的《自评报告》对本学科和研究生培养目标的准确定位；化学教育、生物学教育方向比较雄厚的学科研究实力；学校创造了良好社会效益，发展潜力明显，学科特色比较突出的环境教育方向；等等。

## 二、 对这次评估的几点认识

研究生教育问题，说到底是一个学科建设的问题。学科建设是高等学校的一项根本性建设，是学校改革和发展的龙头，广州大学的学科建设与研究生教育已取得了很大成绩。

对这次评估的第一点认识是，学科建设与研究生教育必须以满足社会需要为基本出发点。广州大学抓住机遇，不失时机地进行学科建设，设立了一批硕士点和研究方向。学科建设与研究生教育必须全面适应现代化建设对各类人才培养的需求。但是，满足社会需求，并不等于急功近利，并不意味着办学必须追求短期效应和短期目标。如果盲目追求所谓"热门"专业，必然造成人力、财力、物力的分散，使其原有的特色、优势学科受到冲击而严重滑坡。学科建设的目标，应树立高层次、高水平、综合性的目标价值取向。高层次，从人才培养的角度来讲，就是以本科生为基础，发展硕士生和博士生，完成完整的人才培养模式。高水平，就是学科研究上要提高层次，努力创造出具有原创性的科研成果。综合性，是指在学科布局上，发展综合的、交叉的学科，确保基础学科宽厚，主干学科突出，新兴的和交叉的学科发展迅速。

高校的学科建设，既要满足、服从于社会现实需要，但又要超越其现实需要。因为基础学科在短期内难以体现其经济效益，但从社会、科技、文化发展的长远规划和长久利益来看，又是不可缺少的。因此，高校学科建设的明确思路应该是：既要满足社会对各学科不同层次人才的迫切需求，又要培植那些旨意高远，博大精深的人文社会科学及那些对深化自然规律的认识具有深远影响的基础学科。比如贵校人文科学的中文、历史，自然科学的数学、化学、生物、环境科学都应重点建设，发展研究生教育。目前广州大学正在由教学型大学向教学研究型大学发展，抓研究生教育评估，就是抓向教学研究型大学发展。这是一个有力的措施，是一种超前的意识。贵校领导的高瞻远瞩令人钦佩。

广州大学的研究生教育已取得很大成绩，已培养出一大批具有"创新意识、创造能力、创业精神"的人才。表现在下列几个方面。

第一，学校制定了研究生教育的各种规章制度，各个学科点又根据自己的实际，制定了各种改革方案与发展计划。为培养"创新意识、创造能力、创业精神"的人才创造了条件。我们这次评估所根据的评估方案，共有 8 项一级指标，其中包括办学指导思想，学科的定位、规划和人才培养思想，学术队伍，相关环境与条件，学科建设与学科研究，教学与人才培养，学位论文的撰写，思想政治教育与学风，管理工作等方面。很多学科点都做得很好。许多学科点采取积极措施，推进研究生参与国际交流的能力和途径，加强不同学科间的交叉融合，提倡和鼓励开展讨论式、研究式和自主性、批判性、参与性学习，进一步坚持和提高研究生在校期间的科研成果要求，将创新教育贯穿于教学的全过程。

第二，学校努力营造了良好的创新环境和创新氛围。江泽民同志在第三次全国教育工作会议上说："每一个学校，都要爱护和培养学生的好奇心、求知欲，帮助学生自主学习，独立思考，保护学生的探索精神、创新思维，营造崇尚真理、追求真理的氛围，为学生的禀赋和潜能的充分开发创造一种宽松的环境。"高校创新环境包括创新的学术传统和学术风气，创新的管理理念和管理制度，以及实施创新活动的支撑条件和硬件保障。从我们所评估的学科点来看，做得都是不错的。

第三，研究生创新意识、创造能力、创业精神的培养，关键在导师。广州大学有一批治学严谨、为人师表、教书育人的硕士生导师，我们在评估过程中，搜集了许多培养学生"三创"的动人事例。例如张景中院士，以身作则，严格要求学生。他有一个形象的说法，就是鼓励学生用实证的方法研究具体问题，网上查不到的，必须自己去做，做成功了就是"创新"，不是抄来的东西。他培养出来的学生有创新意识、创造能力、创业精神。又例如张人杰教授在新生入学的迎新会上，就强调学会"如何做人""如何做事"；要学生做到"心中有爱""心中有他人"；整个培养过程，都强调"创新"。许多导师从自己的课题经费中补充研究生培养经费的不足，甚至帮助研究生解决生活上的困难，如化学、生物、环境教育等方向的导师都有许多感人的事迹。

在这里，我想就"三创"问题，谈一下我个人的认识。

研究生教育质量高低如何衡量，是教育界十分关注的问题。有人提出"三创"，即具有"创新意识、创造能力、创业精神"，作为衡量研究生质量的标准，我看有一定道理。

创新意识，应该包括几个方面的要素：一是科学意识，即树立科学的世界观、方法论，以及崇尚科学、追求真理的意识。不唯书、不唯师，只唯实，只相信科学真理，不盲目迷信权威，在疑问中有所发现，在求异中有所创新。二是独立意识，即独立思考与独立决断的意识。独立意识是创新意识的基础。研究生在学习、研究过程中独立意识的强弱，在很大程度上决定其创新意识和创新能力的高低。三是与时俱进的意识，即随着时代的进步而不断创新、不断进取的意识。与时俱进是研究生创新素质的重要品格，是克服因循守旧、墨守成规的陋习，从而勇于创新、大胆开拓的必要条件。四是兼容意识，即对多种不同的现象、事物、思想、学科、方法采取兼容并蓄的态度。在学习、生活、工作中，对各种学派、各种学科、各种理论、各种方法、各种人物保持宽容平和的态度，与海纳百川的胸襟，善于从各个方面吸取为我所用的养分，通过新的综合与提高，创造新的成果。

创新意识主要是一种观念层面的创新素质，而创造能力则是在创新意识的激发和引导下，具体地从事创造性活动的能力。创造能力主要包括以下要素：一是竞争与合作的能力，即与他人建立良性的竞争与合作关系，并通过竞争实现自己的目标的能力。二是科学研究能力，即用科学的方法和态度对未知领域进行科学研究和技术创新活动的能力。科学研究能力是研究生创新实践的基础，必须着力培养和提高。三是社会活动与组织管理能力，即主动参加有关社会组织和社会活动，并在一定的组织和群体中进行有效管理的能力。四是实践能力，即积极投身社会实践活动，将意图和计划转化为现实的能力。目前我国科学技术转化为实际生产力的比例很低，其中一个重要原因就是科技人员的实践意识和实践能力薄弱。所以研究生培养一定要特别重视实践能力的训练和提高。

创新意识是基础，创新能力是条件，创业精神是目标。创业精神包括开拓进取精神、吃苦耐劳精神、求真务实精神、爱国奉献精神、勇挑重担精神等等。

对这次评估的第二点认识是，学科建设与研究生教育的重点是建设优势、特色学科，使之具有鲜明的个性。学科发展的水平是一所大学在国内外地位的主要标志。然而，即使是世界一流大学，也不可能所有学科都处于一流水平。因此，加强学科建设，就要"有所为，有所不为"，就是突出重点。突出重点就是要突出优势和特色，因为优势和特色是学科建设的生命线。作为一所学校，有自己的优势和特色，作为一个专业或一个硕士点，也有自己的优势和特色。我们在学科建设上，一定要突出自己的个性，发挥自己的优势，旗帜鲜明地加强自己的优势和特色，提高自己的办学水平。

综观世界大学，越是著名的大学，就越有自己的学科特色。哈佛大学是培养政治家的摇篮，剑桥大学的物理学科有多名教授获诺贝尔奖，牛津大学的数学学科举世公认。优势学科、特色学科是衡量一所大学水平高低的关键。杨振宁教授与中山大学黄达人校长对话时说过："一所大学如果有三四个左右的学科在世界上处于领先地位，这所大学就可以说是世界一流大学。"可见，学科特色就是学校学科建设的重点所在。

在这里，我想就贵校课程与教学论硕士点下的十几个研究方向的问题，谈一下我们的看法。

课程与教学论硕士点当初是以张景中院士为牵头人申请的"数学教学论"。这个点办得不错，培养了不少人才。最近二三年，学校审批了十二个学科的研究方向。这样做，我们也可以理解，因为有如此做的原因，即许多老师想取得培养硕士研究生的经历，而学校也想扩大硕士导师的数量，因此出现了大发展时期，有的老师说是"遍地开花"时期。但这样做，造成了一些不好的结果：一是有些方向有十个八个导师，甚至十几个导师，而他们都是各个具体学科的教授、副教授，而缺乏教育学的背景与知识；因此培养起学生来力不从心，反而分散了精力和时间，影响了自己所从事的学科研究。二是从学生的角度来看，因为导师缺乏教育学的背景与知识，而将来的学位是教育学的硕士，必须撰写与教育学相关的学位论文，学起来也力不从心。三是有一个具体问题，有些研究方向的硕士导师，因有课题、论文被批准为导师，而一些老师对课程与教学论研究有兴趣，但因没有课题和论文又没有被批准为导师，被排除在导师组之外。出现这些问题，不利于学校事业的发展，也不符合我们上面所说的学科建设的重点是"建设优势、特色学科，使之具有鲜明的个性"的原则。因此，我们建议对已设立的课程与教学论方向的学科，除加强管理、进行整顿、提高质量之外，重点要积极整合力量，申报自己学科的硕士点，如生物学、化学、环境科学、美术学科，都应循此路径申报硕士点，并办出自己的特色。

对这次评估的第三点认识是，关于提高机关员工的服务意识问题。我们在教师与学生的座谈会上了解到，有一些具体问题需要解决，比如校园卡办得慢，学生入学两个月还借不到图书，比如研究生经费使用手续烦琐，比如研究所的导师上课没有酬金，生源不足等，这些问题只要我们努力提高有关部门的服务意识，是不难解决的。

对这次评估的第四点认识是，加大投入和积极引进（或培养）高层次人才，这是提高研究生教育质量和水平的关键。

本编系作者 2004 年 11 月 4 日在广州大学第一次研究生教育评估情况通报会上的发言稿。曾载于广州大学迎接本科教学工作水平评估领导小组主办《教育教学评估与发展》2005 年第 1 期。作者时任评估组第一组组长。

第十三编　师德修养与国学教育

在建设具有中国特色的社会主义过程中，必须优先发展教育，党中央提出"科教兴国"的战略任务。改革开放以来，各类学校已有较快发展，取得了很好的成绩。党的十七大报告中，对高等教育的要求是"提高质量"。为了提高质量，必须增加教育资源的投入，优化资源的质量。教育资源，包括人、财、物，主要就是师资、经费和校舍设备，其中决定性的资源是教师的数量和质量。因此，如何提高高校教师的素质，成为当前提高高等教育质量的关键。高校教师的素质，应包括：第一，学术水平；第二，高等教育知识和教学能力，即教师职业知识与能力；第三，师德，包括一般社会道德、学术道德和教师职业道德。但现在高校中，往往只重视学术水平，对职业知识和能力重视不够，对师德的培养，更是忽视。作为一名优秀的教师，师德比知识和能力更为重要。师德的培养与国学教育是怎样的关系呢？国学的定义有很多，张岱年说："国学是中国学术的简称。"旧版《辞源》说："国学，一国固有之学术也。"言简意赅，一语中的。目前国内出现"国学热"，说明我们的物质生活越丰富，越感到精神生活的重要，越发不能忘记本民族所固有的优秀遗产。我们要吸收国学精华，重建人文精神，弘扬民族精神，加强国民道德建设。下面就国学教育对师德培养的重要性问题，谈一点认识。

## 一、 何谓师德

师德，是教师职业道德的简称。对于师德的定义，不同的学者有不同的解释。王正平在其主编的《高校教师伦理学》中说："所谓教师职业道德，是指教师在从事教育劳动过程中，形成的比较稳定的道德观念、行为规范和道德品质的总和。它是在教育职业活动范围内，调节教师个人与他人，个人与集体及社会相互关系的行为准则，是一定社会或阶级对教师职业行为的基本要求和概括。"（王正平主编《高校教师伦理学》，上海交通大学出版社1991年版，第5－6页）钱焕琦在其主编的《高等学校教师职业道德概论》中说："教师职业道德是教师在从业过程中进行道德选择、道德评价、道德教育和修养等道德实践中必须遵循的道德规范和要求……教师职业道德从总体上来说，又体现为教师职业理想、教师职业责任、教师职业态度、教师职业纪律、教师职业技能、教师职业良心、教师职业作风和教师职业荣誉。"（钱焕琦主编《高等学校教师职业道德概论》，南京师范大学出版社2006年版，第22页）还可以列出一些学者对师德下的定义。教育界对师德含义研究成果表明，师德就是教师应当遵守的职业行为规范和要求的总和。它包括教师职业道德理想、职业道德原则和职业道德行为准则三个层次。（卫荣凡《高校教师师德自律论》，中国社会科学出版社2008年版，第244页）

　　高校教师的职业道德理想，就是奉献精神，这是师德的最高层次。奉献精神，就是要求高校教师对高等教育事业敬业、勤业、精业、无私奉献，是人生的职业信念。"敬业"就是对高等教育事业的一种敬仰、一种崇敬、一种向往，能够深刻地认识高等教育事业的重要地位和价值所在，决心忠诚并献身于高等教育事业。"勤业"就是不断进取，不断努力学习提高自己，不断努力提高工作质量，为人才培养、科学研究、社会服务作积极贡献。"精业"就是以极高的标准严格要求自己，要求自己素质提高无止境，学术创新无止境，对业务精益求精无止境，永不满足，不断向事业的高峰攀登。"无私奉献"就是正确处理个人利益与他人利益、集体利益、社会利益的关系，当这些利益关系发生矛盾的时候，能把他人利益、集体利益、社会利益放在第一位，把个人利益放在第二位，甚至牺牲个人利益，把这种无私奉献作为人生的追求和人生的境界，在无私奉献中实现自己的人生价值。总之，这种奉献精神，能使教师不仅有学识魅力，而且有人格魅力，使两者达到高度统一。

　　高校教师的职业道德原则，是师德的第二个层次。是对教师职业行为的基本要求，是调节其职业行为中人与人之间及不同利益之间关系的基本行为规范。包括爱岗敬业，忠于职守；学而不厌，学术创新，不断提高学术水平；树立以学生为本的教育教学观念，教学民主；关爱学生，民主、平等、公正地对待全体学生；以身作则，言传身教，教书育人；团结协作，诚实竞争，共同发展与进步；自信自爱，维护教师的合法权益等。

　　高校教师的职业道德行为准则，是师德的第三个层次。是对教师职业行为的底线要求，是不准越过的行为界限，也是教师必须履行的职业义务。这些准则有的往往与法律法规交织在一起，是每个教师都不能违背的。有一本叫《底线伦理学》的书，书中说："一个人，作为社会的一员，不管在自己的一生中怀抱什么样的个人或社会理想，追求什么样的价值目标，有一些基本的行为准则和规范是无论如何必须共同遵守的。否则，社会就可能崩溃。人们可以做许多各式各样相当歧异的事情，追求各式各样相当歧异的目标，但无论如何，有些事情还是决不可以做的，任谁都不能做，永远不可以做。"（何怀宏《底线伦理学》，辽宁人民出版社1998年版，第6页）同样，作为高校教师，有一些行为是绝对不能做的，这就是师德行为准则，违背了师德行为准则，就不是一个合格的教师。师德行为准则应当包括以下几个方面。

　　（1）对待工作：不得在申请或晋升专业职务或职位时，弄虚作假；不准利用职务之便，收受他人财物；不准故意损坏教学仪器设施；不准旷课、随意调课和对工作敷衍塞责；不准在课堂上抽烟和使用移动电话；不准掩盖、篡改出现的重大教育教学事故；等等。

　　（2）对待学生：不准歧视、侮辱、体罚学生；不准以民族、性别、地域、家庭背景、是否残疾、学习成绩以及身心发展水平为由偏袒或歧视学生；不准以任何借口向学生索要财物或接受学生的贿赠；不得泄露学生的隐私资料；不准因个人或少数学生不轨而责备或处罚全班学生；不得有意为难学生，要公平地对待每一个学生；等等。

（3）对待学术：不得违反国家安全、信息安全、生态安全、环境安全等方面的规定；不准弄虚作假，徇私舞弊，搞学术浮夸；不得剽窃、抄袭他人成果，沽名钓誉，损人利己；不得故意捏造、篡改研究成果、实验数据或引用的资料；等等。

（4）对待其他教师：不得在公开场合或学生面前采取造谣中伤或诽谤等方式诋毁其他教师的人格、声誉、威信和工作效绩；不得贬低他人的学术、科研和教育成果；不得违反老师集体共同做出的决定或制定的规则，擅自行动；不得帮助明知在品格、教育或其他有关品质上不合格者混入老师队伍或晋升高一级专业职务或职位；等等。

（5）对待社会服务：不得用欺诈、不公正的方式谋取私利；不得瞒报为社会服务所得收入而偷税漏税；不得因兼职而影响正常的教学科研；等等。（卫荣凡《高校教师师德自律论》，中国社会科学出版社 2008 年版，第 244－255 页）

从教师的师德理想、师德原则、师德行为准则三个层次来看，加强教师师德建设，是实践"三个代表"重要思想和落实科学发展观的要求，是实施科教兴国战略和落实以德治国方略的要求，是建设和谐学校的重要任务。教师师德建设对良好学风、教风、校风的形成具有重要作用，对教师自身的发展和建立高素质的教师队伍具有重要的推动作用，是提高教育教学质量和人才质量的重要保证，对学生也起着潜移默化的影响。因此，对教师的师德建设不能等闲视之。

## 二、 孔子是高尚师德的典范

孔子是中华民族历史上第一个伟大的教育家，也是全人类历史上一个伟大的教育家。他一生从事教育，在长期的教育实践中，树立了优良的师德，堪称高尚师德的典范。

首先，我们从师德的第一个层次，即对教育事业的奉献精神来看孔子的师德。

在孔子以前，贵族垄断了文化教育权，所谓"学在官府"。学校为贵族子弟而设，平民没有受教育的权利。孔子创办私学，聚徒讲学，使"学在官府"逐渐"学移民间"。这在中国教育史上具有划时代的意义。孔子收徒讲学，从什么时候开始，历来有不同的说法：一说十七岁（《史记·孔子世家》）；一说二十二岁（胡仔《孔子编年》）；一说三十五岁（司马贞《史记索隐》）。孔子说自己

"三十而立"，定孔子三十岁左右开始收徒讲学是可以的。孔子的弟子传说有三千人，身通六艺者七十二人（一说七十七人）。这些学生多数出身贫贱，来自贵族的学生只有鲁国的孟懿子、南宫敬叔兄弟，和宋国的司马牛等几个人。学生中后来有的从政，有的从教，很多成为有政绩、有名望的人。平民通过学习而能参与贵族政治的新情况，是从孔子创立私学后开始兴盛起来的。孔子开创私学，培养了一批人才，对于进一步打破贵族垄断文化教育和贵族世袭政治官职的局面，起了重要作用。因此，孔子开创私学的历史意义是非常深刻和广阔的。

孔子为教育事业而奋斗并取得重大成就，主要有三个时期。

第一个时期，在孔子"三十而立"前后，大约是他三十至三十五岁时期。为什么孔子能在三十岁左右就能收徒讲学呢？一方面是由于他生长在鲁国，鲁国保存了丰富的古代文物典籍，客观上具有较好的学习条件。他从小对《诗》《书》《礼》《乐》就有兴趣，五六岁便开始学各种礼仪。另一方面，他聪颖过人，勤奋好学，十五岁而志于学，到三十岁就已经打下了学业和品德修养的坚实基础。他自己说"三十而立"，并不虚夸。这一时期招收的学生中有比他小六岁的颜由（颜回之父），有比他小九岁的子路。他三十四岁那年，连贵族孟僖子的两个儿子孟懿子和南宫敬叔也拜他为师。

第二个时期，是他三十七岁到五十岁这段时间。当时鲁国的政治形势是政不在君而在大夫，大夫之政在陪臣（即士，当时是阳货），"陪臣执国命"。孔子不愿意同这种权臣同流合污，所以不仕，"退而修《诗》《书》《礼》《乐》，弟子弥众，至自远方，莫不受业焉"（《史记·孔子世家》）。这时，孔子的弟子除来自今山东境内的齐、鲁外，还有从楚（湖北）、晋（山西）、秦（陕西）、陈（河南）、吴（江苏）所属各地慕名而来的，几乎遍及当时主要的各诸侯国。这十几年，是孔子教育思想、教育事业大发展的时期，在社会上引起广泛注意。从年龄上推算，颜回、子贡、冉求、仲弓等，大概都是这时期孔子的学生。

第三个时期，孔子晚年。鲁哀公十一年（公元前484），孔子结束了长达十四年之久的流浪生活，自卫国回到鲁国。这一年他已六十八岁，距他七十三岁去世还有五年时间。孔子经历了几十年的坎坷生活，即使访问诸侯列国，到处碰壁，终不得志，但始终没有停止教学工作。在晚年，他更集中精力，把全部余热献给了教育事业，又培养出了一大批像子夏、子张、曾参等才华出众的弟子。同时，还对教学中用的《诗》《书》《礼》《乐》《易》《春秋》等文化典籍进行整理、删定，使之成为定型的教本。

孔子一生坚持不懈地克服困难和阻力，发展自己创设的私学，用自己的心血和生命谱写了教育事业的胜利凯歌。这是一种为教育事业奉献的高尚的师德。

其次，我们看孔子的师德原则。

孔子倡导"有教无类"（《论语·卫灵公》）。就是说不分宗族贵贱，不分阶级，都应该受教育。这一观念，是中国教育史上划时代的革命创举。孔子不但提出这个主张，而且实践这个主张。他招收学生兼收并蓄，不受贵贱、贫富、老幼、国籍等条件的限制，其中大多数是出身贫贱之家，例如：

颜回"一箪食，一瓢饮，在陋巷。人不堪其忧，回也不改其乐"（《论语·雍也》）。

仲弓其父为"贱人"，家"无置锥之地"（《荀子·非十二子》）。

子路"卞之野人"（《史记·仲尼弟子列传》），子路事亲"常食藜藿之实，而为亲负米百里之外"（《说苑·建本》）。

原宪"居鲁，环堵之室，茨以生草；蓬户不完，桑以为枢；而瓮牖二室，褐以为塞；上漏下湿，匡坐而弦"（《庄子·让王》）。

曾参穷居卫国，絮衣破烂，面色虚肿。因为干粗活，手足生出老茧。往往是三天不煮饭，十年不添置新衣（《庄子·让王》）。

闵子骞冬天没有御寒的衣服（《说苑》）。

当时有人提出疑问："夫子之门何其杂也？"子贡回答说：君子端正品行以等待四方之士，而且一定要做到来者不拒，正如良医之门多病人一样，夫子门下各种各样的人都有（《荀子·法行》）。这正是孔子"有教无类""来者不拒"，于教育事业矢志不渝的崇高精神。

但是，必须指出，孔子的"有教无类"，只包括了人群的一半，只有男人，女子被排除在教育对象之外。孔子的弟子中，没有一个女弟子。周武王自己说，他有十个能辅助治理国家的臣子，这十人中相传包括武王自己的妻子邑姜（姜太公之女）在内。但孔子却说，辅助武王的十人中有一个是妇女，所以只能算九人（《论语·泰伯》）。重男轻女，这是孔子思想的局限性。

孔子的教学态度是"诲人不倦"。《论语·述而》："若圣与仁，则吾岂敢！抑为之不厌，诲人不倦，则可谓云尔已矣。"意思是说，说我圣，说我仁，我都不敢当！我只是永不自满地学习，永不疲倦地教诲弟子而已。孔子对待学习知识的态度一贯是实事求是、老老实实的。《论语·为政》："由（子路），诲汝知之乎？知之为知之，不知为不知，是知也。"知道的才能说知道，不知道的就说不知道，这才是真正聪明的求知者。因为孔子自己有"学而不厌"的好学精神，对求知者的认真负责态度，所以教学上"诲人不倦"。孔子本着这种认真严肃、踏实负责的教学态度，忠诚地、百折不挠地去履行教师的职责，这就是孔子的师德原则。

孔子把道德修养放在教育的首位，也是他的师德原则之一。孔子的道德总概念是"仁"。孔子对"仁"有许多解释，例如《论语·子路》："刚、毅、木、讷，近仁。"意思是指刚强正直、果断朴实、言语谨慎，都可以说是接近仁。他还更具体地提出了孝、悌、忠、信、勤，义、勇、敬、诚、恕，温、良、恭、俭、让，谦、和、宽、敏、惠等一系列具体的概念，丰富和发展了品德修养的内容。

孔子很注重学生的道德情操。《论语·宪问》说："贫而无怨难，富而无骄易"，要求学生做到富而不骄，贫而无怨。《论语·八佾》说："《关雎》乐而不淫，哀而不伤"，要求一个人的喜怒哀乐应有一定的限制，不要过分。一个人在道德感情上必须克服那些不合于"仁"的邪念，树立合于"仁"的道德观念。仁人必须立志，《论语·子罕》说："三军可夺帅也，匹夫不可夺志也。"《论语·卫灵公》说："志士仁人，无求生以害仁，有杀身以成仁。"宁可牺牲生命来保卫仁的原则，不可贪生怕死而损害仁的原则。怎样检验学生的道德行为呢？孔子强调"听其言而观其行"（《论语·公冶长》），主张"文质彬彬，然后君子"（《论语·雍也》），就是说，外表形态（文）和思想品质（质）要相一致，才算是大雅君子。

"有教无类""诲人不倦"，把道德修养放在教育的首位，这就是孔子师德原则。

最后，我们看孔子的师德行为准则。

师德的行为准则，关键是对待学生的态度。孔子对待学生有几条准则。

（1）对所有学生，一视同仁，平等相待。

孔子主张"有教无类"，所以对学生不管贫贱富贵，一视同仁，平等相待。例如，他对小于自己三十岁的贫寒弟子颜渊极其看重，把他列为德行之首。《论语·先进》有："德行：颜渊、闵子骞、冉伯牛、仲弓。"并且对颜渊说："用之则行，舍之则藏，惟我与尔有是夫！"（《论语·述而》）这已不像师生间的谈话，而完全是朋友之间的谈心了。又如他对待仅小于自己七岁的学生冉伯牛。冉伯牛生了恶疾（麻风病）不能起床，孔子亲自去问病，将要永诀时，执着学生的手说："此人丧亡，这是命呀！这样好的人，为什么偏会生这样的病呵！"（《论语·雍也》）而且反复说两遍。这是平等对待学生的真实记录。

孔子爱学生同爱自己的儿子一样，一视同仁。有一次，孔子的学生陈亢问孔子的儿子伯鱼（鲤），"你在父亲那里是否还听到一些我们所听不到的特别新异的教导吗？"伯鱼答道，"没有。有一天我父亲一个人站立堂前，我轻轻走过庭院，父亲问道，你学过《诗》了吗？我说：没有。父亲便说，不学诗，就不会使言语典雅。我回来便学《诗》了。有一次，父亲又问我，你学过礼了吗？我说，没有。父亲说，不学好礼，就不懂得立身处世的准则。我回来便学礼了。我私下就听过这两次教导。"陈亢非常高兴地说："我问的只是一个问题，而从回答中得到的教益却有三件，一是明白了学《诗》的重要性，二是明白了学《礼》的重要性，三是明白了正人君子对自己的儿子也不偏私。"（《论语·季氏》）孔子把学生和儿子同样看待，这表现了他对学生的亲近和爱护。

（2）平易近人，团结学生。

孔子提倡"当仁，不让于师"（《论语·卫灵公》），意思是说，在真理面前，对老师也不必让步。他平易近人，和学生打成一片。所以弟子对孔子很尊敬，有的爱之如父兄，有的敬之过尧舜（《孟子·公孙丑上》）。他在弟子中的形象是"温而厉，威而不猛，恭而安"（《论语·述而》）。学生在他面前谈话，不必忌讳什么。例如，孔子在郑国时与弟子散失，子贡寻师，郑人告之，说东门外有一个人"累累若丧家之狗"，子贡以实相告，孔子听后并不发怒，却欣然笑道："（说我）似丧家之狗，然哉，然哉！"（《史记·孔子世家》）正是因为孔子与弟子的关系亲密团结，所以即使在困难时期，能共患难，打不散。孔子与弟子在教学上是师生关系，在年龄上是父子、兄弟、朋友关系，在政治上是同志关系。正如孟子所说："以德服人者，中心悦而诚服也，如七十子之服孔子也。"（《孟子·公孙丑上》）

（3）尊师爱生的楷模。

孔子以其高尚的品德和广博的学问赢得弟子们的尊敬。孔子对弟子"诲人不倦"。《孟子·公孙丑上》记载："昔者子贡问于孔子曰：'夫子圣矣乎？'孔子曰：'圣则吾不能，我学不厌而教不倦也。'子贡曰：'学不厌，智也；教不倦，仁也。仁且智，夫子既圣矣。'"孔子这种对弟子教而不倦的精神，深深地影响着弟子。弟子非常尊敬老师。颜回曾经说过："我抬头仰望老师的道德和学问，越望越觉得高大，我努力钻研，越钻研越觉得深广。老师善于一步一步地诱导我，用各种典籍来丰富我的知识，使我想停止前进也不可能。"（《论语·子罕》）

由于孔子对学生有深沉真挚的爱，所以弟子对孔子倍加尊敬。有人毁谤孔子，子贡就出来说仲尼是毁谤不了的："他人之贤者，丘陵也，犹可逾也；仲尼，日月也，无得而逾焉。人虽欲自绝，其何伤于日月乎？多见其不知量也。"（《论语·子张》）孔子死后，许多学生都来送葬，皆服丧三年，子贡结庐于墓旁守丧六年。（《史记·孔子世家》）

孔子爱护学生，学生尊敬孔子，这种师生关系，足以为后人的楷模。

在现代社会中，师德的行为准则还有很多，如前所述。但对待学生的准则是关键的一条。这条做好了，其他问题可以迎刃而解。

## 三、 国学教育与师德修养

国学中的儒家，有许多培养师德的理论与方法。这是国学的一个重要内容。对这些理论和方法加以阐释，有利于我们在实际工作中加强自己对师德的修养。

一是，慎独。

慎独，自古以来是我国道德修养的精髓，是历代社会所提倡和追求的美德。

慎独的"慎"字,扬雄《方言》卷一说:"慎,思也。"刘宝楠《论语正义》说:"《尔雅·释诂》:'慎,诚也'。《说文》:'慎,谨也'。'诚''谨'同义。"由此可见,"慎"的含义是"思""诚""谨"。"独"字的含义指"独处""独居""独行"。所谓"慎独",《辞海》定义为:"在独处无人注意时,自己的行为也要谨慎不苟。"《辞源》定义为:"在独处时能谨慎不苟。"罗国杰主编的《中国传统道德》名言卷说:慎独"就是个人在独处的情况下,也要谨慎小心,自觉遵守道德,不要因为别人不在场或不注意而干坏事。"(罗国杰主编《中国传统道德》,第464页)慎独既是一种修养方法,也是道德修养所达到的一种道德境界。

中国"慎独"思想起源很早。在《诗经》中,虽无"慎独"一词,但《大雅·思齐》《大雅·抑》等篇中,都提到一个人虽于幽隐之中而心存戒惧,有所持守,不可肆意妄为。这体现了"慎独"思想的萌芽。

"慎独"的概念,最早见于《礼记·中庸》,说:"天命之谓性,率性之谓道,修道之谓教。道也者,不可须臾离也,可离非道也。是故君子戒慎乎其所不睹,恐惧乎其所不闻。莫见乎隐,莫显乎微,故君子慎其独也。"其意是,君子在别人看不见的时候,总是非常谨慎的;在别人听不到的情况下,总是非常警惕的。最隐人的东西最能看出人的品质,最微小的东西最能显示人的灵魂。所以,君子当独自一人时,总是非常小心谨慎,不做任何不道德之事。

"慎独"思想提出之后,为历代思想家所推崇和重视。清代曾国藩在遗嘱中说:"慎独则心安。自修之道,莫难以养心;养心之难,又在慎独。能慎独,则内省不疚,可以对天地质鬼神。人无一内愧之事,则天君泰然,此心常快足宽平,是人生第一自强之道,第一寻乐之方,守身之先务也。"说明"慎独"在人生中的重要性。

在今天,刘少奇在《论共产党员的修养》中,对"慎独"思想,作了辩证的阐述。他说:共产党员不应以个人利益放在第一位,而应以个人利益服从民族和人民群众的利益。"因为他无私心,在党内没有要隐藏的事情,'事无不可对人言',除开关心党和革命的利益以外,没有个人的得失和忧愁。即使在他个人独立工作、无人监督、有做各种坏事的可能的时候,他能够'慎独',不做任何坏事。他的工作经得起检查,绝不害怕别人去检查。他不畏惧别人的批评,同时他也能够勇敢地诚恳地批评别人。"(《刘少奇选集》上,人民出版社1981年版,第130-133页)

由此可见,"慎独"是儒家所倡导的一种道德修养方法,也是道德修养的境界。它强调在无人监督的情况下,实行自我约束,自我监督,谨慎地遵守道德的要求,自觉地按照道德的要求行事,不做任何不符合道德的事。作为一名教师,按"慎独"的方法来修养师德,是十分必要的。

二是，知行合一。

"知行合一"既是哲学的本体论命题，也是道德的重要命题。在这里，主要从道德的角度来探讨"知行合一"的思想精华。

孔子主张"知行合一"，在《论语·宪问》中说："君子耻其言而过其行。"孔子主张言行一致，对人要察其言而观其行，认为"其言之不怍，则为之也难"。一个人若夸夸其谈，大言不惭，那么做起来就难了。所以君子以言过其实为耻。

荀子不仅论证了"知行合一"的思想，而且批判了知行分离的观点。他强调行是知的目的和归宿，知至于行而止，知而不行，知得再多也没有用。他还认为："口能言之，身能行之"的人是"国宝"，"口善言，身行恶"的人是"国妖"，"治国者敬其宝"而"除其妖"。（《荀子·大略》）

历代优秀思想家，在道德修养上都主张"知行合一"。明代心学大师王阳明是"知行合一"思想的集大成者。王阳明"知行合一"观，是以他的"良知"和"致良知"为基础的。"良知"是道德观念本身，主要是指仁、义、礼、智、信、忠、孝、节、廉、耻等道德观念，是道德修养的出发点和归宿。"致良知"是指道德修养的基本方法。"致"包含有求致、恢复、躬行等意思。"致良知"就是除尽利欲，恢复良知，使行为符合道德标准。王阳明非常重视"知行合一"观，他在《传习录》中，多次声称"此是我立言宗旨"。他的"知行合一"的意思是说道德认识和道德活动是不能分开的，是一体的东西。他主张"知行合一"，就是为了使人们不但去"知"什么是伦理纲常，而且还要认真去加以实行，不要做违背道德要求的事。他十分重视个人道德修养的功夫。主张无论是学习道德知识，还是培养道德情感、锻炼道德意志、提高道德品质，都不能离开道德修养。他认为，道德修养只是一个"真切工夫"。为了这一"工夫"，不必讲效果，只要真心用功，工夫到自然出效果。他以种树为比喻，说："立志用功，如种树然。方其根芽，犹未有干；及其有干，尚未有枝；枝而后叶，叶而后花实。初种根时，只管栽培灌溉，勿作枝想，勿作叶想，勿作花想，勿作实想。悬想何益？但不忘栽培之功，怕没有枝叶花实？"（《传习录》）他强调的是一个工夫，一个人的道德修养是一个长期的过程，必须执着躬行践履，不能一蹴而就。这对于我们进行师德修养也有指导意义。

三是，内省克制。

内省克制，也是儒家道德修养的重要方法。内省克制，注重激发个体道德修养的主体性、积极性和自觉性。孔子从"性相近，习相远"的人性论出发，强调人们要通过自身的道德修养，才能够把道德的要求转化为自己内在的道德品质。并且，他认为，道德修养关键在自己，在于内省，在于自我克制。孔子说"君子求诸己，小人求诸人"（《论语·卫灵公》），要"见贤思齐焉，见不贤而内自省也"(《论语·里仁》)。孔子提出"反省"的"九思"之道，在《论语·季氏》中说："君子有九思：视思明，听思聪，色思温，貌思恭，言思忠，事思敬，疑思问，忿思难，见得思义。"即是说君子要从多方面进行反思和检查，言行要符合道德规范的要求。可见，孔子十分重视道德修养的自省，通过自省使人们把道德规范的要求变成道德自觉。从孔子、孟子到王阳明都主张道德修养的自省工夫。教师的师德修养，也必须内省克制，使自己的师德达到炉火纯青的境界。

以上讲了何谓师德、孔子是高尚师德的典范、国学教育与师德修养三个问题，是我的一点体会，恭请老师们批评指正。

本编系作者 2010 年 5 月 7 日在广州大学教师培训班上的演讲稿。

第十四编　梁启超多姿多彩的家庭教育

一个人有将近三分之二的时间在家庭生活，家庭最容易展示人的本性。所以，研究一个人物，如果仅探讨其社会角色，而忽略了其家庭角色，显然是有欠缺的。"读书会"安排阅读《梁启超家书》（主要为中国青年出版社 2009 年版）一书，对全面认识梁启超的家庭生活是非常有意义的。

# 一、 梁启超儿女的人生风采

梁启超一生育有 5 男 4 女（不包括夭折的 2 人），个个都成为栋梁之材，为国家作出贡献。下面展示一下这 9 人的精彩人生。

## （一） 大儿子梁思成（1901—1972）

梁思成，1901 年生于日本，在日本华侨学校读小学后，1913 年随家人一起回国。1915—1923 年在清华学校学习。1924 年，在梁启超的资助下，与林徽因一起往美国宾夕法尼亚大学留学。在林徽因的建议下，梁思成学习了建筑学。两人为中国现代建筑学奋斗了终身。梁思成于 1928 年 9 月回国，执教于东北大学，创建了我国第一个建筑系。1931 年，随着日本加紧对东北的侵略，东北大学无法正常教学，梁思成夫妇应北京营造学社之邀请，出任研究部主任。抗战时，梁思成夫妇住在四川宜宾李庄，生活条件十分艰苦。但他们不畏困难，足迹踏遍了15 个省、200 多个县、2000 多座古建筑，终于在 1944 年完成了不朽的名著《中国建筑史》，并组织开办清华大学建筑系。梁思成于 1946 年在美国耶鲁大学、普林斯顿大学作客座教授。在此期间，梁思成参加了联合国大厦的设计。1948 年 9 月，梁思成当选为第一届中央研究院院士。1949 年中华人民共和国成立后，梁、林参加了国徽、国旗和人民英雄纪念碑的设计。二人还为保护北京古城墙、古建筑四处呼吁。1972 年 1 月 9 日，中国现代建筑学的奠基人梁思成在北京逝世，享年 71 岁。

## （二） 二儿子梁思永（1904—1954）

梁思永，1904 年生于澳门，后在日本度过了他美好的童年，1913 年随家人回国。1915 年考入清华学校读书。1924 年往美国哈佛大学留学，学习考古学和人类学。1930 年获硕士学位回国，任职中央研究院历史语言研究所考古组，将一生献给中国的考古学事业。他主持安阳第十期到第十四期的考古发掘，取得了重要成果，在中国考古学上具有里程碑意义。1948 年 9 月，当选为第一届中央研究院院士，时年 44 岁。1950 年任中国科学院考古研究所副所长。1954 年病逝于北京，年仅 50 岁。

### （三）三儿子梁思忠（1907—1932）

梁思忠，1907 年出生于日本。一心想学军事，梁启超把他送往美国弗吉尼亚陆军学院留学，后又进入西点军校学习。留学回国后在上海十九路军任炮兵校官，一心报效祖国。1932 年，梁思忠因病逝世，年仅 25 岁，令人惋惜。

### （四）四儿子梁思达（1912—2001）

梁思达，1912 年 12 月生于日本神户，次年随家人回国后住北京，后一直随母亲居天津。1935 年毕业于南开大学商学院经济系，后又攻读研究生，1937 年获硕士学位。一直在工商管理、银行等部门工作，是著名的经济学家。1972 年因"文革"被迫提前退休。

### （五）五儿子梁思礼（1924—　　）①

梁思礼，1924 年生于北京，梁启超老来得子，尤为疼爱，在其书信中充满对梁思礼的赞美和期许。不料，当梁思礼 5 岁时，梁启超逝世。梁思礼随母亲王桂荃居天津。1941 年，时年 17 岁的梁思礼出国留学。先后在美国多所大学学习，获学士、硕士、博士学位。先后学电机工程、无线电、自动控制等专业。在美留学的 8 年生活极其艰苦，吴荔明在《梁启超和他的儿女们》一书中有详细描述。梁思礼于 1949 年 10 月回国。1960 年，中国自力更生研制的地对地导弹成功发射，梁思礼作为杰出的火箭控制系统专家，作出了卓越的贡献。1993 年，当选为中国科学院院士。

### （六）大女儿梁思顺（1893—1966）

梁思顺，1893 年出生于广东新会，是梁启超的"大宝贝"，梁启超也承认在所有的儿女中，他最偏爱大女儿。《梁启超家书》（中国文联出版公司 2000 年版，今天大家读的是选本）中，选录书信 407 封，其中 323 封是写给梁思顺的，可见父女情深。1899 年，梁思顺随母亲流亡日本，即在日本读书。她的日语非常好，可以讲日本古语和宫廷语言。对于诗词和音乐，也十分爱好，是诗词研究专家。梁启超给她书房起名"艺蘅馆"，后来梁思顺将古代著名诗词选编为《艺蘅馆词选》出版。1915 年，在梁启超的撮合下嫁给周希哲。周是华侨的后代，毕业于美国哥伦比亚大学国际法专业，获博士学位。后来担任北洋政府驻菲律宾、缅甸和加拿大等国的领事和总领事。梁思顺长期随丈夫在国外居住。1929 年周希哲结束了外交官生活，回到北京，专心于国际法的教学与研究工作，1938

---

① 编者注：梁思礼已于 2016 年逝世，享年 91 岁。

年去世。梁思顺独自支撑家庭，还在燕京大学教中文。1949 年以后，她积极参与各种社会活动，曾任中央文史馆馆员和北京市东城区政协委员。1966 年，受"文革"折磨，病逝，享年 73 岁。

### （七）二女儿梁思庄（1908—1986）

梁思庄，1908 年生于日本神户，1913 年随家人回国，多住在天津。曾在加拿大、美国等国留学。1931 年获美国哥伦比亚大学图书馆专业学士学位。后与麻省理工学院吴鲁强博士恋爱，一同回国，梁思庄在北京图书馆任编纂委员，后随丈夫往广州，进入广州市立图书馆工作。1936 年丈夫逝世，她带着两岁的女儿吴荔明（《梁启超和他的儿女们》一书的作者）回北京，到燕京大学图书馆工作。抗战时期流亡到四川。1949 年后进入北京大学图书馆工作，1960 年任副馆长。她是著名的图书馆学家，中国现代图书馆事业的奠基人之一。1978 年当选中国图书馆学会副理事长。1986 年逝世，享年 78 岁。

### （八）三女儿梁思懿（1914—1988）

梁思懿，1914 年生于北京，家里人都叫她"司马懿"。毕业于天津南开女子中学，1933 年考入燕京大学医学预备班。1936 年，本来计划转入协和医学院继续学医，但她对医学没有兴趣，思想活跃，社会活动能力强，迷上了历史，于是转入历史系，还加入了中国共产党。1941 年与儿科医生张炜逊结婚，随即同往美国留学。梁思懿就读于南加州大学历史系，1942 年毕业，在芝加哥大学图书馆工作，参加支援中国抗日战争的各种爱国活动。1949 年全家回国，梁思懿在青岛齐鲁大学任教。1955 年调往北京，任中国红十字总会国际联络部副部长，是社会活动家。1980 年，被选为全国政协委会，1988 年去世，享年 74 岁。

### （九）四女儿梁思宁（1916—2006）

梁思宁，1916 年生于上海，后一直在天津生活。考入南开大学时正值日本侵占华北，南开大学南迁后失学。她积极参加抗日战争，参加了新四军。1941 年加入中国共产党。后与革命干部章柯恋爱成婚。中华人民共和国成立后长期随丈夫在山东省科委工作。

## 二、 梁启超的家庭教育是近代中国家庭教育的一种典范

梁启超教育儿女是成功的，是近代中国教育的一种典范。探索他成功的原因，具有重要意义。

### （一）优裕的经济实力

梁启超的家庭是一个大家庭。他有 2 个妻子，共生有 5 男 4 女；再加上梁启超所抚养的李蕙仙亲戚家和梁家的几个孩子以及儿媳、外甥、保姆、仆人等，差不多是二三十口的大家庭。

支持这样一个大家庭，需要相当的经济实力。梁启超的经济收入如何，很难考证。考察其收入渠道：一是任职，二是稿酬，三是各种演讲和讲课费，四是股票及投资。梁启超在民国初期的 20 年间，收入不菲。1925 年 8 月 3 日致梁思顺的信中说："今年家计总算很宽裕，除中原公司外，各种股份利息都还照常。执政府每月八百元夫马费，已送过半年，现在还不断。商务印书馆售书费两节共收到五千元。从本月起清华每月有四百元。"有这样雄厚的经济实力，对教育儿女的费用，毫不吝惜。儿子、儿媳去美国留学，他总是满口答应；梁思永要自费考古实习，他坚决支持；梁思成要赴欧洲旅游结婚，他老早就让人把钱汇去；梁思忠要由美国往法国深造，他致信说："忠忠去法国的计划，关于经费这一点毫无问题，你只管预备着便是。"梁启超的家庭幸福生活，是以丰厚的经济实力为根基的。

支持美好家庭的另一个重要条件是宽敞、舒适的住房。梁启超一生在各地有多处住房，但最值得骄傲的是天津的饮冰室。房子位于原天津意大利租界 25 号，即现在河西区民族路 46 号，由东西并立的两座现代化的三层小洋楼组成。东楼建于 1915 年，西楼建于 1925 年，由意大利建筑师白罗尼欧设计。两座楼的后面有一排两层的工房，专供杂役人员居住。梁启超故居和饮冰室书斋几经变迁。中华人民共和国成立初期，这两幢楼收归国有，一些进城干部和文艺工作者陆续进住，一些单位也来此办公，直到 20 世纪 90 年代，这里共居住有 91 户居民，一家福利工厂。2001 年，天津市政府迁走了所有居民，重新修复饮冰室，成为"梁启超故居纪念馆"，让人们瞻仰。

梁启超把书房命名为"饮冰室"，这一称号是先有其名，然后建实体的。梁 1915 年定居天津，1925 年在其住宅西侧建造书斋"饮冰室"。早在二十多年前，流亡日本时，他开始在《新民丛报》连载《饮冰室诗话》，并以"饮冰室主人"的笔名撰写小说《新中国未来记》，1902 年在上海的广智书局出版了《饮冰室文集》。以后出版的梁启超各种文集，都冠以"饮冰室"之名。"饮冰室"之名，来自《庄子·人间世》；"今吾朝受命而夕饮冰，我其内热欤"。梁启超自谓"内热"，以饮冰自解，反映出清末为救国奔走的志士们的焦灼而力求自致冷静的心态。

### （二）和睦的家庭关系

夫妻关系是家庭的重心。梁启超对两位夫人的尊敬和爱戴确保了梁家的和睦、安宁、祥和。

1891 年 11 月，19 岁的梁启超和 23 岁的李蕙仙结婚，正式组织家庭。李蕙仙，贵州人，是清朝礼部尚书李端棻的堂妹。1889 年李端棻往广东主持科举考试，17 岁的梁启超才华横溢，李端棻大为赏识，将李蕙仙许配给梁启超为妻。作为平民百姓的梁启超自然受宠若惊。两年后，李端棻在北京亲自主持仪式，为他们完婚。1892 年夏，梁携娇妻回到广东新会老家茶坑村，住进新房"怡堂书室"。李蕙仙作为官宦之家的千金小姐，下嫁梁启超这样的乡村耕读之家，到 1899 年梁启超接她去日本，一直安然生活在南国边远的村寨，确实难得。梁启超对李蕙仙信任、体贴、关怀。在致李的信中，称他们的结合是"美满姻缘，百年恩爱"。每次外出，总要为李夫人购买礼品。在给大女儿思顺的信中说："汝母所欲得之物，总不外恰克图火锅、腌菜坛子、黄铜烟袋之类，吾与汝母相处二十年，宁不深知耶。"梁启超只要在家居住，就会和李蕙仙夜间长谈。梁启超经常炫耀自己的普通话是李夫人所教。李是梁的贤内助和知己。

子女不仅是家庭的希望，而且是天伦之乐的源泉。梁启超对儿女们的爱是炽热而持久的。他无论工作多忙，都不忘给孩子们写信。现存的家书，百分之九十八是写给儿女们的。梁启超对儿女们的爱是真诚的、平等的，而不是老爷式的封建的爱。只要读一读《梁启超家书》就知道了。

兄弟姐妹相亲相爱，情同手足。《家书》中有许多感人事迹。可参考吴荔明《梁启超和他的儿女们》一书。

### （三）中国传统教育与西方教育相结合的教育理念

给儿女传授人生的理念。梁启超所谈的人生理念，涉及做人、心性修养、如何面对社会和面对自己的许多方面，也就是儒家所说的"修身、齐家、治国、平天下"。

梁启超当然深谙西方的教育，所以大部分儿女都出国留学，学习现代知识。另一方面，梁启超也指导他们加强中国文化的学习，在家中开设国学训练班。据吴荔明的《梁启超和他的儿女们》，他请在清华国学研究院读书的学生谢国桢来做家庭教师，在家里办起补课学习组，学习《论语》《左传》《古文观止》，一些名家名著和唐诗等。还要作文，每天要临摹隶书碑帖拓片，写大楷二三张。还要考试，由老师批阅、审定。

梁启超教育儿女的理念，可以概括为尽兴、理智、随缘。

所谓尽兴，就是将兴趣和能力发挥到极致。梁启超认为兴趣为幸福的源泉，成功的基石。他时常教诲儿女们对生活、对事业要有广泛而浓厚的兴趣。称自己是"兴趣主义者"。

所谓理智，就是用理性约束感性。家书中处处洋溢着炽热的情感，同时也渗透着理智。

所谓随缘，就是对得失顺其自然。遇到失败或挫折首先要平静地接受，任其自然；其次要将其看作是磨炼自己的好机会，在克服困难中更上一层楼。他在给子女的信中说："大抵凡关于个人利害的事，只是'随缘'最好。"

爱国是梁启超两代人的共同情怀。

在治学方法上，因材施教，《家书》中有许多例子。

（四）体贴入微的长期关怀

梁启超在给儿女们讲大道理的同时，更注意生活细节的具体关怀，可谓大处引导，小处关心。上什么学校、读什么专业，看什么课外书，如何保养身体，如何培养业余爱好，如何修身养性，如何劳逸结合等，都一一指导，详细叮嘱。

本编系作者 2010 年 5 月 29 日在广州市委宣传部理论处组织的"读书会"上的发言稿。

第十五编　景仰名人故居，热爱康乐芳草

　　2015 年 11 月 14 日校友日，1985 届及 1985 级的同学们回到学校举行隆重的学位成礼仪式，感受学位授予仪式的荣誉与神圣。我代表参加成礼仪式的老师们在会上致辞，我以《景仰名人故居，热爱康乐芳草》为题，谈一点感受，与同学们分享我对中山大学的两点所爱。

　　一是景仰中大名人故居。

　　我们知道，中山大学在 90 多年的办学历史过程中，有无数名人在这里驻足、讲学，他们智睿的思想、丰富的人类创造的文化知识，积淀了我们校园深厚的文化底蕴。中大的名人故居，就是矗立在校园里让后人景仰、学习的一座座历史文化丰碑。

**陈寅恪故居**

　　陈寅恪是 20 世纪中国学人的杰出代表，为中国学术文化事业作出了卓越的贡献。他在中山大学工作和生活了 20 年，在此培养了无数优秀学子，创作了可以传之久远的《论再生缘》《柳如是别传》等不朽著作。陈寅恪的爱国精神和研究学问终生坚持"独立之精神，自由之思想"，严谨治学，显示出中国知识分子的风骨和气质。陈先生的学识和人品堪称后人的典范，其事迹为中山大学的历史增添了浓重的一笔。坐落在学校东南区 1 号的"陈寅恪故居"是供后人瞻仰的处所。每当我行经此地，都怀着一种无限景仰的心情，默默地记诵这位大师的学问和为人。

**许崇清故居**

　　我每天傍晚在马岗顶的林荫大道上散步，经过许崇清故居，都深深地怀念这位一生与孙中山先生结下不解之缘的现代著名教育家。许崇清在孙中山革命思想哺育下成长，他三次执掌中山大学，为弘扬孙中山精神鞠躬尽瘁。许校长的孙中山情怀，给我们留下了一笔宝贵的精神财富，我们应该永远铭记。

### 陈序经故居

在许崇清故居以北几十步处，就是陈序经故居。陈序经校长学贯中西，学识渊博，功力深厚，在社会学、经济学、民族学、历史学、文化学等多个领域，研究精深，著作等身。1956 年评定教授级别时，他与陈寅恪、姜立夫三人评为一级教授。陈序经掌门岭南大学时，以不惜重金招揽人才而享誉国内外。陈寅恪、姜立夫、王正宪、谢志光、陈国桢、陈耀真、毛文书等著名教授都是他聘请来的。他既是一位有真知灼见的思想家，又是一位埋头耕耘的教育家；既是一位虚怀若谷的学者，又是一位时刻为师生着想的学校掌门人。"陈序经"三个字，已融入中山大学历史文化之中。

陈寅恪、许崇清、陈序经三位名人，都践行着"博学、审问、慎思、明辨、笃行"的十字校训而取得卓越的成就，为后人永远铭记。瞻仰他们的故居，铭记他们的教诲，是我们校友日返校的应有之义。

二是热爱康乐芳草。

中山大学茂林修竹，绿草如茵，草木葱茏，我们的校园十分美丽。2014 年，为向中山大学 90 华诞献礼，生命科学大学院数十位本科同学，奔走于广州、珠海两地，拍摄了校园 227 种代表性植物照片，附上专业的说明文字，引录了诸多前辈学者的名篇佳作，编成《康乐芳草：中山大学校园植物图谱》，由中山大学出版社出版。校党委书记陈春声教授为该书写了序，给予很高的评价。

我翻阅着这部书，深深感到中大校园的一草一木，都是涵养我们人文精神、高尚人格的精神财富。据说当年岭南大学有不少教授、学生，他们的家在海外，康乐园的许多物种，是他们利用寒暑假探亲返校的机会，从美洲、澳洲和东南亚各地带回来的。中大芳草就是中外文化交流的历史见证。

大凡一个读书人，尤其是喜爱自然、喜爱艺术的人，多辨认得一些大地的草木、鱼鸟，都是有趣与有益的。所以孔子奖励学生学诗，举诗的效应，除兴、观、群、怨、事父、事君之外，要加上"多识于鸟兽、草木之名"，这是学生成长的重要途径。

许多花草，对我们陶冶人文精神，有重要启迪。东湖、管理学院旁边的莲花，每年夏季，"接天莲叶无穷碧，映日荷花别样红"，吸引着不少学子来欣赏。古往今来歌颂莲花的作品可不少，但我独爱周敦颐的《爱莲说》，我爱莲花"出淤泥而不染，濯清涟而不妖，中通外直，不蔓不枝，香远益清，亭亭净植"。这是莲花可贵的品格，也是人可贵的精神。

中大有许多榕树，按《康乐芳草》一书的分类，有八九种之多。老榕树的品格，使人们想起智慧、慈祥、稳重而又饱经沧桑的老人。从中大南门到北门，东西两条榕荫大道，路边年年芳草，树林日日禽鸣，榕荫路连着珠江，牵着大学的精神，连着五湖四海的学子。这是学术传承、薪火相续的历史见证。

康乐园里有许多松树，"马岗松涛"曾是中大八景之一。松树的风格，按《论语·子罕》所说：是"岁寒，然后知松柏之后凋"。它当凌云霄，直上数丈，经风雨，见世面，不屈不挠，岁寒而不凋，人生就应该学习松树的风格。

中大有许多杜鹃花，它不像华贵的牡丹、冷峻的菊花、清高的荷花、倔强的梅花。但它显得亲切、诚恳、质朴。它不是一枝独秀，甚至没有浓香，当清明时节，我们在马岗顶北坡上看到开得灿烂的杜鹃花，给人一曲心旷神怡的颂歌：一个人没有什么可夸耀的，荣誉属于集体。这是杜鹃花给我们的启迪。

凡此种种，康乐园的花草，陶冶着我们的情性，铸塑着我们的人格。康乐园的芳草与中大人的品格是相通的。历史系前辈学者汤明燧教授在《竹枝词杂咏之二》中歌咏康乐园的芳草："古木参天曲径幽，红楼碧瓦马岗头。云山珠水绕康乐，花发虬枝岁月遒。"同学们在校友日返校，应在校园内多走走，感受花草给我们的人文气息，在自己的工作岗位上创造更骄人的业绩，为实现国家富强、民族复兴、人民幸福的伟大中国梦而奋斗。

本编系作者 2015 年 11 月 14 日在中山大学 1985 届及 1985 级同学回校举行学位成礼仪式上的教师代表致辞稿。曾载于《中山大学报》2015 年 11 月 27 日。后收入李庆双、吴丹主编《印象·中大草木》，中山大学出版社 2019 年版。

第十六编　广州市人文景观掠影与教育传统

# 一、 广州市人文景观掠影

广州，是岭南文化的中心，我国"海上丝绸之路"的起点，近代革命战争的策源地和中国改革开放的前沿地。

广州是国务院颁布的全国第一批历史文化名城之一，文物古迹众多。至2004年末，已公布国家、省、市三级文物保护单位共219处，其中国家级19处，省级41处，市级159处。南越王墓、光孝寺、六榕寺、怀圣寺等都有千年以上的历史。此外，还有建于隋朝的南海神庙，明朝的五仙观、岭南第一楼、镇海楼、鳌洲塔（琶洲塔）、赤岗塔、莲花塔，清朝的陈家祠、余荫山房等。近现代历史遗迹有黄花岗七十二烈士墓、黄埔军校旧址、毛泽东主办的农民运动讲习所旧址、广州起义烈士陵园、中山纪念堂、洪秀全故居等。此外，华林寺等一批庙宇、宗祠牌坊、名人古墓等众多的风景名胜，自古以来享有很高的声誉。

广州，人杰地灵，名人辈出：有秦代任嚣；汉代赵佗、杨孚；唐代佛教改革家慧能；明代学者黄佐、陈献章；清代学者屈大均、陈澧，思想政治家康有为、梁启超，农民起义领袖洪秀全；近代领导中国民主革命、推翻几千年封建统治的孙中山，著名学者商衍鎏等。留下众多史迹。

今日的广州，已是现代化的大都市，流光溢彩、绚烂多姿。特别是改革开放以来，广州人创造了举世瞩目的现代化建设传奇。但现代广州并不只有高楼大厦、高速列车、时尚潮流，更有2200多年厚重的文化积淀。文化是一个城市的灵魂，文化软实力的提升必将推动广州的和谐发展。

现在广州分为11个区，我重点介绍三个老城区：越秀区、荔湾区、海珠区的人文景观和教育传统。

## （一）越秀区

越秀区历代为广州的中心区，越秀区因有越秀山而得名。明代在越秀山上建有观音阁，故越秀山又称"观音山"。

广州市越秀区

### 1．西汉南越王墓

西汉南越王墓位于广州解放北路的象岗山上，是西汉初年南越王国第二代王赵眜的陵墓。赵眜是赵佗的孙子，号称"文帝"，从公元前137年执政至前122年去世，在位15年。赵眜生平没有突出建树，比起祖父赵佗相差甚远，但他现在的"名气"比赵佗还要大，皆因他的陵墓。

西汉南越王墓

该墓于1983年6月被发现，同年8月至10月进行挖掘。挖掘完毕即在原地建立西汉南越王墓博物馆，各墓室原地保存。南越王墓是岭南地区发现规模最大、出土文物丰富多样、墓主人身份规格最高的一座汉墓，是中国境内迄今发现年代最早的彩绘壁画石室大墓。这座墓堪称地下宝库，共出土各类文物达1 000多件（套），内涵非常丰富，有礼器、兵器、生产和生活工具、装饰品、药石等，尤以铜、铁、陶、玉四者所占比重最大。

南越王墓有一件文物被称为"镇墓之宝"——"文帝行玺"龙钮金印。"文帝行玺"金印是中国考古发掘出土的第一枚帝印。在传世或发掘出土秦汉印章中，未见一枚皇帝印玺，只有文献记载。但是文献讲的帝印，是白玉质印、螭虎钮印，印文是"皇帝行玺"或"天子行玺"。而南越国赵眜这枚帝印却是金质印、蟠龙钮印，印文是"文帝行玺"。这是金印的独特之处，是南越国自铸、文帝生前实用这印。可见南越王是以帝王自居的。

"文帝行玺"金印

这枚金印上有一条造型奇巧的小龙，弯曲地盘据在四方形的印上。金印的印面刻有篆文"文帝行玺"四个字，证明了墓主人正是南越国的第二代王——文帝。出土的时候，金印印面沟槽及印台四壁都有碰撞与使用的痕迹，说明这是墓主生前经常使用的东西。

从某种程度上说，丝缕玉衣可称得上是南越王墓文物的另一"镇墓之宝"。它是中国迄今为止发现年代最早的一套形制完备的玉衣。玉衣是汉代特有的丧殓服，东汉灭亡以后，未发现有玉衣，玉衣是有等级规定的，有金缕、银缕、铜缕玉衣，诸侯王多用金缕，也有用银缕的。南越王墓出土的丝缕玉衣为首次发现，也是迄今为止唯一的一件。丝缕玉衣是南越王的殓装，整件玉衣全长1.73米，共用玉片2291块，用朱红色丝带粘贴，构成多重几何形纹样，色彩鲜艳夺目。玉衣的头、脚、手分别有独立的衣罩，头顶是一块玉璧，留着小孔，是为了让灵魂出入方便。

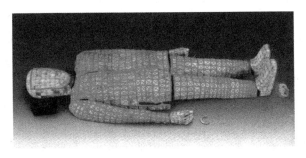

丝缕玉衣

据说，当年在玉衣出土时，丝带早已腐烂，玉片散开，玉衣内外又有许多玉佩和大玉璧，相互层层叠叠压着。专业人员花了 3 年时间，才把这套丝缕玉衣重新装配完整。

### 2. 南越国宫署与御苑遗址

今北京路和中山四路交叉处的忠佑大街一带，当年曾有南越王国恢宏的"宫殿"和小桥流水的"御苑"。至今考古人员仍在南越国宫署遗址及南越御苑遗迹上发掘宝藏。据考，遗址的年代是西汉初年即南越国时期；遗址是赵佗建"番禺城"时，所建的宫署和皇家园林。史书记载，越王宫早在公元前 111 年冬"汉武帝平南越"时被化为灰烬。但这处 2000 多年前的石构建筑遗址被发掘，在已知的中国古代建筑遗址中别具风格，地面用石板作大面积呈冰裂纹斗合铺砌的做法，在中国尚属首见。所发掘的南越王宫苑遗址是中国乃至世界现存年代最早、保存校为完整的园林遗址，也是中国三大园林流派之一岭南园林的源头，比原来发掘的中国最早的园林遗址——隋代的绛守居园池（山西）和唐代的曲江池（西安）要早七八百年。

**南越国宫署、御苑遗址**

在宫苑遗址的挖掘过程当中，残砖败瓦随处可见，曲廊还有一段被大火烧毁倒塌的痕迹，板瓦、筒瓦、"万岁"瓦当及灰烬叠压成堆，散落遍地的半两铜钱有的已经烧结成块，几百只龟鳖被烧焦的残骸堆集，还有印花铺地砖、八棱栏杆石柱等陶、石质建筑构件，以及铁斧、铁凿、错金铁剑、铜镞、鎏金半两铜钱等遗物。

1975 年，在中山四路试掘"秦汉造船工场遗址"时意外挖出这个越王宫废址，发现一段汉时砖石走道遗迹，走道上有"万岁"瓦当。在板瓦中发现有"公""官"字印戳，还在一块印花砖中，发现有"左官帑畜"戳印陶文。还发现有几乎烧成灰烬的水井木辘轳。由此印证了《史记·南越列传》中"楼船攻败越人，纵火烧城"的有关汉军焚城的记载。1995 年，在忠佑大街旧城隍庙以西发现池状石构遗址。1996 年，在石构遗址上发现南越国砖井。1997 年，广州秦代造船遗址发掘队第四次开进遗址时，意外发现南越国的御花园。

### 3. 越秀山

越秀山位于广州市北侧，是广州城中轴线起点。自西汉至宋代先后有"越王山"或"王山""玉山""天井岗""越井岗"等多个称谓，皆与南越王开国之主在此地的故址——越王台、越王井有关。明永乐年间，广东都指挥使花英在山顶建观音阁，因此越秀山又称"观音山"。明清时期，还被称为"粤秀山""越秀山"，西边有一山岗，名曰"五羊山"，因岗顶矗立一座11米高的五羊石象而得名。

越秀山属白云山余脉，东西部延约3千米，海拔70余米。据历史记载，越秀山是广州的风水宝地。从地理形态看，广州负山带海，北倚连绵起伏的五岭余脉九连山，南临烟波浩渺的伶仃洋；左有罗浮山，右有青云山作为"朱雀""玄武"拱卫并延伸至广州的白云山和越秀山，气度非凡。从地图上看，白云山和越秀山像巨大的苍龙，盘旋在珠江之畔，形成"飞龙吸水"之势。《白云粤秀二山合志》说：越秀山"俯视三城，下临万井，为南武（广州）之镇山。"

越秀山又是一座有深厚文化底蕴的名山，早在秦汉时期，它就是广州的风景名胜地。两千多年前，南越王赵佗在越秀山大宴群臣，盛情款待汉高祖刘邦派来的使者陆贾，此后筑"朝汉台"，去帝制，臣服于汉。越秀山上有越王台旧址，相传每年农历三月初三，赵佗都要到这里登高游乐，随行官员在台上跳起越族歌舞，故又名"歌舞岗"。五代时期，南汉王刘龑以越王台为游宴场所，在登山路上广植金菊、芙蓉等奇花异木，称为"呼銮道"，南汉君臣在此欢度良宵，醉饮人生。

越秀山以山水秀丽、文物古迹众多而著称。越秀山在宋代以来的"羊城八景"评选中每次都上榜：宋代有"菊湖云影"入选，是越秀山东南麓（今小北路挞子大街一带）开凿的人工湖景色；元代有"粤台秋月"，展示的是月明风清的秋夜，古代越王台上迷离、斑驳的画面；明代有"粤秀松涛""象山樵歌"二景，皆以莽苍苍之气势取胜；清代有"粤秀连峰""镇海层楼"二景；新中国成立后广州市先后三次评选现代的"羊城八景"，越秀山的景色均被选入，分别为"越秀远眺"（1963）、"越秀层楼"（1986）、"越秀新晖"（2002）。

### 4."古之楚庭"石牌坊

"古之楚庭"石牌坊坐落在越秀山中山纪念碑下，是广州市著名的石牌坊。清代屈大均说："（赵）佗宫故在粤秀山下，即楚庭旧址。"（《广东新语·宫语》）

"古之楚庭"石牌坊

"古之楚庭"石牌坊始建于清顺治元年（1644），清同治六年（1867）重建。该坊为两柱一间一楼的花岗岩牌坊，四块抱鼓石夹护柱脚。石柱上刻有"同治六年岁次丁卯孟春吉旦众善信捐资重建"。柱面面呈方形，下有基石，与前后抱鼓石同置于一大石板上。坊额下为小额坊，两端各由一石雕花雀承托，坊下部略呈月梁之状。额板东南面分别篆刻"粤秀奇峰""古之楚庭"。石牌顶部为石雕庑殿顶及鳌鱼宝珠脊，形式简练古朴。

"楚庭"，原指宫室，"楚庭"又作"楚亭"，古代"亭"与"市"相通，楚庭者，楚市也。还有学者认为它还指都城。明嘉靖《广东通志》有"楚庭郢在番禺（今广州）"，认为"楚庭"的设置便是广州建城之始，直到后来它慢慢被用作广州地域最古老的代称。但事实上，"楚庭"何意，学术界至今还没有定论。

广州地区附近在古代已有南越民族在此从事渔猎和耕种，商代时广州地区称为"南越"，周代时又有称为"百粤""扬粤""南海"等称谓。在春秋战国时，广州地区南越民族与长江中游的楚国人民已有往来，并归属于楚国，划为南楚。但"楚庭"究竟建于何时，历史上有好几种说法。一说远在公元前887年即西周夷王八年，楚子熊伐越，南海臣于楚国，因而建造楚庭；另一说是春秋时期，周惠王赐胙（祭肉）给楚成王熊恽，命他镇压南方夷越之乱，由此南海建楚庭朝楚。据屈大均《广东新语》记载：周惠王时，广州一带的越人臣服楚，并建"楚庭"以示朝拜之意；还有一种传说是依据明万历《广东通志》"开楚庭，曰南武"。历史地理名著《读史方舆纪要》"广州城"条中则载："又相传南海人高固为楚威王相时，有五羊衔谷，萃于楚亭，遂增筑南武，城周十里，号五羊城。"讲的是楚威王灭越，兼并了南方。楚威王起用了南越人高固做了楚国的国相，据说这个高固出生在南海（今广州），长得威武英俊，而且才华横溢，极有天赋。楚威王闻说后便召他进了王宫，经过仔细考察，对他十分赏识，授他为国相。高固不负重托，他用周朝礼乐去教化楚人，一改楚人只会打仗，惟尚武而不懂礼仪之风，使楚国后来成为文武强盛的大国，并与中原各国争夺霸权。高固辞官回到岭南后，就在番禺（今广州）越秀山下建了一座"南武城"。清初诗人屈大均《广东新语》将楚庭列入《宫语》，指出"越宫室始于楚庭"。

### 5. 五羊石雕像

五羊石雕像位于越秀区越秀公园西侧木壳岗上，雕像连基座高11米，共用130余块花岗石雕刻而成，体积约58立方米，仅主羊头部一块石料，就重达4000斤。五羊石像中，大山羊居中，羊角雄浑有力，羊髯微拂，口衔"一茎六出"谷穗，回眸微笑，探视人间；其余的四只小羊环绕其身，或回首，或吃草，或嬉戏，还有羊羔在吸吮母羊的乳汁，形态可爱，栩栩如生。该像宛如东方古代和谐家庭，老为尊者、壮有所用、少有所长、幼有所养之形态。

广州著名的雕塑家尹积昌、孔凡伟、陈本宗等人就是根据美丽的五色羊神话于 1960 年雕成这五羊石雕像。建成后，五羊石雕像成为人人喜爱的景点和广州城市标志之一。1990 年，公园在石雕旁设亭、廊，又于岗下塑浮雕两组，景点总名为"五羊仙庭"。

**五羊石雕像**

### 6. 五羊传说

广州简称"穗城"，又名"羊城"或"五羊城"，这些别称都来自"五羊衔谷萃于楚庭"这个神话传说。此传说是岭南地区产生最早、流传最广、影响最深的口头文学。五羊传说已流行了至少 1500 年，最早的文献记载见于《太平御览》引晋代裴渊的《广州记》。到了唐末，五羊传说更为流行。唐代著名诗人高适的诗句、《太平广记》卷三十四引唐裴铏《传记》"崔炜"篇，都提及羊城，即广州。至北宋乐史《太平寰宇记》引《续南越志》云："旧说有五仙人，骑五色羊，执六穗秬而至，至今呼五羊城是也。"明末清初屈大均《广东新语》卷五"石语"也有关"五羊石"条。在这些历代著作中，有关这个传说就如同有关广州城始建的传说一样，有着各种不同说法。

其一，五羊传说最早见于《太平御览》引晋代裴渊的《广州记》。周夷王八年（前 887），广州曾一度出现连年灾荒，田野荒芜，农业失收，民不聊生。一天，南海的天空忽然传来一阵悠扬的音乐，出现了五朵彩色祥云，上有五位仙人，身穿五色彩衣，分别骑着不同毛色的山羊，羊口衔着一茎六出的优良稻穗，降临楚庭。仙人把稻穗给了广州人，并祝愿此处永无饥荒。而后，仙人腾空飞逝，五只仙羊化为石头留在广州的山坡上。从此，广州便成了岭南最富庶的地方。这就是广州有"五羊城""羊城""穗城"之称的由来。据《宋张励五仙观记》转引《南务岭表记》及《图经》所载："初有五仙人，皆手持谷穗，一茎六出，乘羊而至，仙人之服与羊各异色为五方，既遗谷与广人，仙忽飞升而去，羊留化为石，广人因即其地为祠祀之。"

其二，五仙降临的情形差不多，但传说的时间是南海人高固为楚威王相的时候，即战国周显王时期。

其三，晋朝时，吴修为广州刺史，还未到任，有五仙人骑五色羊，背着五谷来到广州州治的厅堂上。吴修于是在厅堂上绘五仙人像以示祥瑞，并且称广州为"五仙城"。现在广州惠福西路的五仙观据说就是五仙人降临之地。广州人为了纪念五仙人，专门修建了五仙观，在大殿内还有五仙和五羊的塑像。五仙观的后殿东侧，还有一块裸露的红砂岩石，上面有一巨大的脚印状的凹穴，古人将此附会为仙人降落时留下的足迹——"仙人拇迹"。

### 7．镇海楼

越秀山的小蟠龙岗上，有座绛红色的建筑就是镇海楼，它是广州文化史迹引人注目的一颗明珠，被誉为"岭南第一胜览"。镇海楼因其楼高五层而被称为"五层楼"。此楼于明洪武十三年（1380），由永嘉侯朱亮祖所建，初名"望海楼"，后又题名为"镇海楼"，有雄镇海疆之意。关于它的记载，迄今最早可见于1461年所修的《大明一统志》："望海楼，在府城上北，本朝洪武初建，复檐五层，高八丈余。"

**镇海楼**

关于镇海楼的兴建，有两段有趣的传说，一说朱元璋得了天下，定都南京，建立明朝之后。一天，他和铁冠首道人同游南京钟山，游兴正浓之时，铁冠忽然指着东南方对朱元璋说，广东海面笼罩着青苍苍的一股"王气"，似有"天子"要出世了，必须立刻在广州建造一座楼镇压住"龙脉"，否则日后必成大明的祸患。朱元璋听后，游兴顿失，急忙派人到广东查询，发现广州的越秀山上现王者之气。朱元璋立即下诏，命令镇守广州的永嘉侯朱亮祖在山上建一座楼将王气镇住。圣旨下来，朱亮祖自然不敢怠慢，于是，在越秀山上兴建了这座"楼成塔状，塔似楼形"的镇海楼。该楼呈绛红色，据说亦有辟邪镇王之意。另一说永嘉侯朱亮祖笃信风水，得知越秀山是一块不可多得的风水宝地，决定在此山建造宅邸。当夜，朱亮祖做一个噩梦，见有赤、青二龙厮杀。事后奏禀明太祖朱元璋。朱元璋与军师刘伯温合议，为镇住海妖，威慑四方，因此传下圣旨，建一楼以镇之。屈大均《广东新语》："镇海楼，在粤秀山之左。洪武初，永嘉侯朱亮祖所建。"因"广州背山面海，形势雄大，有偏霸之象"，故建楼"以压紫云黄气之异者也"。

自明清以来，镇海楼五毁五建，颇具传奇色彩，明成化年间（1465—1487），望海楼已残破，两广军务提督韩雍重加修治，不久便被火烧毁；明嘉靖二十四年（1545）提督两广军务蔡经和巡按御史陈绪秀重建，由继任者提督侍郎张岳题名"镇海楼"；清初，镇海楼毁于战火。清顺治八年（1651）平南王尚可喜修复之，因登楼可俯瞰王宫，故设宫守之，禁止人们登临。清康熙初因"三藩之乱"，镇海楼再次被毁；清康熙二十四年（1685）广东巡抚李士桢"倡捐鼎建"，"阅三年而成"，是为第四次重建。李士桢撰写了《重修镇海楼记》一文，并为楼题写"镇海楼"三字。《粤东诗海》中记："计费巨万，壮丽坚致。"清人仇巨川《羊城古钞》（《卷首·羊城八景》）中写道："每当四窗洞开，一望无际，俯涵巨海，仰陟苍冥，亦一远观也。"清朝时期，镇海楼一直是广州最高的建筑物。登上楼顶，远眺珠江水波荡漾，波澜壮阔，蔚为壮观；近俯云山层峦叠翠，羊城锦绣，气象万千。

民国初年，军阀龙济光在镇海楼附近设置炮位，并划出禁区，镇海楼再次与世人隔绝。此后近十几年间，广东战事不断，一代名楼竟沦为"马槽军灶"，最后只剩下四壁与楼基了。1928年，当时林云陔出任广州市政委员长，重修镇海楼，把原有的木构换成钢筋混凝土，但砖石砌筑的墙壁基本属明代旧物。1929年把它用作博物馆。楼前东西对峙的两只红砂岩石狮子是民国初年拆城筑马路时从双门底（永清门）移来，为明代雕刻。楼西侧是明嘉靖年间（1522—1567）的《镇海楼记》石碑及1928年的《重修镇海楼记》碑。

1928年重修后的镇海楼奠基定了今日的式样：坐北向南，朱墙绿瓦，相映生辉；翘檐飞脊，巍峨挺拔；雄镇山巅，气度非凡。楼共五层：第一、二层用红砂岩条石砌成，三层以上为青石砖墙，外墙逐层收减，似楼似塔，红墙绿瓦，造型古朴独特。绿琉璃瓦歇山顶上有"民国拾柒年（1928）石湾均玉造"的玻璃花脊。五层楼顶层高悬着一个"镇海楼"金色巨匾，两边有一副木刻的楹联：

> 万千劫危楼尚存，问谁摘斗摩星，目空今古？
> 五百年故侯安在，使我倚栏看剑，泪洒英雄！

楹联是清代光绪年以兵部尚书衔赴粤筹办海防的彭卡麟授意其幕僚李棣华所作，联中的"故侯"即镇海楼建筑者朱亮祖，而今楼存人故，可证历史沧桑。

镇海楼被誉为"岭南第一胜览"，先后以"镇海层楼"和"越秀层楼"之名列为清代和现代的"羊城八景"之一。镇海楼于1956年辟为广州博物馆至今，陈列着广州从新石器时代至近现代共4000余年的历史文物。

### 8. 中山纪念堂

中山纪念堂位于越秀山南麓，原址为清代抚标箭道、督练公所。民国初年为广东都督、广东都军署。1921年孙中山在广州就任非常大总统时，总统府即设在这里。1921年陈炯明叛变把总统府烧毁。1925年3月12日孙中山逝世后，广州人民为纪念他的革命功绩，在此地建造中山纪念堂。民国十八年（1929）1月奠基，民国二十年（1931）10月建成。整体建筑包括门楼、纪念堂及东西耳楼，占地共6万平方米，建筑面积1.2万平方米。当时省政府主席李济深主持建造，后李济深被蒋介石囚禁于南京汤山，其职务由陈济棠接任，并由陈继续兴建。奠基石现仍镶在纪念堂大门东墙壁上，上刻题字："中华民国十八年一月十五日为孙中山先生纪念堂奠基筹备委员李济深等立石。"

中山纪念堂

中山纪念堂是一座富丽堂皇的八角形宫殿式建筑，由东西南北四面重檐烘托着中央高耸的八角亭子顶，红柱黄墙衬着黄色的琉璃瓦，瓦面分高低四层，层层飞檐出卷，大堂正面檐悬挂着孙中山先生手写的"天下为公"的金字匾，檐下朱色大石柱烘托着彩绘的廊檐和具有拼花图案的天花板。大堂四周基座和石阶梯级为白色花岗岩，显得既庄重又典雅。整座建筑装修堂皇富丽，富有浓郁的民族风格和中国传统建筑的艺术特色，是中国传统建筑的经典之作。

大堂北面是一个巨大的舞台，舞台后面镶刻着著名的《总理遗嘱》。中山纪念堂广场竖立有一座孙中山雕像。雕像基座下面刻有《国民政府建国大纲》。广场的左右两侧各耸立着一座云鹤华表和旗杆。大堂后面，东西还各建有一座两层的配楼。

抗日战争全面爆发初期，纪念堂堂顶一角曾为日机炸毁，以后日渐残漏。1949 年至 1988 年，政府曾七次拨出专款对各项设施进行修葺和完善。1998 年再次拨款6000万元，对纪念堂进行一次全面的综合性维修，更换了中央空调、灯光、音响、座椅，重新改造了贵宾室、化妆间、舞台，增加了消防喷淋系统和保安监控系统，堂前中山塑像改用铜材铸造。

### 9. 北京路

北京路名堂颇大，2002 年北京步行街改造进程中意外地在路面下挖掘出唐、宋、明、清 11 层古代路面遗迹和宋代"双阙"楼遗址。由此，这条路的漫长历史渐渐为更多人所了解。

北京路千年来长盛不衰，由于珠江水退，路基抬高，如今的北京路又铺设在历代路基之上，使路面越来越高，掩埋了古道的千年倦容。

20 世纪 30 年代北京路夜景

北京路和广州城一样的古老。公元前 204 年南越王赵佗建国，其皇城就在今北京路北段广东省财政厅前一带。三国时，交州刺史步骘把交州治所迁至番禺（古广州名），扩大赵佗城，世称"步骘城"，"其南门在番、禺二山之间，中间为南下海边大道，即今北京路到西湖路段"（《广州市志·建置志》）。

秦汉时，广州城称为"番禺城"，是因为城内有番山和禺山两座山岗，而北京路的位置就在这两座小山岗之间。今天北京路西侧还有禺山路可作为见证。当时，北京路一带是广州城的古代中轴线和商业中心，后来北京路逐渐成为广州市中心区的一条繁华的商业街。

北京路历史悠久，曾四度易名。老广州会把北京路中段叫"双门底"。公元917 年，南汉王刘龑改建清海军楼，因有两个并排的门洞，人称"双阙"，故俗称为"双门"，这是"双门底"的最初由来。

北京路在民国时期曾称"汉民路"，后来称"永汉路"，1918年，永清街（北京路）失火，市政公所遂乘势拆掉城门，接着拆拱北楼，筑起长137米的马路。因清朝已推翻，便反"永清"之意为"永汉"，此路定名为"永汉路"。后来永汉路扩展至广东省财政厅前，全长1252米，宽16米，一直是广州商业中心街道之一。如今社会上流传说永汉路在20世纪20年末改名"汉民路"，为的是纪念国民党元老胡汉民。其实，这是1936年五六月间的事，因为当时主粤的陈济棠与胡汉民的关系特别密切，胡汉民1936年5月去世后，将永汉路改名"汉民路"。1945年，汉民路又复名"永汉路"。

1966年"文化大革命"开始后，这条路改名为"北京路"沿用至今。

今天的北京路，是一条熙熙攘攘的商业街，而在更长的历史时期里，它是一条官道，和政治紧密联系在一起。北京路的北端一带向来是广州行政中心，官衙林立。从南越国开始，历朝历代众多的官衙机构就在这里。以今天北京路376号广东省财政厅为例，唐代为岭南道清海军节度使署，五代时为南汉国宫殿，宋代为经略安抚使司署，元代为广东道宣尉使司都元帅行中书省署，明代为广东行中书省、承宣布政使司署，清代为承宣布政使司署，民国为广东财政厅。官员们从官署出来，都是沿着北京路走到南门或珠江边。

几百年来，北京路一带名店林立，一直是广州最繁华的商业街。当年这一带本来就兴旺，加上当地官员重点装饰，自然是商铺绵延不断，繁华至极，酒肆茶楼、名吃老字号、文房四宝店、洋服店以及古籍书店林立。

不管"城头变幻大王旗"，北京路繁华依旧。民国年间，北京路云集了大百货公司——大新公司，广州市最早的肉菜市场——禺山市场等商铺市场。有名牌食肆，惠如、涎香、南如、吉祥、永乐等茶楼，还有哥伦布西餐、丽都大酒店。有广州人妇孺皆知的传统百年老字号致美斋、精益、李占记。还有中国电影院、永汉电影院、南关影画院、天星影画院、中央舞厅等娱乐场所。

如今这里的购物商场有新大新公司、广州百货大厦、光明广场、五月花广场等大中型百货商场十多座。文化娱乐设施有几家专业书店和新华书店、三多轩、集雅斋、文一文化用品公司、永汉电影院、青年文化宫、长江琴行等。

短短的一条北京路，可以说是广州的缩影，从中可以感受到广州的历史、政治、经济和文化等方面的巨大变化。它随着城市的建设，必然成为现代化都市的一条主要干道，重新焕发出青春活力。

### 10. 北京路千年古道遗址

2002年六七月间，在北京路整饬商业步行街开挖路面工程中，出土了大量砂岩石条与古城墙砖，总面积420平方米。北段发现了由唐至民国时期共11层路面，南段位在广州百货大厦前面，发现了宋代至明清时期共5层拱北楼建筑基址。

北段探沟长44米、宽3.8米，在距地表深3米以上，揭开了层层叠压的11层路面，由上而下分属民国、明代、宋元、南汉、唐代5个历史时期。

在唐代路面以下，距地表深约3.5米处，为青灰色的淤泥层，含有南越国时期的瓦片。该层遗迹以下为灰褐色淤泥。由此表明现北京路的北段在唐以前为低洼的河涌地，其后不断填高，成为唐宋以来老城区的中轴线。

该古道的发现，说明了广州古代城市中心街道是以南越王宫、布政司衙署为中心的城市轴线。现在的广东省财政厅一带，从南越国开始就是"政府办公"的地段。其中北京路122—372号等近70家的具有岭南风格的骑楼建筑，保存较为完整。

北京路千年古道遗址

关于北京路，考古工作者挖掘出的"三朝古道"以及相关的古道的保护和展示：在距离人行路面1.5米的地方，考古工作者相继挖掘出民国时期红、黄砂岩、麻石板路面，明清时期黄砂岩石板路面，宋朝青灰砖路面的"三朝古道"。

秦汉已渺，不可寻觅，在许多情况下，一个事物的名字要比它本身有着更多值得玩味的故事。越秀区有关部门在征询各方意见后，决定用玻璃钢罩覆盖其上向市民展示。东莞、汕头的两家公司承担了南北两个玻璃罩的制作，2002年12月下旬，来自河南洛阳文物考古所的专家对北京路"千年古道"（包括其中的拱北楼基址建筑余件等）进行整饬，并对其进行防潮、防长草等技术性处理。2003年1月，整饬后的"古道遗址"正式开放。

### 11. 文德路

文德路是广州市一条著名的文化街，长630米，地理位置优越，处于闹市。这里自古就是广州古城中心。

文德路，历来是文教兴盛之地，路西是赫赫有名的番山旧址，古木参天，历代曾在山上修筑宫苑、广州府学宫。兴建的贡院，成为两广地区举行乡试场所。科举废学堂后，先后又兴建了几所学校。

文德路是一条享有成名的文化商业街，此路位处广州闹市，毗邻中山四路中山五路和北京路，是广州的城区中心，商业气息浓、交通便利人流量大。旧时文德路的商户，大多是卖书的，在清代已经成行成市，也有经营古董、文物、装订、裱画的。

文德路字画街

文德路过去是文人雅士、社会名流的雅集场所，不少名人在此留下足迹，清代末年，康有为曾利用文德路的广府学宫仰高祠继续开办"万木草堂"，培养变法维新弟子；1927 年，鲁迅先生受聘任中山大学文学系主任，也曾偕许广平到文德路买书。

如今文德路仍是广州书画的专业街市，有经营字画、文物及装饰工艺品为主的企业 200 多间，有"广州画廊"之称。文德路具有明显的文化区域优势，将会成为岭南乃至全国的书画艺术品专业化市场的集散地。

### 12. 长堤

长堤位于广州珠江旁的北岸。长堤自广州开埠以来就是商家云集之盛地，也是国内外游客经常光临的风景区，对中外文化交流起到重要作用。

清光绪十五年（1889），两广总督张之洞批准修筑广州珠江堤岸，但只修了天字码头路段沙石江堤马路，就是今天沿江路的前身。清宣统三年（1911），清政府还投入大量财力用花岗岩石筑起堤岸，从沿江路向东延伸到大沙头，向西紧接六二三路。广州人称为"长堤"。1920 年，国民党政府在堤岸上开辟马路，命名为"长堤大马路"。

20 世纪 20 年代末至 30 年代初的长提

宋代"羊城八景"之一"珠江秋月"以及明代"羊城八景"之一"珠江晴澜",清代称"海珠夜晚月"都是指长堤的珠江景色。江上原有一个小岛,称"海珠岛",因由一大礁石构成,又称"海珠石",是广州著名的"三石"(海印石、海珠石、浮丘石)之一。海珠岛在南宋时,李昂英在岛上慈度寺苦读,后中举。后人以李昂英号"文溪",在慈度寺旁建文溪祠纪念。

20 世纪 30 年代的长提

### 14. 广州起义烈士陵园

广州起义烈士陵园位于广州市中山二路 92 号,是新中国成立后为纪念 1927 年 12 月广州起义中英勇牺牲的烈士,于 1954 年修建、1957 年落成的一座大型园林式墓园。

墓园占地 18.8 公顷,环境幽雅,规模宏大。正门宽 30 米,左右两旁都矗立着一座黄色琉璃瓦顶的、厚实的花岗石阙,石阙上镌刻着周恩来手书漆金的"广州起义烈士陵园"八个大字。

广州起义烈士陵园

### 14. 黄花岗七十二烈士墓

黄花岗七十二烈士墓在广州先烈中路,是安葬黄花岗起义牺牲的烈士墓园,也是辛亥革命的重要史迹。

黄花岗七十二烈士墓园占地约 16 万平方米，墓园坐北朝南，建筑规模宏大，气魄雄伟，其主要建筑群汇集在较长的中轴线上。墓园正门为有三个拱门的仿凯旋门式建筑，高达 13 米，由巨石垒砌而成，坚固雄伟，庄重肃穆；门额上方以花岗岩镌刻着"浩气长存"四个楷体大字，下笔千钧，气势如虹。宽阔的墓道两旁碑石林立，并植有翠柏和古榕，还有莲池及石拱桥。墓圹方正规整，正面长 17.26 米，侧面长 17.83 米，四周围以铁链护栏。

黄花岗七十二烈士墓

岗顶为陵墓，以花岗岩石砌成方形墓基，墓的中央建一亭，亭内竖立着一块石碑，"七十二烈士之墓"七个字隶书雄健劲挺，赫然醒目。亭顶形如悬钟，寓意争取自由的警钟。七十二烈士长眠的墓圹后面，就是造型庄严、风格凝重的纪功坊。碑亭后面是一座用花岗石砌的纪功坊，呈金字塔型，从底层开始，分别用 72 块青石从正反两面垒砌升高，象征七十二烈士精神不死，浩气长存。每块垒石正面都刻着当时国民党海外各地支部名称或个人名字，这些被称为"献石"，是 1918 年各地爱国人士捐款营建黄花岗七十二烈士陵园的实证。

### 15．光孝寺

光孝寺在光孝路，历史悠久，规模宏伟，为岭南佛教丛林之冠，有"岭南第一名刹"之称。

《光孝寺志·序》记载："光孝寺，自昙摩耶舍、求那跋陀罗二尊者创建道场，嗣后达摩始祖、慧能六祖先后显迹于此，一时宝坊净域，为震旦称首。"由是可知光孝寺在中国佛教史上的地位可谓独一无二。光孝寺是广州最有名的、最大的佛教古寺。广州人都知道一句民谚："未有羊城，先有光孝。"说光孝寺的历史比广州城还要悠久，虽然并不准确，但光孝寺有一段又长又曲折的历史，却是事实。

回眸两千多年，那个时候的广州是南越王国的领地。光孝寺所在的位置属于当时城市的外围，南越王国的末代皇帝赵建德在登上皇位之前，就将自己的王府兴建于此。

光孝寺全图（出自《光孝寺志》）

公元223年左右，中国的历史进入三国时期，岭南成为东吴属地。当时东吴著名经学家、骑都尉虞翻被孙权流放到了当时的"蛮夷之地"——广州。

根据地方志的记载，虞翻带着一家老小来到广州，住的地方就在赵建德的旧宅。摆脱了仕宦生涯的虞翻，从此在这里潜心研究《周易》，写就了《易注》九卷，被后人称为"虞易"。据说，虞翻还在这里招徒讲学，四方人士纷纷慕名前来，门徒多达数百人。虞翻还在庭院内栽种了大量的诃子树，庭院被人称为"虞苑""诃林"。吴嘉禾二年（233），70岁的虞翻病故。他的家人获得赦免，回到故乡浙江。虞翻的后人"舍宅为寺"，名为"制止寺"。光孝寺作为寺庙的历史便从这时开始。

从这一年算起，光孝寺至今的历史有1700多年。在今天岭南四大名刹中，韶关南华寺始建于梁武帝天监元年（502），潮州开元寺始建于唐玄宗开元二十六年（736），肇庆庆云寺创建于明崇祯六年（1633），它们的历史都不能与光孝寺相比，所谓"岭南第一名刹"，可谓实至名归。

### 16．六榕寺

广州市的六榕路，有一座1400多年历史的佛教名胜古刹——六榕寺。该寺是远古禅宗道场，与光孝寺、华林寺、海幢寺并称为广州佛教四大丛林。宝塔巍峨，树木葱茂，文物荟萃。早在南北朝时期的宋代（420—479），六榕寺原址已经建有佛殿，名为"宝庄严寺"。

　　宝庄严寺引人注目始于梁武帝大同三年（537），梁武帝萧衍是个虔诚的佛教徒，派出高僧昙裕法师到东南亚扶南国（柬埔寨）求佛骨舍利回国。大同三年（537），昙裕带着舍利回到广州，因身体不适住到宝寺，岂料他一住下便不愿离开，修书请准梁武帝表示"愿居此刹"，得到诏许并筑舍利塔，塔下珍藏自海外求得佛舍利，同时扩建宝庄严寺，唐永徽元年（650），舍利塔示现瑞象。宝庄严寺的上座宝轮和尚借助各级地方官之力重修寺塔。

**民国时期的六榕寺**

　　五代十国时期，广州是南汉国（917—971）的首府，改名"兴王府"，宝庄严寺也易名为"长寿寺"。南汉历代君主虔信佛教，长寿寺被作为刘氏宗室女修道之所，塔仍称"舍利塔"，每于上元、中秋佳节登塔燃烛悬灯（号曰"赛月金灯"）以兆丰年。宋朝开宝四年（971），宋军灭南汉，长寿寺"寺塔均毁，胜迹茫然"。

　　六榕寺花塔位于六榕寺中央，始建于南朝刘宋年间（420—479）。梁大同三年（537），诏许昙裕法师在此兴建的一座华丽的四角形的六层木塔，供奉从海外迎回的佛舍利，赐名"敕赐宝庄严寺舍利塔"。王勃写道："璇基岌其六峙"，"连甍四合"，"是栖银椁，用府琼函"。其大意是该塔高六层，塔顶层自四面向上合尖，是用一件件美玉似的木材砌筑成天宫般的楼阁。木塔内外绘画着佛典图解。宋开宝四年（971）南汉灭亡，此舍利塔之焚毁，从此湮没100多年。

　　宋元祐元年（1086），依碑记"方井圆泉，参差倒景"的记载和民间所传"环列古井九"之说，主簿林修与信士王衢、沙门道琮寻得旧塔基址重建宝塔，当时发掘出梁代建塔所藏佛舍利，仍旧瘗藏。绍圣四年（1097）宝塔落成，新塔改用砖木结构，八角形，外观九层，内有暗层，实为十七层。因塔各层内外墙壁设置佛龛供奉贤劫千佛像和旃檀五百应真，故称"千佛塔"。塔顶层还矗立着高高的塔刹，塔刹绝顶宝珠距地而"高度二百七十尺"（今测为57.6米），可称古代岭南高层建筑之最。此塔历宋、元、明、清、民国至今，每隔数十年必重修一次，就这样保存了下来。整座塔刹造型华丽，通体玲珑剔透，宛如花柱屹立在蓝天上，故有"花塔"之称。

竖立于塔端中央的塔心柱用钢柱，铸于元至正十八年（1358），柱身密布1023尊浮雕小佛像和祥云缭绕的天宫宝塔图。

1980年重修花塔、六祖堂等处，扩宽塔院。修复时采用仿宋式斗子蜀柱勾栏式，楼梯作穿塔壁绕平座式。

六榕寺还有一个东坡题"六榕"的传说。

**六榕寺花塔**

苏东坡（1037—1101），即苏轼，字子瞻，号东坡居士，宋代眉州（今四川省眉山市）人，为北宋文学家、书画家。他是唐宋八大家之一，与父苏洵，弟苏辙合称"三苏"。

苏东坡在政治上恪守传统礼法，而又有改革弊政的抱负，故仕途坎坷，多次被贬官放逐。因常被放逐，心情郁闷，一有机会，便外出游览，与和尚道士结交，还自称"东坡居士"。

宋元符三年（1100）宋徽宗赵佶登基，为了表示一下自己的善心，大赦天下。当时被贬到海南的苏东坡获准北归，苏东坡回到广州，和家人团聚，寓居于离净慧寺不远的天庆观。广州转运使兼广州知事程怀立等官吏在净慧寺设宴为这位大文豪洗尘，并陪同一起登上千佛塔观光。在高处凭栏远眺，广州风光尽收眼底，苏东坡顿觉心情舒畅。就像李白高吟"两岸猿声啼不住，轻舟已过万重山"一样，东坡从塔上下来，游兴不减，在庭院之中，流连半日毫无倦意，轻摇纸扇，有说有笑，名士风度，令人倾倒。该寺主持道琼久仰苏轼大名，乃抓住这个机会，向苏轼索求墨宝，以为纪念。苏轼见塔畔环植着六株老榕树，古翠弄荫，婆娑如盖，和风拂过，绿波轻漾，煞是可爱。苏轼这次获赦北归，"心似已灰之木"，深感世人受色、声、香、味、触、法"六尘"所蔽，面前的六株古榕，正好遮隔世间"六尘"之恼，又见榕间有亭，尚未有匾，而且精乖的僧人亦早已备文房四宝在旁侍候。这位豁达的老人也毫不客气，欣然命笔。双手贯力，那蘸满香墨的大笔便划出一道醇圆的曲弧，移到洁白的宣纸上，赫然"六榕"两字，落笔厚重雍容，收笔轻盈豁朗，实在是不可多得的真迹。字为楷书，落款为"眉山苏轼并书"。即曰"题"，又曰"书"，东坡解释道：就算是为小亭做个匾吧。道琮大喜过望，谢过坡公，即令人拿去做匾，悬于小亭之上。

苏东坡所书"六榕"手迹

千年岁月，世间变幻莫测，只有这六榕寺，菩提扶荫，青烟绕梁，至今还保留着一方宁静。

### 17．大佛寺

南汉王刘龚好佛，曾以上应天上二十八宿之数，在羊城东南西北四个方位各建七座佛寺，合称"南汉二十八寺"。朝代交替，二十八寺中绝大部分已钟停鼓息，物换星移，或沦为市场，或变为民居，无可稽查。唯有地处现广州市区中心繁华地带的大佛寺巍然独存。

大佛寺旧照

大佛寺坐落在广州市区中心繁华地带惠福东路惠新中街，前身为南汉（917—971）二十八寺北七寺之一的新藏寺。据史载：此地前有仙湖，后枕西湖，绿水澄清，九曜石峰飞跃，仙城风景以此为最。汉王流连不忍去，遂召集僧侣，议塑佛像，创立占地不广的梵宫佛殿——新藏寺。新藏寺规模不大，"梵宫佛殿"而已。可惜时至宋代便默默无闻而废。

元代（1271—1368）在新藏寺旧址再建筑殿宇，名曰"福田庵"。据清宣统《番禺县志》记载：明代扩建，改名"龙藏寺"。寺院建筑颇具规模。南控南城脚，北枕拱北楼；山门朝西，直通龙藏街（龙藏街后来也因此而得名）。明末被当局改建为巡按御史公署。清顺治六年（1649）毁于火，康熙二年（1663）春，平南王尚可喜为便于向天子"祝釐祐国"，考访龙藏寺故址，自捐王俸，亲自过问主持，重建殿宇。殿宇仿京师官庙制式，兼具岭南地方风格样式。翌年冬竣工。

昔日的大佛寺地处拱北楼之南，规模宏大，占地面积约3万平方米，主要建筑有头门、钟楼、鼓楼天王殿、大雄宝殿、毗卢殿。两侧建廊庑、方丈室、香积厨、斋堂、库房、僧舍、客堂。殿宇布局制式及诸天佛像，悉仿京师官庙。尚可喜在寺建成时立了块《鼎建大佛寺记》大石碑，此碑现仍立于大殿右侧。后来，又让谋士金澄为山门撰楹联"大道有岸，佛法无边"，以"大佛"二字作鹤顶，至今仍用作大佛寺门联。大佛寺还有一名联："人过大佛寺，寺佛大过人。"上下联颠倒成句，饶有风趣。当时大佛寺创下两项岭南之最的记录：一是寺内大雄宝殿，砖木结构，歇山顶，殿高18米，建筑面积955平方米，居岭南众刹之首；二是大殿供奉的三尊黄铜精铸大佛，中为释迦牟尼佛，左为阿弥陀佛，右为弥勒佛，各高6米，重10吨，亦为当时岭南之冠。

大佛寺内大雄宝殿

### 18. 三元宫

三元宫，位于广州市越秀山南麓应元路 11 号，有 1600 年的悠久历史，是集历史、文化、宗教于一身体的千年道宫。

三元宫前门今貌

三元宫在东晋时应该是一片脱离于红尘之外的幽静山林，它的前身名叫"越岗院"，南海郡太守鲍靓为其女鲍姑（道学理论家、丹阳句容人葛洪之妻）在此兴建的修道场所。

明万历及崇祯重修更今名。明清两朝及民国年间曾七次重修。

明崇祯十六年（1643），明钦天监（掌管天象历法之官）来到广州巡视时建议：天卫三台列宿，应运照临穗城。越秀山气势雄厚，应将越岗院改为三元宫，以祀奉三元大帝，以应上天瑞气，当时绅耆赞同，即募化扩建北庙集，并朔三元神像于正殿供养，鲍姑移至偏殿，三元宫由此得名。

### 19. 怀圣寺

地处广州市中心越秀区光塔路 56 号的伊斯兰教古寺——怀圣寺，历史悠久，是伊斯兰教传入中国后最早创建的清真寺之一。

从秦汉时期起，广州一直是 2000 多年来中国唯一长盛不衰的对外贸易港市。世界三大宗教之一的伊斯兰教即通过海上丝绸之路来到中国的东南沿海，来到广州向中国各地传播。伊斯兰教创建于公元 610 年，正值中国唐代，而怀圣寺的出现却早于"蕃坊"的创立。广州是中国历史最悠久的对外交往大港，唐朝实施开放政策，广招海外商人，所以国内外商旅注、各国使节都从广州出入。从海上丝绸之路来广州阿拉伯人和波斯人为数最多，他们还在广州居住和经商。由于语言风俗习惯和宗教信仰的关系，他们按照伊斯兰教"围寺而居"的习惯，以今天的光塔路怀圣寺为中心，南达当时的珠江之滨（今惠福西路），北到今中山六路，东以米市路、朝天路为界，西至今天的人民路一带的地域聚焦，形成唐代"番坊"，也称"蕃市"，现在这一带的许多街道还都保留着当年"蕃坊"大食、阿拉伯文化的浓郁色彩，还有光塔路、大食巷（今大纸巷）的地名。据传，为鼓励穆斯林弘扬正道，增进知识，先知穆罕默德发出一条著名的"圣训"："学问虽远在中国，亦当求知。"遵照先知的教诲，公元622—628年之间。穆罕默德的大弟子之一阿布·宛葛素奉命来华传教，定居广州，发动当时在"蕃坊"内聚居的大食、波斯穆斯林的"蕃客"在广州修建了中国第一个清真寺，名曰"怀圣寺"。所谓"怀圣"，是为怀念圣人穆罕默德的意思。因寺内有光塔，也俗称"怀圣人光塔寺"或"光塔寺"。怀圣寺从唐初贞观年始建，距今已有1350多年历史。寺中建有一座阿拉伯式呼礼塔——光塔。而阿布·宛葛素在广州逝世后，教徒为他修建了著名的"清真先贤古墓"。

**明信片上的光塔**

怀圣寺里有座造型奇异的塔，它不同于我们印象里的中国式"宝塔"。它的塔身呈圆筒状，用砖石砌成，建筑平面为圆形，中为实柱体。分主塔与小塔两个部分，外墙白色，没有任何的装饰，看上去朴素又敦厚，但是又带着一股高耸重入云的倔强气势。光塔塔高36.3米，在相当长的时间内是广州屈指可数的几个制高点之一。

怀圣寺光塔是中国现存的最古老的伊斯兰教会建筑物，它究竟建于何时，对此则众说不一，但支持唐说者甚众。

光塔在设立之初是出于宗教的考虑。根据方信孺《南海百咏》记载："蕃塔，始于唐时，曰怀圣塔……每岁五六月，夷人率以五鼓登其绝顶，叫佛号以祈风信，下有礼拜堂。"叫佛号"和"呼号"，同为高呼"邦克"宣礼的意思，都是伊斯兰教徒的一种宗教礼仪。

此外，光塔还有个重要的作用——为海上的船只导航。光塔自古以来就有"昼则悬旗，夜则举灯"的记载。《南海百咏续编》说这是"夜则燃火，以导归帆"。怀圣寺建在城西，濒临珠江，又是广州的制高点之一，从波斯湾不远万里驶来的商船，就是依靠着光塔上如豆的灯火辨别方向。按照它的指引，茫茫大海上的船只寻找到了自己的目标，最终停泊到海上丝绸之路的终点。

### 20. 圣心大教堂

圣心大教堂位于广州一德路，是中国最大的一座哥特式石构建筑，又是天主教广州教区最宏伟、最具有特色的一间天主教堂（据说，保存如此完美的"哥特"式教堂，现今全世界仅有四座）。因教堂的墙壁和柱子全部用花岗岩砌筑，故俗称"石室"，或称"石室耶稣圣心堂""石室天主教堂"。

120 多年前，广州的"卖麻街"是两广总督部堂衙门所在地。1856 年 10 月，广州发生"亚罗号事件"，第二次鸦片战争爆发，两广总督行署在战争中被夷为平地。战争结束之后，清政府和英法两国签订《北京条约》。其中的第四条规定："传教士可在各省租买田地，建造天主教堂。"借着这条规定的庇护，1857 年底，罗马教皇派法国普行劝善会传教士明稽章来广州，委任其为粤桂监牧区首任"宗座监牧"，相当于主教的职务。

1860 年，明稽章回法觐见法皇，法皇听取了他的建议，大笔一挥，同意分期拨 50 万金法郎在广州建大教堂。咸丰十年农历十二月十五日（1861 年 1 月 25 日），恭亲王奕䜣与法国政府签署附加协议，正式确认广州圣心大教堂的建立。咸丰帝下诏，批准了建立圣心教堂的协议。

圣心大教堂目前是中国国内最大的双尖塔哥特式结构建筑，东南亚最大的石结构天主教建筑，全球四座石结构哥特式教堂建筑之一，可与闻名世界的法国巴黎圣母院相媲美。圣心大教堂原占地 60 多亩，除教堂外，还有医院、神学院及中小学等房舍，现仅存教堂、主教府和东西的颐铎堂。教堂平面呈拉丁十字形，坐北向南，占地面积 2755 平方米，在教堂前面东侧的

画笔下的石室

角石上，刻有拉丁语"Jew-Salem（耶路撒冷）1863"，西侧的角石上刻有"Roma（罗马）1863"。其意义是天主教创立于东方之耶路撒冷，而兴盛于西方之罗马。当年分别以取自耶路撒冷及罗马之泥块各1千克作为奠基之用。

教堂正面是一对挺拔高耸的石塔，塔尖距地面58.5米。塔顶内分为三层。正面是典型的左右三段式和上下三段式格局，基座为三个拱门，中间的最大，左右对称。二层当中是一用石头雕刻镂空的圆形玫瑰窗，在门廊的上方。两边对称的窗子，顶层的中间是山墙，尖顶上有十字架。三层为钟楼，西边钟楼的西、南、北三塔面安装有罗马字钟面的机械计时针，东边钟楼悬挂了四具从法国运来的马利亚铜钟组件，可分别敲出C、E、G及高音C四组音律。低沉、洪亮、清脆的钟声，可传十里之外，是广州最早的报时大钟。

"石室"教堂内部，正面、东面、西面各有直径七米的圆形玫瑰花窗棂。窗棂线条自然生动，五彩缤纷。从室内往外看，阳光的透映折射使整座教堂显得变幻迷人。花窗玻璃可避免室外强光射入，使室内光线终年保持着柔和，形成祥和、肃穆的宗教气氛。

明信片上的石室

（二）荔湾区

荔湾区位于广州市中心市区西部。东接越秀、海珠两区，西连佛山市，北邻白云区，南与番禺区隔江相望。荔湾区多面临江，河涌纵横，是广州市唯一拥有一江两岸的中心城区。

荔湾区历史悠久，名胜古迹众多，文化底蕴深厚，民俗风情浓郁，独具特色。"大通烟雨""荔湾渔唱""浮丘丹井"先后入选宋、明、清代"羊城八景"。"双桥烟雨""鹅潭夜月"在20世纪60年代入选"羊城八景"。国家级文物保护单位陈家祠，入选为新世纪"羊城八景"之"古祠留芳"。

荔湾区

## 1. 荔枝湾

> 一湾绿水对城东，宛转竹枝趁好风。
> 引动万家空巷日，棹歌添得荔枝红。

读此诗，你可能以为这是描绘某处乡村的景观，其实，它是说荔枝湾。当你漫步荔湾湖公园绿树成荫的小径，享受迎面送来的凉风时，可曾想到你正踏着古人的足迹，欣赏着令人心旷神怡的景致。

民国时期的荔枝湾

荔枝湾由来已久。有书可证的史料见于屈大均的《广东新语》。公元前196年，汉大夫陆贾南来，就在离其泥城驻地不远的溪中河旁边种植莲藕和荔枝。至东汉年间，这里种植的荔枝成为上贡皇帝的佳品及朝廷赠送外国使臣的礼物，故这一片风水宝地被称为"荔枝洲"或"荔枝湾"。《后汉书》记："兴元元年，旧南海献龙眼、荔枝，十里一置，五里一堠，奔腾阻险，死者继路。"南朝沈怀的《南越记》云："江南洲周回九十里，中有荔枝洲，上有荔枝，冬夏不凋。盖以荔枝湾为古荔枝洲也。"就是上述史实的真实写照。

今日荔枝湾

### 2．白鹅潭

沙面岛以南的珠江河面，是珠江三条河道的交汇处河面宽阔平静，景色秀丽怡人，自古为广州对外通商的重要交通水道，她有一个美丽的名字——白鹅潭。白鹅潭是羊城历史名胜，宋代"羊城八景"中的"珠江秋月"，明代"羊城八景"中的"珠江晴澜"，1963年"羊城八景"中的

清朝末年的白鹅潭

"鹅潭夜月"，1986年"羊城八景"中的"珠水晴波"，均指此处。白鹅潭景色秀美，她的名字就出自一个神话传说。

话说在明代正统年间，广东南海连续发生了几场天灾，人民生活异常困苦，可是官僚和地主并无因此减少苛捐杂税。正统十三年（1448）九月，南海冲鹤堡一个名叫黄萧养的青年，不堪忍受压迫，愤然揭竿起义。因顺应民意，起义军短短一个月内就聚集了万余人，他们越战越勇，浩浩荡荡地打至广州。第二年的六月，起义军用战船三百多艘，在城西珠江水面，与从广西来镇压的官军决战。传说在这次战斗中，经常见两只在江面随意游弋、时隐时现，被视为"神鹅"的大白鹅，为黄萧养战船引路导航，杀得明将张安溺水身亡。这场轰轰烈烈的农民起义终因寡不敌众，被官军镇压下去，黄萧养亦战死。但民间传说，当黄萧养撤退到珠江边，在"前无去路，后有追兵"的紧急关头，两只美丽的大白鹅从江心浮出，游至江边，伸颈拍翼背着黄萧养向江心游去，消失在茫茫迷雾中，以后人们就根据这个故事，把这一带江面称为"白鹅潭"。

**白鹅潭新貌**

### 3. 西来初地与华林寺

在下九路北侧西来正街一带有一处叫"西来初地"的地段，那里有一所红墙绿瓦的寺院。院内绿树婆娑，香烟袅袅，这就是广州佛教四大丛林之一的华林寺。

话说当年，南天竺国僧人菩提达摩，远渡印度洋和太平洋，经过三个寒暑跋涉奔波，终于在南朝梁武帝普通七年（526）来到广州，于绿衣坊码头登岸（绿衣坊，或作"锦绣坊"，在下九路西来正街）。时广州刺史萧昂，一面让其在广州设坛传教，一面表闻于梁武帝萧衍。梁武帝得知后，即派遣使者迎至建业（南京），与之研讨佛经，唯"机缘不契"，于是"一苇渡江"，至河南洛阳，入嵩山少林寺结坛传教，面壁修行，至梁大同元年（535）去世。后人尊崇他是来自西方佛国高僧，便称他最初登岸的地方为"西来初地"。一千多年过去了，昔日还是珠江边的"西来初地"，现已发展成商贸旺地。

华林寺罗汉堂外

达摩东来，在中国弘扬佛教的大乘佛法，对我国佛教禅宗的创立起了重大的作用。唐时被谥为圆觉大师，后被尊为我国禅宗的初祖。人们为了纪念他，乃于其在广州登岸的地方，建了一座"西来庵"（一说乃达摩于梁大通元年即公元527年到达广州后所建），由于年久失修，至清代顺治年间已破旧不堪。顺治十一年（1654），从福建云游至粤的临济宗三十二世宗符禅师发起募捐并组织重修。在旧址的基础上增建筑大雄宝殿、达摩堂、禅房、僧舍、楼阁等，并引河流为功德水，植树木为祇树园，建立丛林建制，改称"华林寺"。当时寺院范围东起新胜街，西邻毓桂坊，南临下九甫，北至兴华大街，正门位于长寿路，占地面积近3万平方米。寺内僧侣云集，香火旺盛，与光孝寺、六榕寺、海幢寺并称广州佛教四大丛林。每年农历七月盂兰节参加法会的信众达上万人。

民国时期华林寺内的五百罗汉

### 4. 十三行

外国商船由珠江口徐徐驶向广州时，船员都急切地问："哪儿是虎门？哪儿是十三行？"虎门，是珠江口的一道天险。虎门往上游不远，就是清代到广州外国商船停泊接受海关检查的黄埔古码头。而十三行就是广州城西南白鹅潭畔（今十三行路南一带）清政府特许经营对外贸易的广州商行。行数并非固定在十三家，多时二十余家，少时仅几家。

清代十三行商馆

明代广州还是"朝贡"式货物交换贸易。清初，开始沿袭此制度。后因着手平定台湾的郑成功反清政权实施海禁。平定海疆后，清政府于康熙二十四年（1685）设立粤海关，同时设立官方批核的"洋货商行"制度。洋商在十三行街南面建"夷馆"供外商居住与存货。为规范与外商的交易，康熙五十九年（1720），洋商们成立了行会性质的"公行"，但很快又转为商总、保商制度。乾隆二十二年（1757）清政府独留粤海关通商。至 18 世纪 60 年代，行商们又巩固公行制度，公行除了分配各商与外商贸易额外，还要约束行商担保外商通遵守中国法令、传递官府对外商命令及外商对官府的请求等事项。全体行商还须承担偿还破产行商对外商的欠债及对官府的欠税。行商还须经常向清政府捐助巨额的水利、赈灾、军士以及高级官员应典用款。18 世纪 60 年代开始的欧美工业革命，西方出口激增，使广州海上贸易达到了空前的繁荣。中国出口的主要商品有茶叶、丝绸、陶瓷、棉布、铜等，外国进口物资主要有棉花、毛织品、香料、毛皮、檀香木等。有学者研究称，十三行商人在做实物买卖进出口贸易的同时，已经在做投资性经营了。例如，在美国总统林肯倡议修建太平洋铁路时，其中一笔投资就来自广州十三行的伍家。十三行商人在中外经济贸易的同时，也推动了文化的交流，把中国的陶瓷生产技术、茶叶种植技术传至国外，外国的医学、钟表、机械制造等技术引入中国。

18世纪末至19世纪初，由于广州出口远大于入口的贸易顺差，不少不法外商便通过走私鸦片来填补他们的贸易逆差。1840年，英国更悍然派出远征军发动鸦片战争。清廷战败，于1842年签订《南京条约》，开放口中通商，并废止了行商的经营特权。但清政府仍禁止鸦片进入。十三行贸易仍很繁荣。

20世纪50年代，在十三行的喜庆活动

19世纪50年代英法又发动了第二次鸦片战争，清廷再度战败。1858年签约允许鸦片从海关进入。1859年，英法强租广州沙面，外商进驻沙面直接开展在中国贸易。十三行的外贸地位终于终结。

5．沙面

沙面，是南濒白鹅潭，北隔沙基涌，与六二三路相望的一个小岛。有大小道路8条，面积为0.3平方千米。漫步沙面岛，只见古木参天，绿意盈盈，街道整洁，众多欧式建筑，散发出浓郁的异国风情，显得幽静而安谧。小岛南端的白鹅潭，潭宽水深，波澜不惊。1956年5月29日下午，毛泽东同志曾乘船至白鹅潭，在白鹅潭下水畅游珠江，先逆流至海角红楼，然后再顺游返白鹅潭上船。为白鹅潭和沙面的历史添上一段佳话。

沙面夜色

然而，这宁静的沙面与白鹅潭，却曾是历史上中国人民反封建反侵略斗争最轰轰烈烈的战场之一。沙面公园内的黄萧养塑像、江滨走道上展示的清代铁炮、沙面东桥外的沙基惨案纪念碑等，就是部分历史的缩影。

20 世纪 50 年代的沙面西桥

### 6. 十八甫

翻开清代的《广州府志·省城图》，我们可以看见广州有第二甫、第三甫……十八甫的地名。时至今日，各序数的"甫"仍然存在，甚至还派生出很多与"甫"相关的地名，如十三甫北街、十三甫南街、十三甫新街。这些"甫"字号地名的含义和由来，众说纷纭，尚无定论。

对"甫"字的解释，今有"五说"：一是"巧骗清兵说"，二是"村庄说"，三是"店铺说"，四是"商人自卫组织说"，五是"埗头说"。

不管怎么说，从第二甫到十八甫的地名一直沿用至今。不同的是，上九甫、下九甫和第十甫现已成为闻名遐迩的商业步行街——上下九步行街。

### 7. 陈家祠

陈氏书院，俗称"陈家祠"，位于中山七路，光绪二十年（1894）建成。原为广东各县陈姓全族祠，初为各地陈氏子弟赴科举考试在省城的落脚点。废科举后，书院改为陈氏实业学堂。民国时期，在这里先后办过文范学校、广东体育专科学校和聚贤中学。中华人民共和国成立后，又办起广州市行政干部学校。1957年，市政府拨款进行全面维修，自此，先后被定为广州市、广东省和全国文物保护单位。1959年辟为广东省民间工艺馆。"文化大革命"期间，陈氏祖先牌位被毁，其他建筑装饰保存完好。陈氏书院以其精湛的传统建筑工艺艺术，吸引了众多的国内外游人，成为广州市著名旅游景点。1996年，陈氏书院被评为"广州十大旅游美景"之首。当年郭沫若先生参观陈氏书院，曾即席赋诗赞曰："天工人可代，人工天不如。果然造世界，胜读十年书。"

陈家祠外观

陈氏书院占地面积近 1.5 万平方米，总体以"三进三路九堂两厢杪"布设，六院八廊互相穿插，形成宽敞、雄伟、对称的建筑布局，为典型的广东民间宗祠建筑。主体建筑宽和深均为 80 米。

陈家祠旧照

陈氏书院闻名于世的，是其精湛的传统装饰工艺。全院的门、窗、屏、墙、栏、梁架、屋脊等处均配上精美的各式木雕、石雕、砖雕、灰塑、陶塑、钢铁铸等艺术品，与雄伟的砖、木、石建筑浑然一体，使整座建筑充满艺术魅力。

陈氏书院的建筑装饰艺术，不但在近代中国建筑史上占有一定地位，而且也为世界所瞩目。早在 20 世纪 20 年代，德国学者陂士敏最先把这一建筑载入《世界建筑艺术》一书中。随后日本森清太郎编撰的《岭南纪胜》，也把陈氏书院作为岭南建筑艺术的典型加以推介。

诞生了一百多年的陈氏书院，以其浓郁的民族特色吸引众多中外游客。在这座独特的建筑艺术殿堂中，经常举办各种民间工艺展览，展出中国民间工艺精品，使这里成为羊城的一张名片，一个高品位的旅游点。

### 8. 詹天佑故居纪念馆

詹天佑（1861—1919）用留学美国学到的铁路修筑技术和先进的管理技术，参与修建了关内外、津芦、萍醴、潮汕、沪宁、津浦等铁路。主持修建了新易、京张、商办粤汉等铁路。詹天佑是第一位在中国成功主持修筑铁路干线的中国工程师，足迹踏遍半个中国。他的事业生涯几乎就是早期中国铁路事业发展史。他还注重出专著、创学会、立规章，致力科技兴国的理论与实践的探索。1919 年，他带病奉命出席国际联合监管远东铁路会议，极力维护我国在东北的铁路权，后病发在武汉住院去世，真正把毕生献给了中国的铁路事业。

少年詹天佑塑像

### 9. 陶陶居

中华老字号陶陶居,建于清代。民国时期,陶陶居以"山水名茶,星期美点"作招徕,每天五更后,晨曦未露,就有一班人推着大木桶车,沿途高唱"九龙泉水来",水车隆隆过市,路人为之瞩目,随行到陶陶居"叹早茶"。

陶陶居以建筑装饰华丽、富有文化气息而著称。昔日前座首层是卡座,二楼散座,二楼后段的西廊,名"霜华苑",为主厅。沿廊而过均为对向小房,以屏风分割,均配浮雕门心。入门以通雕梅、兰、菊、竹作主题,十分精巧。以竹帘代门,房内一色酸枝家具,古雅清幽。民初鲁迅、巴金等皆曾到霜华苑品茗。三楼大堂是"唱女伶"的地方,相当于今日的音乐茶座,演员一色女声。陶陶居招牌为康有为手书,被视为镇店之宝。由于地近恩宁路八和会馆,粤剧八个堂口多设在广州黄沙一带,周围有不少艺人聚居,艺员多聚居于其周围"埋班"①,所以清代至中华人民共和国成立之初,陶陶居是粤剧工作者接剧"埋班"理想聚会场所,粤剧艺员皆喜欢于此相叙,经常从早到晚,过台交谈,故陶陶居有"不挂牌八和"之说。所谓"霜华映丽,小苑评茶",文人雅士亦好光临此处。

---

① 编者注:"埋班",粤语,指一个人加入某个戏班,或几个志趣相投之人相约共同加入某个戏班,合作唱戏。粤语"埋"有"埋堆"(加入某个圈子)之意。

陶陶居旧址

1961 年陶陶居扩建后座，共三层，霜华小苑拓展成西关庭园，装饰也日趋完善。开放改革后扩充四楼大厅，天台前亭首层取名"乐寿亭"，使陶陶居成为广州最大的古式茶楼。中秋时节，楼上赏月，是很惬意的事，"醉上陶陶居上月，高吟字字锦中花"，一乐也。

康有为手书陶陶居

### 10. 西关大屋

西关大屋是西关名门望族的高檐深宅，以其门庭高大、装修讲究著称。大屋门口趟栊为横间圆木栅门，配以彩雕木栏倚楼，古色古香。

大屋占地面积一般在 400 平方米左右，分正间和左右偏间，并附青云巷，部分辟有独立花园。其进深大、分门官厅、轿厅、天井、神厅和后座的内厅、门房等，厨房设在尾端，总深度在 25 米左右。

西关大屋

大屋多为砖木两层，个别也有三楼楼阁。青砖石脚石门夹是西关大屋一大特色，大门口以麻石夹筑成，第一层为矮脚门，高约 1.8 米，为大门之半。第二层为趟栊，以横排硬圆木条组成，能防卫，利通风采光。第三层为洋杂木大门，高达 3 米有余，多在夜间才关闭。正门与偏间相连，正间前墙凹入 1 米，形成凹廊，瓦口装上原本的雕刻檐尾，图案花纹同出一木，具有很高的工艺观赏价值。

旧时西关大屋客厅

大屋的内院、天井、青云巷等屋内露天部分，除起通风、采光作用以外，还用作绿化、排水等。两侧青云巷直通大屋的尾端，宽度在 1.3 至 2 米之间。具有交通、排水、防火等功能，日常多为厨工等出入使用。其入口也极讲究，石夹门洞、门扇子以大木枋拼合而成，取意平步青云、如意吉祥之意。

### 11. 骑楼建筑

"骑楼"是显示广州近代特有的城市风貌和岭南风采的建筑，这种建筑是南欧建筑与广州特色相结合的产物。"骑楼"建筑在第十甫路、上下九路比较集中，而以西濠口一带气魄最大。

西关骑楼建筑

"骑楼"在楼前跨人行道而建，在马路边相互连接形成自由步行的长廊。可以避风雨，防日晒，特别适应岭南地区热带气候。人行道以内的店铺凭骑楼得以荫蔽，便于敞开门面，陈列商品以广招顾客。荔湾的"骑楼"建设多在 1920 年后形成。当时西关一带大量拆除平房开马路，在人民中路、第十甫路、上下九路、龙津路、西堤、六二三路等街区出现商住结合的多层建筑，首层大多作商铺，二楼以上作住宅或写字楼，在建筑物侧边设上下楼梯，以利各自独立使用。

恩宁路骑楼

## （三）海珠区

### 1."河南"得名与杨孚井

海珠区旧称"河南"，在清代，河南属番禺县茭塘司管辖。民国十年划分为广州市管辖。1950 年成立河南区。1960 年 4 月成立海珠人民公社，8 月改为海珠区。"河南"，其得名有两种说法：一说因其位于广州珠江大河南岸。但是，古时广州人称珠江为"海"（那时珠江很宽，黄埔一带称"大海"，城南一带称"小海"。老广州称过江为"过海"，从来不称"过河"），为什么不叫"海南"而叫"河南"呢？所以此说不被古人认可。

1949 年的珠江两岸，河南在左岸

最流行的说法是与距今 1900 多年的东汉名士杨孚有关。

杨孚是广州河南下渡村人。清初名士屈大均所著的《广东新语》称："广州南岸有大洲，周回五六十里，江水四环，名'河南'。人以为珠江之南，故曰'河南'，非也！汉章帝时，南海有杨孚者……其家在珠江南，尝移洛阳松柏种宅前。隆冬茧雪盈树，人皆异之，因目其所居曰'河南'，河南之得名自孚始。"以后众多书籍说，杨孚在京城河南洛阳任议郎，辞官归里时，将洛阳的五鬣松树种带回下渡村住宅附近栽种。松树长大后，有一年天寒，树上竟有积雪，人们说他把河南的天气也带过来了，于是把他的居住地命名为"河南"，以"南雪"的雅号称呼杨孚。这个传说令众多文人墨客心驰神往，纷纷留下诗篇记载此事。如清代陈昙有诗云："议郎宅前栽松柏，带得嵩阳雪意酣。今日万松山下过，不知南雪是河南。"意即指此。

海珠区新港西路中山大学东侧的下水渡村（今称"下渡路"）东约一巷，有一口古井。此井乃于红色砂岩上开凿而成，形制古朴，呈瓮状，井口直径仅 0.44 米，底径却达 1 米，井底有 4 个泉眼，水深 6 米，井水终年不断，久旱不涸。井壁原来不加砖结，藓苔丛生，水色清净，水味甘甜，村民一直汲水于此，因而历来对它爱护有加，并在井壁上半部加砌砖石，以防崩塌，又在井口修筑石护栏，井台四周铺上水泥，并嵌上用碎瓷片砌的"汉代杨孚古井"字样。相传此井乃东汉议郎杨孚所开。2002 年 7 月公布为广州市文物保护单位。

杨孚井

井旁原有世称"杨子宅"的杨孚故居，据说清咸丰年间仍在，及后被损毁。明代大学者黄佐（1490—1566，广东香山人，字才伯，号泰泉）编纂的《广东通志》援引前朝的史料，记载为"有张琼者，于下渡头村前掘地种菜，偶得一砖刻有'杨孝元宅'字样。因而得知，杨孚故宅在下渡村。"对这一说法，清乾隆《番禺县志·古迹》中亦作了相同的记载和肯定。现在，下渡村杨孚故宅早已风流散尽，难觅片瓦，但阅尽沧桑依然存在的水井应是当时杨孚宅内的水井。照此算来，此井距今已有1900多年的历史。

### 2. 黄埔村与黄埔古港

古黄埔村和黄埔古港位于现今海珠区琶洲街黄埔村和石基村（石基村原属黄埔村，20世纪50年代末由黄埔村分出）一带，与今黄埔区长洲岛隔江相对。从西边公路进入今黄埔村，一座金碧辉煌的现代牌坊迎面矗立，上刻"凰洲"两个大字。村的南边紧靠珠江支流边也有一座刻有"凤浦"二字的彩牌坊。原来传说古时有一对凤凰飞临此地，从此人丁兴旺、五谷丰登。水边地区叫"浦"，水中的陆地曰"洲"，该村地处一小岛，所以取村名为"凰洲"或"凤浦"，后来大量外国商船泊于附近水域，洋人讹读村名，故演变成为"黄埔"之名。

**黄埔村与黄埔古港**

自宋代以后，古黄埔村已逐渐在外贸中显出地方优势，南宋方信孺《南海百咏》已记述此地是"海舶所集之地"。明代，兴旺了近千年的广州对外贸易外港扶胥港（今黄埔区南海神庙一带），由于"淤积既久，咸卤继至，沧海为田"，已不利于海船依靠，外国商船遂只停泊到黄埔村一带。黄埔村濒临珠江，江面宽阔，对面有马鞍岗，是天然避风良港。

黄埔古港至今尚有遗迹可查。在黄埔村西畔里16号，至今仍保留着当年清政府为港口所立的公文石碑；又在石基村（原属黄埔村）发掘出清道光十七年

（1837）所立的石碑，内容述及当时的水上交通情况；还有英文石碑等物，石基村至今尚有一门楼石刻"海傍东约""咸丰四年仲秋"等字。

鸦片战争后，广州失去"一口通商"的地位，加上黄埔古港码头锚地逐渐淤塞，不能停泊海船，港口迁往长洲岛（后名"黄埔岛"），后迁往鱼珠、乌涌口一带（现名"黄埔港"），仍然沿用"黄埔港"之名。

2002年，黄埔古港遗址及黄埔村早期建筑被公布为广州市文物保护单位。

### 3．孙中山大元帅府

海珠区纺织路东沙街18号，有两幢坐南向北的西式三层楼房，从外表来看，这两幢楼房在周边林立的高层楼宇中并不特别显眼，然而它却是我国民主革命先行者孙中山三次在广州建立革命政权时，先后两次驻节的地方，孙中山并于此建立起革命的大本营——大元帅府。大元帅府的两幢楼房，均是混合结构，金字架灰塑瓦面，花岗石基，四壁水泥批荡，门窗开阔，柱壁出线，上成拱形，双线出光环饰，各层设走马长廊，总建筑面积为4293平方米，总占地面积7965平方米。1996年11月，被国务院公布为全国重点文物保护单位，并辟孙中山纪念馆，展出各种史料文物，供后人瞻仰。

大元帅府

### 4．双清楼

双清楼位于海珠区同福西路龙溪新街（原名"双照坊"）42号，是清代广州档次较高的民房，也是民主革命伴侣廖仲恺、何香凝的故居。该房是三开间砖木结构的两层小楼，右连60多平方米的院子（广州叫"天井"），整间共占地面积约480平方米，建筑面积700平方米。至今保存完好。

该房原为廖仲恺的胞兄廖凤舒（廖恩焘）的家宅。清光绪二十三年（1897），廖仲恺、何香凝结婚后迁居此楼。他们最初住在楼下小房，后为避免喧闹干扰，方便两人读书，便在天台自搭建阁楼作为他们的"新房"。这房虽然简陋、狭小，但高处幽居，也颇为怡情。他们在这里读书、赏月、自得其乐，为纪念这清幽怡情的生活环境，便把这间小屋命名为"双清楼"取"人月双清"之意。廖仲恺和何香凝十分留恋这段幸福生活，以后为民主革命奔波的20余年里虽然屡迁居所，但对这一陋室仍念念不忘。廖仲恺把自己的诗词集亲自题为《双清词草》，何香凝自号"双清楼主"，始终以此名落款于她的画作，并将其诗画集命名为《双清诗画集》。他们的后代对这个室名也视为"家宝"。廖承志作的诗就曾以"双清楼后人"署名，并坚定地表示："两代鬼雄魄，长久护双清。"何香凝逝世后，后人遵照其遗言将其遗骸送到南京紫金山与廖仲恺合葬，这对革命伴侣的情谊千古流芳。

双清楼旧址

1982年8月，广州市文物管理委员会于正门墙壁勒石标记，上书："双清楼，1897—1902年廖仲恺何香凝夫妇双清楼故居。"2002年9月，公布为广州市登记保护文物单位。

廖仲恺

何香凝

### 5．海幢寺

海幢寺位于海珠区南华中路与同福中路之间，南北两面前后贯通，占地约1.5公顷。该寺范围最大时北至珠江之滨，南倚万松岭（俗称"乌龙岗"）、宝岗，东起今前进大街、牛奶厂街，西侧与海福寺、伍家花园（今海珠区少年宫及以北一带）为邻。现在的范围仅是古寺的一部分。此处在南汉之前原是福场园（现寺侧仍有福场路，源出于此），南汉时建立千秋寺，其后变为民居，为明代富商郭龙岳购得，建作花园。明末，光牟、池月两僧人向郭家化缘，募得此地，稍加装葺，建成佛堂、准提堂各一座，取名"海幢"意为效法古时海幢比丘潜心修习《般若波罗蜜多心经》，了无障碍，最终得成正果。清顺治、康熙年间，海幢寺大加扩建，先后建成大雄宝殿、天王殿、塔殿、山门等殿、堂、楼、阁、僧舍20多座，成为当时规模宏大、香火鼎盛的禅寺，与光孝寺、六榕寺、华林寺并称为广州佛教四大丛林。

**清代海幢寺的大雄宝殿（西洋画）**

海幢寺建寺至今已有300多年历史。海幢寺寺内环境优美，是最早对外开放的场所。鸦片战争之前，虽早已有外国商人到广州开展贸活动，但清政府对他们的防范极严，颁布了许多章程和条例加以限制，以防止他们胡作非为。特别禁止外国人入城走动，如有必要，必须先经申报，获准后领取到红牌方可进城。到了清乾隆末年（1795）才划出河南珠江边包括海幢寺及游鱼洲等风景名胜点在内的地域，指定为对外商开放的地方，允许外商每月初三、十八2天（其后改为初八、十八、廿八3天），由翻译陪同，分批（每批10人）到此地段游览，日落之前离开。此时北临珠江畔、南倚万松岗的海幢寺地域广阔，风景秀丽，环境清雅，寺院内殿宇巍峨，法相庄严，更有"花田春晓""古寺参云""珠江破月"

"飞泉卓锡""海日吹霞""江城夜雨""石磴丛兰""竹韵幽钟"八景，还有一株花开时香闻十里的百年老树鹰爪兰，确实是消闲游览的好去处。因此，每到开放游览之日，便有一批批外国商人在中国翻译的陪同下，到此尽情游览。而早于此前的清乾隆五十八年（1793）十二月，当英国政府使团访问北京后回到广州时，两广总督爱新觉罗·长麟已在寺内设宴，为其接风洗尘，并让其下榻于西侧的伍家花园。次年十月，荷兰政府使团上京路过广州，长麟又在寺内接见了他们并验看了他们的国书。因此，海幢寺成为清代的官员外事活动场所，以至延伸为后来正式对外开放之地。

1928 年，由广州寺改建的河南公园，
1933 年改名"海幢公园"

海幢寺鹰爪兰

### 6. 漱珠岗与纯阳观

海珠区瑞康路的漱珠岗怪石嶙峋，古木葱茏，环境秀雅清幽。这里是广州地区罕见的一处有地质科学价值和游览价值的火山岩地貌景观。

漱珠岗古火山遗址位于海珠区新港西路五凤村东北面。古火山由漱珠岗、葫芦岗、凤岗三个海拔高约 20 米左右的小丘组成，小丘之间的陆地是五凤村。

纯阳观纯阳宝殿

据中山大学的地质学家考证，大约在距今 1 亿年前，这里曾经发生过一次强烈的火山爆发。火山口就在五凤村的低洼附近，火山爆发时堆积的火山碎屑岩，包括集块岩、火山角砾岩和凝灰岩形成了漱珠岗。从火山口流出的熔岩堆积而成的葫芦岗，岩石类型主要是流纹斑岩。凤岗则是火山口附近裂隙中喷吐出地表的火山穹丘，由石英流纹斑岩构成。

漱珠岗上有一座道教古庙纯阳观，始建于清道光六年（1826），开山祖师是李明彻，供奉道教全真教祖师之一的吕洞宾。此观飞檐雕栋，玉阶回廊，建筑庄严华丽，百多年来是驰名南粤的游览胜地。清岑澂有《游纯阳观》诗赞曰："翠栋丹甍画不如，扪萝遥上势凌虚。四山木石流尘断，三岛烟霞放眼初。"观内原有朝斗台、悟真堂、杨孚南雪祠、崔菊坡清献祠、澄心堂、八仙楼、灵宫殿和凤凰亭等建筑，建筑占地约 1 万平方米。

纯阳观旧貌

纯阳观朝斗台

纯阳观开山祖师李明彻铜像

### 7. 海珠桥

海珠桥是广州市内第一座跨江桥，南接今海珠区江南大道北，北接越秀区广州起义路。

20世纪20年代末，广州市百业兴旺，但河南因交通不便影响发展，市政当局遂有建桥连接河南河北交通之议。经市长林云陔批准，由市设计委员会筹划，桥的位置确定为维新路（今广州起义路）直达河南南华东路（那时今江南大道北还是一片房屋，无路直到维新路），民国十八年（1929），市政府进行海珠桥建造工程招标，美国慎昌洋行中标，具体施工是马克敦公司，监理是广州工务局。海珠桥于民国十八年（1929）12月1日动工，民国二十二年（1933）2月15日举行开通典礼，是日下午1时，政要剪彩后，105岁的市民黄伟等14位老人先前行。海珠桥开通后，加快了河南工业的发展，经济面貌大有改观。

**昔日中间可开启的海珠桥**

海珠桥全长356.67米，主桥全长182.90米，南北两跨对称布置，原为三孔下承式简支钢桁架桥，设计荷载为两列10吨汽车，中跨为开启式结构，能向上分开，以利大船通过。主引桥为钢筋混凝土结构，靠近主桥第一、第二跨为钢筋混凝土变高度简支T梁，北岸跨径7.0米，南岸跨径11.2米。其他跨为整体式钢筋混凝土简支板，跨径4.6米。北引桥19孔，总长91.6米，南引桥15孔，总长82.2米。桥中间铁横梁有胡汉民题写的"海珠桥"三个大字。

今日海珠桥

民国二十七年（1938）抗日战争期间，海珠桥遭到破坏，后虽经修建，中段桥面开合部分已无法复原。1949 年 10 月 14 日下午 5 时，国民党军队败退时将海珠桥炸毁，中孔钢梁沉没江中，南北两孔大梁折断，东南桥墩与西北桥墩皆被炸毁。1950 年，由衡阳铁路局广州分局负责修复通车。修复后，仍为钢桁架梁，中孔不再活动开启，外观与原桥大致相同。

1950 年 11 月 7 日下午 2 时 30 分，新建的海珠桥举行通车典礼，叶剑英市长讲话并剪彩。1963 年，海珠桥一带景观以"珠海丹心"之名列入"羊城八景"之一。

## 二、广州市的教育传统

远溯广州的教育传统，兴建于南宋，以"岭南第一儒林"的广州府学宫为发轫，此后大大小小的学宫、书院相继开办。到了元朝，朝廷开始对书院采取支持态度，书院地位有所提高。明朝中后期，书院才开始兴旺。从明正德九年（1514）至明崇祯末年（1644），广州的学宫、书院发展盛况空前。官员创办的书院逐渐增多，名儒创办的私立书院更是宗旨明确，学风清纯，人才辈出。

清代康熙年间，因皇帝玄烨羡慕汉族文化，又好学有才，并且重教兴学，书院也就开始发展起来，到乾隆、嘉庆几朝，书院的发展达到顶峰。

清康熙时期，越秀区地域内曾出现过一个全国罕见的书院群，达数百间之多。广州官、私立书院春色满园，桃李争妍。以位于今广大路一带的广州府衙为中心，方圆 3.2 平方千米范围内，形成了一个多层次的书院群，规模空前。在大马站、小马站、流水井一带，有一大批由宗祠改成的书院，在全国实属罕见。

鸦片战争后，国门打开，迫于严重的民族危机，1901年清政府宣布新政，教育制度随即改革，绵延了1300年历史的科举制被废除。1902—1903年间，广州书院纷纷停办，改建为学堂。从1902年广州知府龚心湛将越华书院改办为广州府中学堂起，以后改办和新创办的实业学堂数量急剧增多，且军事、师范、农业等门类多样。

广州是中国的南大门，海上丝绸之路的开通，便成为西方宗教传入中国的第一通岸口。外国传教士到中国进行传教活动，同时开展文化教育渗透。清道光三十年（1850），外国教会开始在广州开设学校。教会学校的出现，在客观上，对传播西方文化知识、普及平民教育、培养新式人才方面起到了一定的推动作用。

辛亥革命推翻了清朝。作为辛亥革命发祥地的广州，教育改革深受孙中山教育思想的影响。孙中山非常重视创办和发展广东教育事业，高校、中学、小学，乃至幼儿教育全面得到提高和发展。

中华人民共和国成立后，广州市的教育事业突飞猛进，创造了许多人间奇迹。

下面主要介绍越秀区、荔湾区、海珠区三个区的教育传统。

## （一）越秀区

### 1. 历代广州三大学宫

据古代的教育机制，地方政府府、州、县所设的官办学府分别称为"府学宫""州学宫""县学宫"，是该级地方的最高学府。而乡设义学和社学。

（1）广府学宫

广府学宫属于省属学府，当时号称"岭南第一儒林"。学府建于北宋庆历年间，南宋绍兴三年（1133）定址番山（今文德路）一带，历经多次迁徙、扩建、重建，至乾隆时期而臻于完备。学宫规模宏伟，由南至北从今天的市一宫一直延伸到广州市第十三中学。学宫在清咸丰七年（1857）第二次鸦片战争中，遭英法联军炮击焚毁。清同治三年（1864）重新

**广府学宫大成殿**

修建。20世纪50年代，因学宫已成危房，遂拆除，后建起市一宫。目前仅存的遗迹只有今孙中山文献馆内的番山亭、翰墨池和十余株古树。

广州 1893 年冬，康有为把万木草堂迁到广府学宫内的仰高祠。清末，废科举兴学堂，在籍翰林丁仁长、吴道镕，举人汪兆铨等在学宫内的孝弟祠创办了教忠学堂（广州市第十三中学前身），著名的民主革命家朱执信在此学习 3 年才东渡日本留学。

1933 年，广州市政府为了筹建市立中山图书馆，选中这块教育圣地，把图书馆建在了学宫内番山前的空地上，并借用原来的部分书斋做办公场所。1947 年 1 月，省政府于瓦砾遍地的学宫前半部（今市一宫）设立了广东省文献馆。1949 年后，广府学宫已成危房，一直空置。因当时政府无足够资金修缮，再加上当时广州还保留有番禺学宫，因此就于 20 世纪 50 年代拆除了广府学宫，这座有 900 多年历史、号称"岭南第一儒林"的教育圣地也就永远消失在了历史的尘烟中。

广府学宫

（2）南海学宫

南海学宫位于广州米市路 58 号，建于元代。据《南海县志》卷十一所载："庙学……元至元三十年（1293）复徙建城西高桂坊崔菊坡祠故址。"即现址。其书又载："国朝顺治七年（1650），平南、靖南两藩克复广州，驻兵内城，混居学宫庑舍，牧马两楹之间"，"瓦砾粪土积高与棂星门等。"清康熙二十二年（1683）平定藩王叛乱后，南海学宫渐次修葺恢复。当时南海县衙设在广州，南海县的祀孔活动，在南海学宫内举行。

1982 年，在广州市文物普查时，仅存后殿、两庑廊及明宦祠。后殿面阔七间，进深五间用六柱，坤甸梁架，歇山顶，黄琉璃瓦脊及瓦面，七级台阶的花岗石月台。明宦祠在后殿东北角，原祭祀抗清志士陈子壮及南海县曾为官宦的名人

南海县学宫旧貌

志士。20 世纪 90 年代中期，南海学宫后殿等被拆除改建。如今米市路那片皇皇学府已不见踪迹，只有一条狭窄的石板小巷"学宫街"，点出了它当年的位置。巷壁上有个小小的仿制石门，上方写着"南海学宫"字样。旁边有个黑石板，刻写着学宫 700 多年的辉煌历史。

（3）番禺学宫

番禺学宫又称"孔庙"，位于今广州市中山四路 42 号，始建于明洪武三年（1370），清代及中华人民共和国成立后多次进行修缮，现保存比较完整。番禺学宫与当时的德庆学宫、揭阳学宫一道，同为广东三大学宫。明清时期是番禺县的县学和祭祀孔子的文庙，每年农历二月、八月在此举行祭祀典礼。

番禺学宫旧照

### 2. 两广应试场所：广东贡院

贡院是会试的考场，即开科取士的地方。"贡"的意思是指各地举人来此应试，就像是向皇帝贡奉名产。贡院是科举制度的产物。中国的科举制度，从隋朝起，兴盛于唐，一直到清光绪三十二年（1906），历经一千余年。

广东贡院

广东贡院位于文明路，明、清两代贡院是广东各地士子在广州应试的场所。明宣德元年（1426）建贡院于内城大石街。明正德元年（1506）后应试者逐渐增至3000余人。明嘉靖二年（1523）增修。明万历元年（1573）又增修之。后改设在光孝寺，清康熙三年（1664）迁于新城总兵府。

清康熙二十三年（1684）巡抚李士祯将贡院改建于城南东南隅承恩里（今文明路，原承恩里只剩下西段，于1931年改称为"承平里"，至今在中山图书馆西侧仍保留此巷名），约40 500平方米。贡院中为明远楼，东西号舍5000间，为士子构思作文考试之所。北为堂三进，即致公堂、戒慎堂、聚奎堂。戒慎堂之北有横垣门，以分内外，堂左右侧为监试所。

清道光元年（1820），两广总督阮元以贡院号舍低洼窄小，率官绅士商捐款修号舍为7603间，增高拓深加宽铺石。旧舍写坐两层木板，上长下短，夜不能合并而卧，特将板改长合用。清道光二十年（1840），兵燹，杂草丛生。翌年，邑绅潘仕成亲自增修，并增号舍565间。

清同治六年（1867）巡抚蒋益澧，增号舍3000间。清光绪十四年（1888），两广总督张之洞，兼署巡抚监临，复加增修。累计有1万余间号舍，达到两广科举制度鼎盛时期。在200多年的时间内，这里成了岭南弘扬儒家思想和继承中华文化的殿堂。

广东贡院的龙门取"鲤鱼跃龙门"之意

清光绪二十八年（1902），停止科举，贡院停废。清光绪三十年（1904），改为两广速成师范传习馆。清光绪三十四年（1908），改建优级师范学堂。后来在这里筹办了国立广东大学，又改称"国立中山大学"，现为广东省博物馆和鲁迅纪念馆。

贡院明远楼

广东贡院在100年前的占地面积很大，现在的广东实验中学、广东省立中山图书馆、钟楼和广东省博物馆都曾经是广东贡院的地盘。广东贡院现在仅存明远楼，楼坐北朝南，占地约250平方米，楼为木结构两层阁式建筑，楼虽多次修缮，材料多已更换，但仍保留原有南方早期建筑特点。

在贡院两边，如今还有一堵当年应试放榜用的"龙虎墙"，墙高4米，长150米，已经残破。

**3．百间书院群**

"书院"一词最早出现于唐朝，是指藏书、修书及士人读书之所。后来，私人藏书、读书的地方也逐渐称为"书院"。

广州的书院最早出现在宋代。当时，书院多用作民间私人讲学之地，显示教育功能，逐渐成为一种有别于传统官学（国学、乡学、社学）和私人授徒（私塾）性质的中、高层次的学府。

明代初期，朝廷重学兴教，以科举选士，而以讲学为主要内容的书院则仅仅维系而已；到中后叶，书院才振兴繁盛起来。这时在越秀地域内兴办较大的书院就有数十间，官立书院有崇正书院、白沙书院、粤秀书院等，私立书院有越秀山下的镇海书院、迂冈书院、慎德书院，尤其以湛若水所建的天关书院最为著名。

清代的书院虽有私立的，但著名的书院多为官办。清康熙时期，越秀区地域内曾出现过一个全国罕见的书院群，达数百间之多。

（1）宋代兴办的书院

**广州第一间规制完备的书院——禹山书院**

禹山书院是南宋宁宗嘉定年间创办的，属番禺，位于广州府学宫之后（今中山四路附近），是宋代广州建立的岭南地区第一所也是最大的书院。宋朝番禺名人梁百揆曾讲学于此。梁百揆是宋嘉定十年（1217）进士，授从事郎、太学录、进符玺郎、奉仪大夫。后引疾禺山，讲学避异端，学者称"端懿先生"。明朝时禺山书院成为乡绅公宴之地，但仍然有讲学，万历年间进士杨起元任书院山长。杨起元（1547—1599）是明代名儒，尊罗汝芳为师，以理学著，治学"以明德、新民、止至善为宗，而要归于孝、悌、慈"。清时为关帝庙，书院之碑刻犹存。禺山书院可以说是广州第一间制度完备的书院，正式有了讲学之举，因此著名。

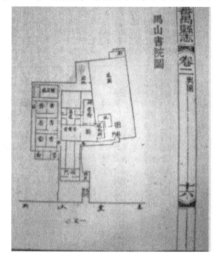

禺山书院（引自《番禺县志》）

至于清代所建的禺山书院之前身则是番禺义学，位于大东门内番禺学宫前。番禺义学由番禺知县庞屿于清雍正八年（1730）创建。清嘉庆八年（1803），广东布政使康基田将义学大修，改名为"禺山书院"。清光绪二十九年（1903），禺山书院停办，遂改建为官立高等小学堂。

### 纪念宋代名儒周敦颐的书院——濂溪书院

"水陆草木之花，可爱者甚蕃。晋陶渊明独爱菊；自李唐来，世人甚爱牡丹；予独爱莲之出泥而不染，濯清涟而不妖。"这是《爱莲说》，因入选中学语文课本，《爱莲说》成为最广为吟诵的文言篇章之一。它的作者是宋代理学开山始祖周敦颐，宋真宗天禧元年（1017）生于湖广道州营乐里楼田堡（今湖南道县），原名敦实，字茂叔，后因避英宗旧讳（英宗未当太子时叫宗实）改名敦颐，号濂溪。

历代君主对周敦颐十分敬重，宋宁宗谥周敦颐曰"元"，宋理宗追封"汝南伯"，从祀孔子（先贤东庑第三十六位）。元仁宗时加封为"道国公"。据史志记载，宋神宗熙宁元年（1068），周敦颐在广东为官，清廉爱民，功绩卓著，备受百姓称道。当时他足迹遍及省内各地，留下大量诗赋和题字。晚年筑室于庐山莲花峰下，因故里（湖南道

周敦颐像

县）有水名"濂溪"，而取名为"濂溪书院"，各地因为敬重周敦颐，纷纷修建以"濂溪"命名的书院。

宋孝宗淳熙二年（1175），唐仪之为广东南路提点刑狱，于广州府武安街春风桥北转运司署旧址（今天的起义路一带）首建"濂溪祠"（即"濂溪书院"），由官府祭祀。元朝，书院毁于火。明英宗正统二年（1437），书院重建于广州药洲（今广州南方剧院一带）。以后又多次重建重修；明嘉靖年间，广东提学副使魏校、欧阳铎等在越秀山重建濂溪书院；清康熙五十七年（1718），周姓后人在小马站重建濂溪书院，在仙湖路建周公祠，纪念这位鸿儒。官府立例，春秋主祭，每月朔望供香灯银。

两藩入粤时，清兵士把祠宇改为兵马房。清康熙二十四年（1685），朝廷特诏修复诸贤书院。清康熙五十七年（1718），重建"濂溪书院"于小马站，建"周元公祠"于仙湖街。清光绪十七年（1891）重修小马站中座各处。

小马站"濂溪书院"一直保存使用至民国年间。"文化大革命"期间，书院的塑像、神位及一些建筑装饰被破坏，建筑部分被改建。直到近两年，其后裔在广州小马站 19 号见到大书院附近的外墙，发现离地 2 米处嵌着麻石界碑一块，上书"周濂溪地墙界"，这就是濂溪书院的最后线索。

（2）明代天关书院与大儒湛若水

广州法政路北侧一带，曾是明代尚书湛若水的别墅。湛若水于明嘉靖十五年（1536）退休后回到广州，在天关（今法政路湛家巷一带）购地数十亩，建湛家园，还在府第的南边兴建了一座叫"天关精舍"的书院，他在此处讲学达 25 年之久。

湛若水（1466—1560），字元明，初名露，字民泽，避祖讳改名。居广东之增城甘泉都，世称"甘泉先生"。明代理学家、教育家。早年拜陈献章为师，钻研心性之学。官至南京礼、吏、兵部尚书，主张行王道，施仁政，教民以俭，力戒奢靡，办学养才，减轻赋税，有良臣美誉。他每到一地为官，都建书院讲学，是当时最有影响的王（阳明）、湛（甘泉）两大学派之一。他以"随处体认天

濂溪书院

《爱莲说》周敦颐著

理"为宗,自称"阳明与吾言心不同,阳明所谓心,指方寸而言,吾之谓心者,体万物而不遗者也"。时称"王湛之学"。安南王莫登庸叛乱,嘉靖皇帝欲亲征,湛若水上《治权论》疏,反对出兵,因与文武大臣之议不合,遂请求致仕。湛若水75岁致仕,从此结束宦途生活,沿东南山水,游览讲学而归。先后在西樵山、广州、罗浮山讲学。在各地创建书院40多所,弟子3000多人。

湛若水像　　　　　湛若水著《甘泉文集》　　　湛若水著《春秋正传》

尔后,湛家园成为湛氏族人聚居地。湛家园在第二次鸦片战争中被炮火所毁,天关精舍也顿成遗迹。不知从什么时候起,"天关"变成了"天官",但后人并没有忘记湛若水,当他们在废墟中重建家园时,仍然以"湛家大街""湛家一巷""湛家二巷"命名。大东门附近,原有一座湛文简祠,是纪念湛若水的,但亦已归于乌有。

（3）清初广东三大书院

由于书院一制有其合理性和优越性,不能为官学、私学所完全取代。虽清初期广州书院沉寂了数十年,到清康熙时书院开始复苏。在康乾盛世的背景下,广州书院取得跃进式发展。清康熙五十年（1711）,由省部大吏创办的粤秀书院,为全省最早、最大的书院之一,它与省级的越华书院、府级的羊城书院在当时并称为"清初广东三大书院"①,引领清前期广东教育之发展,为清后期广东人文之兴盛与学术文化之重振奠定了厚实的基础。

**广东最早的省立书院——粤秀书院**

粤秀书院,位于广州南门内盐司街（今北京路中段）,据仇巨川《羊城古钞》（卷三·七"书院"）载:"康熙四十九年（1710）总督赵宏灿、巡抚范时

---

① 创办于清初的广州市粤秀书院、越华书院、羊城书院,以及创办于明万历元年（1573）的肇庆市端溪书院,又并称为"广东四大书院"。本篇所谈为广州市人文景观,故未述及端溪书院。因下文提及"广东四大书院",为免混淆,故加此注。——编者注

崇、满丕及各官捐银建。"粤秀书院因在越秀山（明清时称"粤秀山"）之南而得名。初建时，书院坐南朝北，面积约 3700 平方米。由中、东、西三组建筑组成。首座大门题有对联为巡抚满丕所书。木刻门联为："化洽唐虞之盛，宣五教以抚十州，敬敷自远；道承邹鲁之传，奉诸儒而登一席，矜式为先。"

粤秀书院图

《粤秀书院志》

清雍正八年（1730）知府吴骞重修。原由广州府经理，乾隆九年（1744）改由粮道稽查。乾隆、嘉庆、同治间屡加修葺，规模宏大，为"广东四大书院"（羊城、越华、端溪、粤秀）之一，向全省选录生徒。清光绪二十九年（1903）十月废。其地改为两广学务处（方言学堂），光绪三十一年（1905）年两广学务处迁至广雅书局，遂改建为两广游学预备科馆，光绪三十二年（1906）改为学堂。1921 年 10 月 12 日，广州市教育局局长许崇清在原粤秀书院旧址创办广州市立师范学校，聘请杜定友为校长。

### 官商合办的省级书院——越华书院

越华书院位于布政司后街，即今广州广中路附近，越华路亦因此得名。书院始建于清乾隆二十年（1755），由两广总督杨应琚、盐运使范时纪和在广州的外省盐商捐款合建，专门招收外省盐商在穗子弟入学。书院占地 560 多亩，坐北朝南，主体建筑布局为四进式，设计精巧。讲堂、学舍、书楼、大厅、花厅具备，还点缀着花木、石山、小轩、回廊，有荷塘、鱼池、岸舫、载酒亭等多处景点。它与端溪、粤秀、羊城，并称为"广东四大书院"。梁廷枏长期主持越华书院。

清光绪二十七年（1901），清朝廷下令把旧式书院改为新式学堂。次年，广州知府接管越华书院，书院更名为"广州府中学堂"（简称"广

清代学者、文学家梁廷枏

府中学堂"或"广州中学堂")。

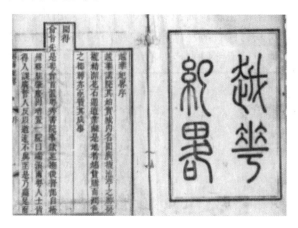

《越华纪略》

### 官立的府级书院——羊城书院

羊城书院在广州城南龙藏街,其建筑包括羊城书院和羊城书院外馆,是清嘉庆二十五年(1820),广州知府罗含章把羊城书院(岭南义学)、穗城书院、珠江义学合并而成的。

岭南义学和穗城书院均在龙藏街,都是清康熙二十二年(1683)广东督粮道参议蒋伊所建,旨在为番禺诸生提供读书之所。虽毗连一处,但义学和书院是分开管理的。穗城书院主要还是用于祭祀广东名宦流寓乡贤。清雍正八年(1730),知府吴骞捐廉重修岭南义学和穗城书院。清嘉庆八年(1803)康基田复官广东,任广东布政使,又重修岭南义学、改名为"羊石书院",将岭南义学的地位提高了一级。

被羊城书院合并的珠江义学在广州城南的木排头,是清康熙二十三年(1684)广东知府刘茂溶所建。清嘉庆八年(1803),康基田重修,改名为"珠江书院"。

清代学者、广东布政使康基田

羊城书院于清光绪二十八年(1902)停办,后并入广府中学堂,但因地方仍旧狭窄,不够办学堂之用,广州知府龚心湛便另择地改建广府中学堂,将羊城书院地及外馆地收归官产,其所属经费租田款项调归中学堂所用。至此,羊城书院便告结束。

（4）晚清省级官办三大书院

越秀山峰峦起伏，林木苍翠，四周幽深寂静，乃古代学子静心读书之理想场所。清代后期，越秀山南麓曾并存过既是广东最高学府，又是在全国颇有名气的3间书院：学海堂、菊坡精舍和应元书院。一时间，越秀山书香缭绕，文人墨客云集，成为清代后期广东省文化教育事业的中心。直到鸦片战争后，传统的书院教育日渐式微，这三间著名的书院于1902年停办。

**讲求实学先风——学海堂**

清嘉庆二十五年（1820），两广总督阮元创办学海堂，并为之手书"学海堂"匾。办学伊始并无实地，借用文澜书院（太平门外九甫绣衣坊）。清道光四年（1824）九月，阮元在广州越秀山山麓觅得一地，三个月就竣工，于是学海堂从城西迁入越秀山新址。

**学海堂遗址**

"学海堂"的命名，源于汉代大学者何休的美誉"昔者何邵公学无不通，进退忠直，聿有学海之誉"，阮元以何休的美誉为书院名。学海堂建于越秀山麓，堂后有"启秀山房"，堂东最高处有小亭名"至山"，堂西与文澜阁相对，中有石径可登山。学海堂的负责人称为"学长"，开办时阮元任命吴兰修、赵均、林伯桐、曾钊、徐荣、熊景星、马福安、吴应逵为首任学长，轮流负责校务，当中包括出题、评卷和筹拨经费。这些学长，在当时是有名气的学者。

学海堂的教学与研究，与当时盛行的八股文和举子业有很大的不同，反对支离破碎的理学，不赞成千篇一律的八股文风，引导学子纳入经史理文的范围，从事切实学问的研究，后来制订了《学海堂章程》，课程也逐步完善。文澜阁相当于今天的图书馆，收藏书籍文献颇多，供师生学习研究之用。除教学外，平时还担负一些编书或教学活动。例如编印有关教学图书，其中有《学海堂经解》，又名《皇清经解》，是阮元在任时主编的，可说是广东近百年教育史上最先有关高等学校课程论述的著作。雅集活动也适当举行，例如在纪念郑玄诞辰（七月初五）时，师生进行纪念活动和学术讲座。又如每年春节、花朝、上巳、中秋、重阳等都举行雅集，邀请社会名流、文人、学者、诗人参加，互相吟唱，盛极一时。

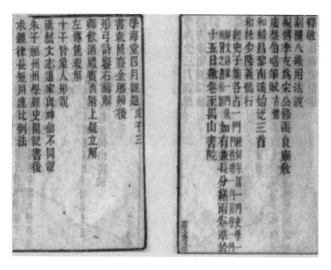

学海堂课题

第二次鸦片战争时，英、法联军攻入广州，学海堂被炮火轰毁一部分，文澜阁损失较大，因而停办一段时期。战争结束后，继续开办，扩大招生，由陈澧出任学长。他积极重修学海堂，开课时曾举行一次盛大的雅集活动，参加者有著名诗人张维屏（南山）、学者梁廷枏、教育家谭莹等。后来陈澧改任菊坡精舍学长，学海堂结束。

学海堂的创办，在广东教育史上是一件大事。学海堂为广东的教育发展作出了较大贡献，主要有下列几个方面：自创办以来，培养人才不少，以专业生说，卒业的先后达260人。著名的桂文灿、陈澧等，都是学海堂培养出来的高才生。学海堂的创办，在规模、设备、课程、活动各方面，都相当完善。特别是《学海堂章程》的制订，当时和日后的书院、学堂等都有参照。学海堂在教学上，着重切实学问的研究，又兼从事编修典籍文献任务，成为一大特色，在教育、文化上有较好的影响。学海堂在清光绪二十九年（1903）被废办，改为纪念阮元的阮太傅祠。

阮元（1764—1849），字伯元，号云台，江苏仪征人，清代经学家、教育家，官至体仁阁大学士。平生以提倡学术自任，为士林泰斗。在两广总督任上主修《广东通志》，提倡经学，拓修贡院，编刻《皇清经解》，创立学海堂。

阮元像

经其倡导，岭南士风为之一变。

**培养政坛人物——菊坡精舍**

清同治五年（1866），两广盐运使方濬颐将位于应元宫西侧的长春仙馆重新修整，奏请两广总督卢坤（字静之，涿州人）、广东巡抚蒋益澧（湖南安福人），改建为书院，清同治六年（1867）秋建成，因是为纪念南宋名相崔与之（菊坡）而建，所以取名为"菊坡精舍"。菊坡精舍是官办的省级书院，于清光绪二十九年（1903）停办，1908年改为存古学堂。

《菊坡精舍记》　　　　　　　陈澧像

菊坡精舍聘请陈澧为山长。"精舍"即学舍，负责人称山长，主持教学任务。当时经费是由官僚、名流捐助，作为办学基金。

菊坡精舍在陈澧的主导下，不但讲求实学，亦主张在经史中寻找微言大义，求治世之道，故考取得功名，位极人臣的生徒亦颇多，在晚清的政局上亦多有影响，其中最为著名的有文廷式、梁鼎芬、于式枚3人。

**古代"研究生院"——应元书院**

清同治八年（1869），广东布政使王凯泰于越秀山麓设立了一个专供举人肄业的书院——应元书院，专门提供给举人出身的人继续求学，解决妨碍广东举子继续应试的"三难"（经费难、住宿难、深造难）问题，书院的设立，以提供经费和肄业的地方，来帮助举人参加会试。

该书院设立在应元宫前，与菊坡精舍只一墙之隔。书院建筑规整气派，设有董事所、"十三本梅花书屋"、育乐堂、红杏山房、仰山轩、奎文阁等，院内花木夹道，大树蔽荫。王凯泰取名"应元书院"，一是取其在应元宫附近；二是按科举考试的含义，应元含有"会元""解元""状元"之意，兆头好，立意高。可见应元书院是以夺取状元为目标，让举人成为进士，为翰林院储才，比其他书院求乡试中举的目标高了一个层次，相当于现在的"研究生"等级的学院。

应元书院全貌图

书院成立时，王凯泰亲自撰写《应元书院志略》，预言广东明年一定会有人考中状元。当年有十几个举人入院读书，其中有一个叫梁耀枢的举人在第二年果然高中状元。消息传到广州，大家都为王凯泰预言准确而感到震惊，应元书院名声大振。凡广东的举人，无论是广州本地的还是其他地方的，纷纷慕名到应元书院求学，历年都有人高中。

清代状元梁耀枢同治十年（1871）中辛未科进士的小金榜

应元书院提供给学员的生活费用和奖赏比别的书院多，如赴京应考还资助旅费，考取会元、状元的予以庆贺，当上京官的每年给予津贴。应元书院于光绪二十九年（1903）停办，改为广东先贤祠，光绪三十四年（1908）与菊坡精舍合并为存古学堂，民国后改国立执信学校，后来执信学校迁往执信路，于原地新建广州市立第一中学，后改为广州市二中。

（5）西湖路一带宗祠书院群

宗族书院的产生及大量繁衍，与中国传统的家族伦理及其以宗法血缘为纽带的宗族社会结构有着密切的关系。而宗族书院作为特定姓氏家族背景支配下的教育组织，教育功能与祖先祭祀功能二位一体的结合便自然成为其与生俱来的重要特色。

自清雍正十三年（1736），清政府颁"聚众结盟罪"，严禁民间擅自建寺、观、神、祠。汉人重孝道，慎终追远，书院由此便成为解决这一问题的重要途径。

从清乾隆朝起，广州成为全国唯一对外通商口岸，集中了大量的各地商人及商业资本。省城与珠江三角洲各县之间的商业及人口移动频繁，加速了大宗族分化，衍生出大量富裕的小宗族。为了通过应试中举，进入仕途，脱离"民籍"，免除赋税、徭役，从而提高本宗族的社会地位，作为本族子弟或合族子弟进修、应试之所的宗族书院相继出现。

当时在城北跨今中山四路、中山五路两旁，南抵大南路、大德路，西达今解放路，东至今文德北路，方圆 3 平方千米的地段，云集了数百家以姓氏命名的书院、书室、家塾，其规模之大，为全国所罕见。如庐江书院（何家祠）、平所书院（赵家祠）、三益书院（江、何、黎三姓合族祠）、濂溪书院（周家祠）、豫章书院（罗家祠）等。这些书院均是当时以宗族形式筹资兴建的民办小型书院，主要为本乡（族）学子赶考提供补习、食宿场所，兼作宗族祠堂。

庐江书院　　　　　　　　　　平所书院　　　　　　　三益书室剖面、平面图

风雨沧桑，西湖路一带宗祠书院群如今仅剩 12 间。今天这些书院群虽已残缺不全，有的甚至沦为杂乱的民居，但依然散发着浓浓的书香。

**4. 越秀的教会学校**

自鸦片战争以后，1842 年中英签订了不平等条约《南京条约》，外国教会开始在广州开设学校。自 1872 年，美国长老会那夏理女士创办真光书院以来，南华医学堂、培道女子中学、培正书院、圣心中学等相继创建，在传播西方文化知识、普及平民教育、培养新式人才方面客观上起到了一定的推进作用。

（1）圣心书院与明德女子中学（广州市第三中学）

坐落在广州市大德路的广州市第三中学，是法国天主教广州市教区兴办的圣心中学（始建于 1860 年）和明德女子中学（始建于 1925 年）两间学校的原址。

明德女中

圣心中学的前身是圣心书院，圣心书院的前身是丕丛书院，该书院原附属在法国领事馆内。由于外国领事馆等外事机构需要培训人才充当译员，因而附在领事馆内开设一间以学外文为主的书院，以培养翻译工作人员。后来法国领事馆迁往沙面，因而丕丛书院也迁至过去称为"约瑟路"（今市三中的校址）的地方，兴建一间颇具规模的学校，命名为"圣心书院"。该校始建于 1860 年左右，原来建筑是两层大木楼，开始建筑时由一法国神父负责施工，全部用上等柚木建造。楼房建造得非常考究、精美，除安装玻璃窗门外，内加百叶窗。二楼部分作礼堂用，部分作为教室。楼下全部是教室。正门向南，并在正门上建造一个观察时间像时钟的日晷，以代替时钟。二楼东边是化学实验室，下面为饭堂，再东边（今安仁里）的平房为学生宿舍。

1907 年圣心中学举办运动会的场面

这间学校招收的是男学生，而教师亦全是男性。圣心书院教学内容主要是学英文、法文，兼学中文。校长是法籍黎神父，教师大多数为外籍修道士，也有少数中国教师教中文。

（2）广州第一所女子学校：真光书院

真光书院旧址位于广州长堤大马路仁济街，即今孙逸仙纪念医院急诊部。书院旧址为一幢三层砖木结构西式楼房，坐东向西，西邻仁济街。西面第一层外墙涂黄色颜料，第二三层皆为水泥石米批荡。其余外墙为红砖砌成。楼户正面楼顶有三角形山花装饰，后为人字形屋顶。楼房外保存较好，内部结构已改变。清同治十一年（1872）六月十六日，美国那夏理女士创办真光书院，校址在广州沙基金利埠（今六二三路容安街），只收女生，是广州第一所女子学校。当时只有学生六人，其中三人是已婚妇女。1875年真光校舍遭焚毁。美国教会拨款重建，但只能容纳40人，1878年迁往长提仁济街新校舍，校舍从一座扩建至三座，可容纳百名学生入学。1888年，真光书院学生已达100多人，分设大班、中班、小班和妇人班。1909年，增设师范班，有学生30余人。1910年，改名为"真光学堂"，规模日益扩大。1912年，按照教育部颁行办法，改名"真光学校"。同年秋，改为中学部。为适应社会对女子中学人才的需要，在白鹤洞建新校。次年秋，迁入扩建后的新校，仁济街旧址完成其历史使命。

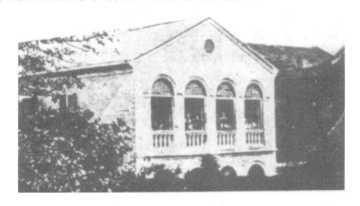

**真光书院长堤仁济街校舍**

（3）广州第一所西医学校：南华医学堂（孙逸仙纪念医院）

在广州长堤的孙逸仙纪念医院内，矗立有一座纪念碑，碑文刻有"孙逸仙博士开始学医及革命运动策源地"17个金字，它是1936年为纪念孙中山先生在这里学医和从事革命运动而建立的。

孙逸仙纪念医院的前身，是1835年美国传教医生伯驾在广州创办的"眼科医院"。1844年迁至联兴街，1854年由美国人嘉约翰任院长。1859年初，迁至南关增沙街。1865年始迁至仁济大街，并改名为"博济医院"。1866年，博济医院办了一所博济医学堂，这是中国最早设立的西医学府。1879年更名为"南华医学堂"。这是广州第一所西医学校。嘉约翰和黄宽曾在该学堂任教师。1886年，刚满20岁的孙中山，经喜嘉理介绍，入南华医学堂习医。孙中山后来追忆习医学的动机是"以学堂为鼓吹之地，借医术为入世之媒"。在南华医学堂读书的一年里，孙中山一边学习，一边联络同志，如三合会员郑士良（弼臣），就是孙中山的同学，后来发动会党多次响应孙中山起义。孙中山又通过校友尤裕堂，结识了尤列。后来孙中山与陈少白、尤列、杨鹤龄被戚友呼为"四大寇"。

**博济医院创办人嘉约翰像**

1895年，孙中山首次在广州发动武装起义。事败，孙中山潜入南华医学堂，在校友帮助下乘船脱险，由香港赴日。1912年4月25日，孙中山南下广州。5月9日，出席于博济医院举行的耶稣教联合会欢迎会，孙中山即席应众演说。他追忆26年前在这里习医，现在又在这里与校友会面，"诚梦想所不及"。接着，他号召基督教徒"同负国家之责任，使政治、宗教同达完美之目的"。过完了一个星期，上海《民立报》发表了《孙中山重话旧游》的报道。使孙中山这次演讲的内容，得以保留下来。

1953年，该院改称为"华南医学院第二附属医院"；后又更名为"中山医学院附属第二医院"；1985年11月11日，经报请国务院卫生部批准，将该校命名为"中山医科大学孙逸仙纪念医院"。

**嘉约翰与职员的合影**

（4）中国第一所由华人基督徒开办的新型学校：培正书院（培正中学）

清光绪十五年（1889），广州浸信会教友决定在广州开办书塾，并于同年十一月二十八日通过办学议案，定名"培正书院"，由华人基督教教徒李济良、冯景谦、廖德山等人倡议开办，以应教会子弟之需求。经过一年的筹备并向外洋华侨及国内教友募捐，至1890年正式开馆授课。校址租用德政街某号，有学生40

余人。后因校舍狭小，改迁大塘街。以后学生续有增加，校舍历经扩建及改建，1903 年改名为"培正学堂"。1905 年因经费短缺无法继续维持，故暂告停办。1906 年两广浸信会决议维持培正，校名改为"羊城培正师范传习所"。有学生 50 人，校址改在榨粉街。1907 年，收到海外教友及华侨捐款 4000 元，即以此款为复兴"培正"之用，在东山购买地皮建校，先恢复"培正小学"。1909 年将珠光路旧地变卖，连同捐得款项开始建设东山校本部新址。其时学生已增至 117 人。1912 年民国成立后又改名为"培正学堂"。1916 年复续办中学，连小学部共有学生 96 人。1918 年聘黄启明为中学校长，在各地华侨募捐下增建了中西合璧的古巴堂、澳洲堂、美洲堂（此堂为矩形对称布置，中间前后各突出一门廊。建筑面积为 735 平方米，3 层，建筑融合中西风格，简洁中透出端庄精美）及图书馆等楼堂馆舍后，该校迅速成为全国规模最完善的中学之一。

培正学堂

1922 年，学校将小学与中学分离，增设师范班一班。1927 年按政府规定向教育厅立案，经批准并改名为"私立广州培正中学"。如今培正的校门门额铭刻着其校训"至善至正"，昭示着这所百年名校的办校精神。

私立培正中学

### 5. 清末民初的新式学堂

随着鸦片战争的炮声，中国国门洞开，西学东渐。清光绪末年，正值维新变法之际，社会普遍响起书院改学堂的呼声，全国掀起举办新式学堂的高潮。这股势不可逆的教育改革潮流进入广州，越秀的学府在传播西学、近代科学文化知识等方面，起到了推动教育和社会发展的积极作用。当时，广州古城区的书院相继停办，原址多改建为新式学堂。可以说，书院是广州近代新式学堂的前身和发祥地，不少名校都是从书院演变过来的。

（1）广州第一所外语学校——同文馆

广州同文馆又称"广东同文馆""广方言馆"，它是广州近代最早的官办新式学堂和第一所外语学校，也是广州高等学院的雏形，于清同治三年（1864）创办于今广州朝天路。这是洋务派在广州所办的第一件较重大的洋务事业。

洋务运动初期，我国与外国交涉和联系日益频繁，急需翻译人才。洋务派首领、恭亲王奕䜣，鉴于签订条约与办理外交事务时，没有精通外语的人才而备受欺蒙的现实，便上奏朝廷，于 1862 年 8 月，在北京开办第一所新式外语学校——京师同文馆，专门培养外语翻译人才。翌年，又创办了上海同文馆。上海同文馆创办之后不久，洋务派另一领导人李鸿章上书同治帝，认为广东对外交涉不亚于上海，亟须创办广州同文馆，清同治二年二月初十（1863 年 3 月 28 日）同治批复，着令"广州将军等查照办理"。广州方面接谕后认为："学馆之设，教育人才，期于晓畅翻译，通彻中外事理，以备缓急之用，洵属及时要务。"同治同意创办广州同文馆，令广州将军筹办。适广州将军穆克德讷于半月前调入京，由广州副都统库克吉泰署任广州将军，广州同文馆的筹办工作便落在库克吉泰身上。库克吉泰接到这个任务之后，由于自己是武夫出身，不懂办教育，便邀署两广总督都察院左副都御史晏端书一起筹办。经过一年多的筹备，广州同文馆终于在清同治三年五月三十日（1864 年 6 月 23 日）建成开馆。馆址在当时广州市北大门朝天街（今朝天路），馆舍有房屋两所。第一任提调为王镇雄，第一任馆长为谈广楠和汤森，第一任汉文教习为吴嘉善，第一任英文教习为美国人谭训，以后又陆续聘请了一些外籍教师。

同文馆师生合影

广州同文馆一开始就按正规的新式学校来办，以后日趋完善。学制三年，学生学习的科目主要有英语、汉语和算学。随着中外关系的不断扩大，涉外工作的增多，学生不仅要学英语，而且法语、德语、俄语、日语也要学。后学制也向京师同文馆靠拢，即增至 8 年，除译书外，还教授天文、地理。另外还开设生理学、解剖学等选修课。以后又增设了东语馆和俄语馆，专门培养日语、俄语方面的翻译人才。自此以后，广州同文馆基本上保持着稳步发展的趋势，直到清光绪三十一年（1905）改为译学馆为止。

广州同文馆一直办至 1911 年广东光复，前后达 38 年，培养了不少外语人才。首任提调王镇雄、首任馆长谈广楠因办学成绩突出，而受到表扬和晋升。学生左秉隆、傅柏山等在近代中外关系史上都占有重要地位。左秉隆是广州同文馆的首届学生，清光绪四年（1878）随曾纪泽出使英国，任英文三等翻译官；傅柏山曾出任外交部署主事。

（2）康有为创办的讲学堂——万木草堂（邱氏书室）

在广州中山四路长兴里 3 号，有间原名为"邱氏书室"（始建于 1804 年）的小书院，这间当年不值一提而现在闻名天下的旧式书院，就是 100 多年前公车上书光绪皇帝要求变法维新，而使天下为之振聋发聩的"康圣人"康有为及其弟子梁启超等人讲学和听课的学堂——万木草堂。

康有为（1858—1927），又名祖诒，字广厦，号长素，广东南海人。康有为出身于仕宦家庭，乃广东望族，世代为儒，以理学传家，是近代著名政治家、思想家、社会改革家、书法家和学者。

康有为 19 岁时拜南海九江有名的学者朱次琦为师。清光绪十四年（1888），康有为赴京应顺天乡试不第。当年 9 月，他上书光绪帝，痛陈祖国的危亡，批判因循守旧，要求变法维新，提出了"变成法，通下情，慎左右"三条纲领性的主张。清光绪十五年（1889），康有为回到广州。清光绪十六年（1890），康有为在广州大塘街的祖居云衢书屋讲学，陈千秋、梁启超拜他为师，分别成为他

**康有为像**

们的第一、第二个门生。1891 年，他终于在一大片田畦巷陌、绿树成荫的大塘街长兴里的一处角落，发现了一所不为人注意的幽静书屋——邱氏书屋，于是将讲学堂迁来，取名"万木草堂"，取其"万木森森，生机勃勃；育才树人，人才济济"的含意，又名"长兴学舍"，意指学堂还具有大学的性质。康有为还拟定了办学宗旨："激励气节，发扬精神，广求智慧。"

康有为著《长兴学记》抄本　　　康有为著《万木草堂口说》抄本　　　康有为著《大同书》

"万木森森一草堂"就这样在必然的历史背景下偶然地创建于广州大塘街内并办学四年，清光绪十九年（1893）又迁至广府学宫仰高祠（今广州市第一工人文化宫）。

万木草堂　　　　　　　　　　　　　　邱氏书室

草堂陋室之中，康有为的学问和理念得到了休整和提升，形成了一套新的讲学制度和形式，在当时的中国都极具前瞻性和反省的意义。从这里培养出来的弟子，都成了当时最具有新思想的人，成为几年后在千百年来"囿于祖宗之法"的中国进行维新变法的领军人物。

（3）广东公立师范学校：教忠学堂（广州市第十三中学）

1902 年，在籍翰林丁仁长、吴道镕，举人汪兆铨等绅士倡导下，以广府学宫明伦堂名义集捐，共筹得开办费 19297 两，在广府学宫孝弟祠（今广州市第十三中学）创办了中学规制的教忠学堂，翰墨池（今莲塘）南边的明伦堂也可随时借作讲堂。

清光绪二十八年（1902）二月，教忠学堂在贡院（今省立中山图书馆）招考，一时官绅毕集，总督陶模、巡抚德寿、学政（后改称"提学使"）文治等

"会同招考"以表重视，由学政亲定甲乙以示公正。第一期考取54名，"皆一时之选"，朱执信（大符）榜上有名。七月开学，连同其他学额约有百余名学生。由丁仁长为监督（相当于校长），经督、抚等向朝廷奏请立案。这是广东较早兴办的学堂之一。

1938 年的教忠中学校董会成员

（4）广东第一间中学堂——广府中学堂

广府中学堂于清光绪二十八年（1902），由广州知府龚心湛筹办。当时借卫边街之广府义学为校舍（今吉祥路，现划入人民公园），于1903年开始招考学生。广府义学地方狭窄，仅有两个课室，不敷扩充之用，以当时"上谕"既着将书院改设学堂，乃详请拨越华书院为校舍。越华书院更名为"广州府中学堂"（简称"广府中学堂"或"广州中学堂"），光绪三十年（1904）二月便迁进新校舍上课。广府中学堂与两广大学堂（前身是广雅书院）都是广东办学成绩较好的新式学堂，广府中学堂成立时，聘陆尔奎（字伟士）为监督，爱国诗人丘逢甲也曾在此掌教。

广府中学第一期甲乙班毕业纪念留影

（5）中国首家国人自办的西医学府——私立光华医学堂

私立光华医学堂前身为光华医社。清光绪三十三年（1907），由广东医、学、商、绅界人士陈子光（天津卫生局医官、云南陆军医院总办）、梁培基（博济医校助理教师）、郑豪（美国医学博士、广州陆军医学堂教务长）、游星伯（民政部总医官）、谭斌宜（山东陆军军医）等数十人倡议，遂在广州一德路天成街（今天成路）刘子威牙医馆召开会议，即席决定成立光华医社。推举刘子威为司库，向各界募捐。募捐启事发出后，各界人士纷纷解囊，参加光华医务社者达435人。

光华医社

光华医社自成立后，中国人当教师，全部采用中文课本。时有武举人李世桂，将新城五仙门关部前麦氏大屋（1949年后为广东省口腔医院）一所，赠送给光华医社作为创办医学校和医院之基地。1908年3月1日，正式成立一间四年制的医学校，并命名为"广东光华医学专门学校"，以示光耀中华，发扬华人自立之精神，同日先行授课，光华医院亦同时开诊。光华医社为冲破礼教的束缚，招收女学生，并在谢恩里租赁旧大屋一间，为女生校舍，首创男女同校上课。

光华医学堂

光华医社成立后，公推医药界知名人士梁培基为医社社长兼董事长，推举郑豪为医学校校长。

（6）广州第一所师范学校——官立女子初级师范学校

官立女子初级师范学堂创办于1907年，以广州小北大石街太清宫为校址，招初级师范生两班，3年毕业。同时附设高等小学、初等小学各两班。教习中除本国人士外，还有日本人，教授图画、手工、乐歌、体操。全校师生员工全是女性。

广东省立第一女子师范学校

1908年，增办蒙养园。1912年，学堂改为"广东省立女子师范学校"，1913年秋增办保姆传习所，培养幼稚园师资，是广州市区幼稚师范的最早创办者。当时省女师分简师班（主要招收小学毕业生）、幼师班和普师班。幼师班人数并不多，学的课程除了语文、数学、历史等外，专业课程的范围很广，家政是学烹调、绣花、纺织、裁剪技艺，艺术教育则包括美术、音乐、舞蹈、绘画等课程，还开设钢琴课。同时蒙养园更名为幼稚园，这是广州最早的一所幼稚园。

### 6. 民国的新式学校

辛亥革命推翻了清朝。1912年1月1日，中华民国临时国民政府宣告成立，孙中山任临时大总统。从清末开始的教育改革并不因此而结束，而是更加注入了新的思想和活力。孙中山非常重视创办和发展广东教育事业，使得广州教育事业快速发展。

（1）孙中山创办的中学——执信中学

执信中学在广州执信南路152号，赭红色的大门似乎在历史的背景下显得更为厚重。这所由孙中山亲手创办的学校，是为了纪念1920年于虎门不幸牺牲的民主革命家朱执信先生，以求"激扬文化之波澜，灌溉思想之萌蘖，树立新事业之基础"。1921年孙中山建立学校时，学校以清泉路（今应元路）应元书院旧址为校址，定名为"执信中学"。1923 年，东沙路竹丝岗新校舍建成，就是现在的执信中学。1928 年曾改名为"广东省立执信女子中学"。

20 世纪 30 年代的执信中学

朱执信是"大德大智"的化身，是执信的灵魂。朱执信（1885—1920），名大符，别字执信，祖籍浙江萧山，生于广东番禺（今广州市）。朱执信是中国近代杰出的资产阶级民主革命家，是民主革命时期孙中山最赏识、最器重的支柱人物之一。1904 年考取官费留学东渡日本，在日本结识孙中山。1906 年加入同盟会。1910 年参与策划广州新军起义，次年 4 月参加黄花岗起义，失败后逃亡香港。1919 年，回上海创办《建设》杂志。广州独立后，出任广东军政府总参议。1920 年朱执信奉命赞助漳州护法区建设，敦促粤军回师驱逐桂系军阀，又赴广东发动各地民军。同年 9 月 21 日，朱执信为了给援闽粤军回师广东另辟一条应援战线，不顾个人安危，冒险进入虎门策动丘渭南反正，不幸英勇牺牲，年仅 35 岁。后来，孙中山指派廖仲恺、孙科、胡汉民等人筹建学校纪念朱执信。10 月 1 日广州执信学校开学，孙中山亲临致辞，称颂其为"革命实行家，又为文学家"。其著作编为《朱执信集》。

朱执信文稿

朱执信像

朱执信故居（今豪贤路）

（2）广东省第一间试行壬戌学制的中学——私立知用中学

北洋政府 1922 年正式颁布壬戌学制。壬戌学制，即"六三三四制"，又称"新学制"，规定了小学六年、初中三年、高中三年、大学四年的基本学制（旧制的中学是四年）。壬戌学制奠定了中国现代学制的基础。广州学校在全国率先实施，广东省第一间试行壬戌学制的中学是私立知用中学。

知用中学是当时广州市区教学质量优良的学校之一

广州市私立知用中学（简称"知中"）是由广州知用学社创办的。1922 年11 月1 日广东高等师范毕业班学生余心一、李钰、熊润桐、谢康、余鸣銮、陈克文、潘学增、龙詹兴、李加雪、陈贤德、禤参化及苏瑞12人，以"先归纳以求知，复演绎以致用，求知致用双方并重"为宗旨，发起组织知用学社，强调为学术而学术，有脱离政治的倾向。嗣后陆续入社的有王衍孔、陈书农、唐富言、陈寂、张农、岑麒祥、吴三立、何融、谢申、张瑞权、胡金昌、张兆驷等共50余人。到了1924年暑假，社友们有创办学校以固社基的提议，便向国立广东大学校长邹鲁商借三个课室（在文明路）开办夏令馆（班），有学生100余人，以所得余款拨充知用中学开办费，租得纸行街90号房屋为校舍，试行壬戌学制。1922年各省教育代表在广州开会，李应林提议采用壬戌学制，开办时仅招收初中两班，学生80人，由社友（即当然校董与董事长金曾澄）公推唐富言为校长。

知用中学修业证明

（3）国立广东大学

国立中山大学其前身为1924年孙中山于广州组建的国立广东大学，由国立广东高等师范学校、广东公立法科大学和广东公立农业专门学校三所高校合并组成。

国立广东高等师范学校，身为两广速成师范传习馆，于清光绪三十一年（1905）六月创立，翌年改为优级师范学堂。校舍于广东贡院旧址，位于文明路215号的钟楼礼堂。广东公立法科大学，前身为广东法政学堂，于清光绪三十一年（1905）十一月成立，相继更名为"广东公立法政学校""广东公立法科大学"。新校舍建于广州现在的法政右巷一带，"法政"因此得名。广东公立农业专门学校，前身为广东省农事试验场暨农业讲习所，于清宣统元年（1909）创立，勘定广州东门外鸥村（今区庄）前面的犀牛片右侧为场址。是我国近现代高等农业教育史上创建最早的学校之一，1917年发展成为广东公立农业专门学校。

国立广东大学旧址（今文明路）

国立中山大学法科（今法政路）

国立中山大学农科（今区庄附近）　　1925年7月，广东公医医科大学并入国立广东大学

　　1924年，国立广东大学筹备处成立后，分别聘请了廖仲恺、胡汉民、汪精卫、伍朝枢、马君武、孙科、许崇清、蒋梦麟、李大钊、石瑛、胡适、王星拱、王世杰、周览、皮宗石、郭秉文、吴稚晖、李石曾、易寅村、杨庶堪、陈树人、熊希龄等为筹备委员。同年9月19日国立广东大学开学上课，11月11日补行成立典礼。孙中山先生为国立广东大学成立亲笔题写训词："博学、审问、慎思、明辨、笃行"。1926年8月17日，为纪念孙中山先生对中国革命的巨大贡献，国立广东大学更名为"国立中山大学"。

　　（4）私立广州大学

　　私立广州大学，原位于广州永汉路东横街，由陈炳权、金曾澄等人创办于1927年3月3日。原借惠爱东路番禺县立师范学校为校址，1930年8月，购买了在汉民路（今北京路）一处和广州市东横街（今文德路和万福路交会处）的旧警署作为校舍。

　　主要创办人陈炳权（1895—1991），字公达，广东省台山人，是20世纪中国南方的著名教育工作者和经济学家，历任财政部、实业部统计处统计长。旋应国立广东大学（中山大学前身）校长邹鲁之聘，担任该大学教授，主讲统计、会计、银行等课程。翌年，升任商学系主任。1926年，陈炳权筹办国立广东大学专修学院并任院长。陈炳权平生极力主张中国的大学教育要走"通才教育"的道路。他于1927年与李济深、金曾澄、冯祝万、王志远、钟荣光、周植伦、黄隆生、胡春林、马洪焕等人组成广州大学

1927年3月，吴鼎新、陈炳权等人创立私立广州大学，校址在东横街（今北京路西横街对面）

董事会，推举金曾澄为董事长，积极筹办广州大学。创办广州大学是陈炳权一生的主要事业。1944 年，陈炳权在美国接受罗耀拉大学法学博士学位。1945 年，陈炳权在美国结束战时经济考察工作后，走遍美国 48 个州，为广州大学募捐基金，作为兴建校舍之用。兴建崭新建筑物如：华侨堂、文化堂、全美至孝笃亲纪念堂、理工实验场、图书馆等，并进一步增加设备，开拓业务。陈炳权博士一介书生，薄高官而不顾，从事大学教育逾 50 年之久，殚精竭虑地创办广州大学，有"桃李不言，下自成蹊"之誉。

这所大学可谓"生意兴隆通四海，财源茂盛达三江"，也是中国南方一所历史较长的私立大学，以财经学科而享有盛誉，桃李遍布天下，影响较大。广州大学成立初期，设文学院、法学院和预科。不设校长，首先采用委员制，后改校长制。

## （二）荔湾区

### 1. 广雅中学

位于西村的广雅中学的前身为广雅书院。

1887 年，广州已有粤秀、越华、羊城三大书院，以及学海堂、菊坡精舍和应元书院。但这些书院都不足以容纳众多的学生，况且学生不能住校。清朝两广总督张之洞为了实施"中学为体，西学为用"的主张，决定再建一间新书院，以弥补不足。他亲自为书院选址，看了几个地方都不满意，最后选中省城西北五里的源头乡，在此购地 124 亩筹建广雅书院，以"砥士品而储人才"。"广雅"的定名取自"广者大也，雅者正也"的意思，即要以培养学识渊博、品行雅正的人才作为办学之根本。一百多年来，广雅培养了一批又一批优秀人才，被誉为是"中国近代教育史活的见证"。

广雅中学冠冕楼

1888年，广雅书院建成，规模宏大，校舍完备，是当时广州首屈一指的大书院。内有书斋（学生宿舍）200间，课室书库齐全，并有竹径、莲池、人工山石掩映相望。到1903年，广雅书院仍和湖北的自强学堂、两湖书院，上海的南洋公学并称为"全国四大学府"。

广雅书院的院舍分为四进。进入大门之后，前座是山长楼，二进是礼堂。三进有讲堂三间，两侧是东、西讲堂，中间为无邪堂，是院长讲课的地方。四进是一间两层楼房，下为会客厅，上为冠冕楼。东端清介堂是教员宿舍；西端为岭学祠，供奉曾做官于岭南、著有德惠的古今名贤及本省官绅中有功于文教的人物的画像和铭句。冠冕楼左侧有濂溪祠，为祀宋儒周敦颐而设。清介堂南面是莲韬馆，是院长的居室。每年春秋和每月朔望，书院的学生都要随院长到濂溪祠、岭学祠向先贤行礼。

广雅书院首任山长梁鼎芬是广东番禺人，光绪六年（1880）中进士，入翰林院授编修。第二任山长朱一新是浙江义乌人，光绪二年（1876）中进士，入翰林院为庶吉士，次年为编修。这两人都是张之洞亲自聘任的。

广雅书院选调学生有两条途径：一是张之洞亲自出题目发给广东、广西各州府县，答案优秀者录取入院；二是两省学政将该省才志可造的年轻人，甄选调选入院。学生可选修经学、史学、理学、经济（后改为文学），兼习词章。张之洞亲自订有《广雅书院学规》27条。这个学规及创建广雅书院的奏折，均勒石留存至今。

校名几经变迁，1935年改称"广东省立广雅中学"。

1949年后，按照全面发展的教育方针，对学校逐步进行社会主义改造。1969年，改名为"广州市第五十四中学"，1978年，恢复"广东广雅中学"校名。1988年，庆祝建校100周年，集资兴建广雅体育馆，重修张之洞亭和广雅亭。

据1990年统计，民国时期广雅中学培养了不少人才，如谭天度、陈日新、王经云、宋维静、黎晓沦、云广英、吴有恒、吴冷西、欧初、陈芦荻、司徒慧敏等等，在社会中享有很高的声望。叶剑英称广雅中学是"华南工作者的摇篮"。中华人民共和国成立后，广雅在学生中提倡树立"艰苦朴素、勤奋好学、尊师守纪、团结友爱"的新学风。

### 2. 培英中学

已有一百多年校史的培英中学，1868年由美国基督教长老会传教士那夏礼博士创办。最先在广州城西沙基（今六二三路）同德大街开设蒙学，取名"中和堂"，后增设英文、数学、物理等课程，始具学校之雏形。

1887年，美国基督教长老会尹士嘉牧师到校任职，购置听松园为校址（听松园是清代诗人张维屏晚年游憩之所，在芳村上市路，现为广州建设机器厂厂址）。1888 年改名为"培英书院"，兴建校舍，设中学部和科学部，渐具规模。1914 年，那夏礼病故，由其子那威林继续主持。1919 年，美国基督教长老会和西差会联合办理培英书院，委任关恩佐主持校政。1926 秋，西差会将学校移交给中华基督教总会广东协会主办。1927 年，经广东省教育厅批准立案为"私立培英中学"，委任叶启芳为校长，培英中学由中国人出任校长便从此开始。

1935 年，因学生日增，原有校舍不敷容纳，校方觅得白鹤洞山顶 280 余亩地兴建新校，遂从花地迁至白鹤洞，即现在的校址。1937 年 9 月，因抗日战争影响，广州培英中学迁往香港与香港分校合并上课。1941 年，日军侵港，香港分校停办，正校迁往澳门复课。1943 年自澳门迁往韶关，初期借用韶关公园前青年会夜校课室上课，

培英书院校友楼

后韶关遭日机轰炸，上课地点被毁。得校友司徒新捐赠国币 30 万元，学校购得韶关东河坝南方被服厂厂址为校址，方得继续上课。抗战期间，为了方便学生的兄弟姐妹能够互相照顾，学校兼收女生，此乃培英中学男女同校之始。1945 年 8 月，日本宣布投降，11 月培英中学迁回广州白鹤洞。

培英书院南楼

1953 年 10 月，广州市人民政府将培英中学收归公办，更名为"广州市第八中学"。1956 年，广州市教育局进行结构调整，将八中改为本市第一批全部高中的学校，继后又指定为专门接纳海内外华侨、港澳同胞子弟就读的中学。

### 3. 真光女子中学

在芳村白鹤洞的蛇岗上，有一间花园式的学校，5 座对称排列的建筑物，绿瓦红墙，巍巍耸立，它就是有一百多年历史的真光中学。它最早的名字叫"真光书院"，原校址也不在这里。

鸦片战争以后，英、美、法等国的传教士取得了在中国的传教权。传教士进行传教时使用的手段之一，就是设立教会学校，即所谓"设学校以教育传道"。1867 年，美国长老会差派女教士那夏理（1844—1924）来中国传教。1868 年，那夏理抵达广州，经过一段时间熟悉情况后，即进行传教活动，为建立传教基地，1871 年，美国长老会决定在广州设女子学校以便对妇女传道，并指定那夏理为创校负责人。

**真光书院怀素堂**

1872 年，那夏理女士在广州沙基金利埠（今六二三路）创建书院，取名"真光"。据教士解释，校名出自《圣经》"是乃真光普照乎万世之人人"。"真"指的是"十字架真理"；"光"指的是"基督之光"。

1875 年，一场大火烧去了真光的房舍，后来又得到美国差会拨款重建，但亦只能容纳约 40 人。为扩大影响，教会决定迁校，另找新址。1878 年在仁济街建成了新校舍（今中山第二附属医院门诊部）。初时校舍仅有一座，后来又逐渐扩建到三座，已可以容纳百人入学。

真光书院真光堂

### 4．第一甲种工业学校

广东省立第一甲种工业学校，前身是清末的广东工艺局，成立于1906年，地址在西村增埗，附设工艺学院，1920年改名为"广东省立第一甲种工业学校"，俗称"甲工"，1923年改名"广东省立工业专科学校"。1926年8月，与中山大学合并，为该校工业专门部。不久，又分离出独立办校，复名为"广东省立工业专门学校"。1930年改为"广东省立工业专科学校"，停办预科，增办高中工科，学制三年。高中部设土木工程、机械工程、化学工程三组，专门部设土木工程、机械工程、化学工程三科。教学与实习设施颇完备。1932年秋增设大学部，招建筑工程、机械工程两个班。1933年8月，学校归入新组建的勤勤大学，改组为勤勤大学工学院，设大学部建筑工程学、机械工程学两系，附设土木工程专修科。1936年秋，石榴岗新校建成，学校由增埗迁至新址。1938年，广州沦陷于日军，学校停办，1944年，省教育厅复办广东省立专科学校，校址迁高要县长江坡。1945年2月，迁校云浮腰古县。抗战胜利后，因广州西村增埗原校址已办省海专，故暂在肇庆设校。1946年4月，迁高要湖山师范学校旧址，设水利工程、机械工程、化学工程、纺织工程、土木工程五科。1950年夏，迁广州三元里，1952年并入华南工学院。学校历年为国家培养了大批工科人才。尤其值得一提的是，20世纪20年代的甲工师生，思想活跃，学运蓬勃，成为革命家的摇篮，有"红色甲工"之誉。

昔日的广东省立第一甲种工业学校

### 5. 芳村小学

原芳村小学，坐落在芳村中市塘边街（2003 年校址迁往翠竹苑），是一所经历百年的老校，其前身为至爱小学堂。创办于清光绪三十一年（1905）。

芳村小学

清光绪三十一年（1905），芳村地区在小蓬仙馆首设公立初等小学堂，而私立小学堂，有在东漖的郭氏小学堂，有在花地罗家祠的养正小学堂。至爱小学堂为谢姓宗亲建。清宣统二年（1910），清政府颁布了《改良私塾章程》，废除科举制度，主张兴办学堂。那时候，实际上是学堂与私塾并存，这一状况延续到民国初期。民国初年，由于战乱，芳村的公立学堂和私立养正学堂都相继停办了。由于谢氏宗亲的热心办学，所以至爱小学堂仍继续开办。该学堂的校训是"至诚、亲爱、勤奋、刻苦"，由谢瀛洲题词，谢是陈济棠时代的广东省法院院长，故至爱小学堂因此出名。该学堂的地址在谢氏宗祠内，还有观潮和碧溪两间祠堂作为教学和学生活动场所。所收的学生主要是谢姓子弟，也有中市和上芳村各劳动阶层的子女，是芳村地区的名校之一。

### 6. 花地孤儿院

花地孤儿院旧址，原是芳村黄大仙庙地，面积三十余亩，位于花地河东侧。清末，黄大仙庙香火鼎盛，求神赐药，问卜参拜者甚众。民国初年被取缔，因而闲置。此时，曾亲手将黄花岗七十二烈士遗骸收葬黄花岗的义士潘达微取得政府支持，借庙宇创办花地孤儿院，并被推为首届院长。后来花地孤儿院改成"广东省公立孤儿教养院"，于1921年划归广州市教育局管理，后又改为"广州市公立孤儿教育院"。

民国时期的花地孤儿院　　　　　　　　潘达微像

### （三）海珠区

### 1. 十香园

十香园位于海珠区怀德大街3号，面向海珠涌，始建于清代同治三年（1864），初名"隔山草堂"，是岭南画派启蒙祖师居廉和其堂哥居巢居住和作画的地方，因庭园中种有素馨、茉莉、瑞香、夜来香、鹰爪、夜合、珠兰、鱼子兰、白兰、含笑10种香花，故命名"十香园"。该园由居巢旧居"今夕庵"、居廉旧居"啸月琴馆"和授徒之地"紫梨花馆"等主要建筑和庭院组成。1983年8月被公布为广州市文物保护单位。

居巢像                           居廉 77 岁像

　　河南地区（今广州海珠区）有着优越的自然环境和人文环境。自清乾隆年间起，十三行名商先后在此建祠开基，其后代陆续营建豪宅雅筑及花园，同时也吸引了大批文人雅士聚居。19 世纪末，隔山村出了两位承前启后的画家居巢、居廉。因地处隔山村，故称"隔山画派"。居廉在十香园设馆授徒，入室弟子共有五六十人，到此游学者近百人，最多时一天竟达数十人，冠绝岭南，即便在岭外也少有出其右者，可说开中国近代美术教育的先河。清末民初，广东学校的图画教员中，多数是居廉的学生。居廉的学生高剑父、陈树人与高奇峰一起提出"折衷中西"革新中国画的主张，创立岭南画派。岭南画派影响国内外，使十香园名声远播，广为人知。因此，十香园又被誉为"岭南画派的摇篮"。

修缮后的十香园

十香园紫梨花馆旧貌

十香园紫梨花馆新貌

## 2．南武中学

位于广州市海珠区的南武中学，前身为南武学堂。清光绪三十一年正月十五（1905年3月3日），黄节、谢英伯、何剑吴、杨渐逵、黄汉纯、欧阳日瑚、李韫石、黄培初、郑怀昌、何锡朋、黄小唐、黄仲和等在海幢寺圆照堂（今南武小学校务处）创办南武公学会，招收男女学生共读，后改名"南武两等小学堂"。创设之初由谢英伯任校长，一年后由何剑吴接任，订下"坚忍奉公，力学爱国"的校训。民国元年（1912）增办中学，更名为"南武中学"，何剑吴再任校长。附设南武小学。小学位于原址，中学迁往公学会。学校以"南武"命名，据说理由有：第一，"南武城"是周代文章典制，代表古代文明；第二，"南武"是广东省城最古的名称，是广东人亲手建立的名城；第三，"南武"二字最能代表粤人英爽、文明、勤劳、勇敢、坚忍等优良性格。

南武学堂校门

今日南武中学校门

从南武公学会到南武中学，师生中有不少名垂史册的著名人物，如黄节、谢英伯、何剑吴、许民辉、丘纪祥、陈彦等。

### 3. 仲恺农业学校

仲恺农工学校于民国十六年（1927）3 月创办，位于今海珠区纺织路东沙街（今东沙路）24 号，现为仲恺农业工程学院。该校是第一次国共合作期间，根据何香凝等提议，国民党中央为纪念廖仲恺爱护农工的意愿而创办的。何香凝任首任校长 15 年。

仲恺农工学校主楼

中华人民共和国成立后，仲恺农工学校改名为"广东省仲恺农业学校"，为全国重点中专，培养了数以万计优秀人才。1984 年，升格为本科大学。2008 年 3 月，更名为"仲恺农业工程学院"。

仲恺农业工程学院

为争取社会各界支持办学，促进学校发展，1987 年 4 月，该校成立学校董事会，国家副主席王震任名誉董事长，广东省省长叶选平任第一届董事会董事长。1997 年，广东省省长卢瑞华任第二届董事会董事长。2008 年，广东省省长黄华华任第三届董事会董事长。董事会成员由国家领导人、省部级领导以及港澳知名人士担任。

### 4．康乐园

原岭南大学坐落于海珠区新港西路康乐园（今中山大学校园）。岭南大学的前身是格致书院，1888 年由美国人创办，校址在广州沙基金利埠（今六二三路）。后几经迁徙，1904 年迁校至河南康乐村（今新港西路中山大学校址），改名"岭南学堂"。1918 年定名"岭南大学"。1927 年 7 月经广东省政府批准收归中国人自办，正式命名为"私立岭南大学"。并成立岭南大学董事会，孙科任董事长，钟荣光任第一任校长。20 世纪 30 年代，岭南大学已发展成为一所设有文、理、工、农、医、商等学科，师资阵容鼎盛的高等学府、世界名牌大学。该校以基础知识扎实、治学严谨、校风良好为特点，先后培养出著名学生有：民主革命先烈史坚如、老一辈无产阶级革命家廖承志、人民音乐家冼星海、美国著名经济学家邹至庄、生物化学家曹安邦、社会活动家陈香梅、中国著名数学家姜伯驹等等。岭南大学学子遍布海内外，在全球具有广泛影响，为中国高等教育作出了重要的贡献。

20 世纪 40 年代位于河南康乐园之岭南大学全景

1952 年秋，全国高等院校调整时，岭南大学文理科合并到中山大学，其他学科调整到其他院校。1988 年应岭南大学校友的要求，国家教委批准成立中山大学岭南（大学）学院。聘请邹至庄为名誉校长，广东省原副省长王屏山出任院长，伍沾德任学院董事会主席。

原岭南大学校园内大部分老建筑用硬制红砖墙，绿琉璃瓦顶，建筑材料采用钢筋混凝土，部分建筑设地下室，文保部门名之为"康乐园早期建筑群"。其近代建筑是我国早期引进西方建筑技术的典范，是广州市建筑发展的重要标志。现存建筑为由南校门到北校门中轴线一带的建筑，以及东侧的马岗顶洋教授建筑群，东南侧的"广寒宫"和西侧的模范村中国教授住宅群。中轴线一带的建筑有怀士堂、陈寅恪故居（麻金墨屋一号）、马丁堂、格兰堂、岭南大学附小建筑群、荣光堂、哲生堂、爪哇堂、十友堂、岭南大学附中建筑群、张弼士堂、惺亭等。这几十幢建筑，如今已成为研究西方建筑的"露天博物馆"。2002 年 7 月，康乐园早期建筑群含岭南大学校舍建筑群（马丁堂、格兰堂）、岭南大学附中建筑群、岭南大学附小建筑群、马岗顶洋教授建筑、模范村中国教授住宅群、孙中山铜像、七进士牌坊被列为第四批广东省文物保护单位。

1927 年岭南大学门楼

岭南大学怀士堂

岭南学堂马丁堂

岭南大学附小建筑群历史照片

国立中山大学，原名"国立广东大学"，由孙中山亲手创办于 1924 年，是有着优良传统的综合性重点大学。1924 年，孙中山下令将清末以来在广州地区建立的实行近代教育模式的学校，包括国立广东高等师范学校、广东公立法科大学以及广东公立农业专门学校整合为一体，创立国立广东大学，并亲笔题写校训"博学、审问、慎思、明辨、笃行"。孙中山逝世后，学校于 1926 年定名为"国立中山大学"。邹鲁、金曾澄等先后任校长。其后，广东公立医科大学、国立广东法科学院、广东省立勷勤大学工学院先后并入。至 20 世纪 30 年代，国立中山大学设有文、理、法、工、农、医、师范等 7 个学院。1935 年设立研究院，开始招研究生。

1952 年全国院系调整后，原中山大学的多个院系专业被分出，其中文理科院系与岭南大学相关院系合并，组成新的中山大学，迁址到原岭南大学校园；同时，两校的医学院分出后，另行合并组建专门的医科院校，后又将广州的光华医学院并入。几经易名，最后定名为"中山医科大学"。这两所同根同源的大学，分别是教育部和卫生部直属的重点大学。2001 年 10 月中山大学与中山医科大学合并成新的中山大学。

### 5. 广东省立勷勤大学

广东省立勷勤大学成立于民国二十三年（1934）7 月，原校址位于海珠区石榴岗（今海军基地），由原有的广东省立工业专科学校、广州市立师范学校与新办的商学院组建而成。

广东省立勷勤大学

该校依山环水，地域开阔，果木葱翠，风景优美，适宜潜修学问。校园面积约 2.44 万平方米。

学校校名乃国民党元老古应芬（1875—1931）的别字，古应芬是当时广东执政者陈济棠的主要支持者之一，古应芬逝世后，陈济棠拨款创办了勷勤大学以纪念其故友。

根据社会的需要，勷勤大学设有教育学院、工学院和商学院，以培养师范、工业和商业三个方面的高级专业人才。各学院分设科系如下：教育学院包括教育学系、文史学系、数理化学系、博物地理学系；工学院包括机械工程学系、建筑工程学系、化学工程学系；商学院包括会计学系、银行学系、经济学系、工商管理学系。此外，为便于教学研究及学生实习，还设有附属中学和小学。

勤勤大学聘任的教师，多为留学美、德、法、日等国的归国人士和实践经验丰富的人才。

### 6. 广州美术学院

广州美术学院（简称"美院"），位于海珠区昌岗东路257号，加上广州大学城校区，总占地面积达378 556平方米，是一所培养美术人才的本科学院，设置有国画、油画、工艺、雕版画等五个系和短期培训班。

广州美术学院

美院创建于1953年，原名"中南美术专科学校"，校址初在湖北武昌，1958年秋迁至广州河南，更名为"广州美术学院"，并开始招收本科生。1969年与广州音乐专科学校、广东舞蹈学校合并为人民艺术学院。1978年2月恢复广州美术学院原有建制，并面向全国招收研究生，1982年具备硕士学位授予权，是全国首批取得硕士学位授予权的单位之一。1986年招收继续教育学生，1987年开始招收外国及中国香港、澳门、台湾地区学生。2004年开始举办研究生课程进修班，同年被广东省教育厅批准为广东省中小学美术教师培训基地。

关山月像

关山月代表作《俏不争春》局部

1992 年黎雄才在作画

　　本文主要参考广州市档案馆主编《人文广州丛书》：

　　广州市档案馆、越秀区档案馆：《千年文脉看越秀》，广东人民出版社 2010 年版。

　　广州市档案馆、荔湾区档案馆：《白鹅潭畔说荔湾》，广东人民出版社 2009 年版。

　　广州市档案馆、海珠区档案馆：《南淑芳华毓海珠》，广东人民出版社 2009 年版。

　　本编系作者 2017 年 10 月 13 日在广州大学教师培训中心举办的西藏、重庆优秀中小学教师培训班上的演讲稿。

附　录

附录一

# 君子有九思，求真以致用[①]

## ——访张荣芳先生

### 一、学思历程

**问：尊敬的张先生，您好！您从事历史研究已有 50 余年，在中国古代史和岭南文化研究领域作出了卓越的贡献，您和他人合著的《南越国史》一书至今仍是研究岭南历史与文化的重要著作。您退休以后仍然没有停止学术探索的脚步，不断推出新的成果，令后学钦佩不已，真可谓"老骥伏枥，志在千里"！为增进对您治学历程和学术思想的源头认识，可否请您谈一谈您青少年时期的求学情况？**

答：感谢编辑部委托你采访我。我没有任何家学渊源。1940 年农历十月初三，我出生在广东省廉江市下水美村（今属廉江市城南区廉城镇）一个贫寒家庭。上小学晚自修课时，都是学生自备煤油灯照明，我买不起煤油，只能"借光读书"，借同桌同学的煤油灯光学习。1953 年，我考入廉江中学，该中学由民国教育家邹永庚先生创办，具有严谨的学风和尊师爱生的良好风气，我深受其益。1959 年，我以优异的成绩被天津南开大学历史学系录取。刚入校时，一位广东籍同学对我说"五年学到一个治学方法就不错了"。随着时间的推移，我对这句话的体会越来越深刻。南开大学通过许多课程主讲教师的言传身教、潜移默化，让学生领悟治学的真谛，教会学生掌握科学的治学方法。郑天挺先生司南开历史系主任之职，汇集一批名师执教基础课，如王玉哲、杨翼骧、杨志玖、魏宏运、来新夏、杨生茂、梁卓生、吴廷璆等教授。这些名师为我打下了较为坚实的专业研究方法论基础，他们深厚的学术造诣和成就为我树立了人生榜样。经过大学基础课学习，我萌生了以后当一名历史学教师的朦胧愿望；高年级专门化课程的学习与训练，则使我对从事历史教学与研究的想法更加清晰、坚定。

从大学四年级开始，我选择了中国古代史专门化方向，从每位先生的授课中都吸收到一些学术观点和研究方法。例如，王玉哲教授的"《史记》选读"课让我产生了学习《史记》的浓厚兴趣。杨志玖教授要求我们根据目录阅读史书，

---

[①]　原载《中国史研究动态》2020 年第 6 期，第 59 – 68 页。

精读一两种基本史料，学习搜集资料的方法。杨翼骧教授教我们如何阅读书的前言、后记，把握书的纲要。巩绍英先生为我们讲"中国古代政治思想史"，娓娓动听；刘泽华老师任其助手，课程考试采取面试方式，让学生抽签答题。来新夏先生对古籍谙熟于胸，授课时声音洪亮，语言幽默，极富感染力。有一件事令我终生难忘：叶圣陶先生编的《十三经索引》采用笔画作目录索引，很容易查。但有些工具书是按韵来编的，如《佩文韵府》等。我在写学年论文时，因为未受过音韵学的训练，不会查找，便请教来先生。他教我：你先去查《辞源》《辞海》等工具书，它的每个词条都列出了该字的韵母，找到韵母，再查《佩文韵府》，就能找到所需要的字。根据来先生的教导，我掌握了按韵编排的大型工具书的使用方法，真是受益终生！郑天挺先生长期住在北京，与翦伯赞先生共同主持历史学科的教材工作，他给我们讲"明清内阁大库档案史料"，他的严谨、笃实学风长期影响了我们。

**问：您的大学毕业论文获得满分，具体过程如何？**

答：大学四年级写学年论文，我起初选的题目是《两周生产者的身份》。王玉哲教授教我"小题大做"，在收集材料上要"竭泽而渔"，论证过程要充实。在他的启发下，我将题目改为《两周"小人"试释》。五年级撰写毕业论文，我在王先生的指导下，对先秦文献中所出现的"民""氓"二字进行全面搜集。通过《十三经索引》《佩文韵府》等工具书，我查找出传世的先秦文献中所有"民""氓""小人"等材料，并分门别类制作了卡片；同时查阅了学术界关于中国古代社会分期讨论的论著，对各家有关两周生产者身份的观点进行摘录。当时我日夜沉浸在毕业论文的研究之中。王玉哲先生对我最终完成的一万多字的毕业论文《两周的"民"和"氓"非奴隶说——两周生产者身份研究之一》给予5分的最高成绩（5级记分制）。在论文中，我对当时以郭沫若先生为代表的主流观点进行了辨析与讨论，提出了不同的观点。王先生给出评语："本论文能初步地运用马克思列宁主义理论搜集到一些必要的原始资料，加以分析和论定，并能在前人研究的基础上提出个人的见解以及个别新的问题，而又能做出初步的解决。所以本论文的论点有一定的说服力，也反映了一些学术界对这一问题的研究成就。"① 我在南开大学求学的五年，不敢说自己是一个好学生，但可以说是一个勤奋用功的学生。诸位恩师授予我治学之道，赐予了我人生道路上前行的学术"拐杖"。

**问：您大学毕业后曾经在中国科学院哲学社会科学部工作了十年，接触到许多很有影响的学者，例如张政烺、杨向奎等先生。请您谈一谈对他们的印象。**

---

① 参见张荣芳《治学方法从众师中来——忆南开历史系老师对我的教诲》，《秦汉史与岭南文化论丛》附录，中华书局2005年版，第477页。

答：1964 年 7 月，我大学毕业后被分配到中国科学院哲学社会科学部历史研究所（今中国社会科学院古代史研究所），在以张政烺先生为组长的"图谱组"工作。我的办公室就在张政烺先生办公室对面，他每天都来办公室，我常去请教。张先生有历史所"活字典""活书柜"之美誉。他第一次和我谈话，说你对先秦两汉史有兴趣，就熟读《史记》《汉书》。1964 年 10 月，我被抽调参加中共山东省委组织的"四清"工作组，到山东烟台农村搞"四清"运动，参加劳动实习，直到 1965 年底才回北京。不久，"文化大革命"开始，在"文革"极左狂潮席卷下，人们只能读"毛选"、马列和鲁迅的书。1966 年 10 月 19 日是鲁迅逝世 30 周年纪念日，我逛北京王府井书店，见到一部《鲁迅全集》（十卷本，1959 年版，定价 35.2 元），便借钱买下这套书。1972 年，历史研究所全部人员（个别病号不能动者除外）被下放到河南省息县"五七"干校劳动，其中有一个"种菜班"，班长是陈高华先生，我任副班长，后来我们被转移到河南信阳地区明港兵营，集中搞"运动"。1972 年末，从明港兵营回到北京，我把自己的大学毕业论文抄写一份呈送张政烺先生，请他指正。张先生读了我的文章，说我读书很细心。我初到历史所时，知道杨向奎先生是主张"西周封建论"的，他是我景仰的学者之一。有一次我向他请教西周周公东征史事，他即指导我阅读日本学者林泰辅著、钱穆译的《周公》，说该书搜集材料最全，在掌握资料的基础上，才能有所发明。杨先生所语，真是治学的金玉良言。

1973 年，为解决夫妻两地分居问题，我克服重重难关，获准调来广州中山大学历史系考古教研室工作。9 月某晚，我到北京建国门外张政烺先生家拜访并辞行，张先生表示惋惜。他像父亲一样关心我的前程，再次要我熟读《史记》《汉书》，并把北京大学考古教研室编写的《中国考古学》讲义送我，让我仔细读这本讲义，对中国考古学有一个总体认识。还将古文字学家唐兰先生写的油印本《古文字学导论》赠我，封面有张先生自题"苑峰"二字。他说搞战国秦汉考古，要有一点古文字学知识，你好好读这本书，对你有用。他还要我熟悉《仪礼》，因为若研究战国秦汉的墓葬，须懂得当时的丧葬制度。第二天，我到琉璃厂中国书店，买到了商务印书馆发行、胡培翚撰的《仪礼正义》（16 册）。后来随着经验的积累和研究的深入，我终于领悟了张先生要我熟悉《仪礼》的深意。

二、 将考古资料与文献资料紧密结合展开秦汉史和古代区域文化研究

问：您从北京回到故乡广东，一开始即从事考古专业教学工作，并和梁钊韬、麦英豪等广东籍学者建立了深厚的友谊。田野考古实践为您的秦汉史和古代

区域文化研究奠定了厚实的考古学基础，特别是您的代表著作《南越国史》（合著），充分利用了岭南地区出土的考古资料，再现了内涵更加丰富多样的秦汉时代岭南历史文化风貌。请您谈一谈自己的研究过程和与麦英豪先生的交往。

答：我于 1973 年 10 月 3 日来中山大学报到。报到后我去拜访历史系考古教研室主任梁钊韬先生。梁先生将麦英豪、黎金夫妇合编的油印本《广州汉墓》（上下册）送我，嘱我好好读此书，会有很大帮助。经梁先生介绍，我第一次去广州西湖路麦英豪先生家拜访，麦先生非常豪爽，说话幽默，声若洪钟。他和夫人黎金十分热情地接待我，说广州基本建设工地很多，随时都有古墓葬发现，需要我们去清理；只要不怕辛苦，肯努力去学，田野考古知识不难学到。麦先生如此热情诚恳地教诲晚辈，给我留下深刻的印象。随着日后长期的交往与合作，我们之间形成了深厚的忘年之谊。

麦英豪先生被誉为"岭南考古第一人"，并非虚名。他是广东番禺人，早年就读于私立广州大学，1953 年参加第二届全国考古工作人员训练班，开始了他的考古生涯。该训练班由当年文化部文物事业管理局、中国科学院考古研究所、北京大学历史系联合举办，聘请郭沫若、郑振铎、夏鼐、翦伯赞、梁思成、裴文中、贾兰坡、陈万里、苏秉琦、阎文儒、宿白、安志敏等一批顶尖学者授课。学员上完理论课后，又到郑州、洛阳等地参与考古发掘，将理论与实践相结合。麦先生就是在这些名家熏陶下成长起来的岭南考古专家。我第一次参加考古发掘是清理一批广州南朝墓葬，发现每座墓葬坑的中部都有两只小型玉猪或石猪，便请教麦先生其中原因。他说南朝的墓葬制度，下葬时让死者两只手各握一只玉（石）猪，所以每座墓中部都会发现此物，除非墓被盗，玉（石）猪被盗墓者取走。麦先生说发掘墓葬的一个重要技术是如何找到墓边，因为是在基建工地抢救性发掘，很难找到墓边，将来有好的工地，再教我如何找墓边。当时考古工作的条件还比较艰苦，去工地都是穿着面料耐磨的衣服，我穿的裤子臀部处缝了一个大补丁，使得裤裆耐磨。我第一次从工地回到市第五中学的家，邻居家的小朋友看见，还笑我臀部上的大补丁。

1973 年秋，第一届考古专业工农兵学员入校，我负责教"战国秦汉考古"课。当时强调"开门办学"，我们根据实际情况，带学生到全国各地考古资料丰富、开展考古工作较多、考古专家较集中的地方参观考察，请当地有经验的考古工作者上课。至 1976 年，我已带学生去过西安、咸阳、洛阳、郑州、长沙、南宁等地参观考察，参加过长江流域红花套新石器时代遗址、广西合浦堂排汉墓等考古发掘。每次带学生回来，我都向麦英豪先生汇报所得，并请教有关问题。同时，我如饥似渴地阅读《中国考古学》讲义、《古文字导论》、《广州汉墓》及其他图书资料，逐渐形成了"怎样对秦汉墓葬进行分期""如何认识五铢钱在汉代墓葬分期中的坐标意义"等问题，集中请教麦先生。他以所编《广州汉墓》为例，主要根据墓葬型制的变化、随葬品组合的不同以及五铢钱字形的变化，将广州汉墓分为西汉前期、中期、后期和东汉前期、后期五个阶段，并教我如何识别五个时期的五铢钱。1973 年至 1978 年间，只要我在广州，广州如有发掘工作，麦先生都会通知我参加。麦先生伉俪视我为弟子，满腔热忱地教我，让我如沐春风雨露。

1978 年 10 月，《历史研究》《社会科学战线》两个杂志社在长春联合举办中国古代史分期问题讨论会，这是打倒"四人帮"后历史学界召开的第一个学术研讨会。中山大学历史系派汤明燧先生和我参加，我带上修改后的大学毕业论文《两周的"民"和"氓"非奴隶说——两周生产者身份研究之一》参会。不久，这篇论文发表于《中山大学学报（社会科学版）》1979 年第 3 期，这是我公开发表的第一篇学术论文。会后，我从长春到北京探望历史研究所的老同事，并与北京大学考古专业俞伟超先生取得联系，他正在上"战国秦汉考古课"，说你可以来旁听。我喜出望外！经历史系领导同意，我开始了在北大的听课生活，每晚借宿在建国门内历史所元史研究室。俞先生每周上两天课，都是上午一二节。这几个月里，我真正体会到何谓"披星戴月"，清晨出科学院学部大门，还是满天星斗，皓月当空，赶到北大时，东方既白，晨光熹微。已经 38 岁的我用心听课，认真做笔记，记下了俞老师讲课的百分之九十的内容（当时没有讲义），整整记了三个厚厚的笔记本。1979 年春节前夕，我结束听课回到广州，去拜访麦英豪先生夫妇，提及寒假开学后，我将按照俞老师讲课的内容，给 1977 级考古专业学生上课。麦先生建议我增加一章，讲以广州汉墓为主的岭南秦汉考古，这样这门课就有特色了。遵照麦先生的意见，我给 1977 级学生讲了一学期的战国秦汉考古课。

1979 年秋，我转入中国古代史教研室，开始讲授中国古代史（先秦至唐末）课，20 世纪 80 年代开始招收中国古代史专业秦汉史方向的硕士研究生，后来招收博士研究生。虽然告别了考古专业教学工作，我与麦先生的友情却与日俱增，像一坛美酒佳酿，历久弥醇。我请麦先生为我和黄淼章合著的《南越国史》（广东人民出版社 1995 年版）写了序言。他工作太忙，就把书稿带在身边，利用出差机会抽空阅读，写了八页纸的修改意见，态度之认真，令我感动。他引述范文澜先生关于地下发掘对历史研究所具有的三种特殊贡献"创史、补史、证史"，指出"这本《南越国史》正是在创、补、证上下功夫。首先，它搜罗了近 40 年来两广地区（包括越南部分地区）所发现的大量南越国时期的地下发掘资料与文献记载相结合，做出分析研究。在材料的运用上力求周全，应该说是后来者居上的。其次，作者又从政治、经济、军事、文化艺术以至民情风习等方面较系统地反映南越国时期岭南大地的历史全貌，令人有耳目一新之感。再者，本书资料详尽，书后的附录《南越国史研究论著、论文资料索引》可谓搜罗备至，对读者、研究者来说都是很有用的。本书是一本很好的地方史读物和重要的参考书。"①

2015 年 4 月 9 日，我和太太去麦府拜访。麦先生以钱伟长任总主编、王巍任分卷主编的《20 世纪中国知名科学家学术成就概览·考古学卷》（科学出版社 2015 年版）赠我，并附纸写道："廿世纪中国知名考古学家经评选入本'概览'的有 118 人，其中广东的有 4 人，即商承祚（甲骨文）、容庚（金文）、梁钊韬（人类学）及本人（田野考古）。众所周知，商、容、梁三位前辈是当之无愧的，而本人则有恐名实不符，仍当努力。麦英豪，年八十又七。"② 麦先生很谦虚，入选《概览》实至名归，此既是个人之荣耀，亦为广东之光荣。2015 年 7 月下旬，麦先生被确诊为癌症晚期。他对前来看望自己的广州文博学会会长程存洁说，想用西汉南越王博物馆给他的 3000 元讲课费请文博系统的新老朋友聚一聚。9 月 25 日，广州文博部门青年在南越王博物馆举行中秋赏月活动，邀请麦先生伉俪出席。在座谈会上，麦先生回顾了自己从事考古工作的经历，我以"广州考古的麦英豪时代"为题做了发言。2016 年 11 月 28 日，88 岁的麦先生在广州仙逝。南越王宫博物馆馆长全洪在 2017 年 3 月 1 日《光明日报》发表《麦英豪：广州现代考古的开拓者》一文，对麦老一生的考古事业做了详细的论述。麦先生永远是值得我们敬仰和怀念的好老师、好学长。

**问：您长期从事中国古代史与岭南文化研究，教书育人，始终未松懈对学术问题的思考与探索，成就卓著，在秦汉时期岭南历史与文化研究领域作出了重要贡献，在学术界产生了广泛的影响，受到高度评价。可以说，从北京到岭南，都留下了您辛勤耕耘的汗水和足迹，请您谈一谈这方面的研究。**

答：中山大学历史系是一个具有优良学术传统的学系，傅斯年、顾颉刚、陈寅恪等名家云集，许多教授以学术为生命，形成一种严谨的学风和治学环境，他们时刻在鞭策着我。我的学术研究主要集中在中国古代史和秦汉时期岭南文化方面，以秦汉区域史为重点。秦汉时代是中国封建土地所有制、封建专制政治制度和大一统思想文化的确立期，在中国历史上占有重要地位。该领域历来学术名家辈出，要在研究上有所创新殊非易事。我在前人研究的基础上，把研究重心移到秦汉区域史，分河西地区史和岭南地区史两翼展开。前者，我以一个史学工作者的敏感，将敦煌汉简、武威汉简、居延汉简等出土秦汉简牍与文献结合起来进行综合研究，发表了《西汉屯田与"丝绸之路"》《论汉晋时期楼兰（鄯善）王国的丝绸贸易》《西汉长城的修缮及其意义》等论文，对两汉时期河西地区丝绸之路的历史真相作了进一步发掘与复原。过去由于文献资料的匮乏，学术界对岭南

---

① 张荣芳、黄淼章：《南越国史》修订本，广东人民出版社 2008 年版，第 2 - 3 页。

② 张荣芳：《深切怀念麦老师英豪先生——兼谈广州考古的麦英豪时代》，《中国古代史与岭南文化丛稿》，中山大学出版社 2019 年版，第 361 页。

史的研究甚为薄弱。作为粤籍历史学者，我更关注岭南地区的历史与文化，从1979 年开始着手岭南地区史的研究，利用天时、地利、人和的优势，将最新出土的考古资料与历史记载相参证，发表了《秦汉时期岭南地区社会发展的划时代意义》《略论汉初的"南越国"》《汉代我国与东南亚国家的海上交通和贸易关系》《汉代岭南的青铜铸造业》《述论两汉时期苍梧郡之文化》《从西汉南越王墓出土的玉器看秦汉时期岭南文化与中原文化的融合》《论马援征交趾的历史作用》等系列论文，揭出了一些被史学界认为"很值得重视的意见"。在此基础上，我与人合著的《南越国史》详尽地利用地下发掘材料，比较全面、系统、真实地叙述了南越国的创立、发展与衰亡的历史过程，客观地展现了秦汉时期的岭南社会与文化面貌，可谓半个世纪以来国内外南越国史研究的重要总结。麦英豪先生称"这是岭南地方史研究工程中矗立的一幢新的高楼大厦"（《南越国史》序言）。《光明日报》称赞该书"为今后南越国史研究垫下了一块基石"。

1995 年 11 月，我的著作选集《秦汉史论集（外三篇）》在中山大学出版社出版，收录了 1995 年前发表的 15 篇主要论文。中国社会科学院历史研究所原所长、学部委员、著名马克思主义历史学家林甘泉先生为本书撰写序言，认为"学问之道，贵在切磋"，他评论道："我觉得他不仅做了一些前人所没有做过的工作，而且对一些前人已经有所论说的问题，无论在史料的占有或观点的说明方面，也都有所深入。"① 2020 年 10 月 25 日是林先生仙逝三周年纪念日，斯人已逝，斯言犹在，作为挚友，重温林先生作的序言，我十分怀念与感伤，衷心感谢他对我的帮助与指教。我正在写《严于律己，宽以待人——我所理解的林甘泉马克思主义史学品格》一文，以纪念林先生。

**问：作为秦汉史和古代岭南文化研究专家，您是如何看待历史上的岭南文化的？**

答：1995 年以后，我更多地关注岭南文化问题，出版多种与岭南历史与文化相关的著作，例如《秦汉史与岭南文化论稿》、《南越国史》（与黄淼章合著）、《西汉南越王墓多元文化研究》（与周永卫、吴凌云合著，中山大学出版社 2015 年版）、《中国古代史与岭南文化丛稿》等。对于秦汉时期的岭南地区，传统上多以"南蛮之地"概括。然而，20 世纪 80 年代以来，广州秦代造船工场遗址、西汉第二代南越王、广州南越国宫署遗址和御苑遗址的重大发现，以及两广地区汉墓群的发掘，从根本上改变了人们对秦汉时期岭南地区的传统看法。这些重要出土资料足以证明，秦汉时期岭南的经济社会文化都有长足的进步，在诸多方面具有划时代的意义：第一，秦始皇三十三年派 50 万大军征服岭南，设桂林、南海、象郡三郡，将岭南纳入秦帝国版图，使南越各部落结束了原始社会酋长制阶

① 张荣芳：《秦汉史论集（外三篇）》，中山大学出版社 1995 年版，第 I 页。

段，跨入封建社会。第二，大量中原人士南迁，"与越杂处"，带来了先进的铁制农具、生产技术和文化科学知识，为岭南地区的开发起到了关键性作用。第三，秦汉时期是儒家文化在岭南地区传播、灌输和发展的时期，岭南的道德伦理深深打上儒家文化的烙印。第四，南海"丝绸之路"形成于秦汉时期，番禺是岭南政治、经济、文化中心，"番禺其一都会也"，南海"丝绸之路"开始于广州，《汉书·地理志》最早记载了我国丝绸从广州出发经海路输送到印度半岛的商贸活动。第五，大量中原人移居岭南，促进了各族人民大融和，使岭南逐渐变成了以汉族为主体民族的地区。我的《从西汉南越王墓出土的玉器看秦汉时期岭南文化与中原文化的融合》一文①也谈及此意义。"南蛮不蛮"，从广州西汉南越王墓的出土文物可以看出，该墓具有多种文化因素，除了以中原文化占主导地位的文物，还有包含南越文化、吴越文化、楚文化、秦文化、齐鲁文化、巴蜀文化、匈奴文化等诸多文化因素的文物。② 可以说，秦汉时期的岭南文化即已形成了多元性和包容性的特征，这一特征随着历史长河的奔流激荡，一直保持至今，而愈发鲜明突出。

## 三、"生命不息，学术不止，是我的座右铭"

**问**：您退休以后，分别担任了广东省和中山大学老教授协会副会长，笔耕不辍，退而不休，在学术史上进行了新的探索，获得了丰硕的成果，堪为后辈学者楷模！

**答**：2006 年 1 月，我 65 岁从工作岗位退下来，然"生有涯而学无涯"，我的学术工作并未因为退休而终止。我把研究视野投注到学术史研究上，尤其关注与广东关系密切的学者的历史活动。2004 年，我在《中山大学学报》第 2、6 期分别发表了《傅斯年在中山大学》《顾颉刚先生与中山大学》二文，充分肯定了著名历史学家傅斯年、顾颉刚对中山大学所作出的重要贡献。我的《近代之世界学者：陈垣》（广东人民出版社 2005 年版）、《陈垣》（广东人民出版社 2008 年版）、《陈垣与岭南：纪念陈垣先生诞生 130 周年学术研讨会论文集》（与戴治国主编，中国社会科学出版社 2011 年版）等著作，则再现了广东新会籍学术大师、与陈寅恪先生并称"南北二陈"的陈垣先生的人生历程，重新评价其在世界学术史上的重要地位与影响，以此彰显岭南学术成就在中国学术史上的地位。我还对广东廉江籍乡贤江瑔进行研究，撰写《江瑔》（广东人民出版社 2016 年版）一书。内子黄曼宜陪伴我数十年，相濡以沫，举案齐眉，除了家务，还为我处理

---

① 前揭《中国古代史与岭南文化丛稿》，第 11 - 18 页。
② 张荣芳、周永卫、吴凌云：《西汉南越王墓多元文化研究》，中山大学出版社 2015 年版，第 74 页。

许多电脑文字工作，我十分感激她。在科研和教学的田野上，我已经耕耘了 56 年，学术是我的生命，以读书、学术研究为乐。如今我虽年届八旬，依然没有打算停下学术前行的脚步，生命不息，学术不止，这是我的座右铭。

问：您作为中国秦汉史研究会创始人之一，曾经担任两届研究会会长，荣任顾问，并成功筹办了中国秦汉史研究会第七届年会，为研究会发展作出了突出贡献。同时，您的学术理念与治学方法对会员和青年学者有很多启发和裨益，请您谈一谈研究会的工作和个人治学方面的心得，并对今后的秦汉史研究提出一些建议。

答：中国秦汉史研究会的诞生得益于党的十一届三中全会确定的改革开放基本国策。1979 年 3 月，中国历史学规划会议在成都召开，"会议呼吁建立中国史的各种学术研究会和各地区的史学会，以调动和组织各方面的研究力量"[1]。中国社会科学院历史研究所林甘泉先生是该会议的组织者和领导者之一，推举西北大学秦汉史研究室主任陈直先生为中国秦汉史研究会筹备小组组长。陈先生不幸于 1980 年去世，由林甘泉先生和西北大学林剑鸣先生继续完成筹备工作。筹备组成员还有张传玺（北京大学）、安作璋（山东师范大学）、高敏（郑州大学）、朱绍侯（河南大学）、熊铁基（华中师范大学）、周九香（四川大学）、张荣芳（中山大学）等。1981 年 9 月，中国秦汉史研究会成立大会在西安西北大学顺利举行，林甘泉先生当选为首届会长，副会长安作璋、林剑鸣（兼秘书长）。林甘泉先生之后，林剑鸣、高敏两位先生先后继任会长。1996 年 8 月，我在中国秦汉史研究会第七届年会上当选会长。1999 年 8 月，继续担任第八届会长。

2002 年 8 月，我卸任会长，改任顾问至今。在研究会历史上，我负责筹备的第七届年会值得一书。1996 年，广州市举办建城 2210 周年盛大纪念活动，通过时任广州市文化局副局长陈玉环和麦英豪先生的努力，市领导决定将中国秦汉史研究会第七届年会纳入广州市城庆系列活动计划，由中国秦汉史研究会、中山大学历史系、广州市城庆办公室、广州市文化局联合举办。8 月 20 日，"庆祝广州建城 2210 年：中国秦汉史研究会第七届年会暨国际学术讨论会"在广州中山大学隆重召开，有 160 多位海内外学者出席，盛况空前。由日本中国秦汉史研究会会长杉本宪司为领队、十多位日本学者组成的日本秦汉史学界代表团参会，中国台湾著名学者韩复智、马先醒等港澳台地区十多位学者出席，广州市副市长姚蓉宾也参加了相关活动。会议组织的学术活动内容丰富，与会代表赞不绝口，讨论会取得了丰硕成果，会议论文选编为《秦汉史论丛》第七辑（中国社会科学出版社 1998 年版）。

---

[1] 张荣芳：《纪念中国秦汉史研究会成立 35 周年感言——在"中国秦汉史高端论坛"上的发言》，前揭《中国古代史与岭南文化丛稿》，第 169 页。

我把自己的治学方法归纳为几点：①选择研究课题要有学术前沿意识，具有社会意义和学术价值；②治学从目录学入手；③搜集材料要"竭泽而渔"；④正确处理读书与找材料的关系；⑤从名人名著中学习治史方法；⑥搜全材料再下笔。

关于秦汉史研究的建议与希望。我们首先应该坚持以马克思主义的历史唯物史观为指导。历史学作为一门科学，必须坚持实事求是的"求真"价值观；同时，史学又属于人类意识形态范畴，不能脱离社会实际的需要，因此，又不能不讲求"致用"原则。"经世致用"是中国史学的优良传统，从孔子作《春秋》开始，中经唐代杜佑，宋代司马光、李焘、徐天麟、李心传、陈傅良、王应麟、马端临，至清初顾炎武、黄宗羲、王夫之等，将"经世致用"之义发挥得淋漓尽致。现代史学大家陈垣、陈寅恪、钱穆、吕思勉、傅斯年、郭沫若、范文澜等都自觉地运用史学为社会服务，为人类进步和文明发展服务。近代以来，史学界存在"求真派"与"致用派"之争。将"求真"与"致用"分离，甚至对立起来的观点并不足取，都是不全面的。我认为，应该将两者有机地结合起来，"求真"以"致用"，"求真"是前提，是科学基础，"致用"是目的，是学科属性。历史学的科学性体现在"求真"上，在科学求真的前提下"学以致用"，就历史研究而言，"求真"与"致用"难以分离。今后的秦汉史研究方向，应当坚持"求真以致用"的学术宗旨，为社会奉献出更多更好的研究成果，为人类文明进步做出历史学应有的贡献。

**问：您在自己漫长的学术生涯中忠实地实践着"求真以致用"的学术原则。最后，想请您为青年学者们提一些寄语。**

答：我一生对儒家经典《论语》《孟子》情有独钟。孔子说："君子有九思：视思明，听思聪，色思温，貌思恭，言思忠，事思敬，疑思问，忿思难，见得思义。"（《论语·季氏》）孟子说："富贵不能淫，贫贱不能移，威武不能屈，此之谓大丈夫。"（《孟子·滕文公下》）。我就把两段古代圣贤的语录赠予青年朋友们，相互勉励。

*本文由广州大学档案馆吴小强教授采访整理。*

# 张荣芳学术简谱

## ——已发表文稿目录编年

### 1973 年

《没落奴隶主阶级的代言人孔子怎样成为封建地主阶级的"圣人"的》，《文史哲》1973 年第 1 期。收入《孔子批判文集》第一集，山东人民出版社 1973 年版。与刘炎、周自强合作。

### 1974 年

《林彪效法"克己复礼"就是阴谋复辟》，《南方日报》1974 年 2 月 23 日。又载《中山大学学报（社会科学版）》1974 年第 1 期。与吴机鹏、刘玉遵、曾奕贤合作，署名史文。

### 1975 年

《秦始皇统一岭南的进步作用》，《中山大学学报（社会科学版）》1975 年第 5 期。与中山大学历史系考古教研室讨论，由张荣芳执笔，署名顾维金。

### 1976 年

《考古专业开门办学取得可喜成绩》，《中山大学学报（社会科学版）》1976 年第 3 期。由张荣芳执笔，署名历史系通讯组。

《揭发批判"四人帮"干扰破坏批林批孔运动的罪行》，《中山大学学报（社会科学版）》1976 年第 6 期。由张荣芳执笔第二部分，署名历史系大批判组。

### 1977 年

《为什么"四人帮"制造民族分裂破坏民族大团结》，《南方日报》1977 年 2 月 25 日。与梁钊韬合作，署名中山大学历史系良章。

《正确认识和处理汉族和少数民族的关系》，《学习毛泽东〈论十大关系〉讲话》，广东人民出版社 1977 年版。与梁钊韬合作。

### 1979 年

《两周的"民"和"氓"非奴隶说——两周生产者身份研究之一》，《中山大学学报（社会科学版）》1979 年第 3 期。

### 1980 年

《汉代我国与东南亚国家的海上交通和贸易关系》，《文史》第九辑，中华书局 1980 年版。与周连宽合作。

《汉楚成皋之战》，《华南民兵》1980 年第 12 期。

**1981 年**

《官渡之战》，《华南民兵》1981 年第 2 期。

《秦晋淝水之战》，《华南民兵》1981 年第 5 期。

《略论汉初的"南越国"》，中国秦汉史研究会编《秦汉史论丛》第一辑，陕西人民出版社 1981 年版。

《秦史研究的新成果——评介林剑鸣著〈秦史稿〉》，《光明日报》1981 年 12 月 28 日。

**1982 年**

《"孟母教子"小议》，《广东妇女》1982 年第 1 期。

《1981 年秦汉史研究述评》，《中国历史学年鉴》，人民出版社 1982 年版。

**1983 年**

《一本富有特色的论文集——读高敏〈秦汉史论集〉》，《光明日报》1983 年 11 月 2 日。

《关于秦末大起义的性质问题》，《中国农民战争史研究集刊》第三辑，上海人民出版社 1983 年版。

**1984 年**

《西汉屯田与"丝绸之路"》，《中国史研究》1983 年第 4 期。《光明日报》1984 年 2 月 29 日，摘要介绍此文。此文获 1995 年广东省社会科学联合会优秀研究成果三等奖。

**1985 年**

《论两汉的"公田"》，《中山大学学报（社会科学版）》1985 年第 1 期。

《南越王墓解开了千古之谜（一）》，《历史大观园》1985 年第 1 期。

《南越王墓解开了千古之谜（二）》，《历史大观园》1985 年第 2 期。

《中华名的由来》，《历史大观园》1985 年第 2 期。

**1986 年**

《论马援征交趾的历史作用》，中国秦汉史研究会第二届学术讨论会论文。收入张荣芳《秦汉史论集（外三篇）》，中山大学出版社 1995 年版。

《源远流长的"丝绸之路"》，《中国建设》（英文版）1986 年第 1 期。收入张荣芳《秦汉史与岭南文化论稿》，中华书局 2005 年版。

**1987 年**

《黄留珠著〈秦汉仕进制度〉评介》，《中国史研究动态》1987 年第 7 期。

**1988 年**

《从简牍看汉代的边郡制度》，中国社会科学院历史研究所战国秦汉史研究室编《简牍译丛》第二辑，中国社会科学出版社 1988 年版。（日）永田英正著，张荣芳译。

《"风义生平师友间"——陈寅恪与王国维的友谊》,《历史大观园》1988年第5期。收入张杰、杨燕丽选编《追忆陈寅恪》（纪念陈寅恪先生逝世三十周年）,社会科学文献出版社1999年版。

### 1989 年

《论秦汉封建专制主义中央集权制度》,中山大学中文刊授中心编《刊授指导》1989年第1期。

《隋唐均田制浅议》,中山大学中文刊授中心编《刊授指导》1989年第3期。

《三国屯田制度述论》,中山大学中文刊授中心编《刊授指导》1989年第3期。

《陈寅恪与王国维》,《纪念陈寅恪教授国际学术讨论会文集》,中山大学出版社1989年版。

《〈汉代西北屯田研究〉评介》,《中国史研究动态》1989年第6期。与文火玉合作。

《阐释杜国庠经学史研究中的一个重要观点》,《汕头大学学报》1989年第3期。

《所谓"西戎、东夷、北狄、南蛮"是怎么回事?》,《中国历史三百题》,上海古籍出版社1989年版。

《为什么说百越族是祖国南疆的最早开发者?》,《中国历史三百题》,上海古籍出版社1989年版。

《历史上的夜郎国是怎样出现和灭亡的?》,《中国历史三百题》,上海古籍出版社1989年版。

《什么是铜鼓? 它是怎样流传的?》,《中国历史三百题》,上海古籍出版社1989年版。

### 1990 年

《论两汉太学的历史作用》,《中山大学学报（社会科学版）》1990年第2期。

《日本〈居延汉简研究〉评介》,《中国史研究动态》1990年第5期。

《1990年高考历史卷第2卷的评析》,《中学历史教学》1990年第5期。

### 1991 年

《研究成果的结晶学者入门之津梁——〈居延汉简通论〉读后》,《西北史地》1991年第4期。

### 1992 年

《读〈居延汉简通论〉》,《中国史研究动态》1992年第1期。

《论汉晋时期楼兰（鄯善）王国的丝绸贸易》，《中国史研究》1992 年第 1 期。

《专家学者谈〈中国方术大辞典〉》摘刊张荣芳的发言，《广州日报》1992 年 4 月 12 日。

### 1994 年

《早期道家与道教的关系》，《中山大学史学集刊》第二辑，广东人民出版社 1994 年版。与王川合作。

《汉代岭南的青铜铸造业》，中国秦汉史研究会编《秦汉史论丛》第六辑，江西教育出版社 1994 年版。与王川合作。

《文化采撷与民族振兴——兼论秦汉时期匈奴族实力的盛衰与文化素质的关系》，广东省珠海市"民族文化素质与现代化国际学术讨论会"论文。收入张荣芳《秦汉史与岭南文化论稿》，中华书局 2005 年版。与王川合作。

《西汉长城的修缮及其意义》，中国长城学会"长城国际学术研讨会"论文。收入中国长城学会编《长城国际学术研讨会论文集》，吉林人民出版社 1995 年版。与王川合作。

《述论两汉时代苍梧郡之文化》，香港大学"岭南文化新研讨国际学术讨论会"论文。收入饶宗颐主编《华学》第一辑，中山大学出版社 1994 年版。与王川合作。

《要有科学的配套措施》，张令主编《改革与探索》，海潮出版社 1994 年版。

### 1995 年

《〈柳如是别传〉与中国古代姓氏制度》，中山大学"纪念陈寅恪教授学术讨论会"论文。收入胡守为主编《〈柳如是别传〉与国学研究》，浙江人民出版社 1995 年版。与王川合作。

《汉代货币文化的特征》，海南省海口市"中国国际汉学研讨会"论文。收入《华夏文明与传世藏书》（中国国际汉学研讨会论文集），中国社会科学出版社 1996 年版。与王川合作。

《赵晔与〈吴越春秋〉》，张荣芳《秦汉史论集（外三篇）》，中山大学出版社 1995 年版。

《广东历史上曾是教育强省》，《南方日报》1995 年 3 月 18 日。

《〈文科热冷门专业的现状与展望〉序言》，张荣芳主编《文科热冷门专业的现状与展望》，中山大学出版社 1995 年版。

《秦汉史论集（外三篇）》，中山大学出版社 1995 年版。收入 1995 年以前所写论文 15 篇。著名历史学家、中国秦汉史研究会会长、中国社会科学院历史研究所所长林甘泉先生作序。

《南越国史》，广东人民出版社 1995 年版。与黄淼章合作。著名考古学家麦英豪先作序，附录王川、唐浩中编《南越国史研究论著、论文资料索引》。本书获 1997 年广州市社会科学研究成果一等奖、1998 年广东高校人文社会科学研究成果二等奖、1999 年广东省社会科学研究成果三等奖。2008 年出版修订本。

### 1996 年

《跟上时代步伐，重振广东教育历史雄风》，许金丹主编《建设教育强省》，广东教育出版社 1996 年版。

《从西汉南越王墓出土的玉器看秦汉时期岭南文化与中原文化的融合》，饶宗颐主编《华学》第二辑，中山大学出版社 1996 年版。收入张荣芳《中国古代史与岭南文化丛稿》，中山大学出版社 2019 年版。

《中华文化在加拿大》，《炎黄世界》1996 年第 10 期。为《加拿大纪行》的第一、二部分。

### 1997 年

《南华寺发现的北宋木雕罗汉像铭文反映的几个问题》，《六祖慧能思想研究——"慧能与岭南文化"国际学术研讨会论文集》（《学术研究》丛书之一），学术研究杂志社 1997 年版。又载《中国史研究》1999 年第 1 期。

### 1998 年

《论汉代太学的学风》，《中山大学学报（社会科学版）》1998 年第 1 期。中国人民大学复印报刊资料《先秦秦汉史》1998 年第 3 期全文复印。《新华文摘》1998 年第 5 期摘要刊登此文。收入《南开大学历史系建系七十五周年纪念文集》，南开大学出版社 1998 年版。

《汉代始安县治所之我见》，"桂林建城时间问题论证会"论文。收入张荣芳《秦汉史与岭南文化论稿》，中华书局 2005 年版。

《略谈新时代的中国秦汉史研究》，《历史教学》1998 年第 9 期。

《秦汉时期岭南地区社会发展的划时代意义》，中国秦汉史研究会编《秦汉史论丛》第七辑，中国社会科学出版社 1998 年版。

《司马迁游历中华大地与他的"名山事业"》，《庆祝杨向奎先生教研六十年论文集》，河北教育出版社 1998 年版。

《鸿篇巨著，超迈前人——高敏主编〈魏晋南北朝经济史〉读后》，《中国史研究动态》1998 年第 2 期。与李庆新合作。

### 1999 年

《简牍所见秦代刑徒的生活及服役范围》，秦始皇兵马俑博物馆《论丛》编委会编《秦文化论丛》第七辑，西北大学出版社 1999 年版。与高荣合作。

《西汉蜀枸酱入番禺路线初探》，广州博物馆编《镇海楼论稿》（广州博物馆成立七十周年纪念），岭南美术出版社 1999 年版。收入中国秦汉史研究会编《秦汉史论丛》第八辑，云南大学出版社 2001 年版。

《尹湾汉简研究的新成果——廖伯源〈简牍与制度〉评介》，《中国史研究动态》1999 年第 8 期。中国人民大学复印报刊资料《历史学》1999 年第 10 期全文复印。与曹旅宁合作。

《香港澳门古文化的母体在祖国大陆》，广东炎黄文化会编《岭峤春秋——省港澳文化交流论集》，广东人民出版社 1999 年版。

《治学方法从众师中来——忆南开历史系老师对我的教诲》，《回眸南开》（纪念南开大学建校八十周年丛书之一），南开大学出版社 1999 年版。

### 2000 年

《岭南古史研究的可喜收获——杨式挺〈岭南文物考古论集〉读后》，《学术研究》2000 年第 3 期。又载《农业考古》2000 年第 1 期。

《严谨治学与传世著作》，《中山大学校报》2000 年 6 月 15 日出版。收入《凝聚中大精神》，中山大学出版社 2001 年版。

《回溯沧桑发浩歌——读欧初〈少年心事要天知〉》，《文汇报》2000 年 8 月 14 日《书海神游》。

《历年心史成佳作，激励后人续新篇——读欧初回忆录后》，中共中山市委党史研究室编《中山党史》2000 年第 2—3 期。

《厚积薄发，纲举目张——读胡守为〈岭南古史〉后》，《学术研究》2000 年第 9 期。

为郑天挺、谭其骧主编《中国历史大辞典》断代分卷《魏晋南北朝史》（胡守为、杨廷福主编，上海辞书出版社 2000 年版）撰写辞目释文。

### 2001 年

《高敏先生〈魏晋南北朝兵制史研究〉读后》，《广东社会科学》2001 年第 1 期。与李庆新合作。

《汉至六朝时期南方农业经济发展的文化阐释》，《高敏先生七十华诞纪念文集》，中州古籍出版社 2001 年版。

《热情撼山河，流笔写春秋——司徒尚纪新著〈珠江传〉读后》，《岭南文史》2001 年第 2 期。

《西汉初期岭南越人的宗教观念及活动》，《安作璋先生从教 50 周年纪念文集》，泰山出版社 2001 年版。

《一本以文物为载体的信史——评介〈广州文物志〉》，《岭南文史》2001 年第 3 期。

### 2002 年

《读吴小强〈秦简日书集释〉》，《中国史研究动态》2002 年第 1 期。

《〈冼太夫人史料文物辑要〉首发式新闻发布会发布词》，蔡智文主编《冼太夫人研究》，国际炎黄文化出版社 2002 年版。

《汉代徐闻与海上交通》，《中山大学学报（社会科学版）》2002 年第 3 期。又载《岭南文史》2002 年增刊。与周永卫合作。

《两汉时期的雷州半岛及其在中国历史上的地位》，《湛江师范学院学报》2002 年第 2 期。收入《岭峤春秋——雷州文化论集》，中山大学出版社 2003 年版。与周永卫合作。

《论刘秀的人才观》，《揖芬集——张政烺先生九十华诞纪念文集》，社会科学文献出版社 2002 年版。

《〈秦律新探〉序》，曹旅宁《秦律新探》，中国社会科学出版社 2002 年版。

### 2003 年

《雷州文化学术研讨会综述》，《岭峤春秋——雷州文化论文集》，中山大学出版社 2003 年版。

《博学以致用——评〈珠江文化与史地研究〉》，《海上丝路文化新里程》，中国评论文化有限公司 2003 年版。

《〈廉江人物志〉序》，廉江市人民政府办公室、廉江市地方志办公室编《廉江人物志》，内蒙古人民出版社 2003 年版。

《"广府文化与阮元对广府文化的贡献学术研讨会"述评》，《岭峤春秋——广府文化与阮元论文集》，中山大学出版社 2003 年版。

《陈垣教授与陈乐素的学术道路——读陈垣致陈乐素书信》，"纪念陈乐素先生百年诞辰国际学术研讨会"论文。收入《宋代历史文化研究（续编）》，人民出版社 2003 年版。

### 2004 年

《中国简牍学的奠基者王国维》，"台湾中国文化大学第二届简帛学术讨论会"论文。收入《简帛研究汇刊》第二辑，台湾中国文化大学出版社 2004 年版。

《傅斯年在中山大学》，《中山大学学报（社会科学版）》2004 年第 4 期。收入吴承学主编《中山大学与中国现代学术》，商务印书馆 2014 年版。

《论徐信符先生的学术渊源》，《岭峤春秋——徐信符研究文献集》，广东人民出版社 2004 年版。

《廖伯源著〈秦汉史论丛〉评介》，《中国史研究动态》2004 年第 4 期。与曹旅宁合作。

《汉简所见的"候史"》，《中国史研究》2004 年第 2 期。中国人民大学复印报刊资料《先秦秦汉史》2004 年第 5 期全文复印。与高荣合作。

《在广州大学第一次院级本科教学工作水平评估情况通报会上的讲话》，《教育教学评估与发展》2004 年创刊号。

《顾颉刚先生与中山大学》，《中山大学学报（社会科学版）》2004 年第 6 期（庆祝中山大学建校 80 周年特刊）。收入《纪念顾颉刚先生诞辰 110 周年论文集》，中华书局 2004 年版。又收入吴承学主编《中山大学与中国现代学术》，商务印书馆 2014 年版。

### 2005 年

《"冼夫人文化与建设广东文化大省学术研讨会"综述》，茂名市社会科学联合会主办《南方论刊》2005 年第 1 期。

《陈垣与陈乐素父子的学术传承》，《学术研究》2005 年第 2 期。中国人民大学复印报刊资料《历史学》2005 年第 6 期全文复印。

《汉朝治理南越国模式探源》，《南越国史迹研讨会论文选集》，文物出版社 2005 年版。

《在广州大学第一次研究生教育评估情况通报会上的发言》，《教育教学评估与发展》2005 年第 1 期。

《〈海南岛历代建置沿革考〉序》，李勃《海南岛历代建置沿革考》，海南出版社 2005 年版。

《"冼夫人文化与建设广东文化大省学术研讨会"述要》，《广东社会科学》2005 年第 5 期。

《朱绍侯先生与军功爵制研究》，《史学月刊》2005 年第 5 期。与高荣合作。

《〈张家山汉律研究〉序》，曹旅宁《张家山汉律研究》，中华书局 2005 年版。

《学习饶宗颐先生锲而不舍的精神——以新莽史研究为例》，《潮学研究》第 12 辑，文化创造出版社 2005 年版。

《秦汉史与岭南文化论稿》，中华书局 2005 年版。收入 2005 年以前所写论文 44 篇。

《近代之世界学者——陈垣》（朱小丹、欧初主编《广东历史文化名人丛书》之一），广东人民出版社 2005 年版。

### 2006 年

《〈新五德理论与两汉政治——"尧后火德"说考论〉序》，杨权《新五德理论与两汉政治——"尧后火德"说考论》，中华书局 2006 年版。

《冼夫人维护祖国统一和民族团结历史贡献之成因》，《岭峤春秋——"冼夫人文化与建设广东文化大省学术研讨会"论文集》，香港出版社 2006 年版。与贺红卫合作。

《论贾谊对待匈奴的战略思想》，《高敏先生八十华诞纪念文集》，线装书局2006 年版。

《一部"充实而有光辉"的道教史力作——王承文著〈敦煌古灵宝经与晋唐道教〉评介》，《学术研究》2006 年第 12 期。

《山西太原晋祠之美》，《中大老园丁》2006 年第 4 期。

《〈岭南历史文献〉序》，罗志欢《岭南历史文献》，广东人民出版社 2006 年版。

### 2007 年

《冼玉清与史学"二陈"交谊的思想基础》，广东省人民政府文史研究馆编《冼玉清研究论文集》，中国评论学术出版社 2007 年版，

《文化奇人王云五——金炳亮著〈文化奇人王云五〉评介》，《南方日报》2007 年 3 月 25 日《文化周刊》。

《〈先秦汉魏河西史略〉序》，高荣《先秦汉魏河西史略》，天津古籍出版社2007 年版。

### 2008 年

《陈垣》（吴阶平等 8 位著名科学家主编的"二十世纪中国著名科学家书系"之一），金城出版社 2008 年版。与曾庆瑛合作。

《陈垣》（岭南文化知识书系之一），广东人民出版社 2008 年版。

《爱国史学大师陈垣》，《炎黄世界》2008 年第 1 期。

《廖伯源著〈使者与官职演变——秦汉皇帝使者考论〉评介》，《中国史研究动态》2008 年第 1 期。与曹旅宁合作。

《香山文化与海洋文明——第六次海洋文化研讨会综述》，《学术研究》2008年第 3 期。

《南越国史》修订本，广东人民出版社 2008 年版。与黄淼章合作。

《一代史学宗师陈垣》，《岭南文史》2008 年第 3 期。

《广州秦汉考古与岭南社会风俗》，香港中文大学历史系讲座。收入张荣芳《中国古代史与岭南文化丛稿》，中山大学出版社 2019 年版。

《论开拓岭南的功臣赵佗社会和谐思想与实践》，陕西省公祭黄帝陵工作委员会办公室编《纪念人文初祖黄帝，建设民族精神家园学术研讨会论文选集》，陕西人民出版社 2008 年版。

《容肇祖与陈垣》，东莞市政协编《东莞历史文化论集》，广东人民出版社2008 年版。

### 2009 年

《陈垣的故乡情怀与北平新会会馆》，江门（五邑）炎黄文化研究会主办

《炎黄天地》2009 年第 1 期。

《〈汉代物价新探〉序》，丁邦友《汉代物价新探》，中国社会科学出版社 2009 年版。

《南开教我读经典》，南开大学新闻中心编《南开影响一生》（南开大学九十年纪念丛书之一），南开大学出版社 2009 年版。

《"国宝"陈垣》，《岭南史学名家》，中国文史出版社 2009 年版。

### 2010 年

《〈人际称谓与秦汉社会变迁〉序》，白芳《人际称谓与秦汉社会变迁》，人民出版社 2010 年版。

《一部学习历史研究方法的好教材——评陈智超编著〈陈垣"元西域人华化考"创作历程——用稿本说话〉》，《中国史研究》2010 年第 2 期。

《陈垣"史源学实习"课与"新史学"人才培养》，《陈垣先生的史学研究与教育事业——纪念陈垣先生诞辰 130 周年学术论文集》，北京师范大学出版社 2010 年版。

《论赵佗对客家文化的贡献》，《客家河源与天下客家》（第二十三届世界客属恳亲大会国际客家文化学术研讨会论文集），黑龙江人民出版社 2010 年版。

### 2011 年

《陈垣的"史源学"与"新史学"》，《中山大学学报（社会科学版）》2011 年第 1 期。中国人民大学复印报刊资料《历史学》2011 年第 7 期全文复印。

《论汉代"以孝治天下"与和谐社会构建》，陕西省公祭皇帝陵工作委员会办公室编《清明·感恩与社会和谐学术研讨会论文集》，陕西人民出版社 2011 年版。

《〈陈垣与岭南——纪念陈垣先生诞生 130 周年学术研讨会论文集〉序》，张荣芳、戴治国主编《陈垣与岭南——纪念陈垣先生诞生 130 周年学术研讨会论文集》，中国社会科学出版社 2011 年版。

《20 世纪中国历史学的一座丰碑——〈陈垣全集〉读后》，张荣芳、戴治国主编《陈垣与岭南——纪念陈垣先生诞生 130 周年学术研讨会论文集》，中国社会科学出版社 2011 年版。

《陈垣的"史源学"与"新史学"》，张荣芳、戴治国主编《陈垣与岭南——纪念陈垣先生诞生 130 周年学术研讨会论文集》，中国社会科学出版社 2011 年版。署名慕援庐。

《"纪念陈垣先生诞生 130 周年学术研讨会"综述》，张荣芳、戴治国主编《陈垣与岭南——纪念陈垣先生诞生 130 周年学术研讨会论文集》，中国社会科学出版社 2011 年版。署名景圆斋。

《南越王墓多元文化因素研究》，广州南越国遗迹申报世界文化遗产工作领导小组办公室编《南越国遗迹研究》，广东人民出版社 2011 年版。与周永卫、吴凌云、冯永驱合作。

《青少年陈垣与孙中山》，《南方日报》2011 年 10 月 12 日《人文·海风》。

《"国宝"陈垣》，李训贵、宋婕主编《城市国学讲坛》第四辑，社会科学文献出版社 2011 年版。

《〈走出伶仃洋〉序》，胡波《走出伶仃洋》，广东人民出版社 2011 年版。

《实践人和理念的人生感悟——〈适之道〉序》，胡民结《适之道》，漓江出版社 2011 年版。

### 2012 年

《如椽大笔撰写岭南考古春秋——评介杨式挺先生〈岭南文物考古论集续集〉》，《岭南文史》2012 年第 1 期。

《陈垣先生与冼玉清著〈广东释道著述考〉》，《熊铁基八十华诞纪念文集》，华中师范大学出版社 2012 年版。

《论陈序经对疍民文化研究的贡献》，林有能、吴志良、胡波主编《疍民文化研究——疍民文化学术研讨会论文集》，香港出版社 2012 年版。

### 2013 年

《许崇清校长的孙中山情怀》，黄悦主编《崇正树德，清风亮节——纪念教育家许崇清》，广东人民出版社 2013 年版。

《读〈陈乐素史学文存〉》，《南方都市报》2013 年 9 月 1 日《阅读周刊》。

《励耘史学传承录——从陈垣到陈乐素、陈智超》，《南方都市报》2013 年 9 月 22 日《阅读周刊》。

《读陈垣先生珍藏的〈陈氏家谱〉的启示》，黄伟宗主编《广府寻根祖地珠玑——广东省广府学会成立暨首届学术研讨会文集》，香港中国评论学术出版社 2013 年版。

《陈垣、陈乐素父子与马相伯的学术交往》，《学术研究》2013 年第 12 期。《中国社会科学文摘》2014 年 4 月号《学人与学林》摘要刊登此文（改题为《陈垣、陈乐素父子与马相伯》）。收入暨南大学古籍所、江门市档案局主编《陈乐素先生诞生一百十周年纪念文集》，齐鲁书社 2014 年版。

### 2014 年

《清初中西文化交流中的天主教士马国贤——读陈垣〈陈白沙像与天主教士〉的启示》，广东省博物馆编《异趣同辉——清代外销艺术品国际学术研讨会论文集》，岭南美术出版社 2014 年版。

《陈垣对外来宗教史研究的贡献述略》，《中山大学学报（社会科学版）》

2014 年第 2 期。

《一部研究中华民族精神的创新之作》，《中国出版传媒商报》2014 年 7 月 4 日。

《挖掘论证雷州文化的力作》，《羊城晚报》2014 年 5 月 18 日。收入广州市雷州文化研究会编《岭南文化版图新视野——〈雷州文化概论〉评论集》，广东人民出版社 2014 年版。

### 2015 年

《岭南文化时代最强音》，《广州大典》学术委员会会议上的发言，《广州日报》2015 年 4 月 9 日。

《商务印书馆新出陈垣学术著作发微》，《中国史研究》2015 年第 2 期。

《〈诗经趣语〉序——从古典中汲取营养》，许锋《诗经趣语》（万象学术文库之一），中国书籍出版社 2015 年版。。

《〈药师琉璃光如来本愿功德经〉与孔子思想》，林有能、李尧坤主编《六祖慧能与岭南禅宗文化研究文集》，香港出版社 2015 年版。

《从〈岭南文库〉看岑桑精神》，《羊城晚报》2015 年 10 月 18 日，《一念执着，一生坚守——南粤出版名家岑桑众人谈》摘要刊登此文。

《广东改革开放与广州地区的秦汉史研究——以考古发现与学术研讨会为中心》，"秦汉史研究动态暨档案文书学术研讨会"发言。收入张荣芳《中国古代史与岭南文化丛稿》，中山大学出版社 2019 年版。

《景仰名人故居，热爱康乐芳草》，《中山大学报》2015 年 11 月 27 日。收入李庆双、吴丹主编《印象·中大草木》，中山大学出版社 2019 年版。

《师生情深——陈垣与容庚容肇祖昆仲的交谊与学术精神》，《〈容庚学术著作全集〉〈容肇祖全集〉出版发布会暨地方文献整理与东莞学人精神研讨会论文集》，齐鲁书社 2015 年版。

《小单位办大事》，《〈容庚学术著作全集〉〈容肇祖全集〉出版发布会暨地方文献整理与东莞学人精神研讨会论文集》，齐鲁书社 2015 年版。

《西汉南越王墓多元文化研究》（西汉南越王博物馆研究丛书之一），中山大学出版社 2015 年版。与周永卫、吴凌云合作。

《陈垣〈明季滇黔佛教考〉沾溉中山大学明清之际岭南禅宗史史料整理与研究》，李振宏主编《朱绍侯九十华诞纪念文集》，河南大学出版社 2015 年版。收入杨权主编《壁立千仞——"澹归与〈遍行堂集〉学术研讨会"论文集》（纪念丹霞山别传寺开山三百五十周年），中山大学出版社 2019 年版。

《重新整理出版清康熙六年刻十一年增订本〈石城县志〉序》，《石城县志》，世界侨商出版社 2015 年版。

《图文并茂，描绘广东史前社会历史——〈广东先秦考古〉评介》，《岭南文史》2015 年第 4 期。

《〈廉江安铺镇志〉序》，《安铺镇志》，中国文史出版社 2015 年版。

### 2016 年

《陈垣与中国佛教史研究的现代转型——运用王国维创立的"新历史考证学"方法研究中国佛教史》，《船山学刊》2016 年第 1 期。

《一部客观真实的陈寅恪传记——评介吴定宇著〈守望——陈寅恪往事〉》，《中国史研究动态》2016 年第 1 期。

《紫荆礼赞》，《中山大学报》2016 年 5 月 11 日。收入李庆双、吴丹主编《印象·中大草木》，中山大学出版社 2019 年版。

《实现伟大中国梦的精神支柱——评介郑师渠主编〈中华民族精神〉》，《光明日报》2016 年 7 月 26 日。

《纪念中国秦汉史研究会成立 35 周年感言》，"中国秦汉史高端论坛"发言。收入张荣芳《中国古代史与岭南文化丛稿》，中山大学出版社 2019 年版。

《江瑔》（岭南文化知识书系之一），广东人民出版社 2016 年版。

《〈江瑔著作汇编〉序》，《江瑔著作汇编》，中国评论学术出版社 2016 年版。

《了解岭南文化先看南越王博物馆》，《南方日报》2016 年 9 月 2 日。

《清代石城县黎正进士考论》，广州市文化广电新闻出版局、广州市文物博物馆学会编《广州文博》第九辑，文物出版社 2016 年版。

《岑桑同志为青年人树立了榜样》，慎海雄等编，岑桑、陈海烈等著《当代岭南文化名家·岑桑》，广东人民出版社 2016 年版。

《瞻仰陈心陶故居》，收入张荣芳《中国古代史与岭南文化丛稿》，中山大学出版社 2019 年版。

### 2017 年

《"陈门三史杰"贡献良多——中山大学历史系教授张荣芳访谈》，《江门日报》2017 年 2 月 14 日。

《求真与致用——〈广州古代史丛考〉序》，陈泽泓《广州古代史丛考》，中央编译出版社 2017 年版。

《陈垣与岑仲勉——以两人来往书信为中心》，《船山学刊》2017 年第 1 期。中国人民大学复印报刊资料《历史学》2017 年第 6 期全文复印。收入《纪念岑仲勉先生诞辰 130 周年国际学术研讨会论文集》（改题为《岑仲勉与陈垣交谊述论》），中山大学出版社 2019 年版。

《让广州大学校史在立德树人教育中活起来》，"纪念广州大学建校九十周年学术研讨会"发言。收入张荣芳《中国古代史与岭南文化丛稿》，中山大学出版社 2019 年版。

《陈垣与鼠疫斗士伍连德——以 1911 年扑灭东北鼠疫和"奉天国际鼠疫会议"为中心》，《黄今言教授八十华诞纪念文集》，江西人民出版社 2017 年版。收入《华学》第十二辑（饶宗颐教授百岁华诞庆贺专号）（改题为《广东光华医学专门学校创办人之一陈垣与鼠疫斗士伍连德》），中山大学出版社 2017 年版。

《"东海嫁"与非物质文化遗产》，《众说〈东海嫁〉》，广东人民出版社 2017 年版。

《中国二十四孝故事的历史考察与〈东海嫁·孝道故事嫁〉的特色》，《众说〈东海嫁〉》，广东人民出版社 2017 年版。

《陈垣与南海吴荣光著〈历代名人年谱〉》，黄伟宗主编《珠江文明的八代灯塔》，广东旅游出版社 2017 年版。

《深切怀念麦老师英豪先生——兼谈广州考古的麦英豪时代》，《广州文博》第十一辑（麦英豪先生逝世周年纪念专辑），文物出版社 2017 年版。收入张荣芳《中国古代史与岭南文化丛稿》，中山大学出版社 2019 年版。

《南明重臣瞿式耜——读陈垣一幅珍贵遗墨》，《广州文博》第十辑，文物出版社 2017 年版。

《我所知道的欧初同志对岭南历史文化整理与研究作出的开创性贡献》，收入张荣芳《中国古代史与岭南文化丛稿》，中山大学出版社 2019 年版。

**2018 年**

《襟怀浩然气·秉笔写春秋——读〈东莞历史文献丛书·史部〉有感》，《南方日报》2018 年 11 月 9 日《文化周末》。

《明代东莞史学之盛——读〈东莞历史文献丛书·史部〉后》，《广州文博》第十二辑，文物出版社 2018 年版。

《〈香山魂〉序》，欧阳小华《香山魂》，广东人民出版社 2018 年版。

**2019 年**

《纪念坚守中山大学史学传统和"学以致用"优良学风的戴裔煊先生——读〈戴裔煊自述〉》，"纪念戴裔煊先生诞辰 110 周年国际学术研讨会"论文。收入张荣芳《中国古代史与岭南文化丛稿》，中山大学出版社 2019 年版。

《张荣芳学术简谱——已发表文稿目录编年》，张荣芳《中国古代史与岭南文化丛稿》，中山大学出版社 2019 年版。

《岑桑：知识渊博，治学严谨的著名学者》，广东人民出版社编《你还是一朵花——众说岑桑的笔墨情怀》，广东人民出版社 2019 年版。

**2020 年**

《读陈绍棣主编〈地图上的史记〉》，《中国史研究动态》2020 年第 5 期。

**2021 年**

《〈南海神庙志〉序》，陈泽泓总纂《南海神庙志》，广东人民出版社 2021 年版。

《让校园文化在立德树人教育中发挥作用——〈印象·中大红楼剪影〉序》，李庆双、刘姝贤主编《印象·中大红楼剪影》，中山大学出版社 2021 年版。

《深切怀念巩绍英、刘泽华两位先师》，阎铁铮、刘琰、刘珞主编《中国政治思想的反思者——刘泽华先生纪念文集（追忆卷）》，南开大学出版社 2021 年版。

《风清气正，德泽向人——〈陈瑸家书〉读后》，广东省人民政府文史研究馆编、陈海烈主编《穿越时空说清官——陈瑸及其著作评论选》，广东人民出版社 2021 年版。

《严于律己，宽以待人——我所理解的林甘泉马克思主义史学品格》，"林甘泉马克思主义史学研究理论与方法座谈会"论文。

**2022 年**

《历史学的学术境界——重读蔡鸿生先生〈学境〉后》，林悟殊主编《纪念蔡鸿生先生九十华诞论文集》，广东人民出版社 2022 年版。

《东塾之学与陈澧的教育思想》。周永卫参与整理。

《一部研究广府金石的力作——高旭红、陈鸿钧著〈广府金石录〉评介》，《中国史研究动态》2022 年第 3 期。